内蒙古民族文化通鉴·研究系列丛书

内蒙古文物考古概论

刘青瑜 ◎ 著

中国社会科学出版社

图书在版编目(CIP)数据

内蒙古文物考古概论 / 刘青瑜著. -- 北京 : 中国社会科学出版社，2025. 2. --（内蒙古民族文化通鉴）.
ISBN 978-7-5227-4759-0

Ⅰ. K872.26

中国国家版本馆 CIP 数据核字第 2025KV3509 号

出 版 人　赵剑英
责任编辑　宫京蕾
责任校对　郝阳洋
责任印制　郝美娜

出　　版　中国社会科学出版社
社　　址　北京鼓楼西大街甲 158 号
邮　　编　100720
网　　址　http:// www. csspw. cn
发 行 部　010－84083685
门 市 部　010－84029450
经　　销　新华书店及其他书店

印刷装订　北京君升印刷有限公司
版　　次　2025 年 2 月第 1 版
印　　次　2025 年 2 月第 1 次印刷

开　　本　710×1000　1/16
印　　张　20.5
插　　页　2
字　　数　347 千字
定　　价　118.00 元

《内蒙古民族文化通鉴》

编委会

《内蒙古民族文化通鉴》总序

乌 兰

“内蒙古民族文化研究建设工程”成果集成——《内蒙古民族文化通鉴》（简称《通鉴》）六大系列数百个子项目的出版物将陆续与学界同人和广大读者见面了。这是内蒙古民族文化传承保护建设中的一大盛事，也是对中华文化勃兴具有重要意义的一大幸事。借此《通鉴》出版之际，谨以此文献给所有热爱民族文化，坚守民族文化的根脉，为民族文化薪火相传而殚智竭力、辛勤耕耘的人们。

一

内蒙古自治区位于祖国北部边疆，土地总面积118.3万平方公里，占中国陆地国土总面积的八分之一，现设9市3盟2个计划单列市，全区共有102个旗县（市、区），自治区首府为呼和浩特。2014年，内蒙古总人口2504.81万，其中蒙古族人口458.45万，汉族人口1957.69万，包括达斡尔族、鄂温克族、鄂伦春族“三少”自治民族在内的其他少数民族人口88.67万；少数民族人口约占总人口的21.45%，汉族人口占78.15%，是蒙古族实行区域自治、多民族和睦相处的少数民族自治区。内蒙古由东北向西南斜伸，东西直线距离2400公里，南北跨度1700公里，横跨东北、华北、西北三大区，东含大兴安岭，西包阿拉善高原，南有河套、阴山，东南西与8省区毗邻，北与蒙古国、俄罗斯接壤，国境线长达4200公里。内蒙古地处中温带大陆气候区，气温自大兴安岭向东南、西南递增，降水自东南向西北递减，总体上干旱少雨，四季分明，寒暑温差很大。全区地理上大致属蒙古高原南部，从东到西地貌多样，有茂密的森林，广袤的草原，丰富的矿藏，是中国为数不多的资源富集大区。

内蒙古民族文化的主体是自治区主体民族蒙古族的文化，同时也包括达斡尔族、鄂温克族、鄂伦春族等人口较少世居民族多姿多彩的文化和汉族及其他各民族的文化。

“内蒙古”一词源于清代“内札萨克蒙古”，相对于“外扎萨克蒙古”即“外蒙古”。自远古以来，这里就是人类繁衍生息的一片热土。1973年在呼和浩特东北发现的大窑文化，与周口店第一地点的“北京人”属同一时期，距今50万—70万年。1922年在内蒙古伊克昭盟乌审旗萨拉乌苏河发现的河套人及萨拉乌苏文化、1933年在呼伦贝尔扎赉诺尔发现的扎赉诺尔人，分别距今3.5万—5万年和1万—5万年。到了新石器时代，人类不再完全依赖天然食物，而已经能够通过自己的劳动生产食物。随着最后一次冰河期的迅速消退，气候逐渐转暖，原始农业在中国北方地区发展起来。到了公元前6000年—前5000年，内蒙古东部和西部两个亚文化区先后都有了原始农业。

“红山诸文化”（苏秉琦语）和海生不浪文化的陆续兴起，使原始定居农业逐渐成为主导的经济类型。红山文化庙、坛、冢的建立，把远古时期的祭祀礼仪制度及其规模推进到一个全新的阶段，使其内容空前丰富，形式更加规范。“中华老祖母雕像”“中华第一龙”“中华第一凤”——这些在中华文明史上具有里程碑意义的象征物就是诞生在内蒙古西辽河流域的红山文化群。红山文化时期的宗教礼仪反映了红山文化时期社会的多层次结构，表明“‘产生了植根于公社，又凌驾于公社之上的高一级的社会组织形式’（苏秉琦语——引者注），这已不是一般意义上的新石器时代文化概念所能包容的，文明的曙光已照耀在东亚大地上”①。

然而，由于公元前5000年和公元前2500年前后，这里的气候出现过几次大的干旱及降温，原始农业在这里已经不再适宜，从而迫使这一地区的原住居民去调整和改变生存方式。夏家店文化下层到上层、朱开沟文化一至五段的变迁遗迹，充分证明了这一点。气候和自然环境的变化、生产力的进一步发展，必然促使这里的人类去寻找更适合当地生态条件、创造具有更高劳动生产率的生产方式。于是游牧经济、游牧文化诞生了。

---

① 田广金、郭素新：《北方文化与匈奴文明》，江苏教育出版社2005年版，第131页。

历史上的游牧文化区，基本处于北纬40度以北，主要地貌单元包括山脉、高原草原、沙漠，其间又有一些大小河流、淡水咸水湖泊等。处于这一文化带上的蒙古高原现今冬季的平均气温在-10℃—20℃之间，年降雨量在400毫米以下，干燥指数在1.5—2之间。主要植被是各类耐寒的草本植物和灌木。自更新世以来，以有蹄类为主的哺乳动物在这一地区广泛分布。这种生态条件，在当时的生产力水平下，对畜牧业以外的经济类型而言，其制约因素无疑大于有利因素，而选择畜牧、游牧业，不仅是这种生态环境条件下的最佳选择，而且应该说是伟大的发明。比起从前在原始混合型经济中饲养少量家畜的阶段，逐水草而居，“依天地自然之利，养天地自然之物”的游牧生产、生活方式有了质的飞跃。按照人类学家L. 怀特、M. D. 萨林斯关于一定文化级差与一定能量控驭能力相对应的理论，一头大型牲畜的生物能是人体生物能的1—5倍，一人足以驾驭数十头牲畜从事工作，可见真正意义上的畜牧、游牧业的生产能力已经与原始农业经济不可同日而语。它表明草原地带的人类对自身生存和环境之间的关系有了全新的认识，智慧和技术使生产力有了大幅提高。

马的驯化不但使人类远距离迁徙游牧成为可能，而且让游牧民族获得了在航海时代和热兵器时代到来之前绝对所向披靡的军事能力。游牧民族是个天然的生产军事合一的聚合体，具有任何其他民族无法比拟的灵活机动性和长距离迁徙的需求与能力。游牧集团的形成和大规模运动，改变了人类历史。欧亚大陆小城邦、小农业公社之间封闭隔绝的状况就此终结，人类社会各个群体之间的大规模交往由此开始，从氏族部落语言向民族语言过渡乃至大语系的形成，都曾有赖于这种大规模运动；不同部落、不同族群开始通婚杂居，民族融合进程明显加速，氏族部族文化融合发展成为一个个特色鲜明的民族文化，这是人类史上的一次历史性进步，这种进步也大大加快了人类文化的整体发展进程。人类历史上的一次划时代的转折——从母权制向父权制的转折也是由“游牧部落”带到农耕部落中去的。①

对现今中国北方地区而言，到了公元前1000年前后，游牧人的时期

---

① ［苏］Д. Е. 叶列梅耶夫：《游牧民族在民族史上的作用》，《民族译丛》1987年第5、6期。

业已开始，秦汉之际匈奴完成统一草原的大业，此后的游牧民族虽然经历了许多次的起起伏伏，但总体十分强势，一种前所未有的扩张从亚洲北部，由东向西展开来。于是，被称为“世界历史两极”的定居文明与草原畜牧者和游牧人开始在从长城南北到中亚乃至欧洲东部的广阔地域内进行充分的相互交流。到了“蒙古时代”，一幅中世纪的“加泰罗尼亚世界地图”，如实反映了时代的转换，“世界体系”以“蒙古时代”为开端确立起来，“形成了人类史上版图最大的帝国，亚非欧世界的大部分在海陆两个方向上联系到了一起，出现了可谓‘世界的世界化’的非凡景象，从而在政治、经济、文化、商业等各个方面出现了东西交流的空前盛况”。[①] 直到航海时代和热兵器时代到来之后，这种由东向西扩张的总趋势才被西方世界扭转和颠倒。而在长达约两千年的游牧社会历史上，现今的内蒙古地区始终是游牧文化圈的核心区域之一，也是游牧世界与华夏民族、游牧文明与农耕文明碰撞激荡的最前沿地带。

在漫长的历史过程中，广袤的北方大草原曾经是众多民族繁衍生息的家园，他们在与大自然的抗争和自身的生存发展过程中创造了各民族自己的文化，形成了以文化维系起来的人群——民族。草原各民族有些是并存于一个历史时期，毗邻而居或交错居住，有些则分属于不同历史时期，前者被后者更替，后者取代前者，薪尽而火传。但不论属何种情形，各民族文化之间都有一个彼此吸纳、继承、逐渐完成民族文化自身的进化，然后在较长历史时期内稳定发展的过程。比如，秦汉时期的匈奴文化就是当时众多民族部落文化和此前各“戎”“狄”文化的集大成。魏晋南北朝时期的鲜卑文化，隋唐时期的突厥文化，宋、辽、金时期的契丹、女真、党项族文化，元代以来的蒙古族文化都是如此。

二

蒙古民族是草原文化的集大成者，蒙古文化是草原文化最具代表性的文化形态，蒙古民族的历史集中反映了历史上草原民族发展变迁的基本

---

① 《杉山正明谈蒙古帝国：“元并非中国王朝”一说对错各半》，《东方早报·上海书评》2014年7月27日。

规律。

有人曾用“蝴蝶效应”比喻13世纪世界历史上的“蒙古风暴”——斡难河畔那一次蝴蝶翅膀的扇动引起周围空气的扰动，能量在连锁传递中不断增强，最终形成席卷亚欧大陆的铁骑风暴。这场风暴是由一位名叫铁木真的蒙古人掀起，他把蒙古从一个部落变成一个民族，于1206年建立了大蒙古汗国。铁木真统一蒙古各部之后，首先废除了氏族和部落世袭贵族的权力，使所有官职归于国家，为蒙古民族的历史进步扫清了重要障碍，并制定了世界上第一部具有宪法意义、包含宪政内容的成文法典，而这部法典要比英国在世界范围内最早制定的宪法性文件早了九年。成吉思汗确立了统治者与普通牧民负同等法律责任、享有同等宗教信仰自由等法律原则，建立了定期人口普查制度，创建了最早的国际邮政体系。

13、14世纪的世界可被称为蒙古时代，成吉思汗缔造的大蒙古国囊括了多半个亚欧版图，发达的邮驿系统将东方的中国文明与西方的地中海文明相连接，两大历史文化首度全面接触，对世界史的影响不可谓不深远。亚欧大陆后来的政治边界划分分明是蒙古帝国的遗产。成吉思汗的扩张和西征，打破了亚欧地区无数个城邦小国、定居部落之间的壁垒阻隔，把亚欧大陆诸文明整合到一个全新的世界秩序之中，因此他被称为“缔造全球化世界的第一人”①。1375年出现在西班牙东北部马略卡岛的一幅世界地图——“卡塔拉地图”（又称“加泰罗尼亚地图”，现藏于法国国家图书馆），之所以被称为“划时代的地图”，并非因为它是标明马可·波罗行旅路线的最早地图，而是因为它反映了一个时代的转换。从此，东西方之间的联系和交往变得空前便捷、密切和广泛。造纸、火药、印刷术、指南针——古代中国的这些伟大发明通过蒙古人，最终真正得以在欧洲推广开来；意大利作家但丁、薄伽丘和英国作家乔叟所用的“鞑靼绸”“鞑靼布”“鞑靼缎”等纺织品名称，英格兰国王指明要的“鞑靼蓝”，还有西语中的许多词汇，都清楚地表明东方文化以蒙古人为中介传播到西方的那段历史；与此同时，蒙古人从中亚细亚、波斯引进许多数学家、工匠和管理人员，以及诸如高粱、棉花等农作物，并将其传播到中国和其他

① ［美］杰克·威泽弗德：《成吉思汗与今日世界之形成》，温海清、姚建根译，重庆出版社2014年版，第8页封面。

地区，从而培育或杂交出一系列新品种。由此引发的工具、设备、生产工艺的技术革新，其意义当然不可小觑；特别是数学、历法、医学、文学艺术方面的交流与互动，知识和观念的传播、流动，打破了不同文明之间的隔阂，以及对某一文明的偏爱与成见，其结果就是全球文化和世界体系若干核心区的形成。1492 年，克里斯托弗·哥伦布说服两位君主，怀揣一部《马可·波罗游记》，信心满满地扬帆远航，为的就是找到元朝的“辽阳省”，重建与蒙古大汗朝廷的海上联系，恢复与之中断的商贸往来。由于蒙古交通体系的瓦解和世界性的瘟疫，他浑然不知此时元朝已经灭亡一百多年，一路漂荡到加勒比海的古巴，无意间发现了“新大陆”。正如美国人类学家、蒙古史学者杰克·威泽弗德所言，在蒙古帝国终结后的很长一段时间内，新的全球文化继续发展，历经几个世纪，变成现代世界体系的基础。这个体系包含早先蒙古人强调的自由商业、开放交通、知识共享、长期政治策略、宗教共存、国际法则和外交豁免。①

即使我们以中华文明为本位回望这段历史，同样可以发现蒙古帝国和元朝对我国历史文化久远而深刻的影响。从成吉思汗到忽必烈，历时近百年，元朝缔造了人类历史上版图最大的帝国，结束了唐末以来国家分裂的状况，基本划定了后世中国的疆界；元代实行开放的民族政策，大力促进各民族间的经济文化交流和边疆地区的开发，开创了中华民族多元一体的新格局，确定了中国统一的多民族国家的根本性质；元代推行农商并重政策，“以农桑为急务安业力农”，城市经济贸易繁荣发展，经贸文化与对外交流全面推进，实行多元一体的文化教育政策，科学技术居于世界前列，文学艺术别开生面，开创了一个新纪元；作为发动有史以来最大规模征服战争的军事领袖，成吉思汗和他的继任者把冷兵器时代的战略战术思想、军事艺术推上了当之无愧的巅峰，创造了人类军事史的一系列“第一”、一系列奇迹，为后人留下了极其丰富的精神财富；等等。

统一的蒙古民族的形成是蒙古民族历史上具有划时代意义的时间节点。从此，蒙古民族成为具有世界影响的民族，蒙古文化成为中华文化不可或缺的组成部分。漫长的历史岁月见证了蒙古族人民的智慧，他们在文

① ［美］杰克·威泽弗德：《成吉思汗与今日世界之形成》（修订版），温海清、姚建根译，重庆出版社 2014 年版，第 6、260 页。

学、史学、天文、地理、医学等诸多领域成就卓然，为中华文明和人类文明的发展做出了不可否认的伟大贡献。

20 世纪 30 年代被郑振铎先生称为“最可注意的伟大的白话文作品”的《蒙古秘史》，不单是蒙古族最古老的历史、文学巨著，也是被联合国教科文组织列为世界名著目录（1989 年）的经典，至今依然吸引着世界各国无数的学者、读者；在中国著名的“三大英雄史诗”中，蒙古族的《江格尔》、《格斯尔》（《格萨尔》）就占了两部，它们也是目前世界上已知史诗当中规模最大、篇幅最长、艺术表现力最强的作品之一；蒙古民族一向被称为能歌善舞的民族，马头琴、长调、呼麦被列入世界非物质文化遗产，蒙古族音乐舞蹈成为内蒙古的亮丽名片，风靡全国，感动世界，诠释了音乐不分民族、艺术无国界的真谛；还有传统悠久、特色独具的蒙古族礼仪习俗、信仰禁忌、衣食住行，那些科学简洁而行之有效的生产生活技能、民间知识，那些让人叹为观止的绝艺绝技以及智慧超然且极其宝贵的非物质文化遗产，都是在数千年的游牧生产生活实践中形成和积累起来的，也是与独特的生存环境高度适应的，因而极富生命力。迄今，内蒙古已拥有列入联合国非物质文化遗产名录的项目 2 项（另有马头琴由蒙古国申报列入名录）、列入国家级名录的 81 项、自治区及盟市旗县级名录的 3844 项，各级非遗传承人 6442 名。其中蒙古族、达斡尔族、鄂温克族、鄂伦春族等内蒙古世居少数民族的非遗项目占了绝大多数。人们或许不熟悉内蒙古三个人口较少民族的文化传统，然而那巧夺天工的达斡尔造型艺术、想象奇特的鄂温克神话传说、栩栩如生的鄂伦春兽皮艺术、闻名遐迩的“三少民族”桦皮文化……这些都是一朝失传则必将遗恨千古的文化瑰宝，我们当倍加珍惜。

内蒙古民族文化当中最具普世意义和现代价值的精神财富，当属其崇尚自然、天人相谐的生态理念、生态文化。游牧，是生态环保型的生产生活方式，是现代以前人类历史上唯一以人与自然和谐共存、友好相处的理念为根本价值取向的生产生活方式。游牧和狩猎，尽管也有与外在自然界相对立的一面，但这是以敬畏、崇尚和尊重大自然为最高原则、以和谐友好为前提的非对抗性对立。因为，牧民、猎人要维持生计，必须有良好的草场、清洁的水源和丰富的猎物，而这一切必须以适度索取、生态环保为条件。因此，有序利用、保护自然，便成为游牧生产方式的最高原则和内在要求。对亚洲北部草原地区而言，人类在无力改造和控制自然环境的条件下，游牧生产方式是维持草畜平衡，使草场及时得到休整、涵养、恢复的自由而能动的最佳选择。我国北方的广大地区尽管数千年来自然生态环境相当脆弱，如今却能够成为我国北部边疆的生态屏障，与草原游牧民族始终如一的精心呵护是分不开的。不独蒙古族，达斡尔族、鄂温克族、鄂伦春族等草原世居少数民族在文化传统上与蒙古族共属一个更大的范畴，不论他们的思维方式、信仰文化、价值取向还是生态伦理，都与蒙古族大同小异，有着多源同流、殊途同归的特点。

随着人类历史进程的加速，近代以来，世界各地区、各民族文化变迁、融合的节奏明显加快，草原地区迎来了本土文化和外来文化空前大激荡、大融合的时代。草原民族与汉民族的关系日趋加深，世界各种文化对草原文化的作用和影响进一步增强，农业文明、工业文明、商业文明、城市文明的因素大量涌现，草原各民族的生产生活方式，乃至思想观念、审美情趣、价值取向都发生了巨大变化。虽然，这是一个凤凰涅槃、浴火重生的过程，但以蒙古族文化为代表的草原各民族文化，在空前的文化大碰撞中激流勇进，积极吸纳异质文化养分，或在借鉴吸纳的基础上进行自主的文化创新，使民族文化昂然无惧地走上转型之路。古老的蒙古族文化，依然保持着她所固有的本质特征和基本要素，而且，由于吸纳了更多的活性元素，文化生命力更加强盛，文化内涵更加丰富，以更加开放包容的姿态迎来了现代文明的曙光。

三

古韵新颜相得益彰，历久弥新异彩纷呈。自治区成立以来的近70年间，草原民族的文化事业有了突飞猛进的发展。我国社会主义制度和民族区域自治、各民族一律平等的宪法准则，党和国家一贯坚持和实施的尊重、关怀少数民族，大力扶持少数民族经济文化事业的一系列方针政策，从根本上保障了我国各民族人民传承和发展民族文化的权利，也为民族文化的发展提供了广阔空间。一些少数民族，如鄂伦春族仅仅用半个世纪就从原始社会过渡到社会主义社会，走过了过去多少个世纪都不曾走完的历程。

一个民族的文化发展水平必然集中体现在科学、文化、教育事业上。在历史上的任何一个时期，蒙古民族从来不曾拥有像现在这么多的科学家、文学家等各类专家教授，从来没有像现在这样以丰富的文化产品供给普通群众的消费，蒙古族大众的整体文化素质从来没有达到现在这样的高度。哪怕最偏远的牧村，电灯电视不再稀奇，网络、手机、微信微博业已成为生活的必需。自治区现有 7 家出版社出版蒙古文图书，全区每年都有数百上千种蒙古文新书出版，各地报刊每天都有数以千百计的文学新作发表。近年来，蒙古族牧民作家、诗人的大量涌现，已经成为内蒙古文学的一大景观，其中有不少作者出版有多部中长篇小说或诗歌散文集。我们再以国民受教育程度为例，它向来是一个民族整体文化水准的重要指标之一。中华人民共和国成立前，绝大多数蒙古人根本没有接受正规教育的机会，能够读书看报的文化人寥若晨星。如今，九年义务教育已经普及，即便是上大学、读研考博的高等教育，对普通农牧民子女也不再是奢望。据《内蒙古 2014 年国民经济和社会发展统计公报》显示，全自治区 2013 年少数民族在校大学生 10.8 万人，其中蒙古族学生 9.4 万人；全区招收研究生 5987 人，其中，少数民族在校研究生 5130 人，蒙古族研究生 4602 人，蒙古族受高等教育程度可见一斑。

每个时代、每个民族都有一些杰出人物曾经对人类的发展进步产生深远影响。正如爱迪生发明的电灯“点亮了世界”一样，当代蒙古族也有为数不少的文化巨人为世界增添了光彩。提出“构造体系”概念、创立地质力学学说和学派、提出“新华夏构造体系三个沉降带”理论、开创油气资源勘探和地震预报新纪元的李四光；认定“世界未来的文化就是中国文化复兴”、素有“中国最后一位大儒家”之称的国学大师梁漱溟；在国际上首次探索出山羊、绵羊和牛精子体外诱导获能途径，成功实现试管内杂交育种技术的“世界试管山羊之父”旭日干；还有著名新闻媒体人、文学家、翻译家萧乾；马克思主义哲学家艾思奇；当代著名作家李准……这些如雷贯耳的大名，可谓家喻户晓、举世闻名，但人们未必都知道他们来自蒙古族。是的，他们来自蒙古族，为中华民族的伟大复兴，为全人类的文明进步做出了应有的贡献。

历史的进步、社会的发展、蒙古族人民群众整体文化素质的大幅提升，使蒙古族文化的内涵得以空前丰富，文化适应能力、创新能力、竞争能力都有了显著提升。从有形的文化特质，如日常衣食住行，到无形的观念形态，如思想情趣、价值取向，我们可以举出无数个鲜活的例子，说明蒙古文化紧随时代的步伐传承、创新、发展的事实。特别是自 2003 年自治区实施建设民族文化大区、强区战略以来，全区文化建设呈现出突飞猛进的态势，民族文化建设迎来了一个新的高潮。内蒙古文化长廊计划、文化资源普查、重大历史题材美术创作工程、民族民间文化遗产数据库建设工程、蒙古语语料库建设工程、非物质文化遗产保护、一年一届的草原文化节、草原文化研究工程、北部边疆历史与现状研究项目等，都是这方面的有力举措，收到了很好的成效。

但是，我们也必须清醒地看到，与经济社会的跨越式发展相比，文化建设仍然显得相对滞后，特别是优秀传统文化的传承保护依然任重道远。优秀民族文化资源的发掘整理、研究转化、传承保护以及对外传播能力尚不能适应形势发展，某些方面甚至落后于国内其他少数民族省区的现实也尚未改变。全球化、工业化、信息化和城镇化的时代大潮，对少数民族弱势文化的剧烈冲击是显而易见的。全球化浪潮和全方位的对外开放，意味着我们必将面对外来文化，特别是强势文化的冲击。在不同文化之间的交往中，少数民族文化所受到的冲击会更大，所经受的痛苦也会更多。因为，它们对外来文化的输入往往处于被动接受的状态，而对文化传统的保护常常又力不从心，况且这种结果绝非由文化本身的价值所决定。换言之，在此过程中，并非所有得到的都是你所希望得到的，并非所有失去的都是你应该丢掉的，不同文化之间的输入输出也许根本就不可能“对等”。这正是民族文化的传承保护任务显得分外紧迫、分外繁重的原因。

文化是民族的血脉，内蒙古民族文化是中华文化不可或缺的组成部分，中华文化的全面振兴离不开国内各民族文化的繁荣发展。为了更好地贯彻落实党的十八大关于文化建设的方针部署，切实把自治区党委提出的实现民族文化大区向民族文化强区跨越的要求落到实处，自治区政府于 2013 年实时启动了“内蒙古民族文化建设研究工程”。“工程”包括文献档案整理出版，内蒙古社会历史调查、研究系列，蒙古学文献翻译出版，内蒙古历史文化推广普及和“走出去”，“内蒙古民族文化建设研究数据库”建设等广泛内容，计划六年左右的时间完成。经过两年的紧张努力，从 2016 年开始，“工程”的相关成果已经陆续与读者见面。

建设民族文化强区是一项十分艰巨复杂的任务，必须加强全区各界研究力量的整合，必须有一整套强有力的措施跟进，必须实施一系列特色文化建设工程来推动。“内蒙古民族文化建设研究工程”就是推动我区民族文化强区建设的一个重要抓手，是推进文化创新、深化人文社会科学可持续发展的一个重要部署。目前，“工程”对全区文化建设的推动效应正在逐步显现。

“内蒙古民族文化建设研究工程”将在近年来蒙古学研究、“草原文化研究工程”“北部边疆历史与现状研究”、文化资源普查等科研项目所取得的成就基础上，突出重点，兼顾门类，有计划、有步骤地开展抢救、保护濒临消失的民族文化遗产，搜集记录地方文化和口述历史，使民族文化传承保护工作迈上一个新台阶；将充分利用新理论、新方法、新材料，有力推进学术创新、学科发展和人才造就，使内蒙古自治区传统优势学科进一步焕发生机，使新兴薄弱学科尽快发展壮大；“工程”将会在科研资料建设，学术研究，特色文化品牌打造、出版、传播、转化等方面取得突破性的成就，推出一批具有创新性、系统性、完整性的标志性成果，助推自治区人文社会科学研究和社会主义文化建设事业蓬勃发展。“内蒙古民族文化建设研究工程”的实施，势必大大增强全区各民族人民群众的文化自觉和文化自信，必将成为社会主义文化大发展大繁荣，实现中华民族伟大复兴中国梦的一个切实而有力的举措，其“功在当代、利在千秋”的重要意义必将被历史证明。

（作者为时任内蒙古自治区党委常委、宣传部部长，“内蒙古民族文化建设研究工程”领导小组组长）

目　录

绪　论

第一节　文物与考古学

一　什么是文物学

1. “文物”的概念及内涵

中国是一个历史悠久的文明古国，中华民族的先民在创造光辉灿烂的历史文化的同时，也创造了极为丰富的历史文物。这些珍贵的文物不仅是我国各民族优秀传统文化的结晶，也是我们进行精神文明建设和爱国主义教育的宝贵教材。

“文物”一词，最早见于春秋时代，《左传·桓公二年》：“夫德，俭而有度，登降有数，文物以纪之，声明以发之，以临百官，百官于是乎戒惧而不敢易纪律。”《后汉书·南匈奴传》有“制衣裳，备文物”，这两则引文中的所谓“文物”系指当时的礼乐典章制度中的礼器和祭器，与现今所指“文物”的含义有别。至唐代从骆宾王诗云“文物俄迁谢，英灵有盛衰”，及杜牧诗云“六朝文物草连天，天淡云闲今古同”，可知诗句中的“文物”含义已接近于现代所指文物的含义，即指前代的遗物。北宋中叶以青铜器和石刻为主要研究对象的金石学兴起，此后又扩大到研究其他各种古代器物，而把这些古代器物统称为“古器物”或“古物”。明清时期把文物称为“古董”或“骨董”。这些名称一般均只指金石碑刻青铜陶瓷等可移动的文物，而不包括古建筑、古墓葬、古遗址等不可移动文物。民国时期“古物”和“文物”并用，所指范围比以前广泛得多，其中古物还包括古生物等，如1930年国民政府颁布的《古物保存法》明确规定：“本法所称古物是指与考古学、历史学、古生物学及其他与文化有关之一切古物而言。”至20世纪30年代，“文物”一词又重新出现，如1935年北平市政府编辑出版了《旧都文物略》，同年又成立了专门负责研究、修整古代建筑的“北平文物整理委员会”。这表明当时的“文物”概念已经包括了古建筑等不可移动的文物。

中华人民共和国成立后，政务院和后来的国务院颁布的一系列有关文物的法律、法规均沿用了“文物”一词。我们现在所讲的“文物”，是指人类创造的，或与人类生活相关的具有历史、艺术、科学价值的一切有形的物质遗存。与人类活动无关的自然物质不是文物。

世界大多数国家没有与我国“文物”一词内涵完全对应的词。日本的“文化财”含义与我国的“文物”有一定区别。联合国教科文组织的“文化财产”相当于我国的可移动文物，“文化遗产”相当于我国的不可移动文物。我国的“文物”一词译英文为“Cultural Relics”——文化遗物。我国于1982年11月19日颁布的《中华人民共和国文物保护法》（以下简称《文物保护法》）的英文文本中“文物”一词也是“Cultural Relics”。

《文物保护法》对受国家保护的文物范围有明确的界定。《文物保护法》第二条规定：“在中华人民共和国境内，下列具有历史、艺术、科学价值的文物，受国家保护：

（一）具有历史、艺术、科学价值的古文化遗址、古墓葬、古建筑、石窟寺和石刻；

（二）与重大历史事件、革命运动或者著名人物有关的以及具有重要纪念意义、教育意义或者史料价值的近现代重要史迹、实物、代表性建筑物；

（三）历史上各时代珍贵的艺术品、工艺美术品；

（四）历史上各时代重要的文献资料以及具有历史、艺术、科学价值的手稿和图书资料等；

（五）反映历史上各时代、各民族社会制度、社会生产、社会生活的代表性实物。”

《文物保护法》同时还规定：“具有科学价值的古脊椎动物化石和古人

类化石同文物一样受国家的保护。”

综上所述，《文物保护法》中所列受国家保护的文物可分为两种：一种为不可移动文物，包括（一）项的全部、（二）项中的绝大部分（“纪念物”中少部分为可移动文物）；另一种为可移动文物，包括（三）、（四）、（五）三项。当然不可移动文物只是相对而言，如由于环境的变迁或基本建设的需要，出于保护的目的，经专家严格论证报有关部门批准，履行必要的法律程序，有的古墓葬、古建筑是可以易地搬迁的。

受国家保护的文物必须具备以下条件：

（1）文物必须具有历史、艺术、科学价值。具体到文物个体，不一定同时具备三方面的价值，但必须具备某一方面的价值。例如，广东虎门炮台，并不具有艺术和科学价值，但具有历史价值，是我国人民当时反抗帝国主义的实物见证，当然是珍贵文物。殷墟出土的商代后母戊青铜大方鼎具备了历史、艺术和科学三方面的价值，当然是珍贵文物。

（2）文物必须具有代表性。我国是一个历史悠久的文明古国，地上和地下文物众多，我们不可能，也没必要把所有文物都保护起来，只能选择具有代表性的文物进行保护。例如，我国新石器时代的仰韶文化遗址数量众多，不可能在进行过田野发掘后全部保护起来，只能选择如半坡遗址、姜寨遗址等少数具有代表性的遗址建立遗址博物馆进行保护。大多数遗址在考古工作结束后进行回填。

（3）文物必须具有广泛性。我国幅员辽阔，民族众多，受国家保护的文物应当是我国各时代、各民族、各地区和各个领域的代表性文物。文物的广泛性并不是指某种文物分布地域的广泛，而是指文物种类的广泛。

以上三个条件是相辅相成、互有联系的。一件古器物虽然反映了某地区某一时代的一个方面的历史，但这件古器物并不具有代表性，那么也不可能成为受国家保护的文物。民国时期民间使用的粗瓷碗，反映了民国时期下层人民生活的一个方面，但这种粗瓷碗大量存在，并不具有代表性，因而不是受国家保护的文物。

2. 文物学的定义

文物学是一门以文物为研究对象的专门学科，即对人类在历史发展过程中遗留下来的文化遗迹、遗物作系统研究。各类文物蕴含着各个历史时期人类社会活动、社会关系、意识形态以及人们利用自然、改造自然和当时生态环境的信息。通过对文物的研究，从不同侧面对不同历史时期的政治、经济、军事、文化、艺术、宗教和科学技术发展进行探讨，复原历史，揭示人类社会发展规律，促进当代和未来社会的发展。

文物学属于人文科学，同时又属于历史学的组成部分。它与考古学、博物馆学关系十分密切，又涉及自然科学、工程技术科学、医学等多种学科。

文物学成为一门独立学科，是因为它具有自己的学科特点。

第一，文物学研究对象跨越的时间最长，其年代上限与人类在地球上诞生同时，即从人类制作第一件生产工具开始。其年代下限，各国不尽相同，在国际上起初曾定为1830年，起源于1930年美国的关税条例。该条例规定凡1830年以前制作的艺术品可以免税。此后，不少国家把这一年定为文物年代的下限。后来，美国又在1966年通过了新的关税条例，重新规定“自免税进口报单提出之日起，凡100年以前制作的文物”概予以免税进口，因而目前按国际上一般惯例，文物是指100年以前制作的具有历史、艺术、科学价值的实物。中国从20世纪80年代初开始，其年代下限已放宽至现代。

第二，文物学研究的内容十分丰富，且比考古学研究的内容更为广泛。古代地上的、出土的和传世的及近代乃至当代的文物（含可移动和不可移动的文物）都属于文物学研究的范畴。其中可移动文物包括出土或传世的器物、古书画、古文献、古纸、古代纺织品、古代服饰、古玺印等各种古代遗物，近、现代纪念性遗物，民族、民俗遗物等；不可移动文物包括古遗址、古墓葬、古建筑、石窟寺、历史纪念建筑物、石刻、革命遗址、革命纪念建筑物及近现代有代表性的典型建筑等。此外，文物学还要研究文物分类、文物鉴定、文物价值、文物保护、文物管理（包含文物市场、文物出境）、文物保护技术、宣传教育、文物队伍建设、文物收藏、文物旅游以及文物学的教学，等等。

第三，文物学研究的方法多种多样。例如，分类法、排比法、历史法、逻辑分析和年代测定法等。

第四，文物学研究有其自身的目的。目的之一：研究保管、保护好文物，使文物世世代代相传，因为保管和保护好文物是文物学研究的前提，否则文物学研究就成了无源之水。目的之二：通过对文物的研究，评估文物的价值，阐述各类文物的演变发展过程，进而进行专题研究或专门史研究，获取各类文物所蕴含的各种信息，诠释历史问题，揭示历史规律。目的之三：探讨如何做好宣传工作，使文物更好地发挥教育作用。

第五，文物学研究的最终目标是将历史上遗留下来的一切有价值的物质遗存，置于人类已逝年代的文化背景下，去认识和诠释古代社会，借鉴历史，预测未来，促进人类社会走向不断完善和更加合理的发展道路。

总之，文物学是一门对文物进行系统研究的综合性和交叉性很强的新型科学。

二 什么是考古学

1. 考古学的命名和定义

“考古学”这一名词，是由西文翻译过来的，其最初的使用和出现无从考证。西文中的“考古学”一词，如英文的Archaeology，都源于希腊文的“古代”和“科学”两个词，原意为“古代的科学”，在古希腊时期此词泛指古代史的研究。古希腊先哲柏拉图使用这个词来指代古代学问的概念。到17世纪以后，“考古学”一词才逐渐演变为泛指对一切古迹和古物的研究。

在中国，“考古学”一词最早见于梁启超在1901年出版的史学论著——《中国史叙论》。我国考古学源远流长。在中国早期文献《尚书·尧典》等篇章中皆以“曰若稽古”开篇，“稽古”即考古，但是这里的“考古”与当今所讲的考古意义不同，主要指的是后人叙说古人的事情。东汉时期流行的“古学”，如《后汉书》说马融“传古学”，贾逵“为古学”，桓谭“好古学”，郑玄“长于古学”，实际上是专指古文经学的研究，其中也包括古文字学的研究，但与今天的考古基本无涉。到北宋“金石学”产生，其研究对象仅限于古代的“吉金”（青铜器）和石刻，进而产生了一批著名的金石学家。其中北宋后期的金石学家吕大临所撰写的《考古图》（1092年），是现存年代最早的古器物图录，这里所说的“考古”在意义上与现代的考古已有所接近，但是仍不等于考古，实际上指的是古器物研究。到清代末年，“金石学”的研究领域拓宽，研究对象从铜器、石刻扩大到其他古物，成为真正意义上的古器物学，在一定程度上已经接近现代意义的考古学。应该明确的是，中国的现代考古学不是从本土的金石学或古器物学直接发展而来的，而是源自西方，是在19世纪末至20世纪初西学东渐的大潮中被介绍到中国的。

考古学属于人文科学领域，它的研究目标，从总体上说是研究人类古代社会历史，所以我们认为它和“狭义历史学”一样都属于历史科学的范畴，是历史科学的一个组成部分。而我们理解的历史科学，有广义和狭义之分。广义历史学就是利用所有可以利用的资料来研究人类历史的学科，包括文献史学和考古学。而狭义历史学主要是利用传世的文献资料来研究人类历史，所以也可以称为文献史学。考古学和历史学也是有区别的，这主要体现在两者研究的对象是不同的，考古学研究的对象是实物资料，狭义历史学研究的对象是文献资料。当然，狭义历史学也不排斥其他的资料和手段，如田野调查（近代义和团事迹的民间调查、口述史等）和考古资料等。关于这一点罗伯特·沙雷尔也提到过，他认为，考古学与历史学“都是要获得对人类过去的认识，他们之间的主要区别在于信息来源的不同，而这也导致了研究过去的方法论和技术的差异”①。而作为考古学研究对象的实物资料是通过考古发掘和考古调查获得的。

关于考古学的定义，即什么是考古学，不同时期和不同地区及不同学者的观点是有差异的，到目前为止世界上还没有一个得到公认的定义，众说纷纭。所以，美国华裔考古学家张光直认为不必在字面上尝试给考古学下一个完美的定义，他认为：“现代考古学基本上是实地研究与实地发掘地上与地下材料的学科，是一种特殊的历史学。”②并总结为：考古学是一种具有独特对象和独特技术、方法的特殊的历史学；考古学的研究范围和内容是富于变化的，而且要与许多学科做点或面上的接触；因此，考古工作者的训练应有灵活性和多样性。③考古学的任务是根据实物史料来研究历史，即根据古代人类各种活动所遗留下来的文化遗迹和文化遗物，来研究人类古代社会的历史。这些遗迹和遗物，它们多埋在地下，必须经过科

---

① ［美］罗伯特·沙雷尔、温迪·阿什莫尔：《考古学：发现我们的过去》（第三版），余西云等译，世纪出版集团、上海人民出版社2009年版，第22页。

② 张光直：《考古学专题六讲》，文物出版社1986年版，第53—57页。

③ 张光直：《考古学专题六讲》，文物出版社1986年版。

学发掘，才能被系统地、完整地揭示和收集，然后进行理论性的研究和解释。所以，作为一门科学的近代考古学，其基础也在于科学的田野调查和考古发掘。而作为考古学研究对象的实物资料所包括的内容和范围都极其广泛，甚至可以说是包罗万象。特别是近年来随着自然科学技术在考古学中的广泛应用，获取了许多过去传统方法所不能得到的新资料和新信息。于是，关于如何区分考古学的研究对象就出现了分歧。从宏观上归纳，考古学的研究对象主要包括人类活动产生的（或与人类生存有关的）文化遗物和自然遗物、遗迹以及它们在空间上集合而成的遗址和区域。夏鼐认为考古学的研究对象主要是古代人类活动遗留下来的实物，包括遗物和遗迹两大类。同时也包括能够反映古代人类活动的自然物（如农作物、家畜和渔猎采集品的遗骸）。①张光直认为遗址也是考古学研究资料的基本构成内容，并且特别强调考古遗存之间相互关系的重要性。②作为近代科学，考古学有一套完整严密的方法论，其基本规则是考古发掘中的地层学和考古资料整理中的器物形态学，与自然科学、技术科学领域内的许多学科以及人文科学、社会科学领域内的许多学科有着密切的联系。

考古学研究的范围是古代，应包括没有文字记载和有文字记载的古代。历史越古老，文字记载越少，考古学研究的重要性也越显著，尤其是没有文字记载的史前社会的历史，更要依靠考古学。考古学研究的目的不仅仅是对古代遗迹、遗物进行描述分类，也不仅仅是对遗迹、遗物进行鉴定年代和判明它们的用途与制作方法，其最终目的是用于阐明人类历史发展规律。所以，考古学属于人文科学中的历史科学。尽管它与自然科学、技术科学有密切关系，但不属于自然科学。考古学和依靠文献记载来研究人类历史的狭义历史学，是广义历史学的两个主要组成部分，犹如车的两轮，不可偏废其一。

2. 考古学的功用

实物史料是人类历史长河中同类物品的幸存者，只有这些实物史料能够突破时间和空间的限制，给历史以质感，并成为历史形象的载体。它们

---

① 夏鼐、王仲殊等编：《中国大百科全书·考古学》，中国大百科全书出版社1986年版，第2页。

② 张光直：《考古学专题六讲》，文物出版社1986年版，第54—58页。

是不能再生产的，是任何东西都无法取代的。因此，这些实物史料在研究人类历史中具有重要作用。

第一，创史作用。即用实物史料及研究成果来说明历史。文献史料不可避免存在时代的局限性，不可能对人类历史全有客观记载，尤其是在文字未产生前的史前时代，也就是旧石器时代和新石器时代的人类历史，是没有文献记载的。研究这段历史，就得完全靠实物史料来重建历史。在我国幅员辽阔的国土上，有着丰富的旧石器时代人类化石和文化遗物，也有新石器时代大量的考古学诸文化，都是起着创史的作用。不用实物史料及其研究成果来说明史前社会的历史是不行的，如呼和浩特大窑发现的旧石器制造场，说明距今50万年左右，内蒙古地区就有人类在这里打制生产工具——石器。大窑石器制造场起着创史的作用。再有，我国进入阶级社会，历代统治者为维护自身的阶级利益，一切文献史料多有阶级的偏见，特别是对各少数民族的历史，多不重视并予以歪曲，所以要研究各少数民族的历史，实物资料就显得更为重要。对于内蒙古地区古代游牧民族，如对匈奴、鲜卑、柔然、突厥、契丹、蒙古等民族的历史研究，必须依据内蒙古地区出土的游牧民族的遗物和遗迹来进行，这些实物史料也起着创史作用。

第二，补史作用。即用实物史料或研究成果来补充说明历史，由于文献史料存在诸多局限性，必然在历史记载上存在遗漏和谬误，所以研究历史时，不仅要用文献史料，也需用实物史料，这样研究历史才较全面。如内蒙古哲里木盟奈曼旗青龙山辽代陈国公主和驸马合葬墓，这座墓出土的大量实物史料对研究辽史起着重要作用。陈国公主和驸马身上裹的是银丝网络，而文献记载和过去的发现均是铜丝网络，银丝网络是第一次发现。这个发现能补充说明辽代契丹族人在建国以后封建等级制的情况。按照辽代封建等级制，今后有可能发现金丝网络。大量的实物史料及研究成果，均起着补史的作用。

第三，证史作用。即用实物史料与文献史料相互印证，来阐明历史。由于种种原因和客观条件有限，有些文献史料往往记述不清或不详，从而引起后人的迷惑和误解。考古学的研究，在一定程度上可以起到澄清是非，证实史实的作用。例如，中华民族文化的起源，过去由于我国考古学研究比较薄弱，因此被外国学者所歪曲，宣扬“中国文化西来说”的谬论，随着我国考古事业的发展，可以以充分的事实说明，中华民族的古老文化绝不是外来的，而是我们的祖先创造出来的。又如，过去史学家们对我国夏、商时代的历史也将信将疑。甲骨文的发现和安阳殷墟遗址的发掘与研究，进一步证实了《史记》上有关商代的记载是正确的。不仅在甲骨文上所找出的商代先公先王的名字和《史记》上所记载的大体相符，而且通过殷墟遗址的发掘，还发现了殷王的陵墓、宫殿基址和大批珍贵的由王室所使用的青铜礼器、兵器、玉器等，由此证实了商王朝的存在。

3. 考古学与其他学科的关系

考古学是一门涉及面极广的学科，与许多学科有着密切的关系，因为考古学研究的资料涉及方方面面，在考古学研究过程中必定和许多学科发生关系。这种关系，一方面是考古学本身的研究需要仰赖其他学科在理论、资料和研究方法上的支持协助；另一方面是其他学科也需要仰赖考古学的研究成果，以充实本学科的研究。所以，考古学是一门与人文社会科学、自然科学和现代工程技术科学都有着密切关系的交叉学科。

人文社会科学方面，主要有文献历史学、文化人类学、民族学、社会学、民俗学、人口学、语言学、宗教学、政治学、经济学、美术史学等。这些学科除了可以对考古遗存中与各自有关的内容进行研究和阐释，追溯各自学科的产生和发展历史，同时经过多种学科的整合研究，又可以更为全面地认识和解释人类的历史、社会和文化。考古学一方面要采用这些人文社会科学的研究成果协助本身的研究；另一方面考古学的研究成果又为这些学科提供了研究资料。考古学与有些社会科学还往往有着共同的资料。如考古学和古代美术史就有着共同的资料。古代美术史研究的对象不论是洞穴壁画、岩画、绘画、雕刻、造像、工艺品及神殿、寺庙和石窟寺等，都属于考古学的遗迹和遗物。考古学的类型学和年代学等方法，也适用于美术史的研究。差别是考古学中的美术考古是从历史科学立场出发，把美术品作为实物标本，目的是恢复古代的社会文化；而美术史学者则从意识形态、审美观念出发，来研究美术品。又如考古学科中有许多考古学文化，这是代表同一时期、集中于一定地域、有一定地方特征的遗迹和遗物的共同体。这种共同体，应属于某一特定的社会集团。新石器时代的各种考古学文化类型是体现当时的部落和部落联盟的存在，与民族的形成有关。这些与民族学、民俗学的资料相结合研究，有助于研究人类社会发展的进程、民族的形成和民族间相互关系。可见，人文社会科学各学科与考古学的关系更为密切，考古学的研究往往离不开社会科学中的有关学科，要与之进行综合研究。

自然科学方面，主要有自然地理学、地质学、生物学、生态学、体质人类学、气象学、物理学、化学、统计学、医学等。这些学科一方面可以利用考古资料追溯本学科的发展历史，另一方面可以从不同的角度为考古学研究人类历史提供帮助。考古学中的地层学就是从地质学中借用来的。自然地理学、地质学、气象学和生态学对于协助研究古代文化遗址所在地区的地史和天然资源，从各个方面复原当时的自然环境是必不可少的。生物学和体质人类学则对鉴定发掘出土的植物、动物和人骨遗骸，并判定它们的年代起着重要作用。物理学和化学对考古发掘出来的遗物进行成分分析和性质分析，以及判定年代，也是十分必要的，像陶瓷、钢铁等遗物成分和性质的分析，放射性碳素、古地磁法等断代方法都是考古学研究中经常使用的手段。

现代工程技术科学方面，主要有各种测年技术、各种勘探技术、建筑技术、各种遗物的成分结构检测分析技术、孢粉和植硅体及淀粉粒检测分析技术、各种稳定同位素的检测分析技术、DNA分析技术、计算机科学技术、地理信息系统（GIS）和虚拟现实技术（VR技术）、航空遥感技术、文物保护和修复技术等。这些新的工程技术科学在考古学各个阶段和研究的各个层面中的运用，极大地拓展了考古学研究的广度和深度，为全面研究和复原人类历史提供了强大的科学技术支撑。所以，考古学与自然科学、工程技术科学关系密切，要提高考古学研究水平，重视有关现代科学技术的利用是很重要的。

第二节　中国考古学简史

中国是世界上产生文明较早的国家之一，不论是地上还是地下，都保存了丰富的古代人类的物质文化遗存。中国还拥有浩如烟海的历史文献资料。这些丰富的文化遗物和遗迹及文献资料，为中国考古学研究奠定了基础。虽然中国从春秋战国时代起，就有学者注意进行古迹的考察和对古遗物的研究，但中国考古学产生的时间相对较晚。近代考古学是在鸦片战争以后，随着西学东渐而由西方传入的。到距今1000年的北宋时期产生了具有一定学术系统的“金石学”，不过，这些研究古代器物的学问虽然在一定程度上丰富了中国古代历史的研究，但是最终并没有直接演变为现代考古学。

一 金石学的产生和发展

北宋金石学产生以前，人们对地下出土的古器物和古文字资料比较重视，但在研究方面并没有形成规模和气候。西汉史学家司马迁在《史记·周本纪》中记载了周公的墓葬所在。在《史记·春申君列传》中提到了考察春申君故居的情况。东汉时期，许慎在撰写《说文解字》时，曾注意收录和参考郡国山川出土的钟鼎彝器之上的前代之古文。到西晋太康二年（281），汲郡人盗掘魏襄王墓，出土了一大批竹简，经束皙等人整理、释读和考订，最终编次为古文字的《纪年》《易经》《国语》《穆天子传》等十几种古书共七十五篇。这些古书被后人统称为《汲冢书》。北魏郦道元所著《水经注》，对各地的古城、陵墓、寺庙以及其他史迹多有记述，许多现在已经损毁不存，这些记载仍具有较高的史料价值。南朝还有著录古钱、古器物的专著。唐代的《括地志》和《元和郡县图志》，也调查和记载了许多古遗址、古墓葬和古寺观等遗迹。唐末五代时学术思想上的变化，为宋代金石学的出现打下了基础。

自两汉以来，虽然一直有人在零星地调查、收集和研究古代遗存，但从总体上说，还没有形成一种专门的学问。北宋时期，随着史学和书学的发达和拓墨术、印刷术的发明，首先开始了收藏、著录、研究古代铜器和石刻的风气，从而逐渐形成了一门具有学术系统的科学，这就是金石学。它是在没有科学发掘的情况下，以古代青铜器和石刻碑碣为主要研究对象的一门学科，偏重于著录和考订文字资料，以达到证经补史的目的。北宋仁宗时的经学家、史学家刘敞首开金石学之风气，将自家收藏的11件古器物，摹写铭文，绘画图像，刻之于石，名为《先秦古器物图碑》，并且开创了金石著作的体例。而北宋金石学家吕大临则认为研究古器物，是为

“探其制作之原，以补经传之阙亡，正诸儒之谬误”。

宋代的金石学主要注重对铭文的考释，对器物的形制也给予重视。宋代金石学的研究成果多刊印成书，主要有吕大临著《考古图》，这是现存最早的金石学著作，共收入青铜器、石刻、玉器等古器物234件，也是文献史上第一次出现与当今意义相近的“考古”一词。与宋大观年间由朝廷编著的《宣和博古图》、薛尚功著《历代钟鼎彝器款式法帖》、王俅著《啸堂集古录》等相比，《考古图》意义尤其重大。它是一部体例谨严的重要著录，著录方法是把器物按时代、形制分类，画出器形，并摹写铭文，每件器物都记载容量大小、出土地点、收藏者，最后加以考证和说明。这种著录方法，至今对传世品器物著录仍有参考价值。《宣和博古图》也是依照此方法著录的，是宋代金石学的代表作。这些著作虽然保存了许多有价值的古代铭刻资料，有些著作还记录了一些器物的图像，说明其用途和名称，具有一定的史料价值。但不足之处是未对器物形制、纹饰进行深入研究，也没有进行断代研究，故未能发展成完整的学科体系。

宋代的金石学除对金石铭文考释外，研究对象逐渐扩大到石鼓文、碑刻、汉画像石、古印、封泥、瓦当等，把石刻拓本也当史料看待，进行整理和研究。如欧阳修著《集古录》，赵明诚著《金石录》，南宋洪适研究碑文篆隶，著录有《隶释》《隶续》等。

元明两代，金石学成就不大。元代初期入仕中国的色目人葛逻禄乃贤著《河朔访古记》，是作者自浙江至黄河中下游地区考察古代城郭、宫苑、寺观和陵墓等遗迹及搜求古碑刻的记载。该书将历史地理与考古相结合，突破了一般金石学闭门考证之风。元代朱德润的《古玉图》是现存年代最早的专录玉器的著作，开辟了一个新的研究领域。明代赵崡著《石墨镌华》，也是亲自访求古迹碑刻而成。该书还著录了两通金元国书碑，是最早著录古代少数民族石刻的书。元朝众多的地方志中也开始著录金石、古迹。

清代是金石学的鼎盛期。据容媛《金石书目录》统计，从北宋到清代乾隆时期的700余年间，流传下来的金石学著作仅有67种，而乾隆至民国初年200年间，金石学著作的数量就达到了906种之多，可见金石学在清代发展之快。清代出现许多知识渊博的金石学家。乾隆时梁诗正编撰《西清古鉴》，是著录清代宫廷所藏古代青铜器的大型谱录，收商周至唐代铜器1529件（包括铜镜），而以商周彝器为多。嘉庆时阮元著《积古斋钟鼎彝器款识》，注重收录铜器、铭文摹本，并释文考证。吴大澂著有《权衡度量实验考》，根据古代玉器、钱币、度量衡器和计量铜器的实测，计算古代尺度和衡制的量值，具有较高的学术价值。孙诒让是我国第一个研究甲骨文的人，治学态度严谨，对我国古文字学研究贡献很大。除甲骨文之外，他对陶器也有著录，著有《温州古甓记》等。程瑶田的《考工创物小记》，是根据古器物解释“周礼考工记”，对车、矢、戈、矛、角、爵、钟、鼓等均有论证。徐松撰《西域水道记》，叙述了敦煌莫高窟千佛岩塑像；吴式芬和陈介祺把山东出土的封泥辑为《封泥考略》一书。这时古器物的商品价值日益提高，鉴别真伪也随之重要。陈介祺识别古器物真伪的水平颇高，是当时最长于鉴别古器物的收藏家。

这一时期金石学的研究范围，从以青铜彝器和石刻为主扩展到造像、画像石、墓志、铜镜、兵符、钱币、玺印、砖瓦、封泥甚至明器等领域。清代末年至民国初年，金石学研究的范围很广，不仅包括新发现的甲骨、简牍，而且兼收明器和各种杂器，不再限于文字。罗振玉和王国维是这一时期金石学收藏和研究的集大成者。马衡所著的《中国金石学概要》，则对金石学作了比较全面的总结。清末民初，近代考古学已在中国诞生，金石学研究已逐渐演化为考古学的组成部分，因此金石学作为独立的学科已不复存在。

二　考古学传入中国（1895—1921年）

欧洲的考古学萌芽在15—16世纪文艺复兴时期，当时的人们开始搜集希腊罗马时代的雕刻和铭刻。继而对基督教圣地巴勒斯坦地区的古迹和古物产生兴趣，后来又扩大到对近东地区的埃及、巴比伦等地区的古迹和古物的搜集。

18世纪末到19世纪后期，考古学逐渐趋于成熟。这一时期考古学有如下一些进展。一是寻访古迹古物的兴趣继续发展。当拿破仑远征埃及时，带了研究埃及的学者同行，他们在埃及寻访古迹古物。法国还从意大利、西班牙等地掠夺古物，并在本国建立博物馆。拿破仑派其亲族统治意大利时，曾大规模发掘庞培城址。19世纪初，有人还发掘了希腊罗马的古城址和墓地。二是开始利用古物研究历史。18世纪末，德国的约翰·温克尔曼开始利用古代遗物从事欧洲古代史的研究。他以保存在罗马等地的许多古代美术作品为资料，写成《古代美术史》，因此有人称温克尔曼为“考古学之父”。三是分期、定名的提出。1819年，丹麦皇家博物馆馆长汤姆森对该馆所藏的古物进行研究，认为史前时代的丹麦经历了石器时代、铜器时代和铁器时代三个时期，即著名的“三期论”。此后，延斯·沃尔索又把“三期论”用于野外古迹的分期，并以发掘中所见的地层关系作证明。1843年，他出版了《丹麦原始时代古物》一书，使“三期论”成为史前考古学的研究基础。1865年，英国的约翰·卢伯克使用希腊语的词根，创造了“旧石器”和“新石器”两个名词，把石器时代加以区别，这种分期法和定名法至今仍为考古学界所通用。四是比较科学的田野发掘开始。19世纪中叶，法国的布歇·彼尔特在索姆河畔发现旧石器，并认定其是原始人类所用的工具。1859年，英国考古学家和地质学家核查了布歇·彼尔特的考古发现，证实了他的学说。此后，在欧洲许多地方开展了考古调查发掘工作。五是国际考古学会议的召开。1866年在瑞士召开了第一次“人类学和史前考古学会议”，标志着近代考古学的形成。

20世纪初，欧洲考古工作水平大大提高，将出土物加以排比，分出时代早晚，同时还利用语言学、民族学、体质人类学等学科作辅助去研究考古资料。在考古发掘中，不仅注意贵重遗物，对细小的东西也不忽视，而且采用地质学上的地层学说，使考古学得到空前发展。在希腊、埃及、巴比伦、印度等许多地方，都有重要的发现。欧洲考古学的发展，对我国近代考古学影响很大。

19世纪末20世纪初，随着西学的传入，考古学也被介绍到中国。这个时间跨度大概是1895—1921年。章太炎和梁启超等人在其著述中，都提到过考古学对于研究历史的重要性。

这一时期，在西方列强侵略瓜分中国的狂潮下，一批外国学者也来到中国进行名义上为了科学的田野考古工作，实则是非法进行文物盗掘活动，掠走了中国大批具有重大研究价值的文物。从这些外国学者工作的性质和涉及的领域，大体上可以归纳为三个方面。

一是西方学者在西北地区的一系列考古调查和发掘活动。这些活动的主要内容是对包括城址在内的古遗址、古墓葬和石窟寺进行考察和发掘。

主要有斯文·赫定到新疆考察罗布泊，意外发现并大规模发掘了楼兰古城遗址，揭开了楼兰古城的神秘面纱。英国人斯坦因三次到中国西北地区“考察”，调查发掘了多处古遗址。从敦煌莫高窟掠走各类文物1万余件，其中大部分现收藏于伦敦大英博物馆。此外，还有法国天主教传教士、地质古生物学者桑志华在天津创建了北疆博物院。同时，他在黄河流域中上游地区进行了多次科学考察，同另一位法国耶稣会神父德日进一起于1922—1923年在宁夏水洞沟和内蒙古萨拉乌苏河一带发现了河套人的化石。

二是日本学者在中国东北和中国台湾地区的考古活动。日本第一代考古学家鸟居龙藏曾于1895年、1905年和1908年先后三次在中国东北的辽东半岛地区进行考古调查，发现多处新石器时代和历史时期遗址，这也是中国境内开展时间最早的近代考古工作。在后两次调查中，鸟居龙藏在蒙古草原地区发现了著名的赤峰红山后遗址。

三是安特生在中国的一些考古活动。瑞典著名地质学家安特生（1874—1960）曾任瑞典国家地质调查所所长。1914年应中国北洋政府的邀请，安特生来华担任北洋政府农商部矿政司顾问。后来由于环境的变化，其兴趣逐渐转移到了考古学方面，最终成为研究中国的著名史前考古学家。他于1918年首先发现北京西南郊周口店龙骨山化石地点，并促成了后来的周口店遗址的考古发掘。1921年他主持发掘了河南渑池县仰韶村遗址，仰韶文化的发现和确立，被多数学者视为中国现代考古学的开端。

三　中国考古学的诞生和初步发展（1921—1949年）

这一时期，中国考古学的发展，大体可以分为诞生期和初步发展时期两个阶段。

1. 中国考古学的诞生期（1921—1931年）

这一时期，一些与现代考古学相关联的考古研究机构和学术团体相继成立。1922年，北京大学研究所国学门设立考古学研究室，马衡担任研究室主任。1923年成立了古迹古物调查会，翌年改为北京大学考古学会。1925年，清华大学成立国学科（研究院），李济受聘为该院的人类学讲师。1926年北京大学考古学会与日本东亚考古学会在北京合组“东方考古学协会”，后来中国学者陆续退出，该协会解体。

中国自己从事考古研究的学术机构，是1928年成立的“中央研究院”历史语言研究所，内设考古组，聘李济为首任组长，该研究所在此后的一段时间内主持和引领了早期中国考古学的发展。同年，中国地质调查所新生代研究室及北平研究院史学研究会考古组分别成立。在北平地质调查所成立的新生代研究室，是中国第一个从事新生代地质学、古生物学和古人类学研究的专门机构，主导了周口店的多次发掘和中国其他地区的旧石器时代考古调查、发掘和研究工作。这些是我国考古学诞生的重要标志。从此，中国境内许多地区的田野考古工作也陆续开展起来。

1926年中国现代考古学的开创者李济先生主持了山西汾河流域的考古调查，并发掘了夏县西阴村遗址，这是首次在晋南地区发现仰韶文化遗存。1927年起，北平地质调查所开始在北京周口店遗址进行连续发掘，发现了著名的北京人及其文化遗存。1927—1928年，“东方考古学协会”在大连地区先后发掘了貔子窝、高丽寨和牧羊城遗址。1927—1933年，北京大学考古学会与瑞典探险家斯文·赫定联合组织“西北科学考察团”，中方由徐炳昶（旭生）担任团长，黄文弼主管考古工作，考察团在新疆等地开展了以历史时期考古为主的田野调查工作。

1928年“中央研究院”史语所董作宾到安阳殷墟开展发掘工作，这是中国学术机关独立进行科学发掘的开端。此后至1937年史语所共对殷墟进行了15次发掘，发掘总面积达46000多平方米，发现和发掘了宫殿区和王陵区以及周边的近10处新石器时代和商周时期遗址。同年，吴金鼎调查济南附近的历城县（今山东章丘）龙山镇城子崖遗址发现了以磨光黑陶为特征的新石器时代遗存，并促成了1930年和1931年“中央研究院”史语所考古组由李济、梁思永相继主持发掘了该遗址，发现和确认了一种全新的考古学文化即龙山文化。发掘成果由梁思永主持编写为《城子崖》（1934）一书，这是中国第一部大型田野考古报告。

1930年，梁思永、吴金鼎、刘燿（尹达）主持了河南安阳后岗遗址的发掘，第一次从地层上判定仰韶文化、龙山文化和商代文化遗存依次自下而上堆积的“三叠层”的时代先后。这次发掘结束了自安特生和李济以来在田野考古工作中采用地质学的水平层划分层位的方法，开启了按照文化堆积的实际情况划分文化层的新方法，从而标志着中国考古学度过了其诞生期，开始步入一个较为成熟的新阶段。

关于中国考古学诞生的具体时间，学术界尚未形成统一的认识，目前主要有两种基本观点：一是把1921年安特生发掘仰韶村遗址，进而确立了仰韶文化，作为中国现代考古学诞生的标志；二是把1928年“中央研究院”史语所考古组第一次正式发掘安阳殷墟作为中国考古学的开端。考虑到发掘工作开展的时间早晚、内容以及中国考古学的影响等因素，一般把安特生发现和确立仰韶文化作为中国考古学的开端比较符合中国考古学发展历史的实际。

2. 中国考古学的初步发展时期（1931—1949年）

这一时期中国田野考古的主要成就是北京周口店和安阳殷墟的发掘。继1929年发现第一个北京人头盖骨化石之后，周口店发掘的新成果不断涌现，如北京人制作和使用的石器、用火遗迹的确认，更多北京人化石的发现，属于晚期智人阶段的山顶洞人及其文化的发现和确立等。1937年之后，随着抗日战争的全面爆发，中国较大规模的田野考古工作基本处于停滞状态，只有史语所在西南和西北地区进行一些零星的考古调查和发掘工作，如吴金鼎等在云南苍洱地区的调查和发掘工作以及对四川彭山汉墓和成都王建墓的发掘。夏鼐在甘肃宁定县（今广河县）阳洼湾发掘齐家文化的墓葬，纠正了安特生对甘青地区远古文化分作“六期”的错误。这一时期，中国考古学作为一门新兴学科，已初具规模。虽然当时的田野考古工作限于周口店、殷墟和黄河流域、长江流域的石器时代遗址，对其他地区和历史时期的工作开展较少，存在许多年代缺环和空白地区，也未形成比较完整的体系，但终归开辟了中国自己的考古学科，积累了田野工作方法和经验，取得了一批科学资料，撰写出版了许多论著。郭沫若、董作宾等学者在甲骨、金文、简牍等铭刻资料研究方面取得了新成就，在甲骨、金文研究上做出了突出贡献。

3. 外国人在内蒙古的考古活动

从19世纪到20世纪初期，一些外国人以探险、旅游、考古调查等名义到中国进行考古活动。内蒙古地处我国北疆，分布着大量文化内涵丰富的文化遗存，吸引着大量外国学者前来考察。特别是日本学者率先进入内蒙古进行考古活动。从1927年起，日本的“东亚考古学会”成员就在内蒙古频繁活动。鸟居龙藏曾去赤峰喀喇沁等地调查；滨田耕作等人发掘了赤峰红山文化遗址，并发表考古报告《赤峰红山后》一书；江上波夫等人在赤峰、兴安盟、乌兰察布等地调查，调查了辽上京遗址和辽祖州城址，发掘了赤峰缸瓦窑辽代窑址；江上波夫与水野清一写有《内蒙古长城地带》等书。抗日战争时期，原田淑人调查发掘了元上都遗址；田村实造等人于1939年对被盗过的辽庆陵的东、西、中三陵进行实测、摄影并临摹了东陵壁画，于1953年出版了《庆陵》一书。除日本人外，19世纪以来，俄国的科兹洛夫和英国的斯坦因都先后对内蒙古西部的黑城子遗址做过调查和发掘，攫取了大批文书、印本经籍和艺术品。1930年西北科学考察团也曾在黑城子做过调查；法国的桑志华和德日进于1922—1923年在内蒙古伊克昭盟乌审旗发现并发掘了萨拉乌苏遗址，在此发现了河套人牙化石。

四　中华人民共和国成立后考古学的发展

1949年中华人民共和国成立之后，促进了中国考古学的发展。而随着国家大规模基本建设的展开，又为考古学的振兴创造了前所未有的机遇。中国考古学建立和健全了研究体制，培养了大批考古学人才，广泛开展了考古调查发掘工作，取得了丰硕的研究成果。

首先，考古学研究机构建立并逐步完善。1950年在中国科学院设立了考古研究所，由梁思永和夏鼐担任副所长主持所务，恢复了周口店、殷墟两项中断了十余年的考古发掘工作。各省市自治区和有条件的地市也陆续设立了专业考古机构。1979年以后中央和地方相继成立了各级民间考古学术组织，即中国考古学会和各省市级的考古学会。

其次，培养了大批文物考古人才，使我国考古学的发展进入一个新阶段。从1952年起，文化部、中国科学院和北京大学连续举办四期“考古工作人员训练班”，培养300多名考古人员，并在北京大学创办了考古专业，培养考古专业人才。1972年以来教育部又陆续在十多所综合性大学里设立了考古专业，有的高校还设置了文物与博物馆学专业和文物保护等专业。20世纪八九十年代以来，每年经大学培养的考古专业人员在100—150名。1979年国家恢复了研究生教育，迄今在多数设立考古专业的高校都建立起考古学专业本科、硕士和博士以及文物与博物馆专业硕士的完整考古学人才培养体系。

最后，考古管理工作亦逐渐规范。人民政府在中华人民共和国成立伊始就颁发了保护古代文物的法令，在文化部设立了文物局，主管全国的文物保护工作。目前全国省、市、县三级都设置有文物局、文物处和文物管理所等专门的文物行政管理机构。《中华人民共和国文物保护法》等各种法律法规也相继出台，特别是《田野考古工作规程》的颁布，从法律法规层面规范了各类考古工作的有序进行。在多年实践的基础上，国家文物局启动了对国内各单位的团体考古发掘资格和个人考古领队资格的认定，并颁发相应的证书。这是一项通过制定准入标准来提高田野考古发掘水平的重要举措。

这一时期田野考古工作规模不断扩大，涉及的范围也越来越广，并开展了专业性更强的水下考古、航空考古和实验考古。田野考古发掘水平不断提高。20世纪50年代以来，先后创办的文物考古类期刊有20余种。数量庞大的各种综合性和专题性田野考古报告、不同类别的文物考古研究文集和考古学教材以及翻译出版的外国考古学书籍出版数量，呈快速增长趋势，昭示中国考古学的繁荣和发展。

经过几代考古人的努力，到20世纪80年代中国考古学的体系基本建立起来。大量的各时代的考古调查发掘，取得非常可观的成就。旧石器时代考古方面，发现了大量旧石器遗存，初步建立起距今200万年以来的旧石器时代考古学编年体系。新石器时代考古成就更为显著，发现和发掘了大量新遗址，其研究成果直接导致中华古代文化单一起源的传统观点被多元一体的新思想所取代。在苏秉琦“区、系、类型”思想指导下，结合^{14}C测年数据，逐步梳理归纳出距今万年以来中国新石器文化发展的基本架构和文化谱系。与青铜时代相对应的夏商周时期，在确定殷墟晚商文化的基础上，向前追溯，发现了二里岗早商文化、与夏代相当的二里头文化和新砦期文化；向后延伸，在周王朝及众多诸侯国的统辖区域开展了考古工作，基本建构起夏商周三代的纵横时空关系。围绕着古代社会的发展一系列研究工作，其中早期人类及其文化的产生与发展，农业的起源及其类型和发展，文明起源、形成和发展，是中国古代社会研究中经久不衰的课题，均获得稳步推进并不断有新的突破。

20世纪80年代后期至今，是中国考古学的快速发展和转型时期。这一时期，考古材料增加，特别是能够反映社会分化和社会结构变迁的墓葬资料大量被发现，以文明起源和形成研究为代表的古代社会研究逐渐成为考古学研究的主流，开始在考古学上提出探索中国文明起源和形成的问题。大约从90年代中期开始，中国考古学步入转型的阶段，表现在考古学研究的重心由以年代为主的文化史研究占主导地位，逐渐向全面研究古代社会的方面转变。在构建中国新石器时代至青铜时代早期文化序列和发展谱系的考古学研究中，运用了考古地层学和考古类型学的研究方法，并达到了预期目标。采用聚落考古的研究方法进行中国文明起源研究取得了明显进展。利用各种现代科学技术手段，最大限度地从考古遗存中获取更多的有用信息，已经成为当今考古学的基本内容之一。于是，地质地貌学、土壤学、植物学、动物学、医学、人类学、化学、物理学、材料学、GIS和VR技术、航空遥感技术等，为考古学研究古代社会提供了多方面的有用资料和技术支撑。

中国考古学已进入张光直所说的“理论多元化，方法系统化，技术国际化”的新时代，环境考古、聚落考古、全息考古学以及多学科合作发掘与研究等工作广泛开展起来，同时不少学者再次把目光投向国外，寻求国际考古学的最新进展和前沿动向，翻译介绍当代国外考古学理论与方法。进入21世纪，多学科合作进行考古调查和发掘工作已成为一种比较流行的做法，中国考古学家也开始系统地考虑时空框架以外的诸如人类的起源、中国文明起源、农业起源等具有国际性意义的重大学术问题，并已建立起具有广泛影响的动物考古学、植物考古学、聚落考古学、环境考古学、科技考古学等以新技术、新方法为特征的一批新兴边缘学科。

内蒙古地区的文物考古事业也得到了发展。1954年春内蒙古自治区成立的“内蒙古文物工作组”，是内蒙古文物考古研究所的前身，内蒙古的文物考古工作从此起步。60多年来，全区各盟市现均有文物考古的管理和保护机构，不少旗县也成立了文物保管所。全区各级文博单位从业人员总计有2000余人。内蒙古的文物考古工作成就辉煌：1986年通辽奈曼旗青龙山陈国公主墓被评为“七五”期间全国重大考古发现；赤峰兴隆洼遗址（1992年度）、赤峰耶律羽之墓（1992年度）、赤峰宝山辽墓（1994年度）、乌兰察布市集宁路遗址（2003年度）、通辽市吐尔基山辽墓（2003年度）、赤峰市二道井子遗址（2009年度）、通辽哈民史前聚落遗址（2011年度）、辽上京皇城西山坡佛寺遗址（2012年度）、内蒙古正镶白旗伊和淖尔墓群（2014年度）、内蒙古多伦辽代贵妃家族墓葬（2015年度）等重大考古发掘被评为“全国十大考古新发现”。截至2014年，内蒙古已查明的不可移动文物古迹总数有2.1万多处，世界文化遗产1处（元上都遗址）；全国重点文物保护单位141处；自治区重点文物保护单位494处；旗县级重点文物保护单位700余处。内蒙古有各级各类博物馆183座（其中国办135座、民办37座、行业11座）；全区博物馆拥有文物藏品50余万件（套）。内蒙古地区文物古迹众多，有待文物考古工作者进一步发掘和探索。内蒙古地区的文物考古事业如日方升。

第三节 考古调查与发掘

考古调查与发掘是考古学研究中获得实物史料必不可少的手段。如果不通过考古调查和发掘，文物的史料价值往往很难是科学的。要得到科学的资料，文物考古工作者必须要进行考古调查与考古发掘。其中考古调查是在基本不破坏原有遗存的情况下，对遗存进行考察、记录，有选择地收集暴露出来的遗物，并确定需要保护的遗存。发掘是通过挖掘来揭露遗迹，收集遗物，记录各种现象。在实际工作中，往往一次工作兼有几种工作方式，如调查中常配以试掘，正式发掘也要边发掘边调查。

一 考古调查

在我国辽阔的土地上，遗留下了极其丰富的古代遗存。为了确定古代各个时代文化遗存的分布和性质，从面上掌握它的概况，以便确定如何有目的、有重点地保护和有计划地发掘，首先要进行考古调查。考古调查是发现并初步勘察古代遗址以及遗迹遗物的考古学方法，一般分为普通调查和专题调查。普通调查又称为“文物普查”，指由政府文物管理部门组织的摸清当地文物资源状况的调查；专题调查通常是指由学术机构组织为解决某一学术问题而进行的调查。这两种调查方式是中国长期以来采用的田野调查方式。区域系统调查作为聚落考古的基础，近年来在中国受到重视并逐渐推广。

1. 普通调查

普通调查是指采用常规的地面勘查，对一个地区不同时代的所有遗存进行全面调查，是中国现阶段考古调查的基本方式之一。按照工作步骤的先后，普通调查的形式大致可以分为普查和复查两种具体形式。

普查就是全面调查，即对某一地区所有不同时代、不同性质的文化遗存进行普遍调查，掌握全面情况，并制出该地区较详细的跨越分布图和登记表，对该地区的文物收藏保存状况也要进行了解。普查既能使我们基本掌握本地区文物古迹分布情况，又能使我们更好地保护古代文化遗产。普查一般事先没有确定的目标，所以要分地段、沿河流、循山脉进行调查，尽量不要有遗漏的地方。普查工作的规模有大、中、小之别，就国家层面而言，截至目前，已分别于20世纪50年代、80年代和21世纪初在全国范围内组织开展了三次大规模的文物普查，对全国的古代文化遗存有了较为全面的了解，为进一步的保护和研究工作提供了科学依据。

复查是在普查某些古代遗存的基础上进行进一步的调查，也就是有重点的调查，目的是补充和证实普查的材料。在调查或普查中发现的某些遗址，虽然已初步了解了它的内涵与学术价值，仍需进一步确认和核实有关信息，就需要进行复查。复查一般由相关的专业人员组织进行，复查中不仅包括仔细的地面勘查，有时还需要结合钻探和小面积试掘。

普查首先要做好调查前的准备工作。对调查的地区的历史做详细的了解，查阅有关的史书、游记和县志等文献资料，对历史传说也应作为参考。同时要准备好调查地区的地图、必备的调查表格、记录本、绘图纸、笔、指南针、皮尺、钢卷尺、小标签、标本袋、包装纸、小铲等考古必备工具。

在实地调查中，要善于观察、处处留心，粗心大意往往会遗漏重要线索，调查时一方面要向群众进行宣传，并通过座谈和个别访问了解当地古代文化遗物、遗迹的情况和有关传说，另一方面更要亲自到实地查看。天然或人工形成的地层断面是观察有无遗存的重点，河岸向阳高地、河流二三级阶地、平地高起的岗地，以及植被长势与周围不同的地方，都可能有遗址或墓葬。另外，还要分析有关地名，如石虎山、八面城、王坟沟等，可能意味着有古代遗存。做好普查工作，还应该对各种不同的文化遗存的特征和分布规律有一定的了解，如石器时代遗址，当时人们不会掘井，他们的住地不得不分布在靠近水源的地方，但河流经历多年的冲刷，河床两边必然形成不同高度的台地，时代越早的遗址必然在较高一层台地上。又如汉以后墓葬往往有石碑、石人、石兽，遇到这样的石雕，就有可能调查到汉以后的墓葬。

采集遗物是普通调查的必备环节。地表散落的遗物要有选择地采集，要采集那些特征鲜明且具有代表意义的遗物标本。要注意选择能够反映器物整体形态的口沿、足、底等关键部位标本。采集遗物要按地点分别装入标本袋，并附以标签，填写清楚采集地点、时间。

在调查中要认真做好文字记录，要详细记录调查过程、区域和收获；为了使记录精确，要充分利用文字、绘图和摄影三种手段，要步测草绘遗址所在位置和保存情况，要照相留资料，并且向当地群众征集该遗址出土文物和其他古物，在遗址中还要采集标本并编号。总之务必记清古文化遗址的地点和具体位置，同时尽可能精确地记录古遗址的全面现状并记清调查日期和调查人姓名，这是进行普查工作应做到的基本要求。

古代遗存是多种多样的，有山洞中的居住遗址，平地上的聚落遗址，古代的城址，手工业作坊，矿山采炼遗址，古代建筑物或残迹，碑刻造像(即雕像)，摩崖题字或摩崖石刻，古代墓葬，等等。有的在地表能看见或隐约看见，有的则掩埋在地下。一般地表上的遗存容易发现，但深山里的摩崖石刻或岩画等均需通过当地群众了解线索。对隐约可见的城墙或建筑台基，需仔细观察人工夯筑的痕迹。调查时要细心区别天然的或近代的东西。对地下遗存调查时，首先也得靠地表的观察来判定。可以通过三个途径，首先根据地势和地面的迹象来初步判断有无古代遗存的存在。其次是根据暴露在地表上的遗物来判断。最后要根据地表断面所包含的古代遗存的情况来判断。地层断面有天然和人工的断崖、渠道的侧壁、路沟等。综合使用以上三种方法，不仅能发现不同种类的遗存，而且还可以初步确定所普查的地下遗存的性质、年代和范围。

2. 专题调查

专题调查又称重点调查，就是根据某一目的进行的调查，是为了解决某一学术课题对一个地区的某类遗存专门开展的调查，如长城调查、夏文化调查。随着中国考古学的发展，专题调查在各地不断展开，已成为中国现阶段考古调查的主要方式之一。根据中国近些年来的考古实践，专题调查的形式主要有文化谱系调查，其比较成功的实例是1959年徐旭生主持的夏文化调查，这次调查成功地发现了登封王城岗、偃师二里头等重要遗址，由此拉开了考古学探索夏文化的序幕。大遗址调查，其具有代表性的是洹北商城的发现。1997—1999年，根据殷墟以北洹河北岸诸商代遗存所透露的信息，有关单位在这里开展了数次专题调查，再加上后续的勘探和发掘，终于发现了这座商代中期的都城遗址。2006年7月13日，洹北商城与1930年发现的殷墟王陵区以及小屯宫殿宗庙区一道，作为中国第33处世界文化遗产项目的核心内容，被列入世界文化遗产名录，成为该项世界文化遗产的一部分。此外，还有环境考古调查、冶金考古调查、盐业考古调查和建筑考古调查等，这些都是专题调查的形式。

3. 区域系统调查

区域系统调查亦称“系统区域考古调查”，俗称“拉网式调查”，是为了满足宏观聚落形态研究的需要，对某一研究区域进行全面的、系统的、拉网式的一种考古学调查方法。一般由多名调查队员组成，队员间隔20米左右，拉网式地踏勘调查区域的所有地面，采集可供断代的陶片，简单处理裸露的灰坑、墓葬、文化断面等，并将发现的遗物和遗迹现象标注于大比例尺的地图上。调查中使用全球定位仪（GPS）确定遗址准确位置。同时，通过调查初步了解遗址分布范围、文化堆积以及遗址存在状况等。这种调查方法在我国的兴起，最初是与美国考古学者联合开展起来的，方法程序和技术是从美国引进的。近年来该方法在中国开始被普遍采用，典型的例子有河南巩义区域系统考古调查、内蒙古赤峰区域系统考古调查、山东日照两城镇地区调查等。

1999—2008年，由内蒙古自治区文物考古研究所、吉林大学边疆考古研究所、中国社会科学院考古研究所和美国匹兹堡大学组成的中美联合考古队，在赤峰地区开展了区域性考古调查研究。中美联合考古队调查面积1234平方千米，发现兴隆洼文化、赵宝沟文化、红山文化、小河沿文化、夏家店下层文化及上层文化、战国、汉及辽代遗址共1583处，设采集点3286个，采集陶片59623片。这项研究所涉及的地区位于黄河流域早期国家的核心地带之外。此调查获得了丰硕的成果，极大地促进了聚落考古和古代社会研究。

二　考古发掘

考古发掘是考古学研究中一项极其重要的工作，它是获取实物资料和各类研究信息的基本手段，与考古调查相比，发掘工作能够全面、准确、系统地获取遗址的各类信息，为深入探讨古代社会及其历史发展过程提供丰富的资料。同时，考古发掘工作本身也意味着对遗址的破坏，具有一次性和不可逆的特点。发掘工作的好坏是决定考古资料是否科学的关键，它直接关系到研究工作的成败。所以田野发掘技术是每一个考古工作者必须掌握的基本功。如果不具备田野发掘的基本知识和技能，就无法进行考古学的研究。不了解考古发掘的基本知识，就看不懂考古发掘报告，利用考古发掘资料往往也有困难。

我国的考古发掘目前主要是配合基本建设进行，抢救那些因基建工程而即将遭到破坏的地下古代遗存。目前以基建考古为主流，被动发掘为多数。进行科学发掘，既有利于基本建设，又有利于文物考古事业。考古发掘不是单纯取得文物，更不是挖宝。如果只是单纯取得文物而不重视其他遗迹和遗物，发掘就失去了科学性。出土物没有地层关系，则降为传世品，这种滥掘是考古发掘中坚决禁止的。

考古发掘主要包括遗址发掘和墓葬发掘。不论哪一种发掘，都必须先做好发掘前的准备工作。除了资料、仪器、装备和工具等准备之外，发掘工地的主持人必须具有较高专业知识水平和发掘技术。发掘要在报请政府主管部门批准后方可进行。发掘地点确定后，首先要做考古钻探工作。钻探是考古调查的重要方法之一。钻探主要是使用探铲进行人工勘探，是初步确定遗址地下埋藏文物遗迹的野外考古手段，是田野考古工作内容之一。主要是通过探铲（洛阳铲）向地下打孔带上来的泥土及其包含物来判断地下遗迹、遗物堆积状况。在遗迹埋藏过深的情况下，偶尔使用小型地质机械钻来完成。钻探能具体了解大型建筑基址、大型墓葬、古城的形状、古墓群的分布、村落遗址的范围等，能帮助确定最适宜的发掘区，也常用来作为发掘的辅助手段。

钻探过程中通过对土样的土质、土色的辨别，进而判断地下各种遗迹和地层堆积的性质及分布状况。所以要能够对不同土质进行区分。

生土：是未经人类扰动过的自然土层，一般比较纯净，不含人类活动的痕迹和遗物。生土位于人类活动过的文化层的下面，堆积深厚，钻探时应尽量探到生土为止，以判断整个遗址文化层的堆积厚度。

灰土：人类居住和集中活动的地方，土质中往往有较多的有机物腐殖质和生活垃圾及灰烬等，使土色呈现黑、灰、褐、绿等不同颜色，往往包含各种遗物。

夯土、路土和居住面：这种土因为人类的长期活动或者有意夯打，土质较硬，夯土和路土都会分层，但夯土较厚较硬包含物较少，路土则由若干薄层构成，类似“千层饼”，包含的遗物略多。居住面是人类直接居住所为，有多种人工迹象，烧面、白灰面、抹泥面等，也有单纯踩踏形成的硬面。

红烧土和草木灰：人类的用火行为会将泥土烧成红色，并且会产生大量的黑灰色的草木灰烬，有红烧土或草木灰的地方可能是灶、房址、灰坑等。

墓葬五花土：人们在修建墓葬时，会挖穿若干质地颜色不同的土层，下葬后，又会把先前挖出来的土无序地填回墓穴中，经过挖出和回填的混合过程，墓穴填土就会呈现五颜六色的特点，五花土往往是判断墓葬存在与否的重要标志。

遗址中保存下来的各种遗迹和遗物，直接反映了古代人类生活的各个方面的情况，遗址发掘在考古发掘中占首要地位。遗址发掘难度也比墓葬发掘大。遗址发掘首先要对遗址文化层的形成有个基本概念。人类在一个地方长期居住、活动，使天然的地表形成一层熟土，其中夹杂着人类有意抛弃的垃圾和无意失落的物品，这种含有文化遗物的熟土层，就是考古学中所说的“文化层”。有的地方古代人类居住后就一直荒废了，它的文化层就只有一层。暂时荒废后又有人来居住，上述的堆积过程一次次反复进行，就形成一个个文化层堆积相叠压，晚的文化层压在早的文化层之上。不同时代的文化层外表的区别是土质土色的差异，本质的区别是不同时代文化层包含不同时代的文化遗物。考古学上把土质土色有别的层次叫作“地层”。地层不等于文化层，同一时代文化层有可能土质土色分成不同的层次，但发掘时首先要注意地层，然后靠地层中含有的全部遗物来分析区别文化层。由于文化层的形成过程受到不同时期、不同类型、不同程度的人类活动或自然力的影响，其质地、包含物也会相应发生变化。考古工作者通过对土质土色的观察，将它们划分为上下叠压的不同堆积层次，这种代表不同时期、不同成因上下叠压的文化层之间的关系，在考古地层学上称为叠压关系。还有在同一地点，如果后人在前人废弃居址上修建房屋、墓葬，打水井、挖窖穴等，这些活动都可能会破坏早期的遗迹和文化层。这种晚期遗迹对早期遗迹或文化层的破坏及其关系，就是考古地层学上所说的打破关系。这些叠压、打破关系直接反映着文化遗迹的保存状况，并非所有的古代遗迹都能完好地保存至今。在人类长时间居住、活动的地区，除了那些规模宏大、坚固耐久的遗迹外，多数遗存更容易在人类不断地使用、废弃、埋藏过程中被破坏。而在人烟稀少的地区，一些古代遗迹往往容易较好地保存下来。

遗址发掘一般采用“探方发掘法”和“探沟发掘法”，探方发掘法多用于大面积的发掘，探沟发掘法则多用于小面积的试掘或对某一古建筑物、城墙遗迹进行解剖等特殊场合。

探方发掘首先要“布方”，即在发掘区的地面划定探方的界线。探方必须是正南、北或正东、西方向的正方形，探方之间留出宽度相等的“隔梁”把整个发掘区划成相等大小的方格网。习惯上把每个探方的西南角木桩作为探方测量的基点，其北边、东边要预留出一米宽的隔梁，东、北隔梁相交的1米×1米的单位称为关键柱。设置隔梁和关键柱是为了分隔探方，便于通过探方四壁剖面及时观察堆积的变化，控制发掘进度和运土。在发掘过程中，如果隔梁和关键柱妨碍了对地层和遗迹现象的整体观察，则可在绘制了剖面图之后打掉隔梁和关键柱，各探方之间要考虑进度的一致性，每个探方及相邻探方的平面现象与剖面地层必须吻合。

布方要成为水平平面，为了便于测量绘图，探方边线一定要正南北向。探方的大小是根据遗址的性质、规模、文化层厚度和发掘人员的技术水平来确定，探方越大，要求技术水平越高。一般采用边长5米见方的探方，也有一些大型遗迹采用边长10米见方的探方，如城址、大型宫殿建筑、大型墓葬等。

布方后要对探方进行编号，探方的布设与编号有多种方法，都要求预先在测绘的遗址平面图上规划布方。小型遗址的发掘通常采用整体编号法。这种方法是在测绘出遗址平面图后，把选择好的基点标在图纸上，然后在图纸上对整个遗址进行探方划分，并从最靠近基点的探方开始，遵循从左到右、自上而下的原则编号，如T1、T2、T3等，这种编号法的优点在于整个遗址的探方编号有序不乱。

中型遗址的试掘或者局部发掘，可采用预留编号法，这种布方编号法是将探方的网格覆盖遗址全区，每排探方单独编号，如遗址从南向北的第一排探方自西向东为T11、T12、T13……分别表示的是第1排第1、2、3……探方；第二排探方自西向东为T21、T22、T23……这种编号方法就是将遗址区内的探方预先规划出来，多次发掘也不会引起混乱。

大型遗址的发掘，常用坐标编号法。坐标编号法是用纵横坐标来确定每一探方的位置与编号。一般用4位数字来确定探方的位置，前两位数字表示横坐标，后两位数字表示纵坐标，如T0101、T0204、T0306等，这样一来，一个发掘区就可以划分为99×99=9801个探方。这样，无论何时、何人主持发掘，均可使用同一编号系统，便于原始记录的统一和查找。

开始发掘时先要去掉现代耕土层或扰乱层，进入古代文化层后就要细心挖掘。探方的四壁要保持垂直。铲探方平面时，要按地层看土色变化，辨明遗迹现象，力求水平。遗迹发掘清理的原则是：首先，应按照文化层序和打破关系，自上而下依次发掘清理。其次，以平剖结合的方式，根据探方内土质土色的变化确定文化层或遗迹的分布范围。再次，遗迹的清理应尽量保持其原始形态特征，且应采取解剖型或留隔梁的清理方法，即先清理遗迹的1/2或1/4，然后再清理剩余部分，以便根据文化层序及内涵特征揭示其建造与废弃埋藏过程。处理大面积文化层堆积时，应该保持各部分进度一致，如果遇到反映人类行为迹象的活动面，应作为重要遗迹现象加以完整揭露。最后，重要的遗迹单位应及时实施必要的现场保护措施，或实施整体提取保护，无论能否合理解释，发掘过程中都需要注意对各类现象进行观察与记录，以免信息遗漏。

发掘过程中对遗物要仔细找，严格按地层和遗迹单位分别存放，联系相邻的探方，统一地层，对发掘区要全局统一管理。发掘中记录工作比调查记录更为重要，因为发掘结束时，全部古代遗迹就消失了，所以在发掘中必须一层层按地层仔细发掘并做好科学的记录，直到生土层，否则就失去了发掘的意义，成为对文化遗址的破坏。记录有三个方面，即文字记录、影像记录、绘图记录，缺一种都不全面。影像是利用照相机、摄像机等器材记录考古发掘过程、遗迹现象的技术手段。影像记录留下的重要遗迹真实可靠，但影像不能记录遗迹的细节部分，细节部分就得靠绘图记录，所以绘图是最常用、最重要的记录手段。绘图记录包括发掘区的总平、剖面图，各个发掘探方的总平面图、四壁剖面图，各层下遗迹平面分布图，各个遗迹的平、剖面图。目前遗址绘图主要有现场手绘、摄影测绘和三维激光扫描测绘三种方式。文字记录更是不可缺少，从发掘一开始，就要做探方发掘日记、遗迹文字记录、探方记录等记录。在工地上要逐日记录，不能间断或拖延，要天天及时记录，一直坚持到发掘结束。这些记录是发掘的原始记录资料，是第一手资料，有的还要整理填入记录表格。

墓葬发掘也是考古发掘的重要对象。墓是指安放尸体的场所及设施，葬是指处理尸体的方式。墓葬是常见的一种遗迹，墓葬中的古代人遗体，是研究历史、人种、族别的重要资料。墓葬中的古代遗物往往比遗址中保存得更完好，有的墓葬中有壁画、墓志或古代的文献、书籍，能提供多方面的研究资料。墓葬是古代社会生活的一个侧面。

墓葬发掘比遗址发掘简单一些。墓葬个体发掘主要有以下工作：发掘封土、寻找墓口（或墓室）范围、确定层位、挖掘填土、清理墓室（包括清理葬具、随葬品和骨架）、解剖墓的结构、拍照与绘图。若有壁画或画像石、画像砖，还要对画像进行保护。

不同历史时期的墓葬，有不同的埋葬制度和埋葬习俗，葬法、葬式、使用的葬具以及墓葬的结构均不相同，所以不同结构的墓葬，发掘方法也不一样。土坑墓要先找墓口，画出坑口线，在线内10厘米内挖掘。挖掘到20厘米深以后，开始找墓坑边缘。继续下挖，到棺椁葬具处，清理葬具，再清理骨架和随葬品。墓中的随葬品在未绘图、照相、做文字记录前，不可随意移动和取出。记录完毕后可取出随葬品，清理到墓底。清理时要注意人骨架之下有无腰坑、有无存放随葬品的二层台、壁龛和洞室。

洞室墓结构复杂多样，最早的洞室墓是在土坑竖穴的底部向侧面掏洞，把死者安放在洞中。后来发展到有深入地下的斜坡墓道，有砖室墓和石室墓等，在山崖上掏洞叫崖墓。复杂的洞室墓还有甬道、墓门，墓室有前室、后室、主室、侧室，小的侧室又叫耳室等。有的犹如地下宫殿。洞室墓上往往有封土堆，清理时不一定将上面的封土堆全部挖掉，可根据洞室墓保存情况而定。保存好的可先找墓道、墓门，取出填土后，由墓门进入墓室进行发掘清理，但一定要注意安全，确无墓顶塌陷的危险，才可入墓室清理。如果墓室是被盗掘毁坏的，顶部坍塌的墓室，内部常有大量淤土，应该把墓边框全部清理出来，然后从破坏口向下发掘。葬具、人骨架和随葬品的清理原则与土坑墓相同。被盗的墓，主室被洗劫一空，但墓道内的随葬品、耳室等处有时会幸免劫难，有时会有惊人发现。

各种墓葬发掘都要做好发掘记录，文字记录、摄影、绘图都要认真做好。结构复杂的墓葬，除绘制平面图外，还得绘制若干个剖面图，以展示墓葬的形制。墓葬的分布往往对探讨当时社会性质等有重要意义，所以，对大规模墓地进行发掘时，要测绘墓地的总平面图，并标明方向。

第四节　室内整理与研究

不论是发掘遗址还是发掘墓葬，考古发掘结束之后，需要在室内将采集到的遗物、样品和各类文字记录进行系统梳理，然后以工作报告的形式予以公布。这个过程一般称为室内整理。室内整理与研究的任务和目的可以归结为三点：首先，为了保管收藏，对遗物进行必要的保护性处理。其次，为了开展研究、向公众宣传和防止实物损坏散失后失去科学价值，把实物资料转化成记录资料。为此，一方面要尽可能详细了解单个遗存的各方面客观属性，另一方面要尽量弄清诸遗存之间的纵向关系（时代早晚、渊源关系等）和横向关系（空间分布、有机联系等），这是开展其他研究的基础。最后，为编写考古报告做好各种准备，对实物和记录进行系统的画图、拍照、分类和检测分析。

根据各类遗物的不同特点，采取不同的清理方法。遗物出土的地层、单位（如灰坑、房子）和具体位置，是确定年代、研究历史的重要依据，所以，任何遗物出土时，必须在标签上记录下它们的地层、单位，分别收藏，千万不可混淆，重要的遗物要用坐标记录好出土的具体位置。遗物搬运、存放过程中造成的标签遗失、污损或混乱，都可能造成遗物原始信息的永久性丢失。因此，确保标签保存完好、信息无误，是遗物整理工作的基本原则。

由于遗物长期埋藏在地下，表面常附着有泥土、锈蚀等物质，不便获取遗物形态、纹饰和制作方法、使用痕迹等信息。因此，对遗物的清洗是必要的。一般情况下，需用清水、毛刷对陶瓷器表面进行清洗，对于一些要进行实验室分析的遗存，应根据实验室工作人员的建议决定是否进行清洗。清洗时要严格按照地层和遗迹单位进行，以既能去掉泥土又不致损伤器物为原则。对于金属器、丝织物、漆器等易发生质变的遗物，应邀请相关专家采取封闭保护措施，选择合适的试剂、工具进行清洗、加固。每件遗物清洗处理后，先登记编号，然后在标签上填好出土文物号、出土地点、探方号、地层和单位等，一式两张，包里、包外各一张，将遗物包好。整理时要尽可能保持遗物的完整性和本来面貌。弄清遗物间的本来联系，这样才能保证利用遗物进行研究的科学性。

遗物的室内整理还要针对不同种类的遗物采取保护和修复措施。一般在工地上先进行尽可能的保护和修复并登记，待发掘工作结束，再进行进一步保护和修复，同时要做卡片登记，卡片上附带遗物照片和器物绘图。陶瓷器修复一般由发掘者进行操作；青铜器、铁器、漆器、瓷器、纺织品等遗物修复，则需要请专业技术人员进行操作。陶器修复一般是将可拼对的陶片用鱼珠胶等进行粘接加固，然后依器物形状用石膏填补缺失部分。若遗迹出土遗物数量甚少，应全部作为研究标本。而一些大型遗址或墓地发掘陶瓷片数以万计，可拼对、修复的完整器也成百上千，则可在形制相同或相近的器物中挑选相对完好、具有代表性的标本。陶瓷器残片标本一般选择口沿、圈足、器底及器足、器耳、把手和代表性纹饰等。标本选择应按堆积单位进行，尤其是具有明确叠压、打破关系的堆积和遗迹单位。标本选定后，需要以探方为单元，按地层或遗迹、堆积单位统一编号。

室内研究是确定调查或发掘所得的实物资料的文化性质、时代以及与其他文化的关系，并对该文化所代表时代的社会生活等各方面进行探索，综合各方面资料，以真实的、完整的科学资料为依据，去认识历史。所以，室内研究既是田野工作的总结，也是为达到认识历史的目的而进一步深入研究的开始，在复原人类历史方面，考古学往往要和其他学科相配合，如史前时代的考古工作就须与地质，古人类以及古动物学等学科配合。考古发掘有些资料也是由其他学科承担研究任务，如甲骨文、金文、竹简等，是由历史学或古文献学承担研究任务。

出土资料的整理是将经过清洗处理和初步整理的器物依性质分类和定名，然后断定器物年代。根据发掘记录（包括文字、绘图和照片三个方面），将器物和地层关系及遗迹现象综合研究，来断定地层及各遗迹的年代，了解该地区人类在不同时代的生活情况。对器物的分类，除了分大类外，还应分小类，最后还要分类型，大类要依据器物质料、用途来分。小类根据一个因素或几个因素的综合来分。最后分类型时要使每一类型有它独有的特征，既不要包括太多，也不要略掉应分的类型。器物定名要尽量采用大家通用的名称，不要找意义不明的冷僻字来命名。

断定器物年代的方法有很多种，主要有：（1）依据出土物中有纪年文字的材料来断定年代，如器物上的铭文或墓志等。同地层、同墓葬出土的器物并非都是同时代的。晚期地层或墓葬中会有早期的东西，所以不能用个别器物的孤证来断定地层和墓葬的年代。（2）用地层学的研究来断定年代。先决定地层中层次的前后，再以各地层中可以确定年代的器物为标准，来推定各层的年代。地层中如有不同时代的器物，则要以最晚的年代来断定。这种方法也要注意孤证不足为凭。（3）以器物类型学的研究来断定年代，即考古工作者常用的器物排队。在每一小类中按照器物形式的差异排类型，结合地层排出该种器物的演化过程，设法推断出这个系列中最早的或最晚的一环。不同小类平行排的系列越多，所得出的结论越可靠，如一个遗址中的陶器（大类）进行排队，将罐、盆等（即小类）结合地层，平行分类型排队，器物类（小类）越多，这种排队越可靠。陶器的变化是比较快的，所以在类型学研究中，陶器是很重要的断代标本之一。（4）用现代科技方法来断代。如采用现代科学技术放射性碳素断代法、古地磁法、树木年轮法、热释光法、裂变径迹法、钾氩法等测定年代。这些利用现代科学技术进行断代的方法比较先进，今后应发展推广。

除以上室内研究整理工作外，还要对各种器物的用途、制造的方法等方面进行分析研究，用以阐明各个历史时期的生产技术发展水平。

田野考古发掘和资料整理与研究工作结束之后，需要将资料和研究成果及时发表，供公众和各领域研究者了解、利用。目前，考古发掘资料发布的主要方式是考古报告。此外，发布考古发掘资料的途径，还有新闻报道、现场论证会、专题展览、专题网站等。将调查、发掘的成果以报告的形式直接与读者见面，并为考古学综合研究以及史学等其他有关学科提供研究资料。小型遗址或小规模发掘，一般应在当年全部完成考古报告编写并发表，对于多年连续发掘的大规模遗址、墓地，可将每次发掘的主要收获编写成年度工作简报及时发布。

考古报告编写要求系统、全面、准确、客观地报道野外和室内整理所取得的遗存资料，行文要简明扼要、层次清楚、查阅方便。不论是调查报告或发掘报告，都应将遗址的地点、文化层、遗迹和遗物分别讲清楚，报告中要写有室内整理研究的分期和判断的年代，以及主要收获、解决的问题和遗留的问题等。这些报告是考古学进行综合研究的资料。综合研究的内容很多，如可以综合研究某一考古学文化的性质、文化内涵、文化分期编年以及与其他考古学文化的关系，该文化分布范围、时代以及族属等。综合研究要利用文献、民族学等有关学科的资料，以求解决人类历史上的问题来认识历史。总而言之，整理资料、编写报告以及综合研究是考古学研究不可缺少的任务。

第五节 我国的文物保护法律法规

文物是人类在社会活动中遗留下来的具有历史、艺术、科学价值的遗物和遗迹，它是人类宝贵的历史文化遗产。我国政府十分重视文物保护事业，中华人民共和国成立以来，发布了一系列有关文物保护的法律、行政法规和行政规章。1950年5月24日，中央人民政府政务院颁发了《禁止珍贵文物图书出口暂行办法》的命令，并于同日颁发《古文化遗迹及古墓葬之调查发掘暂行办法》的命令，规定了古迹、珍贵文物、图书及稀有生物保护办法。6月16日，政务院颁发关于征集革命文物的命令；7月6日，政务院颁发关于保护古文物建筑的指示。从1950年到1951年两年内，我国政府发布的有关文物保护工作的命令、指示、办法和通知等就达10项。1961年3月4日，国务院发布了《文物保护管理暂行条例》，这是对中华人民共和国成立以来十多年中发布的一系列有关文物保护的法令和政策执行情况以及文物保护工作经验进行总结，并使之系统化，形成的我国第一部比较全面的文物保护法规。

1967年，中共中央、国务院、中央军委及时下达了《关于中央保护国家财产，节约闹革命的通知》（1967年3月16日）和《中共中央关于在无产阶级文化大革命中保护文物图书的几点意见》（1967年5月14日），对于纠正破坏文物，避免我国的珍贵文物继续被毁坏起到了重要作用。

党的十一届三中全会以后，我国的法律体系逐渐完善，文物保护事业也逐渐走上了法治化的轨道。在《中华人民共和国宪法》《中华人民共和国刑法》以及《中华人民共和国刑事诉讼法》《中华人民共和国民法通则》《中华人民共和国继承法》《中华人民共和国城市规划法》《中华人民共和国环境保护法》等法律、法规和行政规章中，都有有关文物保护的条文。

《文物保护管理暂行条例》和我国政府历年来颁发的法令和政策中有关文物保护的条文，构成了于1982年11月19日第五届全国人民代表大会常务委员会第二十五次会议通过，1982年11月19日全国人民代表大会常务委员会令第十一号公布实施的《中华人民共和国文物保护法》的基础。《中华人民共和国文物保护法》是在总结了30多年来我国文物保护管理工作正反两方面经验教训的基础上，结合新形势下文物工作的新情况、新问题，对1961年颁布的《文物保护管理暂行条例》做了重大修改和补充后制定的。它是我国颁布的第一部文化行政法，是我国文物工作的法律依据。

《中华人民共和国文物保护法》把“文物”一词及其所包括的内容用法律形式固定下来。其范围实际上包括了可移动的和不可移动的一切历史文化遗存，在年代上已不仅限于古代，而是还包括近代、现代、当代。其后历经了1991年、2002年、2007年、2013年、2017年五次修改，《中华人民共和国文物保护法》日趋完善。根据2017年11月4日，第十二届全国人民代表大会常务委员会第三十次会议审议通过了关于修改《中华人民共和国文物保护法》的决定，第五次修改调整了6条内容，并决定自2017年11月5日起施行。第五次修改增加了文物保护措施，未经批准的不得开工建设的禁止性条款；申明文物商店禁止销售文物的范围，给文物商店经营划定了不能逾越的红线；省、自治区、直辖市人民政府文物行政部门应当建立文物购销、拍卖信息与管理系统；国有文物收藏单位之间因举办展览、科学研究等需借用馆藏文物的，应当报主管的文物行政部门备案等六个方面逐一进行调整。

《中华人民共和国文物保护法》（以下简称《文物保护法》）共有八章

八十条，分别为：总则、不可移动文物、考古发掘、馆藏文物、民间收藏文物、文物出境进境、法律责任、附则。《文物保护法》对我国各级文物行政管理部门的法律地位和职责范围给予界定，对文物的所有权给予法律认定，规定了我国公民和组织在文物保护管理活动中的权利和义务以及公民和组织违反《文物保护法》应承担的责任。《文物保护法》第七条明确规定："一切机关、组织和个人都有依法保护文物的义务。"因此，《文物保护法》是我国一切公民和组织，尤其是文物工作者从事文物活动的行为准则。

《文物保护法》规定我国的文物所有权分为三种形式，即国家所有、集体所有和私人所有。《文物保护法》第五条规定："中华人民共和国境内地下、内水和领海中遗存的一切文物，属于国家所有。古文化遗址、古墓葬、石窟寺属于国家所有。国家指定保护的纪念建筑物、古建筑、石刻、壁画、近代现代代表性建筑等不可移动文物，除国家另有规定的以外，属于国家所有。"《文物保护法》第六条规定："属于集体所有和私人所有的纪念建筑物、古建筑和祖传文物以及依法取得的其他文物，其所有权受法律保护。文物的所有者必须遵守国家有关文物保护的法律、法规的规定。"

为加强对文物的保护和管理，根据《中华人民共和国文物保护法》和《中华人民共和国民族区域自治法》的有关规定，结合内蒙古自治区的实际，2005年12月1日内蒙古自治区第十届人民代表大会常务委员会第十九次会议修订通过《内蒙古自治区文物保护条例》。《内蒙古自治区文物保护条例》规定：在自治区行政区域内，地上、地下和水域中的一切文物，属于国家所有，明确了文物保护的范围；确定了内蒙古自治区各级文化行政管理部门主管本行政区域内的文物工作；明确了在自治区行政区域进行考古发掘工作的合法程序。条例第四章专门对民族文物保护作了相关规定，突出强调了民族文物的征集和收藏工作的重要意义。条例作为贯彻执行国家文物法规、法令、通知的细则，与国家有关文物法律法规相一致，同时又从内蒙古自治区的实际出发，针对文物保护管理工作中遇到的具体问题，做出了针对性的规定，贯彻了原则性与灵活性结合的原则，是符合内蒙古自治区实际的地方性文物法规。条例的颁布保障了内蒙古自治区的文物保护和管理工作有序开展，打击、制止了各种破坏文物的违法犯罪活动，保护了祖国的珍贵文化遗产。

第一章　旧石器时代考古

第一节　考古术语解释

一　考古学文化

与一般所指的文化概念不同，考古学文化是用以表示考古遗迹中（特别是原始社会遗迹中），属于同一时期、有地方特征的共同体，即同一文化的遗存，有着同样形式的生产工具、用具（包括陶器群）和相同的制作技术（包括纹饰、陶色、陶质）等。考古学文化名称的命名方式有多种，大多以第一次发现（或发掘）典型遗址的地点来命名，如仰韶文化，是以其1921年首次发现于河南省渑池的仰韶村而得名；龙山文化，是以其1928年首次发现于山东省济南市历城县龙山镇城子崖（今属济南市章丘区）而得名。也有以该文化的某一遗物的特征来命名，如仰韶文化中有彩陶，就把仰韶文化称为彩陶文化。但是，马家窑文化中有彩陶，内蒙古的红山文化也有彩陶，彩陶这种具有特征的遗物，仅是一种文化中的一个特征，它不能概括一种考古学文化的全貌，所以用特征来命名考古学文化是不科学的。再如有人称“细石器文化”，是以细小的打制石器为特征的一种文化，但是这种细小的石器延续的时间很长，从旧石器时代晚期，中石器时代直到辽墓中都有发现，分布范围又很广，东北、内蒙古、宁夏、新疆、西藏等地都有发现，国外也有发现。各地文化面貌和年代有所不同，所以用某一遗物特征来命名容易造成混乱，是不科学的。现在用第一次发现或发掘中典型遗址的地名来命名考古学文化。

二　遗址

指古代人类遗留下来的城堡、村落、居室、作坊和寺庙等基址。

三　遗物

指古代人类在生产和生活中遗留下来的实物，包括劳动生产工具、武器、生活用具和装饰品等。

四　遗迹

指古代人类在生产生活过程中遗留下来的聚居村落及其相关的建筑遗迹和埋葬死者的坟墓等。其中建筑遗迹包括住宅、宫殿、寺庙、墓葬、窖藏、手工业作坊等。

五　遗存

指古代人类留下来的遗物和遗迹，二者概括为遗存。

六　文化层

指由于古代人类活动而留下来的遗迹、遗物和有机物所形成的地层。每一层代表一定的时期。根据文化层的包含物和叠压关系，可以确定遗址各层的文化内涵和相对年代。

七　聚落遗址

随着原始农业和家畜饲养业的出现，古代人类过着定居生活形成的聚居村落即原始的聚落。这种聚落遗址多在靠近水源的高地上，如内蒙古敖汉旗新石器时代早期文化兴隆洼文化遗址，就是一个排列整齐的聚落遗址。

八　竖穴墓

墓葬的构造形式之一。自地面向下掘一穴作墓室，葬入后用土填实。这种墓制从新石器时代开始，一直流行至今。多为长方形竖穴墓。

九　屈肢葬

古代葬式之一。埋葬时，死者下肢屈折，上肢也往往屈折。主要流行于新石器时代和东周、秦。

十　俯身葬

古代葬式之一。埋葬时，死者俯身面向下，四肢直伸。

十一　瓮棺葬

古代的一种葬俗。用陶瓮或陶罐作葬具，一般用来埋葬儿童。我国新石器时代至汉代较为流行。

十二　随葬品

随同死者葬入墓中的物品。因时代、地区、社会身份和地位的不同，随葬品的种类和形制也有所差异，反映当时的社会生活习俗等。

十三　相对年代和绝对年代

史学与考古学记载历史事实的年代时，对不能确定绝对年代，而仅能比较和推定先后年代时，称为相对年代。对可以确定具体年代者，如公元纪年、距今年数或世纪数者，称为绝对年代。

十四　放射性碳素断代（碳-14、^{14}C）

这是利用现代的科学技术来测定考古标本年代的方法。采用这种方法是考古研究中的一次革命。这种断代方法是美国芝加哥大学的利比在1950

年发明的，我国在20世纪70年代开始采用此方法来测定考古标本，1972年《考古》杂志复刊后，公布了几批考古标本数据。我国首先是在中国社会科学院考古研究所设实验室进行测定，现除考古研究所以外，北京大学、国家文物局文物保护研究所、地质研究所等单位也相继建立了实验室，发表了一些测定数据。

利用^{14}C测定考古标本年代，使世界考古学进入一个新的时代，尤其是对没有文字记载的各种文化的断代更为重要。过去断代是建立在推断上的，根据地层叠压关系，只能说明其相对年代，绝对年代多为推断的。如仰韶文化过去推断距今5000年左右，龙山文化推断距今为4000年，这些推断用^{14}C测定大体没有错误，相差无几。但^{14}C测定方法使用后，对欧洲史前学的编年体是个大震动，测定结果推翻了过去的编年体，不得不重新建立新的编年体，所以人们称之为“放射性碳素的革命”。

^{14}C测定的原理是因为天然放射性^{14}C是宇宙射线中的中子与大气作用而产生的。它扩散于整个生物界及与大气发生交换关系的一切含碳物质中。这些物质中的^{14}C一方面按放射性衰变规律减少，同时又不断从大气中吸收新的^{14}C，因此始终保持相对的平衡，即^{14}C在碳素中所占的比例几乎保持恒定。但是某一物质一旦与大气停止交换，如生物的死亡，则该物质中的^{14}C只能按放射性衰变规律减少，大约每隔5730年减少为原有量的一半。这样根据含碳标本中^{14}C放射性的减少程度，可测定该标本死亡的年代。因此，凡是考古遗址中出土的木头、木炭、贝壳、泥炭、毛发、织物等，都可作为标本进行测定，其中以木头、木炭最好，准确度较高。一般对一文化遗址的断代，靠一两件标本是不行的，要测定一批标本才能最后断代。

^{14}C测定年代对考古学是件大事，过去一些争论不休的问题，通过测定就解决了。如仰韶文化中的半坡类型和庙底沟类型，它们同属仰韶文化系统，但分布地域不同，没有地层叠压关系，因此对这两类型的早晚争论不休，经^{14}C测定，半坡类型五个标本的平均值为B.C.4800—B.C.4300年，庙底沟类型平均值为B.C.4000年，从而证明半坡类型早于庙底沟类型。

第二节　旧石器时代考古学

旧石器时代是人类历史的开始阶段，指人类开始使用打制石器到磨制石器出现之前的历史时期，大约从300万年前开始，至公元前1万年结束。旧石器时代的地质年代属于第四纪的更新世，可以分三期，即早期、中期和晚期。旧石器时代早期约从300万年前至50万年前。这时期人类处于直立人（或称猿人）阶段。直立人又可分为早期直立人和晚期直立人两个发展阶段。早期直立人延续的年代为距今300万年至200万年或150万年，晚期直立人生存的年代为距今200万年或150万年至20万年或15万年。中国发现的旧石器时代早期的人类化石和石器文化大多属晚期直立人阶段。旧石器时代中期约从50万年前至5万年前，地质年代属于中更新世末至晚更新世初，人类已由晚期猿人阶段发展到早期智人（古人）阶段，人类的社会形态由旧石器时代早期的血缘婚和血缘家庭阶段发展到氏族制的早期阶段。旧石器时代晚期为5万年前至1万年前，晚期人类处于“新人”阶段，也称晚期智人（现代智人），人类社会由母系氏族制度的开始阶段进入确立阶段。

旧石器时代考古学是一门涉及面非常广的学科，以研究生产工具、古人类体质为主，它与第四纪地质学、体质人类学、古动物学、古植物学、古气候学及生态学等学科均有密切的联系。

旧石器时代考古学以旧石器、古人类、古生物为三个重要组成部分，而研究人类的起源、生产工具，是探讨人类社会发展的重要内容。石器的制作、类型和用途是了解旧石器时代考古学的基础。

一　旧石器的制作过程

旧石器的制作一般分以下三个步骤。

1. 选择原料

能用来打制的石料应有一定条件，不是所有的岩石和矿物都可以打制石器。打制石器的石料要结构致密，有一定的硬度，一般为6°—7°，还要有一定的韧性和脆性，这样不至于因打制的石器太软无法使用或石料太硬不能打制成合乎要求的石器。根据以上要求，燧石和火石是打制石器最理想的原料，但我国这两种石料产地范围小，在我国常见的旧石器原料是脉石英、石英岩、砂石和角页岩等。在旧石器时代，人类一般还没有能力在原生地层中开采石料，石料的来源多是在附近拾取河滩、湖滨的砾石，或是捡取山上岩石露头边上的碎块。

2. 打制石片

打制石片是制造石器的重要工序。打制石片时，要利用石料上的平面或在石料上打出一个平面，这个平面称作“台面”。然后根据要求在台面上选择一个点用直接打击法或间接打击法猛烈打击，打下合乎要求的石片。台面上打击的着力点称作“打击点”，承受打击的石料叫“石核”，打击下来的称“石片”。石片从石核上剥裂下来的一面，称为“劈裂面”，石核上相应的剥落面称为“石片疤”。石片的台面与劈裂面所形成的夹角为“石片角”。人工打击下来的石片，一般均保留小部分台面，同时在劈裂面上，留有打击点、波纹、裂痕等，一般形如半锥体，这些特征是区别人工打制石片和因河流卷动石块相撞产生的石片、山崖坍塌石块崩裂下来的石片或因冷热不均剥离下的石片等自然破碎石片的标志。

打击石片的方法通常有两种：直接打击法、间接打击法。直接打击法在旧石器时代一直被应用；间接打击法在旧石器时代晚期才广泛使用。直接打击法主要有四种：锤击法、石砧法、砸击法、摔击法。间接打击法是一种进步的打片方法，通过用带尖的木棒和骨棒作为中介物来打击石片。用这种方法打击的石片都比较薄而且狭长，边缘也比较锋利，形似树叶，故称“石叶”。用石叶制作的石器称为石叶工具。

3. 第二步加工修整

将打击下来的石片修整成一定的形制，使刃部更加锋利，手部利于把握，成为适合于一定用途的工具，叫作“第二步加工修整”。未经过第二步加工修整的石片，不能叫石器。

石片经过加工修整的叫“石片石器”，石核经过加工修整的叫“石核石器”。第二步加工方法有用石锤敲击石片边缘，或用木、骨角棒压削石片边缘。修整中，沿劈裂面或背面一面加工的叫“一面打击”，从两面交替打击的叫“交互打击”。旧石器时代早期是用石锤敲击修整石器。旧石器时代中、晚期，人类普遍用骨棒或木棒来修整石器。从旧石器时代晚期起，常用各种“压制法”修整石器。用压制法修理出来的石器很精致，一些精美的“细石器”都是用压制法进行第二步加工修整。

二 旧石器的类型和用途

旧石器时代的每一件石器基本上都是一器多用，不易分清它们的类型与用途。由于人们使用石器时，石器的刃部和尖部会留存使用痕迹，所以根据刃、尖部的形状，按用途进行初步的分类，主要有下列几种。砍砸器：也叫万能手斧。石器体型较大，一般是石核石器，为较粗重的有刃器。从旧石器时代初期就制造这种石器，它可以用来敲击坚果、挖掘块根或剥取兽皮。刮削器：根据形状不同又可分为圆头刮削器、凹刃刮削器、凸刃刮削器等，这种工具多用石片制成，延续的时代也很长，用途与砍砸器大致相同。尖状器：用石核或石片制作，可以用于扎、钻、刺等作用的尖形石器。尖状器在旧石器中期后较为盛行。石球：呈球形的石核，无刃，是打猎用的工具。石球在旧石器中期之后较为盛行。雕刻器：用石片制作，形状类似现代的木刻刀。是用来切割、雕刻的工具，种类很多，旧石器时代中期出现，晚期多见。

石器是远古人类常用的工具，判断石器的真伪需要注意以下两点：首先要注意观察石器上有无使用痕迹，有时要借助光学仪器，有使用痕迹者是石器，既无使用痕迹又无制作痕迹者便不是石器。其次要注意研究石器的发现地点的周围环境与自然条件，如果石器发现地点既没有可靠的地层又没有人类居住或活动的痕迹，就需要严格地审核石器的真伪。

第三节 内蒙古自治区旧石器时代文化

旧石器时代是草原文化的滥觞时期，内蒙古自治区发现了人类活动的遗迹和遗物，说明这里也是人类的重要起源之地。到目前为止，内蒙古自治区发现的旧石器时代遗址共有30余处，其中以呼和浩特东郊发现的大窑遗址、鄂尔多斯发现的萨拉乌苏遗址和乌兰木伦遗址、锡林郭勒发现的金斯太洞穴遗址等最为典型。

一　远古的遗存——呼和浩特市大窑石器制造场

中华人民共和国成立以前，内蒙古境内旧石器时代遗址，仅有法国人德日进、桑志华等人发现的属于旧石器时代晚期的河套人及其文化。中华人民共和国成立后，虽然做了一些工作，却仍属薄弱环节。20世纪70年代初发现了呼和浩特市保合少乡大窑村石器制造场，将内蒙古自治区的历史提前到距今约50万年前的旧石器时代早期，填补了内蒙古自治区旧石器时代考古的空白。

保合少乡大窑村，位于呼和浩特市郊区东北33千米，地处大青山前的丘陵地带。村前有兔儿山、骆驼山和凤凰山，它们由太古代的花岗片麻岩和燧石构成，燧石是制造石器最理想的原料。从旧石器时代早期起，猿人就陆续到这里开采石料，制造石器，使这里成为一处规模较大的石器制造场。内蒙古考古工作者于1973年发现该遗址，1976年在兔儿山北坡二道沟正式发掘，1979—1983年又在四道沟东区和西区进行发掘，并且多次进行调查，确定该处为旧石器时代早期、中期和晚期的石器制造场。[①]近年来，中国科学院古脊椎动物与古人类研究所联合内蒙古博物院对该遗址做了进一步发掘。

大窑石器制造场遗址的地层，是我国华北地区典型的地层。1979—1983年发掘时，在四道沟发现地层剖面，长24米，厚15米，除表土外，分为三层叠压在一起。下层是更新世中期的离石黄土，直接覆盖在形成于年代古老的太古代的花岗片麻岩（即基岩）上，这是内蒙古的古陆。中层是更新世中期到晚期之间的过渡黄土，上层为更新世晚期的马兰黄土。三层黄土分别代表不同的年代，自下而上每一层都出土了许多旧石器时代早期、中期以至晚期的人类文化遗迹和遗物。1976年的发掘，在马兰黄土地层中出土了人类文化遗迹和遗物，定为石器制造场，为旧石器时代晚期，并命名为“大窑文化”。1979—1983年的发掘，发现此处遗址属旧石器时

①　汪宇平：《呼和浩特市大窑村南山四道沟东区旧石器时代石器制造场1983年发掘报告》，《史前研究》1987年第2期。

代晚期，正确的全称为大窑旧石器时代石器制造场。大窑四道沟的典型剖面，在地质学、考古学以及人类学上都具有重要意义，它说明了几十万年以来人类社会的发展和自然界的变迁。地质学上把此地层命名为“大窑组”，为内蒙古呼和浩特市到山西的典型地层剖面。

大窑遗址为旧石器时代石器制造场，精制的石器很少，多为半成品、废品或石片、石核和石渣、石块等。大窑人工打制的石制品和人类活动的遗迹主要分为早、中、晚三期。

（1）旧石器时代早期（距今约70万年至10万年前）：1978年曾在离石黄土地层中发现了人工打制的石片。1979—1983年发掘时，在离石黄土地层中，出土大量石制品。四个探方中，共出土600余种石制品，器型有石核、石片、刮削器、尖状器、砍砸器、石锤、石球等，尤以刮削器、钻具、尖状器和雕刻器等为多，其中又以刮削器最多。刮削器分为凸刃、凹刃、直刃、圆刃、两边刃、多边刃以及龟背形等，器形均偏大。除石制品外，还发现带有人工开采痕迹的大石块，其四周散有约70块小石块，这些小石块尚可与大石块对上人工锤击下来的剥落面痕迹。同时还发现了当时人类用火的灰烬一堆。地层中伴随出土的动物化石为肿骨鹿上、下颌骨烧骨化石和马的化石。肿骨鹿化石是第四纪的动物化石。

（2）旧石器时代中期（距今约10万年至5万年前）：中期的石制品是1979—1983年发掘时才发现的，在中层过渡黄土中出土200余件石制品以及较多种动物化石。石制品器型有石核、石片、刮削器、尖状器、砍砸器和石锤等。其中仍以刮削器占绝大多数，形制同早期，分为凸刃、凹刃、圆刃、两边刃、多边刃和龟背形等。器形仍较大，但却略小于早期，有逐渐变小的趋势。动物化石是以啮齿类为主，有拟布氏田鼠、蒙古黄鼠、三趾跳鼠、五趾跳鼠等多种，此外还出土有鸵鸟蛋残片化石和犀牛化石。1984年又在一至四探方西侧进行发掘，地层与东面上、中、下三层相衔接，在中层也发现有人工开采的大石块有20多块，这些石块可能为当时人们使用的石料。

（3）旧石器时代晚期（距今5万年至1万年前）：这个时代的出土物主要是以1976年发掘大窑村的二道沟石制品为主。1979—1983年发掘时，在四道沟地层中出土物较少，仅出土石片和刮削器各一件，而二道沟却出土大量石制品。无论是二道沟还是四道沟，均出自马兰黄土地层中。二道沟的马兰黄土层随山坡高低而厚度不一，部分地段在马兰黄土中还夹有黑炉土型埋藏土，这种土是更新世晚期马兰黄土层中特有的埋藏土。这个时期的石制品多种多样，有石核、石片，有多种砍砸器和刮削器，此外还有石锤、石球等。石制品中仍以刮削器为绝大多数。器形略小于中期，但仍偏大。制作以锤击法为主，尖状器不发达。龟背形刮削器是独特的典型器。马兰黄土地层中，还出土了多种哺乳动物化石，如普氏羚羊、原始牛、赤角鹿、披毛犀等化石。普氏羚羊动物化石在我国东北、北京周口店以及内蒙古鄂尔多斯萨拉乌苏河的更新世晚期地层中也有出土。

近年来内蒙古博物院对大窑遗址11号、25号洞进行了考古发掘。[①]第11号洞清理出人工打制石制品27件，其中石锤3件、石片15件、刮削器7件、砍砸器2件。25号洞发现人工打制石制品49件，其中石核9件、石片17件、刮削器18件、尖状器4件、砍砸器1件。11号、25号洞两处石制品单体形状较大，所用的原料只有燧石一种。石器以刮削器为主要类型，可分为凸刃、端刃、龟背形及凹刃。石制品的制作以锤击法为主，少量用碰砧法。两处地点出土标本虽少，但是标本特点明显，具有一定的代表性。而且，通过发掘整理和比对，判断这两处应该都属于旧石器时代晚期。

近年来，中国科学院古脊椎动物与古人类研究所联合内蒙古博物院对大窑遗址二道沟地点进行了试掘，发现遗址内至少包含三种不同的文化类型；出土石制品类别包括石核、石片、工具，还有断块和残片，以断块和残片数量最多，工具以边刮器为主；石料全部为燧石岩块，剥片技术和加工技术均为硬锤，属于中国北方的石核—石片—刮削器工业范畴。[②]大窑石器制造场为桌面石器时代早、中、晚三个时期的石器制造场，石制品全是用燧石作原料，而且都是直接从大石块上开采得来，因此大石块上留下了历经旧石器时代早、中、晚时期开采的累累疤痕。打击的方法都是用锤击法，台面不加修整，石核的利用率很高。石器都以刮削器为主，砍砸器次之。从旧石器时代早期至晚期均有石球，并以晚期为多，这些都类似于

---

① 汪英华、单明超、刘佳旭：《呼和浩特大窑遗址第11号、25号洞清理发掘简报》，《草原文物》2014年第2期。

② 陈永志、吉平、张文平主编：《呼和浩特文化遗产》，文物出版社2014年版，第39—40页。

我国北方其他旧石器时代遗址。石器的器型偏大，但出现了由大变小的趋势，基本上与山西省匼河—丁村大型石器为一系统。龟背形刮削器在早、中、晚三期地层中均有出土，为大窑石器制造场特有的典型器，打制时沿石片劈裂面向背面加工，使之背面隆起似龟背状，这种龟背形刮削器适用于剥兽皮、刮兽肉等，适用于畜牧狩猎经济。

大窑旧石器时代石器制造场，是内蒙古地区发现并经发掘的第一个旧石器时代早期至晚期的人类文化遗址，它不仅填补了内蒙古地区旧石器时代文化的空白，而且也为研究北方旧石器时代文化的分布和发展提供了重要资料。从石器制造场来看，我国已发现的石器制造场有山西省怀仁市鹅毛口和广东省佛山市南海区西樵山两处新石器时代石器制造场，国外比利时和埃及也发现过石器制造场，但也是新石器时代石器制造场。近年来，我国陆续又发现了几处时代比较早的石器制造场，如山西省襄汾县丁村以东的沙女遗址，就是一处大型石器制造场，可能是属旧石器时代中期。又如陕西省汉中市南郑区梁山石器制造场，也可能属旧石器时代中期或更早的时代。此外在四川省汉源县富林也发现了旧石器时代晚期的石器制造场。以上所发现的均未正式发掘。目前我国正式发掘的旧石器时代早、中、晚期石器制造场，而且是从原生岩层中开采石料的，仅有内蒙古大窑石器制造场一处遗址。这类遗址在国际上也是少有的，所以意义重大。从地质学上说，它又是呼和浩特市至山西之间的典型地层，对地质工作也很有帮助。这样古老的文化遗址发现在祖国北疆，时代与北京人一样久远，说明了我国的古代文化的起源绝不止黄河流域，也不止长江流域和南方。内蒙古地区也是我国古代文化摇篮之一，是中华民族古老文化发祥地之一。

大窑石器制造场还有许多工作尚待进一步开展。各时期的文化遗存需进一步去丰富材料，发掘的范围还需扩大。虽然古老的打制石制品发现很多，但是旧石器时代早、中、晚各时期的人类化石却未能发现，需要进一步去寻找打制石器的主人。

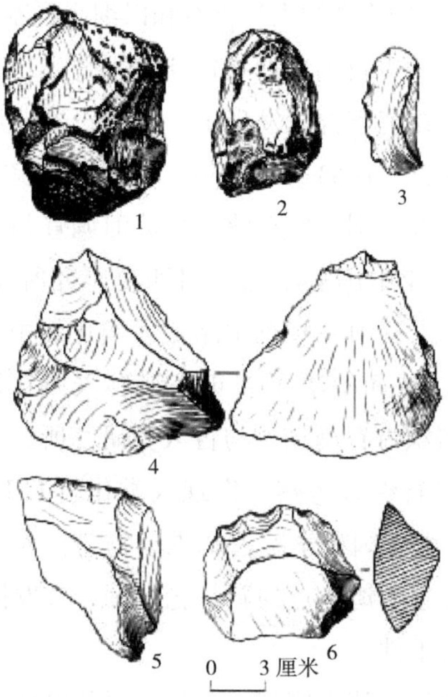

1、2. 石锤；3. 凸刃刮削器；4. 石片；5. 端刃刮削器；6. 龟背形刮削器

图1-1　大窑遗址出土的石器

（引自汪英华、单明超、刘佳旭《呼和浩特大窑遗址第11号、25号洞清理发掘简报》，《草原文物》2014年第2期）

二　河套人及萨拉乌苏文化

河套人及萨拉乌苏文化遗址在内蒙古鄂尔多斯乌审旗萨拉乌苏河一带，主要是嘀哨沟湾村和大沟湾村。1922—1923年，法国天主教神父桑志华（E.Licent）和德日进（P.Teilhard de Chardin）等人发现并发掘了这个遗址，采集品有动物与人类化石、石器和用火遗迹等。其中有一颗八九岁幼童的左上外侧门齿化石，经北京协和医院解剖科主任加拿大人步达生（Davidson Black）研究，定名为"the Ordos Tooth"即"鄂尔多斯牙齿"。20世纪40年代，裴文中先生首先使用了"河套人"和"河套文化"两个专用名词。"河套人"以那颗"鄂尔多斯人牙齿"为代表，"河套文化"则以水洞沟和萨拉乌苏河两地发现的旧石器时代石制品为代表。

这个遗址的地质年代为晚更新世，据放射性碳素断代和铀系法断代，年代为距今约5万至3.5万年，该遗址是我国境内最早发掘和研究的旧石器遗址之一。出土有新人（即晚期智人）化石和以细小石器为特征的文化遗物。

1956—1960年内蒙古自治区博物馆汪宇平曾先后三次赴萨拉乌苏河流域进行调查和发掘，在范家沟湾发现了一处旧石器地点，并找到了一件人类顶骨和一件股骨化石。1963—1964年，中国科学院古脊椎动物与古人类研究所裴文中和贾兰坡分别先后在萨拉乌苏河调查和试掘，各自提出了新的看法。1978—1979年中国科学院兰州沙漠研究所在研究毛乌素沙地期间，发现了6件人类化石和一些石制品，人类化石中有4件是从萨拉乌苏组下部地层发现的，从而解决了多年来河套人所在地层不清楚的问题。1980年贾兰坡先生组织古脊椎动物与古人类研究所、兰州沙漠研究所和伊克昭盟文物工作站进行综合考察，发现人类化石11件，发掘出土石制品100多件。2006年，由中国科学院古脊椎动物与古人类研究所和内蒙古博物馆共同主持了对范家沟湾地点的新一轮发掘，共发掘和采集到标本1000余件，其中石制品数十件。

萨拉乌苏河是黄河支流无定河的上游，又称红柳河。这里埋藏有大量动物化石，在地质学上称为“萨拉乌苏组”，长期以来被看作我国华北地区更新世晚期的标准地层剖面。到目前为止，“河套人”化石共出土23件，出自原生地层的有额骨2件，枕骨、下颌骨、肩胛骨、胫骨各1件。“河套人”的体质特征已很接近现代人，但却保留着一些原始性，如头骨骨壁较厚，骨缝简单，下颌骨较粗壮，股骨壁也很厚，髓腔很小等。这些原始性表明“河套人”属晚期智人，属旧石器时代晚期。根据“河套人”的门齿和头部化石特征来看，这些特征与现代蒙古人种（即黄种人）接近。

萨拉乌苏旧石器地点主要发现邵家沟湾和大沟湾两处。从两处共获得500多件石制品，此外还有打碎的动物骨头和不多的炭屑。石制品的原料多为石英岩和燧石。除石核和石片以外，石器占很大比例，有刮削器、钻器、尖状器和雕刻器等，其中以刮削器最多，而且类型多样。这里的石器明显的特征是器形小，过去曾被称为“细石器”，但它不同于新石器时代早期的细石器，它是用锤击法打制而成，不存在用间接打击法产生的细石叶及用压制法修整的细石核石器。它与比它时代早的北京人文化、山西阳高许家窑人以及比它晚的山西朔县（今朔州）峙峪文化、河南安阳小南海文化（均属旧石器时代晚期文化）有许多相同之处，这说明萨拉乌苏文化与这些文化在传统上有着某种关系。遗址中出土的带有部分头骨的羚羊角和被截去枝杈，只保留基部或主干的鹿角，它们可能是被当作工具来加工和使用的。遗址中的大型啮齿类、鸟类的碎骨与石器和炭屑共存，这是当时人们食用后留下的“垃圾”。

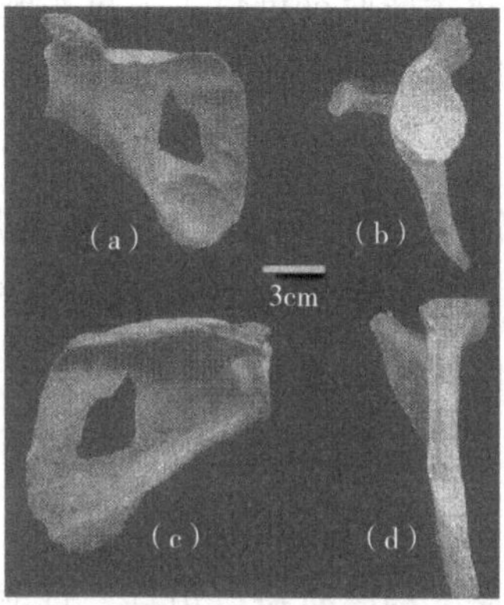

（a）前面；（b）外侧面：关节盂；（c）后面；（d）外侧面：腋缘

图1-2　萨拉乌苏遗址人类肩胛骨化石

（引自尚虹等《萨拉乌苏更新世晚期的人类肩胛骨化石》，《科学通报》2006年第8期）

萨拉乌苏河出土动物化石很多，有诺氏古菱齿象、野驴、野马、披毛犀、普氏羚羊、河套大角鹿、原始牛、王氏水牛、诺氏驼等。这些动物群表明当时萨拉乌苏一带以草原为主，兼有针、阔叶混交林，气候比现在温暖但并不炎热，适合人类生存。

三　鄂尔多斯乌兰木伦遗址

鄂尔多斯乌兰木伦遗址位于鄂尔多斯市康巴什新区康巴什2号桥东乌兰木伦河北岸。“乌兰木伦”是蒙古语，意为“红色的大河”。2010年5月，蒙古族古生物化石爱好者古日扎布发现了乌兰木伦遗址。2010年6—7月，鄂尔多斯青铜器博物馆对乌兰木伦遗址进行考古调查和抢救性试掘。2010—2011年，中国古脊椎动物与古人类研究所和鄂尔多斯青铜器博物馆联合对乌兰木伦遗址进行考古发掘。[①]

① 刘扬、包蕾：《鄂尔多斯乌兰木伦遗址第2地点2011年试掘简报》，《草原文物》2014年第1期。

2010年9月，北京大学张家富教授在该遗址采集了年代样品，并在有关实验室进行了年代测定，为距今7万—3万年，属于第四纪晚更新世，旧石器时代中期。2012年为了得到可靠的光释光年代，张家富教授对样品的沉积背景和样品的光释光性质都进行了大量实验，并且利用年龄—深度模式得出了该遗址文化层的年代为距今6.5万—5万年。乌兰木伦遗址已发现并确认三个重要地点，分别是1、2、3地点。经中国科学院地质与地球物理研究所袁宝印研究员对遗址所在地及周边地质、地貌的综合考察确定，遗址所在地基岩为白垩纪红色风成砂岩，顶部为近现代风成沙堆积，遗物出土地层为呈灰绿色的河湖相三角洲沉积。

至2012年年底，遗址共挖掘出土13000多件石制品遗物，石制品类别包括石核、石片、工具三大类。工具有锯齿刃器、凹缺器、各类边刮削器和适于装柄的各类尖状器、鸟喙状器、钻具、石锥、石刀、使用石片、盘状器、雕刻器、石镞等类型。

从对乌兰木伦第一地点的发掘整理可知，乌兰木伦遗址2013年度发掘编号石制品275件，类型包括石核、石片、工具、断块、碎片、废片。原料有石英岩、石英、砂岩、燧石、片麻岩、硅质岩等，以石英岩为主，占90%以上。石制品以中小型为主。由不同层发现的石制品面貌差异不大。本年度发现的主要类型有凹缺器、刮削器、锯齿刃器和尖状器，以前三者为主，这与历年发现的工具组合比例相似。总的来看，此遗址2013年度发掘石制品所反映的石器工业特点与2010—2012年所反映的相似，没有超出以往对此遗址工业类型的认识，属于中国北方的小石片工业传统，具有我国华北地区小石器工业体系的一般特征。一定程度上为乌兰木伦遗址的研究补充了新的材料。

截至2012年年底，乌兰木伦遗址共出土15000多件古动物化石。据中国科学院古脊椎动物与古人类研究所董为研究员鉴定表明，乌兰木伦动物群首先是披毛犀的数量最多，其次是普氏野马，再次是河套大角鹿，最后是诺氏驼、牛和兔。小哺乳动物有鼢鼠、仓鼠、田鼠、姬鼠和跳鼠等。从动物标本反映的年龄结构来看，披毛犀的幼年和少年个体相对较多。马基本上是成年个体。从动物群的组成来看，乌兰木伦动物群明显属于华北晚更新世“萨拉乌苏动物群”。

乌兰木伦遗址文化面貌独特，内涵丰富。除常见的各类刮削器外，以发达的锯齿刃工具和凹缺器为代表的石器工业组合与欧洲旧石器时代中期文化的面貌趋同，预示旧石器时代东西方之间存在文化上的交流与融合。除常见的器形外，一些新兴工具类型如装柄工具的出现反映了人类生活方式的转变引发的新需求。遗址中存在的大量碎骨和具有明显切割痕迹以及人工打片痕迹的骨化石与骨制品，表明遗址所出化石与人类行为关系密切，反映了生活于末次冰期阶段的古人类在环境变化背景中采取的不同于以往的生产和生活方式，骨器的制作是这一变化的突出标志。用火遗迹与烧骨现象的发现，可能说明“乌兰木伦人”具有加工熟食的习惯。

旧石器时代中期遗址在我国相对稀少，使得该遗址的发现显得尤为重要，遗址出土物的数量之多与内涵之丰富为在内蒙古地区、华北乃至东亚地区研究该阶段的遗存增加了新的内容，有望改变以往关于中国旧石器中期的看法，推动中国旧石器分期的理论研究。乌兰木伦遗址具有重要的科学研究价值，是继1922年法国天主教神父桑志华和德日进发现萨拉乌苏和水洞沟遗址之后，鄂尔多斯地区史前文化的又一次重大发现。该遗址对于研究鄂尔多斯高原的第四纪地质学、古环境学、古人类学、古生物学和旧石器时代考古学等相关学科具有不可替代的科学价值，势必对东亚史前史和第四纪研究领域产生重要影响。在2012年“中国社会科学院考古学论坛”上，“乌兰木伦旧石器时代遗址”被评选为2011年度“中国六大考古新发现”。①

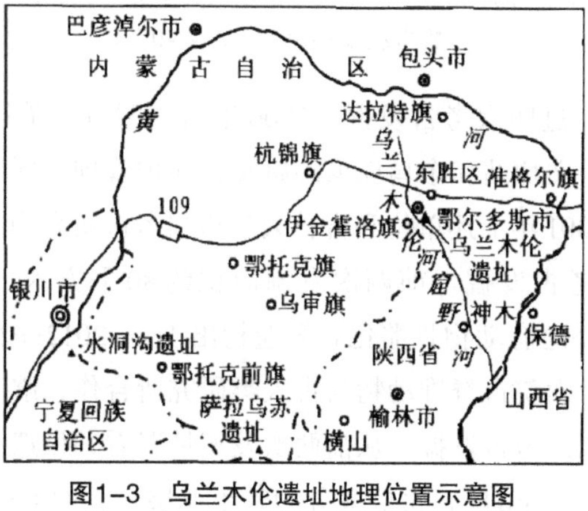

图1-3　乌兰木伦遗址地理位置示意图

［引自乌兰木伦遗址考古队《乌兰木伦流域2011年度考古调查简报》，《鄂尔多斯文化遗产》，鄂尔多斯市文物考古研究院，2012年］

① 陈永志、吉平、张文平主编：《鄂尔多斯文化遗产》，文物出版社2014年版，第42—49页。

四 锡林郭勒盟金斯太洞穴遗址

金斯太洞穴遗址位于锡林郭勒盟东乌珠穆沁旗阿拉坦合力苏木以西25千米的东海尔汗山的丘陵山地中。洞口朝向西北，方向为290°。两侧是相对高度10—20米的低山，前面为长约100米的缓坡，浅山与其间的缓坡形成自然院落，在低山前端形似门阙处有摆放规则的石块，似为一道石墙，紧靠洞口处也有类似的构造。洞口最阔，宽16米，洞内最窄处4米，进深24米。洞穴前半部顶部较低，左右较宽敞，中部以后顶部变高，洞顶呈穹窿状。

图1–4 金斯太洞穴遗址

（引自陈永志、吉平、张文平主编《锡林郭勒文化遗产》，文物出版社2014年版，第40页）

该遗址已经过四次考古发掘。2000年由内蒙古自治区文物考古研究所、锡林郭勒盟文物站和东乌珠穆沁旗文物保护管理所联合对该遗址进行了首次发掘。2001年上述单位和吉林大学边疆考古研究中心合作对该遗址进行了第二次考古发掘。前两次发掘面积约80平方米，出土了石制品4000余件，另外还有动物骨骼化石等遗物出土。①2012—2013年度内蒙古博物院与中国科学院古脊椎动物与古人类研究所合作，继续对该遗址进行了第三次和第四次考古发掘。从前两次发掘情况看，该遗址最厚处地层堆积达6米以上，共分8层，每层又分为若干亚层。其中1—2层为青铜时代

① 王晓琨等：《内蒙古金斯太洞穴遗址发掘简报》，《人类学学报》2010年第1期，第17—32页。

地层，3—8B层为旧石器时代地层，其最晚已经进入新石器时代早期。旧石器遗存可分为三个阶段：下文化层、中文化层、上文化层。

下文化层出土石制品1310件，包括石核、石片、断块、刮削器、砍砸器、石球、石钻、雕刻器等。石料种类较多，石制品以小型为主，中型占一定比例。中文化层出土石制品1355件，器形包括研磨石、刮削器、薄刃斧、勒瓦娄哇石片、舌形器、手镐等。石制品也以小型为主。专家推测存在勒瓦娄哇技术①。上文化层出土石制品1547件，包括细石叶、磨盘、手锛、大三棱尖状器、半月形器、舌形器、锛形器、矛形器等。器形以小型为主，中型较少。该遗址经^{14}C测年，旧石器地层年代为距今3.6万年至1.8万年左右，处于旧石器时代中晚期过渡至晚期之末。

前两次发掘中还发现了大量动物化石，共获得标本2373件。其中下文化层化石保存较差，多破碎，数量较少；中、上文化层化石保存较好，且数量较多。种属包括啮齿目、奇蹄目、偶蹄目、食肉目动物。在发掘区域内还发现了用火的遗迹，遗迹层面上有灰烬堆积，周围地面被烤成红褐色，火候不高，有的石制品及动物骨骼表面有火烧痕迹。

2012年第三次发掘深度3.5米，揭露了从旧石器时代晚期、末期到青铜时代共八个文化层，出土千余件石制品及大量动物化石、陶片、磨制骨器和串珠装饰品等。连续叠压的地层和多个用火遗迹揭示金斯太洞穴遗址是古人类长期、多次利用的居住遗址。八个文化层初步划分为四个阶段：第一阶段（8—7层），旧石器时代晚期的早段，小石片文化阶段，出土简单的小石片以及刮削器；第二阶段（6—5层），旧石器时代晚期的中段，少量的细石叶与石叶、小石叶及小石片石器共存，动物化石较多；第三阶段（4—3层），旧石器时代晚期的末段，细石叶文化阶段，出土大量的细石叶、细石核及用细石叶加工的石器；第四阶段（2—1层），青铜时代和新石器时代的混杂堆积，出土大量灰烬、动物碎骨、磨制骨器、串珠装饰品和细石核等。

---

① 勒瓦娄哇技术（Levallois technique），旧石器时代的一种石器制作技术。用这种技术制作的石器，最初发现于法国巴黎近郊的勒瓦娄哇·佩雷。此技术的主要特征是在打下石片之前对用来打石片的石核进行精心修理，所以也称为修理石核技术。

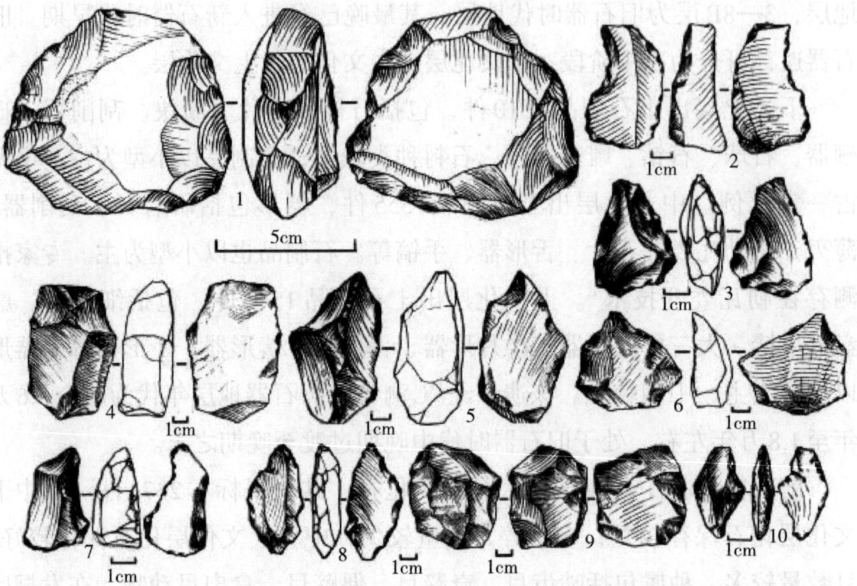

1. 砍砸器；2. 单凹刃刮削器；3. 双直刃刮削器；4. 完整石片；5. 断片；
6. 单直刃刮削器；7. 石核；8. 尖刃器；9. 石球；10. 石钻

图1–5　金斯太遗址下层文化出土的石制品

（引自王晓琨等《内蒙古金斯太洞穴遗址发掘简报》，《人类学学报》第29卷第1期，2010年2月）

金斯太洞穴遗址旧石器时代的文化特征主要表现为以下几点：（1）由早到晚，从小石片文化到石叶—小石叶文化再到细石叶文化，金斯太洞穴遗址存在比较连续的文化序列；（2）原料种类多样，包括玄武岩、安山岩、凝灰岩、黑曜岩、燧石等；（3）旧石器时代晚期文化层中细石叶产品延续时间较长，细石叶石核类型丰富，另有一些小石叶石核；（4）旧石器时代晚期文化层中的石器类型以边刮器和凹缺器为主，个别不完整石叶残片说明该层可能存在石叶技术；（5）地层中存在明显的用火迹象，尤其在第5层揭露一疑似灰堆遗迹，周围散落不规则分布的几块大石块，其底部也有大石块，灰堆中包含大量炭屑，应该是有控制用火的遗迹现象。

金斯太旧石器时代洞穴遗址的考古发现具有重要的学术价值和意义，特别是对北方草原地区旧石器时代中晚期之交的气候环境变迁、人类生业模式与生存策略，现代人的起源、迁徙、扩散，石器制造工业和技术，与蒙古、贝加尔、远东等地区同时期文化的互动关系，旧石器与新石器时代的转变机制等学术问题的研究，具有非常重要的史料价值。[①]

五　内蒙古地区其他旧石器时代遗存

内蒙古旧石器时代考古，目前尚属薄弱环节，除以上介绍的遗址外，在其他地区也做了一些调查工作，发现了一些遗址。证实了在古老的几十万年、几万年前，在内蒙古辽阔的土地上，就有多处人类劳动、生息的足迹。

中华人民共和国成立后的调查工作，多在内蒙古中南部和西部地区。在阿拉善盟阿拉善左旗和内蒙古中南部的清水河县、托克托县以及准格尔旗等黄河沿岸，发现有旧石器时代晚期遗址。在阴山地带更是发现多处旧石器时代遗址或石器制造场线索，[②]如呼和浩特市保合少乡的南水泉和卧铺窑村、榆林乡的乃莫板和马鬃山南坡、三道营子乡的后营子村、乌兰察布市卓资县哈达图乡的火石窑沟、武川县大青山乡的二道洼村、四子王旗供济堂乡的阿玛乌苏村北和巴彦淖尔市乌拉特中旗杭盖戈壁乡的西南等地，均与旧石器时代石器制造场的石器有相同之处，如保合少乡、榆林乡及卓资县等处遗址，均发现有龟背形刮削器。开展文物普查工作以来又有一些新发现，如乌兰察布市卓资县发现孔对沟旧石器时代遗址，还发现有龟背形刮削器。内蒙古东部地区，主要是上窑遗址，距今约有1.2万年。上窑遗址位于赤峰市翁牛特旗北部大新井上窑村北老虎洞山的崖壁底层的山洞口附近，发现了三件旧石器，其中一件大型砍砸器，两件小型刮削器，打制规整，制作技术较进步。此外还发现有经过火烧的肿骨鹿化石，1975年经中国科学院古脊椎动物与古人类研究所专家贾兰坡先生鉴定，确认它们是旧石器时代晚期遗物。说明上窑旧石器文化遗址是内蒙古东部地区旧石器时代晚期文化遗址。[③]

① 汪英华、刘洪元、苏雅拉图、彭菲、陈福友：《内蒙古金斯太遗址2012年的新发掘和新收获》，《中国文物报》2013年7月5日第8版。

② 汪宇平：《内蒙古阴山地带的石器制造场》，《草原文物》1981年创刊号。

③ 《赤峰风情（原昭乌达盟）》，中国人民政治协商会议赤峰市委员会编印，1987年，第157页。

第二章　新石器时代考古

从旧石器时代结束到青铜时代到来之前，人类社会的发展一般要经过三个时代，即中石器时代、新石器时代和铜石并用时代。中石器时代和铜石并用时代都带有过渡性质，因此往往把三者统称为新石器时代。

中石器时代是由旧石器时代过渡到新石器时代之间的一个阶段，开始于1万年前后。新石器时代是石器时代的最后一个阶段，开始于距今8000年左右。进入新石器时代的标志有三个：第一，原始农业产生，种植谷物和饲养家畜出现并发展，人们过着定居的生活。第二，广泛使用磨制石器。第三，制造陶器，发明了纺织工艺。

新石器时代考古，能够揭示人类社会发展早期的真实情景，阐明历史发展的规律，证明私有制、国家、阶级是历史发展到一定阶段的产物。所以，新石器时代考古是史前社会史研究的一个重要阶段。

第一节　我国新石器时代概述

人类进入中石器时代，在地球上最后一次冰期结束，大地变得温暖湿润，直到现在，气候和动物群落都没有多大变化。这个时期的石器普遍细化，人们称之为细石器。大型打制石器仍然被使用着，其中有的局部磨光。该时期发明了弓箭，人类的经济生活仍然是狩猎、捕鱼和采集。中石器时代末期，人们有的会养狗，有的开始种植谷物，还制造陶器。

我国中石器时代文化遗址发现不多，20世纪70年代以前，在黄河流域能初步定为中石器时代遗址的仅有陕西省朝邑与大荔之间的沙苑遗存。1978年发掘了山西省沁水县下川遗址，发现有明确的旧石器时代晚期到中石器时代的遗存。此外，在河南、内蒙古、黑龙江、广西、桂林、新疆、西藏、广东等地都发现有中石器时代文化遗存。

中石器时代以后，人类社会在各方面都有了发展，生产上使用磨光石器，并开始制作陶器，人们开始了原始农业，种植谷物和饲养家畜，出现许多定居的氏族村落，人类社会发展进入母系氏族社会的繁荣时期，这就是考古学上的新石器时代考古。

中国新石器时代早期文化目前虽然有发现，但还不多，而新石器时代中、晚期文化，北起黑龙江，南到广东，东起山东，西至新疆，遗存遍布全国，而且丰富多样，各具地区特色。同一时代文化有不同的地区性差别，如仰韶文化、红山文化、大汶口文化等。同一个文化中又有不同的文化类型，如仰韶文化中有半坡类型和庙底沟类型。同一个文化中因早晚不同的时间阶段，又可将其细分成若干期。中国新石器时代诸多文化既相统一，又有差异，这是中华民族古代文化的特点之一。

中国新石器时代文化按它们的特征，大体可以分为四个区域，即黄河流域、长江流域、华南地区和北方草原地区，它们彼此有所区别，又相互联系。

黄河流域的土壤肥沃，气候温和，以黄土地带著称。目前这里发现的新石器时代考古学文化体系编年脉络比较清楚。中石器时代有沙苑遗存和灵井遗存。新石器时代早期文化，黄河上游有陕西华县老官台文化和甘肃秦安县大地湾文化。中游有河南新郑裴李岗文化和河北武安的磁山文化。下游有山东滕州的北辛文化，这些新石器时代早期文化距今七八千年。新石器时代中、晚期，黄河流域分布着一系列以彩陶和锄耕农业为特征的原始聚落遗址，这就是仰韶文化系统，距今五六千年。由于地方的差异性，仰韶文化又有半坡、庙底沟和后岗等类型。黄河上游青海、甘肃地区有马家窑文化（甘肃临洮马家窑）。黄河下游继北辛文化发展的是大汶口文化。仰韶文化之后，中原和山东继起的是客省庄文化（陕西龙山文化）、河南龙山文化和山东龙山文化（典型龙山文化）。龙山文化晚期也有可能出现红铜器，是中国青铜文化的先驱。黄河流域中原地区的新石器时代各文化，与内蒙古中南部新石器时代文化关系密切，仰韶文化和龙山文化的分布范围就包括内蒙古中南部，但内蒙古中南部的新石器时代文化却又不都是黄河流域中原地区的仰韶文化或龙山文化，而是具有地方特点的新石器时代文化。

长江流域温和多雨，新石器时代居民以水稻为主要农作物。农业工具、饲养家畜、居宅形式也不同于黄河流域。长江中上游与下游的新石器时代文化也有差别，长江中上游新石器时代早期文化有湖南澧县彭头山文化、湖北宜都城背溪文化，中期有重庆巫山大溪文化和湖北京山屈家岭文化。晚期有湖北天门石家河文化。长江下游有距今6000年左右的浙江余姚河姆渡文化，接着发展有浙江嘉兴马家浜文化、上海青浦崧泽文化和浙江余杭良渚文化。

华南地区属亚热带地区，又接海洋，新石器时代人们除从事农业生产外，还以捕捞为生，沿海发现有贝丘遗址，多山地区有洞穴遗址。丘陵地区还发现了山坡遗址。华南地区已被命名为考古学文化的有新石器时代中、晚期的珠江流域的西樵山文化、石峡文化，闽江下游的昙石山文化，台湾的圆山文化等。

北方草原地带，沙漠、草原交错其间，气候干燥寒冷，所以新石器时代人们是以狩猎和畜牧业为主要谋生的手段，只有局部靠近河流地区发展了农业。分布在这一地带的新石器时代遗址，从早期到晚期都是以细石器的大量存在为特征，遗址堆积较薄，也很少发现陶器。草原地带包括东北、内蒙古、新疆等地，但新石器时代遗址的文化面貌也并非都一致，有时间早晚和地域差别的特点。

新石器时代人们要选择有利于生存的地方生活，一般选择靠近水源、适宜生产、交通方便、避风安全，有良好的土壤、肥沃的草地或者野兽出没的地方生产和生活。根据我国地理环境的不同，新石器时代遗址有以下几种。

（1）河旁台地。这是由于河水冲刷侵蚀，河床变化使两岸形成高低不同的梯形台地。新石器时代人类，多居住在较高的第一台地上，较晚时代的遗址或现代村落多在第二台地上。没有台地的地方，在河流转弯或支流汇合点的高出平地的土岗上往往也有新石器时代文化遗址。

（2）土墩。在江苏、安徽近水一带，常有许多椭圆形的土墩高出水面，这些土墩上往往有新石器时代文化遗址。

（3）贝丘。是位于海边、河畔或湖岸附近的遗址，尤其在海边附近多有发现，是以捕捞为生的部落遗址。

（4）沙丘。多在固定沙丘上，但往往又覆盖着流沙，流动沙丘被风吹走后就会露出，北方草原地带常见这种遗址。

（5）洞穴。多分布在石灰岩的山区，利用天然的洞穴生活。

在适宜农业生产的地方，往往有比较发达的村落遗址，有居住区、墓地、窑址等。居住区房子中间往往有一个进行公共活动的大房子或广场，四周房子的门都向着大房子或广场。墓葬区有排列整齐的氏族墓葬，因地域和年代的差别，有不同的葬法和葬式，反映了当时的社会生活情况。

新石器时代生产工具仍多为石器，这时石器比旧石器时代进步，共分为以下四种。

（1）打制石器。有砾石石器和石片两种，砾石石器就是河床中的石头经加工而成的石器，打制石器器形有敲砸器、盘状器、刮削器、斧形器、刀、犁等。

（2）细石器。多分布在黑龙江、内蒙古和新疆的北方草原地带，早在中石器时代就已出现，一直沿用到金属时代。细石器制作需要两步手续，第一步用间接打击法，打下石片，在石料四周打石片，剩下圆柱形或圆锥形的石核；第二步修理石片和石核尖部，有的石片不加修整，但有使用痕迹。细石器器形除石核外，还有小石片、石叶、石镞、刮削器、尖状器等，有的将小石片嵌入骨质或木质器身做刃，成为复合工具。

（3）琢磨石器。先将石料打成或琢磨成一定形状，然后再将刃部磨光。器形有斧、锛等。

（4）磨制石器。这是新石器时代最普遍的石器，器身通体磨光，有的还钻孔。器形有刀、斧、凿、镰等。

新石器时代工具除石器外，往往还出土有骨器、角器、蚌器、牙器。主要器形有锥、凿、镞、匕、刀、镰、簪、笄、针、鱼钩、鱼镖以及装饰品等。石、骨、角、蚌、牙等器物均一直延续使用到商周时期，甚至更晚，所以发现的石、骨、角、蚌等器物，不能一概定为新石器时代，要结合地层和共存物来分析判断。

人类在新石器时代开始制造陶器，所以陶器是新石器时代最常见的遗物，它不仅是当时人们最重要的生活用具，而且也是这一时期工艺水平的代表。陶器形状的变化是较快的，地区特点又相当显著，所以考古学上利用陶器作为区分“文化”“类型”“期”的重要依据。陶器既是断定年代和区别文化类型的最有效标尺，同时通过对陶器本身及其制作方法的研究，又能多方面说明当时的生活情况和生产技术水平。

陶器的陶质分泥质和夹砂两种。泥质陶是将陶土经过淘洗，洗去杂质而形成的。泥质陶质地细，多用于制作碗、盆、钵等饮食器。夹砂陶指胎体含砂粒的陶器，是选择含砂量较大的陶土，或在泥料中加上羼和料（粗砂、细砂或蚌壳）制成的。陶胎含砂能提高陶器耐热急变的性能，不但能在高温焙烧下不变形，而且制成的陶器再次受热也不会碎裂，因此夹砂陶多用于制作炊器，如鬲、甑、甗、釜等。

陶器的制作方法有手制和轮制两种。手制的较多见，有的用模制法，有的用手捏制，这种方法一般用于小型器物。还有的用泥条盘筑，这些手制陶器器形不甚规整，陶器壁也厚薄不均匀。后来发明了将成形的陶坯放在可以转动的木圆盘子上修整陶器的陶轮，不久又发明了用陶轮快速旋转制成的陶器，于是出现了轮制陶器。轮制陶器形状规整，陶壁厚薄均匀。仰韶文化时期基本是手制陶器，轮制陶器的大量出现是在龙山文化晚期。

新石器时代人们对陶器上的装饰很重视。装饰大体有以下几种：

（1）磨光。在陶坯未干透时，压抹器物表面，使之光滑、发亮。

（2）施陶衣。将陶坯上施一层带色的薄浆后再烧制成器。

（3）彩陶。在陶坯上绘上红、黑等色花纹，然后再烧，这种彩陶花纹不易脱落。

（4）彩绘。将陶器烧制成以后再画彩绘，这种彩绘花纹易脱落。

（5）黑陶。在烧陶过程中掺炭，这样烧成的陶器纯黑。

（6）篦纹、之字纹、指甲纹。在陶坯上压印而成，然后烧制。

早期烧陶都在露天，火候较低，往往陶器表里或器身着色不一，后来发明了陶窑，陶器的颜色才均匀了。有了陶窑后又发展到高温密封窑顶并从窑顶渗水入窑，陶器颜色由红变灰。内蒙古等北方草原地带到很晚还多用露天烧陶，故陶器上多呈红褐、灰褐、黑褐等不同颜色。根据民族学的材料以及对一些陶器上的指纹研究，这些手制的陶器多由妇女制作，到采用快轮制作时，男子取代了妇女制陶的地位。陶器的种类和形状很多，并能直接反映当时人们生活的特点，如北方游牧民族的制陶业一般不发达，器形简单，而定居氏族的陶器则器形多样，而且多大型平底器。常见的器形有以下几类：

炊器。圜底的罐子叫釜；带三个实足的叫鼎；带三个空足的叫鬲；三个空足、裆为平底的叫斝；陶器底部有孔用来蒸食物叫甑；甑和鬲结合起来叫甗。也有用夹砂陶罐作为炊器的。此外还有灶等。炊器多用夹砂陶。

汲水器。有小口尖底瓶，背水壶等。

饮食器和储存器。饮食器有碗、杯、钵、豆等。碗杯形式很多，钵为平底，豆有高座。储存器为大型瓮、罐类。

此外还有类似青铜器的酒器鬶，带流和耳，有三个空足。盉，带有管状流。觚，是细长的杯子。

陶器器形的变化，地区特点相当显著，所以是考古学用以区分文化、类型和期的依据。同一文化因地域的差别形成不同类型，则陶器在各方面细节就不相同，如仰韶文化中半坡类型和庙底沟类型均有小口尖底瓶和彩陶钵，但具体形制不一样。半坡类型为葫芦口（或叫杯口）的小口尖底瓶和鱼纹彩陶钵，而庙底沟类型为双唇小口尖底瓶和植物花纹图案的陶钵。

内蒙古属北方草原地区，是一片狭长的高原，东西跨经度28度52分，东西直线相距2400千米以上，所以东、西部有所差别，东部森林多，而西部沙漠面积大。除少数地区农业较发达，一般都是以畜牧和狩猎为主的经济，所以在内蒙古各处遗址中均多见细石器，细石器存在的时代很长。细石器普遍存在是内蒙古新石器时代文化的显著特点。内蒙古新石器时代遗址发现很多，有着众多丰富多彩的新石器时代文化。

第二节　内蒙古东部地区的新石器时代文化

一　旧石器时代向新石器时代过渡时期的遗存

由旧石器时代向新石器时代过渡阶段曾经被称作“中石器时代”。这一概念是1866年由爱尔兰考古学家霍德·韦斯特罗提出的。当时提出这个概念，只是为了满足当时考古学上惯用的三段分期法，并没有什么明确的内涵，也不为大多数学者所接受。到了20世纪30年代，“中石器时代”的概念才在理论上得到阐明，确认在欧洲旧石器时代和新石器时代之间存在一个“中石器时代”。根据目前的研究成果，欧洲的“中石器时代”概念包括以下含义：从时代上讲，始于末次冰期之后，即全新世初期，结束于农业出现前；绝大多数欧洲的“中石器时代”文化没有发展成为新石器时代农耕文化，但在一定程度上与其有关联；石器方面的特征是石斧制作技术改进，用间接打击法制作的几何形细石器及复合工具的使用；经济生活则以狩猎为主，农牧业经济尚未出现。“中石器时代”的概念是仍需要探讨的问题。旧石器时代向新石器时代过渡，不论在文化传统上，还是在经济生活上都并非一种形式。细石器作为过渡阶段的主要文化内涵，只是指“小石器文化传统”，而不能代表其他文化传统。并不是世界上所有地区和所有的文化传统都经历过细石器文化阶段，旧石器时代向新石器时代发展的时间是短暂的。过去认为中石器时代延续了六七千年之久，这种判断是没有根据的。大量^{14}C年代数据说明，从旧石器时代结束至新石器时代开始，其间隔是很短暂的，有的地区甚至是两者衔接的。所谓“中石器文化”只能作为某些特定地区的一种“石器文化”，而不能作为世界各地普遍存在的一种“石器文化”，所谓“中石器时代”也不是世界上所有地区都出现过的考古时代。

内蒙古地区也发现了处于旧石器时代向新石器时代过渡阶段的文化遗存，这些遗存过去曾被称为“中石器时代”遗存，这种观点目前已不被学术界所接受。

1. 扎赉诺尔遗存

扎赉诺尔位于呼伦贝尔市满洲里附近，是一处矿区。在1933年以前，这里就曾发现石器和骨器。1933年在这里发现了第一个人头骨化石，被定名为“扎赉诺尔人”，并认定为属中石器时代文化的人类化石，但也有学者认为是旧石器时代晚期文化的人类化石。此后，来扎赉诺尔考察的各国学者络绎不绝。日本赤崛英三、远藤隆次、加纳金三郎等人来此进行调查，发现了三个头盖骨。这三个头盖骨在抗日战争后，由裴文中教授接收，现存北京中国科学院古脊椎动物与古人类研究所。中华人民共和国成立后，我国考古工作者又做了大量工作，先后发现十多个头盖骨和大量动物化石。经鉴定，动物化石种类有牛、马、鹿、羚羊、狼、猛犸象、鼠、兔、鱼、鸟等，文化遗物有骨锥、骨刀梗、骨鱼镖等骨器；另有石镞、刮削器、石叶、石片、石核等细石器；还有火候不高的夹砂粗陶残片出土。

其中发现于第五层顶部的木质标本经测定，年代为距今11460±230年，这一年代早于第四层发现的人类化石和遗物的年代，故学者多认为扎赉诺尔人及其共存的遗物，其时代距今一万年左右。①

2. 海拉尔松山遗存

海拉尔松山遗存位于呼伦贝尔市海拉尔区西山。西山上生长着百年以上的樟子松和灌木，因而又被称为“松山”。1928年在这里发现了8个遗存地点。1956年内蒙古自治区文化局文物组在此做过调查。1962年中国社会科学院考古研究所安志敏又在此发现16个遗存地点。1978年以来，通过文物普查，呼伦贝尔文物管理部门在北至安邑车站、南至鄂温克旗界，东西宽6千米范围内的海拉尔西山又发现细石器遗存地点30余处。②

采集的文化遗物以细石器为主。松山遗址的细石器从制作工艺和器形上，可分为细石核、细石叶、石片、刮削器、雕刻器、矛、镞、砍砸器、斧形器、船底形器。典型器物为呈船底形、扁锥形和楔形的扁体石核。这种石核在其他细石器遗址中很少见，具有早期特征，有一定的代表性。石叶有长条形、尖端细石叶、加工细石叶、细石叶尖状器4种，也是松山遗址的典型器物，这些石叶刃部锐利，适于切割或穿刺使用。刮削器分为长刮器、短刮器、圆刮器、圆头刮器、弧刃刮器、复刃刮器、双边刮器、多边刮器8类。雕刻器分为盘状雕刻器、叶状雕刻器。矛、镞、砍砸器、斧形器、船底形器均采集到一种。值得注意的是在这里没有发现原始农业使用的大型石器，也没有陶片共存。在山西沁水的下川、河北的虎头梁等遗址，船底形石核的出土地层也不见陶片共存，其时代早于新石器时代。如下川遗址，粗大的石器仍占相当比例，据^{14}C断代测定，年代距今2.4万年至1.6万年，为旧石器时代晚期后一阶段的文化。海拉尔松山遗址据鉴定年代距今八九千年。那时海拉尔周围是一处水草丰美的湖泊地带，是适于渔猎和采集的良好场所，居住在这里的先民们，过着以渔猎和采集为主的经济生活。

---

① 魏正一：《扎赉诺尔第四纪地质新知》，《东北地质科技情报》1976年第1期；石彦莳：《扎赉诺尔附近木质标本的C^{14}年代测定及其地质意义》，《古脊椎动物与古人类》1978年第2期。

② 安志敏：《海拉尔的中石器遗存——兼论细石器的起源和传统》，《考古学报》1978年第3期。

3. 草原地带其他细石器遗存

呼伦贝尔其他地区以及兴安盟、通辽市、赤峰市、锡林郭勒盟等广大草原地带，也有很多地方发现有细石器遗存。1975年呼伦贝尔的文物工作者仅对新巴尔虎左旗、新巴尔虎右旗、陈巴尔虎旗、鄂温克旗和额尔古纳右旗5个旗进行文物普查，就发现有以细石器为主要文化特征的遗址达80余处，尤其在克鲁伦河、乌尔逊河和达赉湖沿岸遗址分布较集中。这些细石器是以燧石、石英、玛瑙、碧玉等为原料制成的，有尖状器、石核、石叶、刮削器、石镞等，在伊敏河两岸遗址分布较集中。这些细石器遗存类似松山遗存，从通辽市的教来河流域到北部的霍林河沿岸，均普遍分布着此类遗存。霍林河中上游兴安盟科右中旗境内杜尔基、巴扎拉嘎、坤都冷、西哲里木等地，霍林河下游翰嘎利水库附近和西太木、高力板、义合道卜、白音淖尔等地均采集到大量的细石器。锡林郭勒盟草原也是如此，但遗址时代不尽相同，有的共存有大型打制石器，有的共存有磨制石器和陶片，而有的没有陶片共存。这些细石器遗存有待进一步研究。

二 新石器时代早期文化

内蒙古地区新石器时代早期文化过去是空白，中华人民共和国成立后虽然做了不少工作，可是仍未能将早期文化分辨出来。直到20世纪80年代，通过文物普查工作，在内蒙古东部地区发现遗存并进行了科学发掘工作，确定了内蒙古地区新石器时代早期文化。

1. 小河西文化

1987年中国社会科学院考古研究所内蒙古工作队发掘了位于敖汉旗孟克河左岸的小河西遗址，提出了“小河西文化”的命名。[①]小河西文化是内蒙古东南部地区已确认的时代最早的新石器时代考古学文化。年代距今9500—8400年，与稍后的兴隆洼文化存在一定的文化继承发展关系。目前已发掘的小河西文化遗址主要包括：小河西遗址、大新井遗址、榆树山遗址、西梁遗址、白音长汗遗址。

小河西遗址位于内蒙古自治区敖汉旗木头营子乡木头营子村小河西村

① 杨虎：《敖汉旗榆树山、西梁遗址》，《中国考古学年鉴1989》，文物出版社1990年版。

民组的后梁上，即孟克河西岸的一级台地上，地表西高东低，东距河约400米。1987年7—8月，中国社会科学院考古研究所内蒙古工作队派杨虎主持发掘小河西遗址（编号87MAH），开了5个探方，发掘了3座较完整的半地穴式房址，有圆角方形和圆角长方形两种形式。房址居中央部位有灶址，灶有椭圆形和不规则瓢形两种。居住面有火烧痕迹，也有的房址地面有砸实的痕迹。发掘面积近300平方米。从地表“灰土圈”可判断有6排，共26个灰土圈，每个灰土圈即是一座房址。该遗址南北长61.5米、东西宽10米，总面积615平方米。出土有罐口、石锄、磨盘、磨棒、饼形器、石球、石核。①

1988年7月，中国社会科学院考古研究所内蒙古工作队发掘了翁牛特旗广德公乡大新井遗址，清理了2座半地穴式房址，出土有筒形陶罐、石斧、饼形石器和双头兽形石雕等。发掘者认为这是一种新的考古学文化类型，其年代与兴隆洼文化相距不远。②

1988年9—11月，中国社会科学院考古研究所内蒙古工作队对位于敖汉旗孟克河右岸的榆树山遗址和西梁遗址进行了发掘，共发掘1500平方米，揭露房址23座、灰坑7座。发掘者认为小河西文化与兴隆洼文化在房址的形制和建筑方法、器物群类别与某些器形方面都有一定的相似性，同时两者又有明显的差异。两者的相似性是因其年代相近、处于同一个大的历史发掘阶段、经济类型相同的反映。③

1988年9月，内蒙古文物考古研究所在发掘林西县白音长汗遗址时，在遗址南部发现了少量的夹砂褐陶素面筒形罐。④1991年在白音长汗遗址西南部发现3座房址、2座窖穴。⑤1996年，辽宁省文物考古研究所在渤海西岸葫芦岛市连山区塔山乡杨家洼村东发掘一处出土有素面筒形罐的遗址，揭露面积350余平方米，遗迹有椭圆形半地穴房址和堆塑土龙等。

① 杨虎、林秀贞：《内蒙古敖汉旗小河西遗址简述》，《北方文物》2009年第2期。

② 刘晋祥：《翁牛特旗大新井村新石器时代遗址》，《中国考古学年鉴1989》，文物出版社1990年版。

③ 杨虎：《敖汉旗榆树山、西梁遗址》，《中国考古学年鉴1989》，文物出版社1990年版。

④ 索秀芬、郭治中：《白音长汗遗址小河西文化遗存》，《边疆考古研究》第3辑，科学出版社2004年版。

⑤ 索秀芬、郭治中：《白音长汗遗址小河西文化遗存》，《边疆考古研究》第3辑，科学出版社2004年版。

1999年10月上旬，中国社会科学院考古研究所内蒙古工作队与喀喇沁旗文物管理所联合对牛营子镇马架子遗址进行了调查，遗址面积6万余平方米。确认房址灰土圈60余座，均沿东北—西南方向排列。大体分成7—9排。陶器均为夹砂褐陶筒形罐，素面陶占大多数，个别陶片上刻划有稀疏的短斜线纹。石器数量多以打制石器为主，磨制石器数量少，器类有锄形器、环状器、饼形器、斧、锛、球、磨盘、磨棒、管等。调查者认为这类遗存属小河西文化，并且小河西文化是内蒙古东南部——辽宁西部地区目前已确认的年代最早的新石器时代考古学文化，兴隆洼文化和小河西文化两者存在一定的文化继承发展关系。①小河西文化在燕山南北地区发现遗址不多，在内蒙古东南部的赤峰市发现有39处，在赤峰南部地区的敖汉旗和中部地区的翁牛特旗分布较多，敖汉旗和翁牛特旗是其分布中心地带，北部沿西拉木伦河北岸分布。在辽宁西部有零星发现。39处小河西文化遗址中有13处是单纯小河西文化堆积，另外26处均有其他文化堆积。②

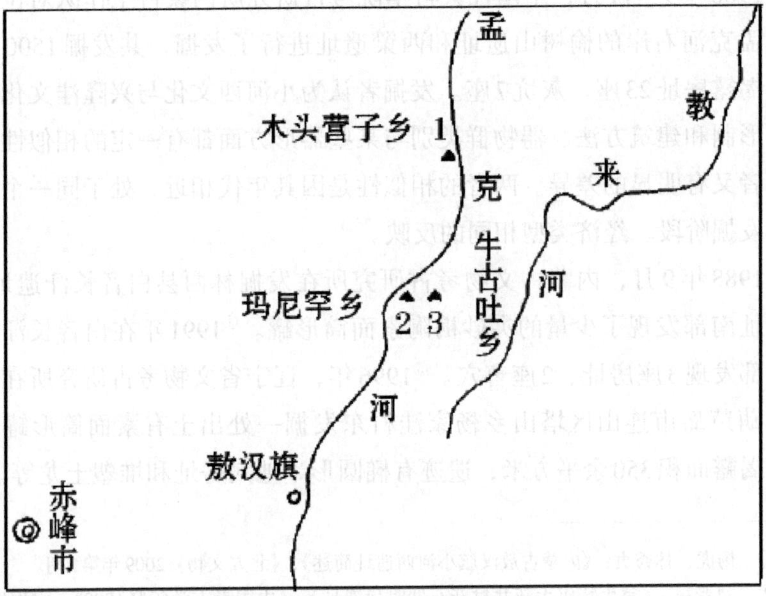

图2-1　敖汉旗小河西遗址位置示意

（引自杨虎、林秀贞《内蒙古敖汉旗小河西遗址简述》，《北方文物》2009年第2期）

① 刘国祥、张义成：《内蒙古喀喇沁旗发现大型小河西文化聚落》，《中国文物报》2000年1月16日第1版。

② 索秀芬、李少兵：《小河西文化聚落形态》，《内蒙古文物考古》2008年第1期。

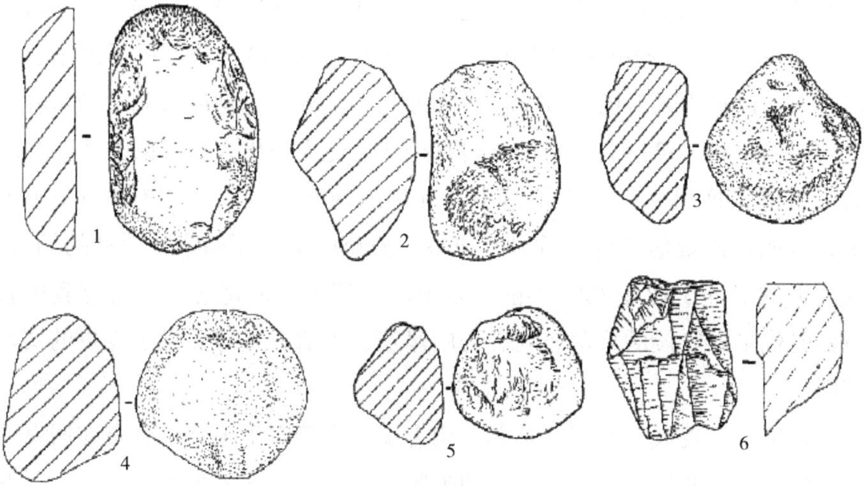

图2-2　敖汉旗小河西遗址出土石器

1. 饼形器（F2②：6）；2—5. 石球（F1②：5，F2②：8，F2②：7，F2②：10）；
6. 石核（F3②：11）

（引自杨虎、林秀贞《内蒙古敖汉旗小河西遗址简述》，《北方文物》2009年第2期）

2. 兴隆洼文化

兴隆洼文化遗址位于赤峰市敖汉旗宝国吐乡兴隆洼村东南1.3千米的台地上。地处大凌河支流牤牛河上游。这里多河川、台地，适合人类居住。1982年文物普查时发现该遗址，总面积达6万平方米。1983—1994年中国社会科学院考古研究所等单位对该遗址进行了7次考古发掘，获得了一系列较为重要的考古资料。历次考古发掘总面积达3万余平方米，清理出环壕一处、房址180余座、窖穴400余座、居室墓葬30余座，出土了大量的陶器、石器、玉器、骨器、蚌器及动植物标本等。通过对房址内出土的木炭标本进行^{14}C年代测定，确定该遗址年代为距今8200—7400年。

兴隆洼文化遗址为一处保存完整的史前社会“聚落遗址”。聚落外侧为环壕，内侧是成排分布的房址，布局规整，秩序井然，显然经统一规划营建而成，是中国迄今所知保存最完整、年代最早、经过全面考古发掘的一处原始村落。房址为圆角方形或长方形半地穴建筑，平面呈圆角方形或长方形，地穴多为生土壁，四壁较直，多为黄褐色生土，少数房址毁于火灾，壁面被烧烤成红褐色。居住面为生土底砸实而成，有的居住面上留有陶器、石器等生产、生活用品。灶址位于居室的中部，平面呈圆形，灶壁和底部经过抹泥，被烧烤成红褐色，个别灶址底部铺垫了一层石块。房址均未发现门道，《魏书·勿吉传》关于勿吉人“筑城穴居，屋形似冢，开口于上，以梯出入”的记载，以及晚近北方民族以木梯或带刻槽的木柱出入穴居的材料，可以启示我们探讨兴隆洼文化人类出入房屋的方法，当时的人可能以梯出入。位于聚落中心并排的两座房址，面积有140余平方米，可能是该聚落的首领所居，或举行公众议事、原始宗教活动的场所。这样大的房址出现在8000年前，是中国建筑史上的奇迹，为研究我国新石器时代早期阶段的聚落布局、房屋建筑、生活方式等提供了宝贵的实物资料。

遗址内发现成批的居室墓葬，均为长方形竖穴土坑墓，分布在居室的特定位置。有些房屋埋入墓葬后即被废弃；也有些房屋埋入墓葬后，仍继续居住。墓葬均为仰身直肢单人葬，头向因在房址中的位置不同而有别，一类向西北，一类向东北。大多有随葬品，数量不等。随葬品种类有陶器、石器、玉器、骨器、饰品等。居室葬共发现30余座，推测埋在居室内的死者仅限于少数特殊人物。其中一座男性单人墓，在墓主人的右侧葬有一雌一雄两头整猪，均呈仰卧状，占据墓穴底部近一半的位置，猪腿有明显的捆绑痕迹。人猪合葬现象在中国新石器时代遗址中尚属首例。有的居室葬的墓主人还装饰有“蚌裙”，即有数百个经过打磨和穿孔的蚌壳成排地出现在腰间到腿部，似钉缀在腰部的裙子上。

陶器是具有特色的器物群，只有夹砂陶器，没有泥质陶器。夹砂陶器掺砂均匀，并掺有黑灰色石渣。小型陶器含砂较少，火候低，陶质疏松，胎厚重，均为手制，多用泥圈套接捏合成器，器内壁磨光，器口外贴附泥条，陶色以灰褐、黄褐为主，斑驳极多。器表素面者极少，普遍饰满3—5种纹饰组成的复合纹，以压印纹和附加堆纹为主，组合规律性较强。器形单调，以筒形罐占绝大多数，口或敞或敛，其次为钵。石器种类较少，以打制的有肩锄形器具有代表性，还有少量打制石铲。“斧形器”是磨制石器中数量较多的典型器物。压制的石器不多，目前仅出土有骨梗石刃镖，未见典型的刮削器和镞。骨器出土较多，保存较好，磨制精细，主要有刀、锥、针、两端器、叉状器等。1986年还出土骨笛1支，有完整的7个音阶，是目前西辽河流域时间最早、音律最准、音孔最多的骨质笛乐器，表明早在8000年前，我们的祖先就已经认识和掌握了乐器的制作技术。

玉器数量不多，均为小型器物，主要出土于居室墓中。多为玦，还有少量斧、锛和钻孔匕形器等。牙饰较少，出土于居室墓中，为野猪牙磨制而成，部分饰品有圆孔。蚌饰亦较少，出土于居室墓中，有圆形、长条形、人面形几种。遗址中还出土了一批动物遗骸和植物标本。动物主要有鹿、狍、猪；植物有胡桃楸果核、枣核等。

遗址中还出土了一件值得注意的人像石刻，是由细砂岩磨平阴刻而成，通体扁平，下端平，上端偏尖，通高8.8厘米，下端宽5.2厘米，厚3.3厘米。正面刻垂桃状人物，圆目，鼻嘴处漫漶，额部刻有似头发的细网格纹，胸前刻双线纹，似代表双臂，下端刻双线交叉似双足。石刻显得浑厚端庄，似突厥石刻人像。发掘时在部分房址内还发现有刻着人像图案及种种纹饰的石条，这可能与某种祭祀或信仰有关。比它稍晚一点的赵宝沟文化中也发现有刻画在石斧上的人面像。陶塑人头像，把中国雕塑历史向前推进了数千年。与黄河流域老官台、大地湾、裴李岗、磁山等新石器时代早期文化年代大体相当，处于同一历史发展阶段。

兴隆洼文化的分布范围主要是西拉木伦河、老哈河、教来河以及大凌河流域，南可到燕山南麓，此外在松辽平原中部的通榆县一带也可寻觅到一些线索。有的学者虽然也认为其南界起于燕山的洵河流域至渤海北岸，东抵下辽河西面的低山丘陵地区，但北面的范围大体是在乌尔吉木伦河一线或稍远。兴隆洼文化与比它稍晚的新石器时代早期分布于浑河和辽河流域的沈阳新乐下层文化和分布在辽东地区的辽宁长海县鹿岛中部的小珠山下层遗存等均有共性，明显说明东北、内蒙古东部和燕山南麓地区也是原始文化较早发展的一大地区，它与黄河流域的新石器时代文化平行发展，各有自身的源流。两大地区内有多种原始文化共存，具有共性，为探索史前社会的社会结构和相互关系提供了线索。兴隆洼陶器上的“之”字纹，是迄今所见最早的线形“之”字纹，裴李岗、磁山文化的陶器上有篦点式“之”字纹，这将有助于对“之”字纹源流的探索。兴隆洼遗址是保存相当完整的聚落遗址，这为研究史前社会氏族部落结构提供了难得的资料，所以兴隆洼文化遗址的发掘发现具有划时代的学术价值，将内蒙古东部地区新石器时代的考古学文化向前推进了1000余年，极大地完善了内蒙古东部地区考古学文化谱系。

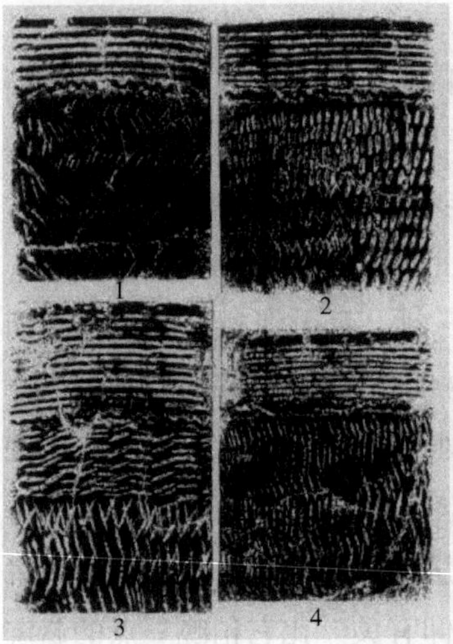

(a) 一期陶器纹饰拓本（1/4）

(b) 二期陶器纹饰拓本（1/4）

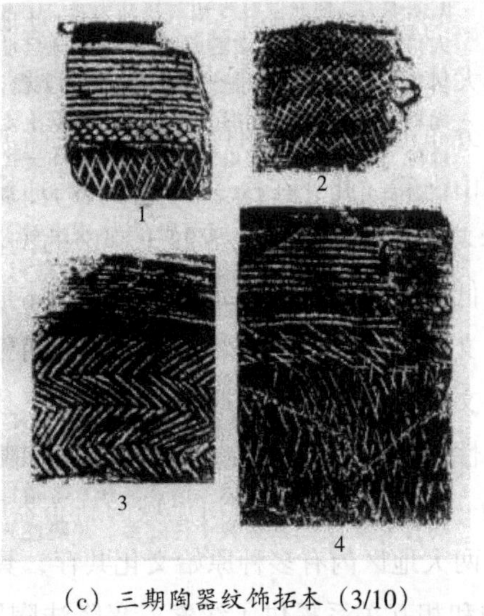

(c) 三期陶器纹饰拓本（3/10）

图2-3 兴隆洼文化一、二、三期陶器纹饰拓本

（引自中国社会科学院考古研究所内蒙古工作队《内蒙古敖汉旗兴隆洼聚落遗址1992年发掘简报》，《考古》1997年第1期）

3. 赵宝沟文化和小山遗存

赵宝沟文化遗址位于赤峰市敖汉旗新惠镇东北25千米高家窝铺乡赵宝沟村北。1982年文物普查时，在敖汉旗东南部采集到以压印几何纹为主要特征的夹砂陶片，区别于这一地区已知的考古学文化。1986年中国社会科学院考古研究所内蒙古工作队发掘了赵宝沟村一号遗址，命名为赵宝沟文化。遗址面积为90000平方米，发掘了2000余平方米。清理房址17座，出土有陶、石骨、蚌等质料遗物，还出土了很多兽骨和兽角。赵宝沟遗址和遗物与同类型的小山遗址相比，增加了许多新内容。它与迄今已知这一区域的兴隆洼文化、富河文化、红山文化在整体上明显不同，根据特点，赵宝沟文化是这一地区新石器时代早期文化之一。[①]赵宝沟一号遗址出土的遗物以陶器最多，主要是生活日用器皿，绝大多数是夹砂陶，有的夹自然小沙砾，有的筒形罐胎内夹大沙砾，是有意掺入的沙砾。陶器火候不高，陶色不均匀，陶胎或灰或褐，器表多黄褐色，也有红褐色。陶器手制，但器物内表较光滑，少数尚可看出泥条接茬的痕迹。器形较简单，除小圈足和浅凹底外，其余皆平底器。器形种类有筒形罐、椭圆底罐、圈足圈腹罐、圈足钵、盂、碗、尊形器等，前三种罐器壁较厚。陶器表面素面较少，器表多从口到底布满纹饰。纹饰为压印纹。常见纹饰以直线组成的几何纹为主，“之”字纹次之。另外还有种不规则的短而密的压印纹，常布满全器表，其上往往再施纹饰。这种短而密的压印纹用作底纹的装饰手法，是这一地区迄今最早出现的技艺。赵宝沟文化压印几何纹独具特色，往往由斜绕器壁的直线构成图案，单股压印的占多数，双股压印者则在双股之间常见交错的压痕，图案结构较复杂。尊形器上还压印有精致的动物纹饰。[②]

大型石器多为磨制，细石器多为采集品。磨制石器以石耜、石斧较有特点。石耜不同于红山文化石耜，是顶部打出凹缺的宽刃石耜。石斧为两侧长边磨成平面。石耜、石斧是赵宝沟文化典型的石制工具。骨、蚌器主要是用以压印陶器纹饰的工具。

赵宝沟遗址中发现大量房址，目前已探明89座。房址均为半地穴式建筑。地穴均打破生土，房屋呈方形或长方形，有的呈梯形。有大、中、小三种房址，大型的房址面积近百平方米，中型房址面积在30—80平方米，小型房址面积小于30平方米。房内均有方形灶坑，多位于室内中部，长方形或方形土坑灶。大房子出现居住面为二级阶梯状，灶位于高居住

① 刘晋祥、朱延平：《内蒙古敖汉旗赵宝沟一号遗址发掘简报》，《考古》1988年第1期。

② 赵宝沟一号遗址未见完整动物纹饰的尊形器，同类型的小山遗址出土有三件。

面。房中高低两级均各有两个柱洞，房子也未见门道。这种二级阶梯状的房址，仅见于赵宝沟一号遗址，同类型的小山遗址未见。赵宝沟文化一号遗址标本经 ^{14}C测定，年代介于兴隆洼文化和红山文化之间，距今7500—6500年，为新石器时代早期文化之一。赵宝沟遗址为目前已知规模最大的一处赵宝沟文化的聚落遗存，其北侧有红山文化遗存，西有小河沿文化遗存，东南有夏家店下层文化遗存，可见赵宝沟文化在辽西地区新石器时代文化发展过程中起到了承上启下的作用。

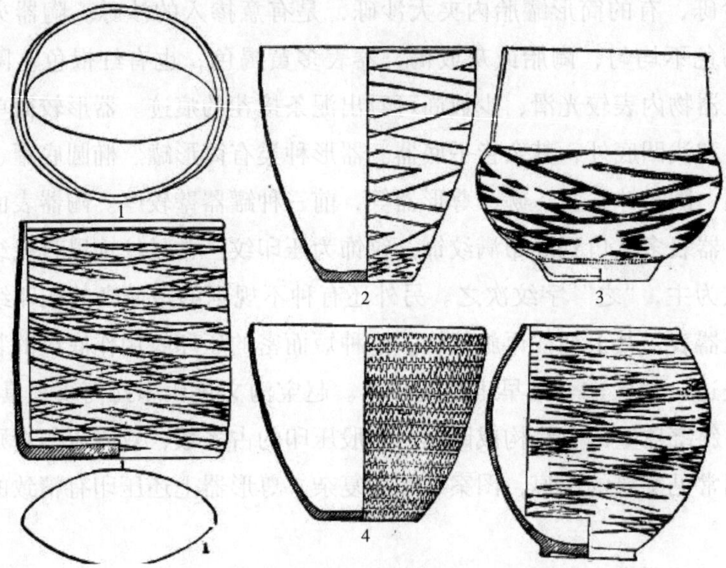

图2–4　赵宝沟一号遗址出土器物

1. 椭圆底罐（F104②：4）；2. 筒形罐（F106②：12）；3. 尊形器（F7①：15）；4. 筒形罐（F7①：12）；5. 圈足圆腹罐（F104②：8）（2、4为1/10，其余为1/5）

（引自刘晋祥、朱延平《内蒙古敖汉旗赵宝沟一号遗址发掘简报》，《考古》1988年第1期）

小山遗址位于赤峰市敖汉旗宝国吐乡兴隆洼村东1.3千米，东北约500米的岗地上为兴隆洼文化遗址，东距300米为红山文化遗址。小山遗址是1982年文物普查时发现的。1983年复查，采集到一些压印几何纹和竖压横排短“之”字形陶片，压削的细石器有石核、窄石片以及磨制石斧、石耜等。这些均有别于其他文化，故1984年和1985年进行了发掘，共发掘190余平方米。遗迹有圆角长方形半地穴式房屋和灰炕，出土遗物有陶器、石器以及胡桃楸果核等。小山遗址的遗物具有鲜明的特征，是这一地区早于红山文化、晚于兴隆洼文化的新石器时代文化。①

小山遗址出土陶器90%以上为夹砂褐陶，泥质陶很少。各类陶器均手制，以夹砂磨光陶器最引人瞩目。陶器火候不高，颜色不均匀，器形也不多，有尊形器，假圈足钵、盆、盂、盖、椭圆底罐、敛口鼓腹罐以及形制和纹饰独具一格的筒形罐，其中筒形罐占绝大多数。陶器除极少数为素面外，绝大多数器表都有纹饰，尤以夹砂陶器纹饰多样。最有代表性的是几何纹、“之”字纹以及动物形纹，此外还有压印不规则横条纹、刮条纹和戳印纹、泥丁纹等。多数器物仅施一种纹饰，但有的以几何纹为主兼施“之”字纹、戳印纹，有的将“之”字形篦点填于几何纹内，纹饰布满器表，显得繁缛。磨光的尊形器、盆、盂等腹部饰一周宽带纹，尊形器上还饰有动物纹，有猪形首、鹿形首和鸟形首等灵物图像。猪形首灵物细眼，长吻前突，鼻端上翘，獠牙长而略弯，蛇身躯体作蜷曲状，刻划网状与磨光两部分错置成鳞纹。鹿形首灵物生扁菱形眼，长角分叉，桃形耳，前肢有偶蹄。鸟形首灵物上有冠，圆眼，钩形长喙，作引颈展翅飞状。图像先压刻出轮廓线，然后填上细密规整的网格，画面空处充填其他阴纹。三个灵物形象均栩栩如生，均向左侧绕器一周，反映出当时人们幻想神灵巡游宇宙的超人伟力，说明当时人们崇拜这三种灵物。

石器有打制、磨制两种，其中以磨制占多数。器形较多，有斧、穿孔斧形器、凿石耜、环状器以及磨盘、磨棒等。细石器多灰色燧石，有刮削器、石核和石片。小山遗址的石耜与红山文化不相同，类似赵宝沟文化石耜，但却不典型。根据陶器和石器比较，小山遗存与赵宝沟文化遗物比较一致，当属同一考古学文化，即小山遗存应为赵宝沟文化。但小山与赵宝沟的遗存又有区别，如它们的筒形罐饰有不同形式的“之”字纹等，故应是同一考古学文化中的时代早晚的差别，小山遗址晚于赵宝沟一号遗址。经^{14}C测定年代，小山遗址距今约6715年，晚于兴隆洼文化，但早于红山文化，与红山文化以及沈阳新乐下层文化有相似的遗存，具体的一些问题还有待于在今后工作中加以解决。

小山遗址出土的猪首蛇身图像尊形器是我国目前已知较早的蛇身灵物形象之一，从而把对龙的崇拜的研究向前推进了一步。在这个地区，是继

① 杨虎、朱延平：《内蒙古敖汉旗小山遗址》，《考古》1987年第6期。

辽宁喀左县东山嘴红山文化遗址出土双龙首玉璜，[①]建平县牛河梁红山文化遗址墓葬出土猪首形玉饰，[②]以及内蒙古翁牛特旗三星他拉发现龙形玉之后，[③]又一重要发现，说明内蒙古的新石器时代较早时期人类就对龙崇拜，内蒙古地区也是探索龙崇拜起源的一个重要地区。小山遗址出土的胡桃楸果核，为研究当时的植被和气候提供了新的依据。

4. 其他早期文化线索

内蒙古东部地区新石器时代文化的发现，在20世纪80年代陆续有了较大突破，但是现在的认识还处于开始阶段。由于尚缺少材料，因此对文化的内涵、特征、类型、年代、源流以及与已知考古学文化的关系等多未彻底解决，仍需进一步探索。现掌握的多数为调查材料，如类似小山遗存的遗址在锡拉木伦河南侧翁牛特旗的头分地、教来河中游奈曼旗的乌根色冷、老哈河中游敖汉旗吴家营子和三成美等地均有发现，是否确属小山遗存类型，有待发掘后才能确定。另外在孟克河流域，还发现了一些文化遗物，有以加砂素面褐陶为主的陶器，个别陶器在口沿下刻划叶脉纹，陶质疏松，火候低，器形以方唇直口小底罐为主。此外还有石斧、石锛、石磨盘、磨棒等石器和镶有细石器的骨刀、骨鱼镖、骨锥。这种文化与红山文化、小河沿文化没有任何发展联系或共同之处，可能时代也较早，暂定为千斤营子类型。这种遗址已发现十余处，[④]但具体问题也有待今后发掘解决。林西县也发现一种早于红山文化的新石器时代文化遗存。早在中华人民共和国成立前，我国考古学家梁思永先生以及法国人桑志华、日本人鸟居龙藏等人先后对林西县城南6千米处锅掌子山遗址进行过调查，并发表过调查报告，引起考古界的关注。1956年北京大学历史系考古专业实习，发掘了林西锅掌子山遗址，发现有较多大型石核石器，细石器多圆锥石核。陶器少，有饰压印“之”字纹筒形罐，陶质粗劣，为夹砂陶器，火候低，遗物明显比富河文化、红山文化原始。在遗址中未发现房址或墓葬，

① 郭大顺、张克举：《辽宁省喀左县东山嘴红山文化建筑群址发掘简报》，《文物》1984年第11期。

② 方殿春、魏凡：《辽宁牛河梁红山文化“女神庙”与积石冢群发掘简报》，《文物》1986年第8期。

③ 贾鸿恩：《内蒙古翁牛特旗三星他拉村发现玉龙》，《文物》1984年第6期。

④ 此情况为敖汉旗普查所得，材料由邵国田老师提供。

遗物多为采集品，所以林西锅掌子山遗址一类的遗存在林西一带有可能还有发现，或是发现其他新石器时代早期文化。

三　新石器时代中晚期文化

1. 红山文化

红山文化是我国北方地区的新石器时代文化。1935年日本东亚考古学会滨田耕作等人在内蒙古赤峰红山后遗址发掘，称为赤峰第一期文化。中华人民共和国成立后又进行了许多工作，1954年将其命名为红山文化。赤峰市红山后遗址为最早的一个地点，经过发掘的地点还有赤峰蜘蛛山西水泉，敖汉旗的三道湾子、四凌山、巴林左旗南杨家营子以及辽宁喀左县东山嘴、凌源、建平交界处的牛河梁等遗址。分布范围是内蒙古自治区东南部、辽宁省西部、河北省北部以及吉林省西北部。内蒙古东南部主要在西拉木伦河及其支流老哈河流域的赤峰市和通辽市南部。红山文化以彩陶、“之”字纹陶器、细石器以及特有的掘土工具石耜和桂叶形双孔石刀为基本特征。标本经^{14}C断代，测定为公元前3500年左右，相对年代与黄河流域仰韶文化大致相当。

红山文化的陶器可分泥质陶和夹砂陶，泥质陶器略多于夹砂陶，都是手制。夹砂陶器形少，陶质粗，火候低。主要器形是大口深腹罐，此外还有折口深腹罐、斜口罐。它们的共同特点是大口、深腹、小平底。夹砂陶为褐色，作炊具用，故有些器物出土时还留有烟炱。器表多饰有横压的“之”字形和直线纹，很有特色。器底外侧多见编织物痕迹。泥质陶器器形较常见的有钵、盆、瓮、罐等，多是容器，都是小平底，腹壁呈不同的曲线。其中钵多为“红顶碗式”，有深腹、浅腹两种。罐有小口双耳罐、长颈深腹罐、敛口罐等。泥质陶器的主要花纹是黑色和紫色的彩纹，其中以平行线纹、三角线纹、鳞形纹为最富有特点。泥质陶中也偶有少量的“之”字压纹。

石器以磨制为主，其中掘土工具石耜有烟叶形和草履形两种，形体较大。桂叶形双孔石刀，通体磨光，刃、背呈对称弧形，近背部有双孔。这两种石器是红山文化富有特征的器物。磨制石器除石耜、桂叶形双孔石刀外，还有斧、凿等。打制石器有砍砸器和磨盘、磨棒等。细石器的镞多为三角形，此外还有条形石片、圆刮器和锥等。

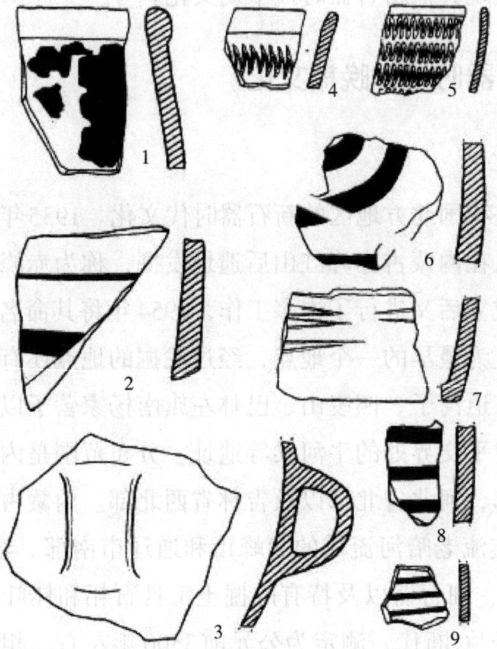

1、4、5. 陶器口沿（采23、采11、采10）；

2、3、6、7、8、9陶器腹片（采28、采9、采13、采6、采29、采4）

图2-5 红山文化陶器

［引自席永杰、张国强《内蒙古赤峰市康家湾红山文化及相关遗址调查报告》，《赤峰学院学报》（汉文哲学社会科学版）2006年第3期］

红山文化遗址中，动物骨骼和骨器皆少见，偶有出土骨质物品，均保存得不好。从红山文化遗址中出土较多石耜、石刀以及磨盘、磨棒等谷物加工工具，说明农业经济在当时占重要地位。20世纪80年代以来，红山文化又有许多新发现，在内蒙古相邻的辽宁省喀左县东山嘴和凌源、建平两县交界处牛河梁，发现宗教遗址“女神庙”和积石冢群。东山嘴遗址中心为一座大型方形石砌建筑基址。基址总体布局按南北轴线分布，注重对称，有中心和两翼的主次之分，南北方圆对应。这种具有我国传统特色的建筑群址，在我国新石器时代还是首次发现。多处基址都有陶塑人像群出土，说明这是一处当时人们从事包括祭祀在内的活动场所。东山嘴遗址中石器较少见，出土的石器都是红山文化遗址中常见的，唯独不见红山文化遗址中常见的石耜，而出现了亚腰石斧。陶器也多与红山文化特征相同，但是出现了器内着彩的盖、盆、无底筒形器、镂孔瓶形器、泥质黑陶圈足器、三足小杯以及涂朱、方格纹，是一般红山文化中少见或不见的。可以判定，东山嘴遗址具有红山文化基本特征，但又有自己明显的特征。这种文化在大凌河流域已发现多处遗址，与内蒙古境内老哈河流域的红山文化略有差异，这可能是时代早晚的差别，也是红山文化的一种地方类型。牛河梁“女神庙”和积石冢的发现和发掘，为红山文化的研究提供了大批全新的资料，是红山文化研究的一次突破。这不仅是红山文化中第一次发现和发掘这种专门供奉泥塑偶像的早期祭祀建筑遗址，而且这种分布密集、规模宏大、遗物丰富的庙、冢遗址，在全国也属首次发现。据发掘材料，积石冢结构复杂，冢内大、小墓有别，墓内只随葬玉器，墓外排列彩陶筒形器，且冢与冢相连。这与辽东半岛及东北亚发现的积石冢迥然不同。冢内排列的石棺墓，是迄今时代最早的石棺墓，也是探讨石棺墓起源的线索。牛河梁遗址中遗物经^{14}C测定，距今5580—5000年，遗址延续了500年左右，按考古学来说这段是红山文化后期的开始，是研究当时社会很好的资料。

图2-6　牛河梁女神庙遗址出土人头塑像

（引自方殿春、魏凡《辽宁牛河梁红山文化“女神庙”与积石冢群发掘简报》，《文物》1986年第8期）

随着文物普查工作的开展，在内蒙古东部地区发现了很多红山文化遗址。仅敖汉旗六期普查工作中，发现红山文化遗址就达338处。还发现了内折唇无领细足瓮、陶塑鸟头以及刻有裸体女人像的豆把等材料。在敖汉旗境内四家子镇、水泉村和五道湾等地也发现了红山文化积石冢，这种积石冢类似牛河梁遗址的积石冢，具体情况有待发掘确定。①

红山文化是北方具有自身特点的新石器时代文化，有自己发生、发展的过程，也受其他文化的影响。

红山文化的来源、分期、类型、发展以及与其他文化的关系等大量考古研究课题，均有待进一步探索解决。红山文化的宗教建筑群址、女神塑像、积石冢等新资料，扩大了红山文化的内涵，也为研究史前社会、原始宗教、建筑、雕塑等提供了许多重要资料。

2. 富河文化

富河文化是我国北方不同于红山文化的另一种新石器时代文化。该遗址位于赤峰市巴林左旗北部，乌尔吉木伦河东岸的富河沟门。该遗址是20世纪50年代调查发现的，称为细石器遗址。在1962年的发掘中，才从过去所泛称的细石器文化中识别为一种新石器时代遗存，命名为富河文化。②

富河文化遗址在赤峰市、通辽市境内的西拉木伦河以北地带都有发现，而在西拉木伦河以南却很少发现。据^{14}C断代测定，富河文化距今7500—5000年。富河文化与红山文化为两个文化系统，但它们有交错分布地带。在巴林左旗南杨家营子遗址曾发现一组表明相对年代的地层叠压，富河文化的堆积压在红山文化之上，说明这两种文化分布是有先后关系的，也说明红山文化早于富河文化。

富河沟门遗址发现了37座借山坡建成簸箕形土坎为基础的房屋，发掘了12座。房址大多数为方形，也有圆形的，排列有序。房子一般20平方米，屋中央有灶，有的挖一个土坑，有的用石板砌成方形灶。房址北壁常有4—7个柱洞。有的房址叠压房址，甚至连续重叠四次，说明这里曾是居住时间较长的聚落遗址。

---

① 此情况为敖汉旗普查所得，材料由邵国田老师提供。

② 徐光冀：《内蒙古巴林左旗富河沟门遗址发掘简报》，《考古》1964年第1期；中国社会科学院考古研究所编：《新中国的考古发现和研究》，第二章、四（二）富河文化的发现与研究，文物出版社1984年版。

陶器都是夹砂陶，质地疏松，火候不高。陶色以黄褐最多，灰褐次之，在一件陶器上的颜色往往不一致。制法皆手制。器形有筒形罐、钵、圈足器、小杯等。其中以筒形罐占多数。筒形罐为大口、筒腹、平底，以口部、腹部的差别可分为三种，腹部多饰有横压的“之”字形线纹或横压的“之”字形篦点纹，这两种压印纹是富河文化的主要纹饰。此外还有划纹或器口下有附加堆纹。遗址中还有大量以碎陶片中央钻一孔的陶纺轮。陶器上为缀合裂痕而钻孔的现象很普遍，说明当时陶器较珍贵。

石器出土量很多，共2000余件，有大型石器和细石器。大型石器多打制，大多经过第二步加工。种类有砍砸器、斧、锛、锛形器、凿形器、锄形器、尖状器、石片石器、磨盘、磨棒等，其中砍砸器约占大型石器的1/4。石片石器大多为不规则的长条形石片，多用刃边刮削或切割，数量也约占大型石器的1/4。细石器种类有镞、锥、圆刮器、钻、尖状器等，绝大多数没有进行第二步加工，但有使用痕迹。镞不同于常见细石器中三角形镞，而呈柳叶形，主要是在劈裂面的一端加工制成镞尖。锥多数在劈裂面或背面加工而成。钻头是两面加工而成，光滑且有旋钻的磨痕。细石器数量很多。

骨器出土也很多，有锥、镞、刀柄、针、齿骨条、匕、鱼钩、鱼镖、骨饰件等。其中骨锥的数量最多，制作粗糙，多用劈开的动物肢骨，在一端磨出尖部就成为骨锥。骨器中的有齿骨条是压印陶器“之”字形篦点纹的工具。富河文化中出现了卜骨，系用鹿或羊的肩胛骨，未经修整，仅有灼而无钻、凿。富河文化的卜骨是我国迄今发现年代最早的卜骨。此外遗址中还发现了一些角、蚌、贝、牙质的装饰等。动物骨骼也发现很多，有鹿、黄羊、狗獾、松鼠、狐以及犬科和洞角类动物。其中鹿占一半左右，未见草原奇蹄类动物，犬科标本量少，也未见肯定是家畜的动物骨骼。这说明当时的先民们，除定居进行农业生产外，渔猎经济仍占很重要地位，当时富河沟门的自然环境并非草原沙漠地带。

富河文化的发掘、研究工作尚待进一步开展。西拉木伦河以北地带发现许多细石器和夹砂粗陶共存的遗址，并不都与富河沟门所见的面貌相同。它们面貌的异同、相对年代以及之间的关系等课题，均需继续探索研究。

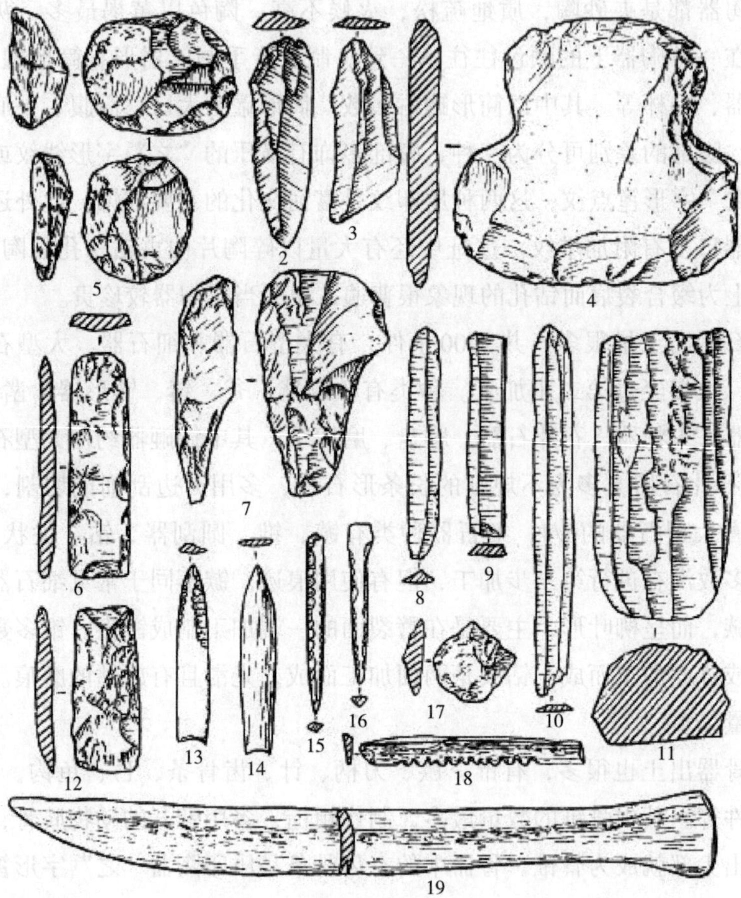

1、5. 石球；2、3、17. 石刮削器；4. 石铲；6. 石斧；7. 石尖状器；8—10. 石叶；11. 石核；12. 石锛；13. 石镞；14. 骨镞；15、16. 石钻；18. 有齿骨器；19. 骨刀

图2–7 富河文化石骨器

（引自刘国祥《兴隆洼文化与富河文化比较研究》，《北方文物》2006年第2期）

3. 小河沿文化

小河沿文化是我国北方新石器时代晚于红山文化、早于北方青铜时代早期的夏家店下层文化的一种新的考古学文化。以赤峰市敖汉旗小河沿乡白斯郎营子南台地遗址①和翁牛特旗解放营子乡石棚山墓地为代表，②命名为小河沿文化。有人认为它是红山文化系统的晚期阶段，但这一文化具有

① 李恭笃：《辽宁敖汉旗小河沿三种原始文化的发现》，《文物》1977年第12期。

② 李恭笃：《昭乌达盟石棚山考古新发现》，《文物》1982年第3期。

独特的原始文化面貌，它与内蒙古东部、辽宁西部广泛分布的红山文化大有区别，应是一种新的考古学文化，年代为距今5500—4000年。小河沿文化的发现，使北方新石器时代文化领域增添了新的文化类型，已引起国内外学者们的关注。

陶器主要是夹砂褐陶、红陶，出现磨光泥质黑陶。器形主要有罐、豆、壶、碗、盆、高足杯、器座、勺形器、尊等十多种。石棚山墓地未发现三足器，器形中钵较少，而豆形器很发达，有敛口钵式、折腹盆式、杯式等，壶类形式也多样，陶器多手制。陶器的纹饰主要有彩陶、细绳纹和划纹等，不见压印的“之”字纹。彩陶为红底黑彩，花纹为三角与平行直线、半圆形与平行直线相结合等各种几何图案，也有用原始文字符号与花纹图案或动物图像构成彩陶图案。彩陶花纹行笔流畅，线条疏朗，构图巧妙，富于变化，别具风格。陶器中还有陶塑猪、狗头像。

石器为主要生产工具，有磨制石器和细石器。种类有穿孔石铲、斧、锛、凿和打制的凹底三角形细石器镞、石片石器、刮削器、尖状器、六面体石核等。石料以燧石、玛瑙、石英为多。工具中还有石刃骨柄刀，这种复合工具在石棚山墓地获得多把完整器，是很难得的。此外还有骨针、骨锥等工具。装饰品很多，以项环、臂环以及蚌制发夹为最多，项环和臂环是用不同颜色石料做成，有的还在黑色臂环上镶嵌两行蚌珠，蚌珠上有不到1毫米的孔径，反映了当时人们掌握了精湛的穿孔技术。

房址为半地穴式，有圆形双室和椭圆形单室两种。墓地墓葬排列密集且有一定的规律，有长方形竖穴土坑墓和竖穴土洞墓两种，多为单人葬，葬式多仰身屈肢葬。有男女合葬墓，合葬墓都是二人脚相对，头向相反，下肢屈而相互交错。这种特殊的埋葬方式，在我国新石器时代墓葬中颇为罕见，在内蒙古、东北一带是首次发现。墓葬中还有无头骨墓葬和无骨架墓，无头者用一陶罐代替头，无骨架者只随葬物品，随葬的物品与一般墓相同，是小河沿先民对非正常死亡者一种特殊的埋葬制度。墓葬中随葬品数量差别较大，但都有随葬品，男性墓多随葬工具，女性墓多随葬纺轮、骨针、骨锥和装饰品。

陶器中还发现有文字符号，但不同于西安半坡和山东大汶口陶器上的文字符号，而是有的像房舍，有的像陶豆等。陶器中鸟形壶、双颈连通壶、彩陶尊及其器座，都是新石器时代的艺术珍品。

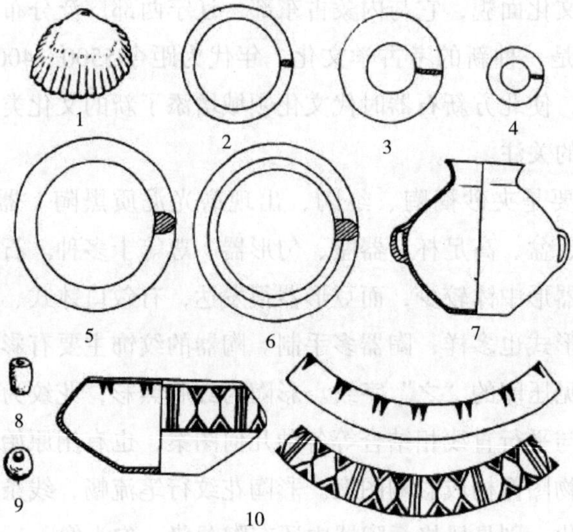

1. 贝壳；2、4. Ⅱ、Ⅰ式蚌环；3. 玛瑙环；5、6. Ⅰ、Ⅱ式臂环；7. 双耳高领罐；8、9. Ⅰ、Ⅱ式骨珠；10.彩陶罐（1—4、8、9约原大，5、6、10约1/2，7约1/9）

图2-8 小河沿文化出土器物

（引自刘志一《克什克腾旗上店小河沿文化墓地及遗址调查简报》，《内蒙古文物考古》1992年第Z1期）

小河沿文化与红山文化在器物的演变和纹饰图案上均有许多共同点，反映了两种文化是有内在联系的。但小河沿文化出现许多新器类和特点，如镂孔技术的掌握，多种颜色彩陶花纹图案的出现，器物内外施彩和八角星图案的应用，陶猪、狗头雕塑品的出土以及陶尊、平底盘器的增加，都与红山文化有区别，它与红山文化的差异性远远超过了它们的共同性。小河沿文化很可能是继承了红山文化某些因素发展而来的。从器物演变来看，小河沿文化又可能是夏家店下层文化的先驱。目前来看，从小河沿文化到夏家店下层文化之间是有缺环的。小河沿文化晚于红山文化，大约相当于中原仰韶文化向龙山文化过渡阶段。小河沿文化的分布范围，现还未全部搞清楚。辽河以西，赤峰境内遗址很多，在河北省境内也有线索。围绕小河沿文化还有许多学术问题尚待资料充实才能解决。

4. 哈民忙哈遗址

哈民忙哈遗址，[①]简称哈民遗址，位于内蒙古通辽科左中旗舍伯吐镇东南约15千米，南距通辽市40千米。这里南望西辽河，北靠新开河，处在大兴安岭东南边缘，松辽平原西端，科尔沁草原的腹地。遗址掩埋在一米厚的风积沙层下面，总面积17万平方米。2010—2013年经国家文物局批准，内蒙古自治区文物考古研究所对哈民遗址进行了大面积有计划的考古发掘工作。经过四年的发掘工作，清理出土一批极有视觉冲击力的遗迹单位，出土了大量珍贵遗物，特别重要的是在几十座房屋中发现了完整的房屋顶部木质结构，再现了新石器时代半地穴式房屋的构筑框架，这在全国来讲尚属首次发现。此外，在一些房址内还发现凌乱堆弃的大量人骨遗骸，有一座房址内甚至多达97具人骨遗骸，这一切反映了聚落内部发生的罹难场景，对于进一步研究新石器时代当地原始居民的社会结构、政治关系以及生活方式提供了极为重要的实物资料，具有重大的研究价值和展示意义。

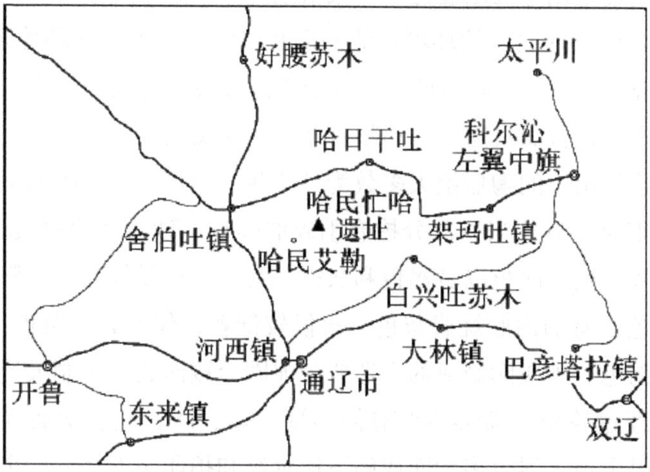

图2-9　哈民忙哈遗址位置示意

（引自吉平、郑钧夫、胡春佰《内蒙古科左中旗哈民忙哈新石器时代遗址2010年发掘简报》，《考古》2012年第3期）

经考古发现，哈民遗址房屋居址平面成排或成组分布，一般呈东北—西南走向，门道朝向一致，为东南方向，排列比较整齐。房址都是半地穴

① 吉平、郑钧夫、胡春佰：《内蒙古科左中旗哈民忙哈新石器时代遗址2010年发掘简报》，《考古》2012年第3期。

式，平面呈“凸”字形，有长方形门道和圆形灶坑。居室平面为圆角长方形或圆角方形，面积多在10—40平方米。穴壁存高0.1—0.9米。门道多呈长方形，门向集中在130°—140°。灶坑位于居室中部偏南，正对门道，平面多为圆形，斜壁，平底或圆底，内部包含大量灰烬和兽骨渣。居住面及四壁多经过烧烤，呈红褐色，部分房址发现有柱洞。房内堆积多为二层，遗物集中发现于居住面上，包括生活用具、生产工具以及装饰品。生活用具多为陶制品，如罐、壶、盆、钵等盛储器；生产工具一般常见为石制品，如磨盘、磨棒、斧、锛、凿、杵、锄及球等实用器。装饰品多见骨、蚌器和玉器。

哈民遗址发现的墓葬有13座，散布于房址之间，除3号墓葬发现于11号房址内，其他墓葬都有墓圹。哈民遗址清理出土的灰坑较少，散布于房址周围，其平面呈圆形、椭圆形、圆角方形和不规则形。坑体多为平底或圜底。灰坑内出土遗物较少，仅见陶片、动物骨骼和蚌壳等。

哈民遗址是用壕沟围裹起来的聚落遗址，经过钻探结合打探沟等方法初步确定了该遗址北区的环壕走势和形状。哈民遗址北区环壕东西长350米、南北宽270米，呈椭圆形封闭状的聚落环壕。壕沟内填土为疏松的黑褐色花斑土，包含少量陶片、动物骨骼、蚌壳及人骨等。

哈民遗址出土的陶器绝大多数为砂质陶，少量为泥质陶和夹砂陶。砂质陶陶质细腻，有相当一部分掺有细碎的蚌片。砂质陶的火候高低不均，多数陶质较坚硬，陶色以黄褐色和灰褐色为主。火候较高者，陶胎皆为黄色或红黄色，有的内胎烧成灰色。火候较低者，仅器表呈黄色或红黄色，内胎多呈褐色。砂质陶制成的陶器皆为泥圈套接而成，手制痕迹明显，个别陶器应经过轮修。器形主要有筒形罐、壶、钵、盆、素面罐、斜口器等，多成组出现。器表多素面或施滚压窝纹和拍印小方格纹，个别施斜向的刻划纹和竖压横排“之”字纹。滚压窝纹应为质地较粗糙的麻绳缠绕于棒状工具上斜向交错滚压而成，纹痕多密集规整。由于施纹时所用麻绳的粗细不同，所以形成的纹痕粗细不等。方格纹由陶拍成组拍印而成，方格较小且密集规整，呈斜向分布。由于砂质陶器在施纹后普遍经刮抹，所以有的窝纹和方格纹模糊不清，近麻点状。泥质陶数量较少，多呈红色，还有1件黑陶三足罐。有的泥质陶可见明显的轮修痕迹。泥质陶和夹砂陶饰竖压横排的“之”字纹或篦齿纹，“之”字纹压印而成，弧度较大或较小。

此外，泥质红陶还有少量的彩陶片，多为横向条形黑彩，部分施内彩。筒形罐数量最多，圆唇，敞口，斜壁，深腹，平底。

哈民遗址发现的石器除少量饰件外，多为石制工具。制法以琢制和磨制为主，压制较少。器类有磨盘、磨棒、斧、锛、饼、凿、砍砸器、环状器、杵、镞、叶等。骨、角、蚌器除了用于生产工具，多数制作成装饰品。遗址发现较多动物骨骼，以及一些骨、角制品。骨制品主要有骨柄石刃刀、鱼镖、锥、针、匕等。此外，还出土了较多蚌壳，但可识别的蚌制品不多，只有蚌刀和不明用途的蚌器以及蚌饰、坠饰等。

哈民遗址出土的玉器见于房址内，种类有玉璧、玉环、玉钺、玉匕、玉钩云形器、玉坠饰等，出土玉器质感温润，造型精美。这些玉器为研究古代人类生活习俗、审美情趣以及宗教信仰等提供了重要的实物线索。

哈民遗址的年代距今约5500年，与红山文化相当。哈民遗址的发现健全了中国东北地区考古学文化的谱系与序列，极大地丰富了草原考古学文化的内容。哈民遗址所揭示遗存的独特文化面貌与周边地区已发现命名的新石器时代考古学文化均不相同，根据对其文化内涵的认识，将其确认为一种新的考古学文化，即“哈民忙哈文化”。[①]但是，也有学者认为，哈民忙哈的文化类型应该归属于红山文化。“哈民忙哈文化”的发现，在空间上填补了以往区域考古工作的空白，在时间上充实和完善了新石器时代晚期考古学文化研究的薄弱环节，在聚落考古方面取得了突破性进展。“哈民忙哈文化”地处科尔沁腹地，分布范围介于辽西、松嫩、吉长三大考古文化区之间，由于其特殊的地理位置，该文化的发现与研究为相关联地区新石器文化源流的探索、文化体系的构建和区域间考古学文化关系的研究，提供了新的视角。哈民遗址的考古发掘被评为“2011年度中国十大考古新发现”。

第三节　内蒙古西部地区新石器时代文化

关于内蒙古西部地区的新石器时代考古工作，20世纪40年代裴文中

① 吉平、郑钧夫、胡春佰：《内蒙古科左中旗哈民忙哈新石器时代遗址2010年发掘简报》，《考古》2012年第3期。

先生曾发表《河套之史前文化》一文加以介绍。70—80年代才陆续进行了一些考古发掘，取得了很多资料。目前的工作仍多在中南部黄河沿岸和岱海一带进行。从时代来说，中石器和新石器早期文化遗址尚未发现，发现的多是相当于中原的仰韶文化和龙山文化各时期的遗存。内蒙古西部地区靠近中原，中南部也是黄河流经地区，所以新石器时代文化更多与中原地区、黄河中上游一带相似。过去我们多按中原的仰韶、龙山等文化名称、内涵来判断西部地区的新石器时代遗址，通过对托克托县新石器时代遗址的调查和研究，发现海生不浪类型文化遗存的器形和彩陶风格有别于中原的仰韶文化，而且与甘青地区的马家窑文化也有所差异，故有人提出该遗址是具有鲜明地域特点的原始文化类型。[①]这个观点在发掘包头市阿善遗址和呼和浩特市清水河县白泥窑子遗址中得到证实。所以，内蒙古西部地区也有许多具有地域特点的新石器时代文化，而不能统统认为是中原地区的仰韶文化和龙山文化。内蒙古西部地区考古工作因起步晚，不少遗址正式报告尚未公布，研究工作也正在进行中。从时代来看，缺环比东部地区更多一些，故只能重点介绍一些遗址。

一 阿善遗址

阿善遗址位于包头市区东15千米阿善沟门东，北依大青山，南濒黄河，在圪膝盖沟东西两侧台地上。东台地有新石器时代遗存，西台地除有新石器时代遗存外，还有少量青铜时代及晚期遗存。1980—1981年两次发掘，发掘面积1170平方米，清理解剖围墙4处共计57米，发掘出房屋24座，窖穴220个，墓葬3座，出土遗物约1600余件，此外还有许多动物骨头、石料、骨料和木炭等。[②]根据地层和遗物，阿善遗址共分三期文化。

阿善一期文化，相当于中原仰韶文化早期。该期未发现遗迹，仅有遗物。地层也较薄，多被阿善二、三期破坏。陶器主要为泥质红陶和夹砂红褐陶。器形有直口圜底钵、折沿盆、双唇小口瓶等。纹饰有磨光、彩陶、弦纹、绳纹和素面。彩陶以黑彩为主，红彩不见，不见复彩。这种阿善一

① 吉发习：《内蒙古托克托县新石器时代遗址调查》，《考古》1978年第6期。

② 崔璇、斯琴、刘幻真、何林：《内蒙古包头市阿善遗址发掘简报》，《考古》1984年第2期。

期文化在内蒙古中南部多有发现，如清水河县岔河口、白泥窑子、台子梁，以及准格尔旗、杭锦旗、呼和浩特市境内均出土类似陶器。这些遗址出土的陶器，貌似仰韶文化，过去均被当作仰韶文化遗存，目前看来不一定是仰韶文化，有待进一步深入探索。

阿善二期文化，相当于中原仰韶文化中晚期。该期文化遗迹、遗物都比较丰富。房子多正方形，门向西南，室内中心有一圆形平底坑灶，有的在灶后又加起坎的方形地面灶。房屋附近多有方形圆角窖穴。生产工具有大型石器、细石器、陶制品和骨角器。其中磨制的窄首宽刃和长条形弧刃斧，打制的铲和两侧缺口刀，椭圆台体状凹形石器，窄而厚的半月形磨棒，细石器的三角形镞，骨亚字形器等，均具有特色。陶器主要有泥质和夹砂褐陶、砂质白陶。泥质陶多磨光、素面，有的施豆青色陶衣，其他纹饰多绳纹、附加堆纹和少量篮纹。彩陶不多，纹饰简单多红彩，黑彩较少，复彩罕见。陶器典型器有泥质的折腹钵和小口双耳瓮，夹砂与砂质的大口平沿直腹罐以及颈部、腹部施附加堆纹的敛口侈沿罐。这种阿善二期文化在内蒙古中南部早有发现，托克托县海生不浪类型就是这种文化。此外在和林格尔县的中二十家子、清水河县白泥窑子以及准格尔旗等地，均有此类遗存，从文化内容和特征来看，不属仰韶文化，而是具有地方特征的一种新石器时代文化。但同阿善一期文化间有缺环，它们之间看不出承袭关系。

阿善三期文化，相当于中原仰韶、龙山文化之间。该期堆积最厚，遗存最丰富。房屋为长方形，地面灶靠门，居住面、墙壁、屋顶多用黄绿色黏土做建筑材料。阿善三期文化早期为半地穴式房子，门向南偏西；晚期多为地面石筑墙房子，形状、大小不一，有的还带耳室，门向有正南、西南、东南等。房子附近的窖穴多为方形圆角斜壁，壁、底平整。阿善三期文化的晚期居住区出现石围墙，基址厚度不一，蜿蜒起伏，有的地段甚至平行几道。生产工具有大型石器、细石器、陶制品和骨角器。石器制作规整精致，有石斧、石铲等。早期为打制的，晚期多为磨制，陶制品有陶刀和陶纺轮。骨制亚形器增多。陶器以泥质灰陶为主，多篮纹并磨光，还有连点刺纹。典型器形有浅腹和深腹的折腹钵、颈部施附加堆纹的敛口双耳瓮、单耳罐、侈口折沿盆以及砂质罐等，不见三足、圈足和环底器。早期尚有少数彩陶，而晚期陶器火候增高，胎、表色泽一致，同时出现豆、器座等。阿善三期文化在内蒙古中南部地区也多有发现，有清水河县的白泥窑子、准格尔旗的石佛塔等地。20世纪50年代发掘的包头市转龙藏遗址即类似此文化，曾被称为“细石器文化”或“龙山文化”，这是不确切的，阿善三期文化与阿善二期文化两者之间有许多共性，有承袭的迹象，它们应属一种文化。

阿善文化遗址的一、二、三期文化，各有自身的特点，相互叠压，与相邻地区文化相比有自身的特点，是反映了内蒙古西部地区具有地方特征的新石器时代文化。在阿善遗址的西面，大青山南麓包头郊区发现了西园遗址，1985年、1988年两次发掘。1988年发掘了1240平方米，发现房屋35间，灰坑98个，墓葬7座，出土可复原的文物200余件。根据发掘地层和文物情况，也是分三期，基本上同阿善一、二、三期文化相似。

在呼和浩特市至包头市的大青山南麓的台地上，据调查还有许多新石器时代遗址，有的可能是祭祀遗址，有待进一步研究。

二 白泥窑子遗址

白泥窑子遗址位于清水河县喇嘛湾乡东北的白泥窑子村，白泥窑子沟两侧分布有好几处遗址。自1958年发现以来，进行了调查试掘，并有不少文章发表，认为该遗址是仰韶文化和细石器文化，或认为是仰韶文化和龙山文化。80年代又对该遗址进行了三次发掘，对白泥窑子遗址的文化内涵有了全新认识，认为这是与阿善遗址类似的新石器时代遗址。白泥窑子遗址有五种文化类型，除沙峁疙旦类型属夏代至早商时代文化外，其余均为新石器时代文化。①

第一种文化遗存，发现有房子和陶器、石器。时代相当于仰韶早期偏晚，与阿善一期文化类似，应属同一文化，但稍晚于阿善一期文化。房子为方形浅地穴式，斜坡式门道。陶器以泥质陶、夹砂红陶为主，极少量褐陶、灰陶。泥质陶火候较高，夹砂陶火候不均，均为手制。纹饰以线纹为主，还有弦纹、泥饼纹、长条附加堆纹，花草纹、宽带状、网状等黑彩褐彩。器形有小口尖底瓶、夹砂罐、盆、黑彩钵、敛口瓮，杯鼓状和哑铃形

---

① 崔璇：《清水河县白泥窑子遗址》，《中国考古学年鉴（1984）》，文物出版社1984年版，第88—89页。

火种炉等，不见鼎、釜、灶、壶一类的器形和仿动物纹彩绘，也未见红彩。白泥窑子第一种文化丰富了阿善一期文化，与清水河县岔河口遗址也较相似，同属一种文化。

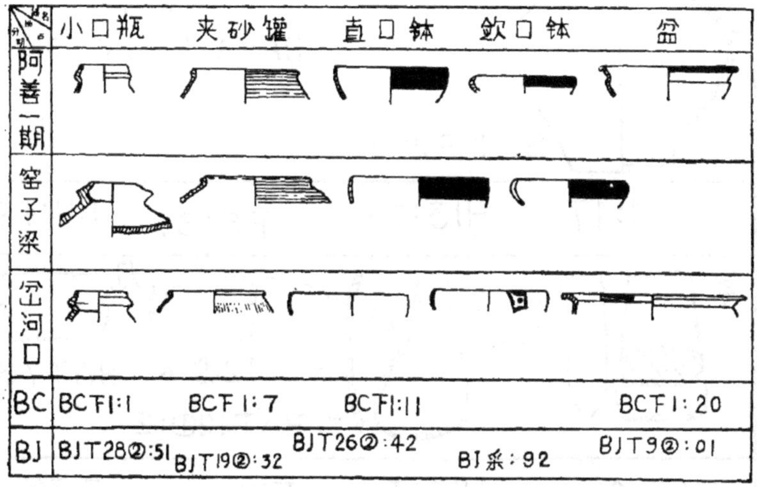

图2-10　阿善一期、窑子梁和岔河口陶器对比图

（引自崔璿、斯琴《内蒙古清水河白泥窑子C、J点发掘简报》，《考古》1988年第2期）

第二种文化遗存，发现有房子、灰坑、防护沟等遗迹，还发现陶器、石器、陶制工具和骨角器等遗物。时代相当于仰韶的中、晚期，即阿善二期文化，也是海生不浪类型。房子平面呈方形浅地穴式，房内有前后两个灶。前灶为圆直穴平底坑灶，后灶为设有灶坎的地面灶。房内后墙有柱洞。窖多为方形筒状，少量为椭圆筒状。陶器以泥质陶和夹砂褐陶为主，灰、褐、红色调多变，均手制。泥质陶以素面磨光为主，或施陶衣，很少施彩，仅瓶上有篮纹。夹砂陶器以绳纹和条状附加堆纹为主，彩陶多褐、赭色，少量黑色，多复彩，有内彩，纹样繁缛多变。典型器有大口瓮、小口双耳瓮、鼓腹罐、折腹钵、敞口长颈瓶等。工具有大型石器、细石器、陶制品和骨角器等。石器以磨制为主。文化内容和特征与阿善二期基本相同，应为同一文化，但也存在一些差异，如工具中没发现半月形磨棒和骨制亚形器等。白泥窑子第二种文化的发现，使人们对这种文化的特征、内涵和分布，对内蒙古中南部新石器时代文化有了进一步的认识，再一次证实了托克托县海生不浪类型的层位。

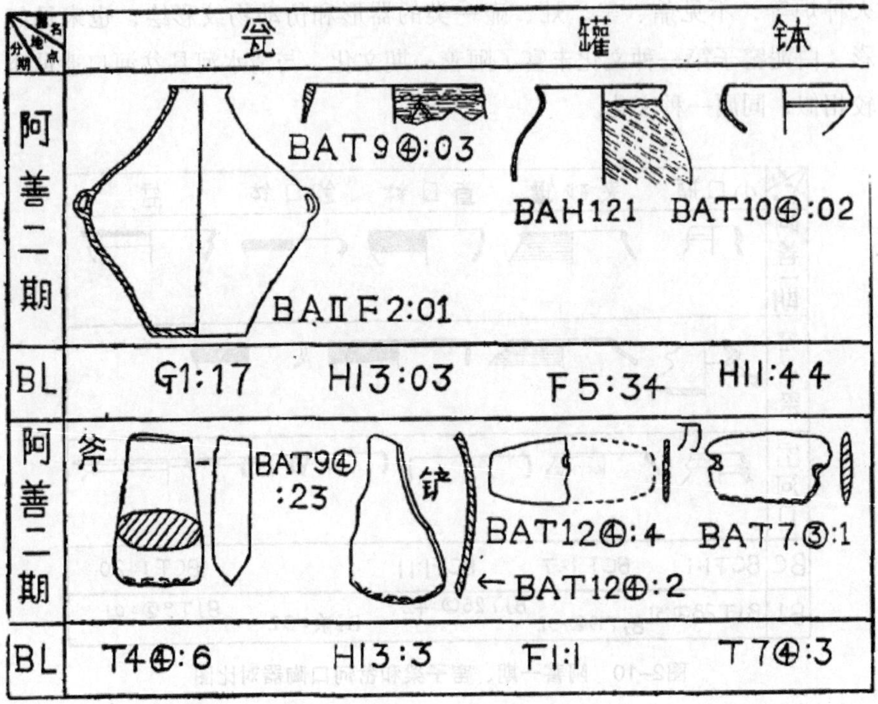

图2-11 阿善二期陶器和石器

（引自崔璿《内蒙古清水河白泥窑子L点发掘简报》，《考古》1988年第2期）

第三种文化遗存，发现有房子、灰坑、墓葬以及陶器、石器和骨角器等。房子、墓葬均发现较少。陶器以灰陶为主，其中泥质占80%，砂质占10%，其余还有少量泥质褐陶、黑陶和砂质白陶。砂质陶均为炊具，多手制，口沿经过轮修，器底与器耳多是后附加上的，易脱落。陶器花纹主要为篮纹，上陪衬条状或小泥圈的附加堆纹、压印纹和方格纹。主要器形有敛口瓮、矮领双耳罐、敞口宽沿盆、折腹罐、折腹钵、修口折肩罐和器盖。工具发现不多，有大型石器、细石器、陶制品和骨角器，石器器形有砍砸器、刀、珠、杵、球、磨石、磨棒、磨盘等。陶制品工具为陶刀，系用残陶片改制。骨角器有角锥和骨匕。白泥窑子第三种文化不论是房子的居住面、方形地面灶还是方形筒状窑穴均与阿善三期早段的相似，陶器也相似，应为同一时期的同一种文化。差别是白泥窑子第三种文化不见阿善三期陶器上的连点刺纹。

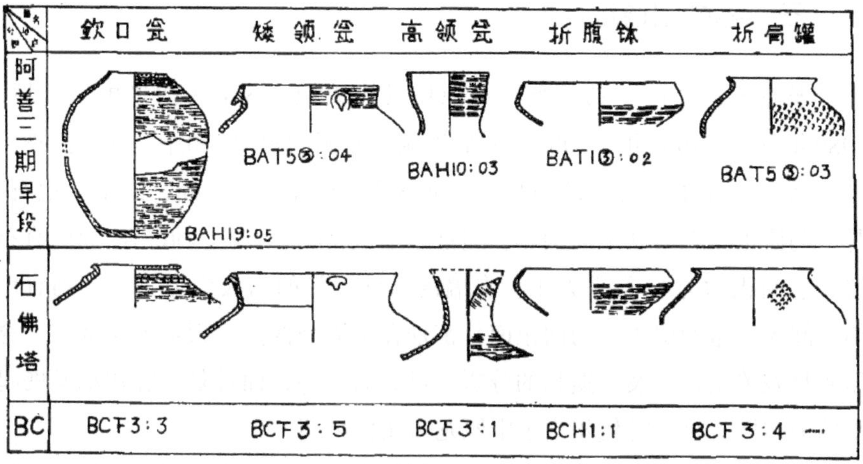

图2-12　阿善三期早段和石佛塔陶器对比图

（引自崔璿、斯琴《内蒙古清水河白泥窑子C、J点发掘简报》，《考古》1988年第2期）

第四种文化遗存，是在白泥窑子遗址发掘中新分出来的一种文化。过去在内蒙古中南部考古调查中，多混于其他文化中，经过大口遗址一、二期文化的区分，阿善遗址的发掘以及对石佛塔遗址的调查等工作，特别是白泥窑子第二、第三、第四种文化三层地层叠压关系的发现，证实了这是一种新文化。这种文化的时代相当于中原地区的龙山文化晚期。文化的显著特征是房子居住面有平整的“白灰面”的方形浅坑灶，柱洞填垫石块和碎陶片。陶器以泥质陶和夹砂灰陶为主，纹饰以篮纹和绳纹为主，此外还有划纹、旋纹和压印纹，陶器制法为泥圈和模制，盛行器鋬，未见拱形器耳。典型的器形有敛口广肩瓮、大口直腹瓮、折肩罐、大口尊、镂孔豆、尖裆斝、盉、侈口沿鬲、方杯等。这种文化的群体特征与阿善三期、白泥窑子第三种文化以及大口二期文化等截然不同，但这里的瓮、侈口卷沿鬲、尖裆盉、大口尊、折肩罐等，在鄂尔多斯准格尔旗大口遗址中有相同的器形发现。大口一期文化与陕西客省庄二期文化遗物基本相同，[①]时代相当于中原的龙山文化。白泥窑子第四种文化时代应处于中原龙山文化斝、鬲共存阶段，故相当于龙山文化晚期。这种文化在准格尔旗二里半、盂铁沟、寨子塔、大庙圪蛋、大口，伊金霍洛旗朱开沟以及清水河一带也常有发现，说明内蒙古中南部地区的原始文化不是空白。

① 吉发习、马耀圻：《内蒙古准格尔旗大口遗址的调查与试掘》，《考古》1979年第4期。

三　老虎山遗址

老虎山遗址位于乌兰察布市凉城县永兴镇北5千米的老虎山南坡。1980年发现，1982年、1983年先后发掘，发掘面积为700平方米，清理房子57座、灰坑17个、墓葬3座、窑址3座，解剖石墙3处，出土一批石、骨、陶质生产工具和生活用具。遗址略呈簸箕状，北高南低，四周围有石墙，总面积约为13万平方米。在墙内高低不等的山坡台地上，排列有以两三间为一组的房子，门向东南。窑址在围墙外西南。根据地层堆积、叠压和打破关系，以及对遗物的分析，可分为两期，而且是一脉相承发展起来的地方性文化，时代相当于中原龙山文化早期。①

一期遗存，房子均为圆角方形，居住面为黄土硬面，下垫有料姜石碎块或红烧沙土。灶不规则，多铺有石块，并流行壁灶。生产工具中以石刀和石镞最有代表性。这时流行两侧带缺口的石刀和高三角形燧石的石镞。陶器主要是手制，胎粗厚，器壁厚薄不匀，陶色以褐陶为主，灰陶次之，还有少量磨光黑陶。纹饰以横、斜的篮纹为主，绳纹、附加堆纹次之，陶器器形多为平底和小平底器。夹砂陶器有双耳罐、花边口沿罐、直壁缸、敛口瓮等，还出现尖底斝和圆底斝、三足器。泥质陶器有厚缘唇高领罐、曲腹和斜腹盆、折腹豆和尖底斝等。各种罐的口沿稍直、颈内缘稍有突棱。

二期遗存，房子以“凸”字形为主，居住面和墙壁均有白灰面。灶规整，为圆形或圆角方形，灶面突出地面，有的在灶外饰一周黑彩，壁灶很少见。生产工具流行长方形或半月形有孔石刀和矮三角形燧石石镞。陶器仍以手制为主，但模制、轮制增多。陶色以褐陶为主，灰黑陶数量增加。纹饰篮纹比例减少，绳纹比例增加，附加堆纹发达，此外还有方格纹和三角折线纹。陶器器形以平底器为主。炊具中新增加三足器的甗、斝式鬲以及带纽罐。泥质陶器新出现单耳罐、圆腹罐、甑、似羊头和人足的陶塑等。各种罐的口沿外侈或外卷，颈内缘圆滑。

二期遗存中重要的是遗址四周的石围墙建筑。石围墙北部和东北部保护较好，残高0.5米，宽约1米。西墙和南墙多已破坏，仅可看出走向。

---

① 田广金：《凉城县老虎山遗址1982—1983年发掘简报》，《内蒙古文物考古》1986年第00期。

石墙依山势呈不规则簸箕状，上窄下宽。石墙西北角、山的顶部还有一方形石墙。整个围墙西北至东南长380米，东北至西南宽310米。经解剖看，石墙系用天然石块交错垒砌而成，石缝中垫有黄土，墙内壁整齐，外壁向外倾斜。这样大型的石墙建筑，虽然在阿善遗址以及大青山南麓新石器时代文化遗址中也出现过，但在相当于龙山文化早期的文化遗存中，还是少有的发现，为龙山文化早期一聚落遗址。

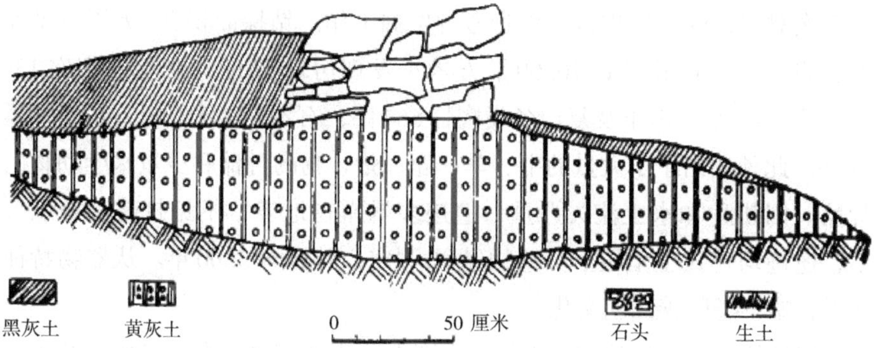

图2-13　老虎山遗址石墙横剖面

（引自田广金《凉城县老虎山遗址1982—1983年发掘简报》，《内蒙古文物考古》1986年第4期）

老虎山的文化遗存与内蒙古中南部其他龙山文化时代遗址关系密切，与关中、晋南以及河北北部同期文化既有联系又有明显的区别。如上述地区的鼎、釜、灶，在老虎山遗址中没有发现，而老虎山遗址中发达的附加堆纹和袋足器，也是上述地区少见的，所以说它是龙山文化早期的另一新类型，是地方性文化。这类文化的渊源，可追溯到内蒙古中南部相当于仰韶文化晚期，发展下去可能就是白泥窑子第四种文化以及大口一期文化、朱开沟一期文化。在老虎山遗址附近也还有类似的遗址，如老虎山西南4千米的西白玉以及板城，也发现有石墙，西白玉石墙比老虎山遗址的石墙保存得还好，残高1米。板城还可能有祭礼遗址，这两处时代与老虎山遗址大致相当。

四　庙子沟遗址

庙子沟遗址位于乌兰察布市察哈尔右翼前旗新风乡庙子沟村南100

米。遗址地处阴山山脉东段的南侧、黄旗海南岸的丘陵地带，为黄土丘陵分布的边缘区域。遗址东临一条南北走向的山沟，即庙子沟。沟宽50—70米、深10米左右，沟底泉水小溪南绕庙子沟村向北注入黄旗海。遗址分布在黄旗海南岸二、三级台地上，由两个区组成。Ⅰ区位于村南部，残存面积约3万平方米。Ⅱ区位于村北部，面积约20万平方米。1985年9—10月，当地砖窑厂在庙子沟村南的山坡取土时，发现了部分陶器、石器和人骨。从1985年发现到1987年，由内蒙古自治区文物考古研究所主持，先后三次对遗址的Ⅰ区进行了田野考古发掘工作。钻探面积有3万平方米左右，发掘清理面积共计10500平方米。发现房址52座，灰坑、窖穴139个，墓葬42座。出土及复原各类陶器664件，石器518件，骨、角、蚌器81件。此外还出土了大量的牛、羊、鹿、猪、狗的骨骼和少量水生动物的骨骼。因耕种和水土流失严重，遗迹多暴露在地表，不见打破和叠压关系，遗迹均建在生土层上。遗物经^{14}C测定，约距今5500年。从器物特征来看，略早于阿善二期文化。

房址均为浅地穴建筑，大体面东背西，南北成排分布。平面呈圆角方形或长方形，间宽一般大于进深，面积多不足15平方米，最大的一间23平方米。房址依坡势而建，上部多为木骨草拌泥墙。居住面为黄白色草拌泥抹成硬地面，不经烧烤。室内正中稍近门处为平底圆形和圆角方形灶。柱洞分布在室内四角周边及门道两侧。房子内、外均有窖穴、灰坑，多为长方形和圆形，少数为椭圆形和圆角方形。窖穴及居住面上，均有成套的生产工具、生活用具和动物骨骼，说明每座房子已构成一个生产和生活的单元。

墓葬无集中墓地，与灰坑、窖穴交错分布于房子周围，有长方形土坑墓和圆形袋状穴两种。长方形的墓在房子附近，而圆形穴多利用房址四角的窖穴或灶炕。有多人葬、双人葬和单人葬，也有幼儿与成人合葬现象。盛行侧身屈肢葬，有的屈肢特甚。随葬品多寡不一，有的多达十几件，有的则没有。幼儿与女性佩戴环饰和海螺串饰等装饰品。

生产工具主要为石器和少量骨角器。其中，窄首窄刃石斧、窄首宽刃石斧、长方形穿孔石刀、单孔石铲、梯形小石锛、大型石磨盘、磨棒以及骨锥状铲形器和骨柄石刃刀等均具有特色。陶器以夹砂和泥质陶为主，砂质陶较少，均为手制。陶色繁杂，红褐陶约占一半，其次为灰陶和红陶，器形陶色多不均匀。纹饰以绳纹和素面磨光为主，有少量戳印纹、划纹和方格纹。彩陶数量较发达，色彩多样，有红、褐、紫、赭等色，纹饰更是繁缛多样，有方格纹、鳞纹、涡纹、锯齿纹、草叶纹以及曲线、垂弧、直线、三角、椭圆点等几何图案纹饰。代表性陶器有侈口鼓腹罐、大口罐、筒形罐、小口双耳罐、喇叭口尖底瓶、曲腹盆、折腹盆、曲腹钵、折腹钵、漏斗、器盖、小杯、偏口壶等。

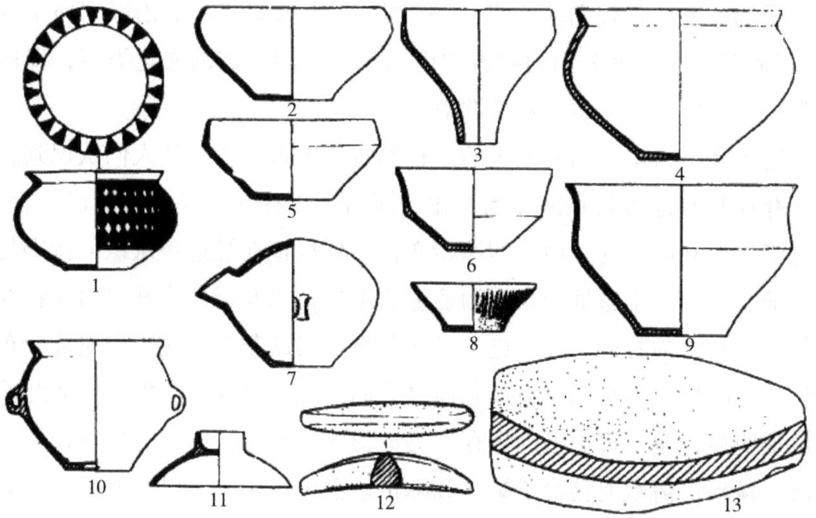

图2-14　庙子沟文化陶器和石器

（引自内蒙古文物考古研究所《内蒙古察右前旗庙子沟遗址考古纪略》，《文物》1989年第12期）

庙子沟遗址出土物丰富，遗物具有鲜明的文化特征，有别于邻近地区的文化遗存。墓葬分布在房址周围，有的利用窖穴埋葬，没有集中的墓地，流行侧身屈肢葬，这种状况在内蒙古中南部新石器时代尚属首次发现。从房址和窖穴出土的生产工具来看，说明当时是以个体家庭为单位从事农业兼营狩猎和捕捞业。合葬墓中有一对成年男女与小孩合葬的现象。这些资料反映了当时的社会形态已进入父系氏族社会阶段。庙子沟遗址的资料为研究内蒙古东部和西部，以及与中原和燕山以北等地的原始文化交流提供了珍贵资料。

在庙子沟遗址进行考古发掘后，学术界开始讨论内蒙古中南部仰韶晚期阶段考古学文化命名问题。20世纪50年代末，在内蒙古中南部的黄河沿岸首次发现仰韶晚期阶段的遗存。60年代又通过黄河沿岸的考古调查，认为这里的仰韶文化分为两种，一种以岔河口遗址为代表，另一种以海生不浪遗址为代表。70年代后期，提出具有地域特点的原始文化类型，明确为海生不浪类型遗存。80年代以来，陆续对一些遗址进行了调查和发掘，有些学者提出这一类遗存为"海生不浪文化"。此后田广金先生提出以"海生不浪文化"命名，并划分出内蒙古中南部三个不同区域的文化类型，即庙子沟类型、白泥窑子类型、阿善类型。[①]魏坚先生提出以"庙子沟文化"[②]命名，同时划分出内蒙古中南部三个不同区域的文化类型，即庙子沟类型、海生不浪类型、阿善类型。[③]

近年来，内蒙古西部地区的新石器时代考古工作，使人们认识到这一地区存在具有地方特点的原始文化，澄清了以往一些模糊、错误的看法。随着工作的开展，这一地区的原始文化系列也正在被逐步认识，特别是阿善遗址、白泥窑子遗址和庙子沟遗址的发掘，以及近年来开展的文物普查工作的资料，为我们提供了进行横向分析探讨的条件。这三个遗址分布地域较近，时代大致相当，遗迹和遗物方面有许多共同的因素，但彼此的差异也很明显，是三种类型的遗存。类似白泥窑子遗址的还有托克托县海生不浪、碱地、清水河县台子梁、和林格尔县中二十家子以及准格尔旗的石口子、张家圪旦等黄河南流两岸地带。庙子沟类型则分布在黄旗海和岱海周围的丘陵山地，如大坝沟遗址等。这三种文化遗存相比较，庙子沟遗存与阿善二期接近一些，而与白泥窑子遗存差别更大一些。这说明内蒙古西部地区原始文化面貌的复杂性。对这三种类型的源流以及与相邻文化的关系，都是值得探讨研究的问题。

内蒙古西部地区除以上介绍之外，还有不少考古工作正在开展，如准格尔旗配合煤田开发对黑岱沟、二里半、寨子塔等地的发掘。再如1986—1988年抢救性清理发掘凉城县园子沟遗址。这是一处依山而居的聚落遗

① 田广金：《内蒙古中南部仰韶时代文化遗存研究》，载内蒙古文物考古研究所编《内蒙古中南部原始文化研究文集》，海洋出版社1991年版。

② 魏坚编著：《庙子沟与大坝沟》，中国大百科全书出版社2003年版。

③ 魏坚：《庙子沟与大坝沟有关问题试析》，载内蒙古文物考古研究所编《内蒙古中南部原始文化研究文集》，海洋出版社1991年版。

址，清理发掘出83座相当于龙山文化早期的房子，有“凸”字形半地穴式房子，还有窑洞式的，也有半地穴式与窑洞式相连形成里外套间的房子。虽然山西石楼岔沟以及宁夏海源菜园村等地也都出现过窑洞式房子，但园子沟遗址窑洞式房子多，布局有序，而且保存较好，在内蒙古西部地区尚属首次发现。为配合丰镇至准格尔修建铁路，不少遗址也正在发掘，还会有许多新的资料出现。目前内蒙古西部地区除中南部考古工作开展多一些外，其余还是薄弱地区。包头再向西以至阿拉善盟，新石器文化多受甘肃、青海地区的马家窑文化和齐家文化影响，而大青山以北地区的原始文化面貌就更不清楚了，尚待今后去开展工作。

内蒙古东部或西部新石器时代原始文化极为丰富多彩，这些具有鲜明地域特点的新石器时代遗存，为研究内蒙古地区原始文化史提供了大批宝贵资料。目前，内蒙古地区新石器时代考古尚有大量学术方面的问题待解决，需有志者继续开拓。

第三章　夏商周时代考古

夏商周考古是指夏、商、西周、春秋这一历史阶段的考古，其所包括的绝对年代，约自公元前21世纪至公元前5世纪上半叶。因这一时期青铜工艺高度发展，故也叫“青铜时代”。夏商周考古研究的资料很多，有通过田野发掘所获得的大批遗迹、遗物等资料，有数千年来传世的青铜器和金石学家的著作，近代甲骨文的发现也为夏商周考古增添了新内容。

从新石器时代到青铜时代，必须经过红铜时代，即铜石并用时代。红铜是自然铜，质较软，不适宜作大型器具，对生产的作用不大。在长期实践中人们将红铜加锡，制成合金，就是青铜。青铜的优点如熔点低、便于冶炼、硬度大等，可根据不同的器类的需要确定铜锡比例，铸成硬度不同的器具。熔液膨胀系数大，在冷凝时体积胀大，铸造时填充性好，绝少气孔，铸造的器具适用性广。青铜冶铸技术的发明和应用，具有划时代的伟大意义。

据文献记载，夏代（前2070—前1600）已发明了青铜器，丰富的考古资料证明，至少从商代（前1600—前1046）开始，青铜器已被广泛使用，建立了强大的奴隶制国家，开始了有文字记载的历史。商代的甲骨文早已经超越了文字创造的原始阶段，出现了比较完善的文字制度。从新石器时代，西安半坡遗址彩陶上有文字符号，山东大汶口文化陶罐上有图像文字，内蒙古小河沿文化陶罐上也有图像文字等资料来看，中国最早的文字可能产生在仰韶文化至商代之间。处于这个年代范围的夏代，自然已跨入有文字的历史阶段了。同时，这一时期城市兴起，标志着社会形态和经济生活的重大变化。奴隶制代替了原始公社制，无论是物质文化还是精神文化，都有了飞跃的进步。夏商周考古是中国考古学的一个重要阶段，有关这些文化因素的渊源和发展，都需要考古学实物史料来作出阐述和解答。中华人民共和国成立以来，建立了夏商周文化发展的完整序列，大量的考古资料补充了文献的不足，但夏商周考古仍有一些学术问题，有待进一步去探索解决。

第一节　有关夏商周考古和青铜文化的名词术语

为了便于更好地掌握内蒙古地区这一时期的考古资料，这里先将我国夏商周考古和青铜文化的一些名词术语作一些概略的介绍。

一　二里头文化

二里头文化是中国青铜时代文化，以河南省洛阳市偃师区二里头遗址命名。主要分布在河南中、西部的郑州附近和伊、洛、颍、汝诸水流域以及山西南部的汾水下游一带。现已发现近百处遗址。比较重要的遗址除了偃师二里头遗址外，还有河南洛阳东干沟、临汝煤山、郑州洛达庙和山西夏县东下冯等。这种文化遗存最早发现于1952年河南登封玉村遗址；1956年发掘郑州洛达庙遗址，一度称为“洛达庙类型”；1959年起发掘偃师二里头遗址，因该遗址更典型，故以此遗址命名为二里头文化。

二里头文化具有突出的特征，有一组富有特色的陶器群。陶器群中作炊器的有鼎、折沿深腹罐、侈口圆腹罐等，食具和容器有三足盘、深腹盆、平底盆、豆、澄滤器、小口高领罐和大口缸等，酒器有盉、觚、爵等。侈口圆腹罐口沿部的花边装饰和深腹罐、盆、侈口罐等口沿下附加一对鸡冠形，是这组陶器中有特色的风格。二里头文化中不见河南龙山文化中常见的鬲、斝、带耳罐、杯、碗、双腹盆等器物，与郑州二里岗早商文化器物组合也有明显的区别。二里头文化中，遗物除陶器外，还有青铜器、玉器、石器、骨角器。青铜器主要有工具、兵器、礼器、乐器和装饰品。遗址已出现大型宫殿建筑和有不同形制的墓葬，反映了当时社会存在等级差别。二里头文化中还发现在陶器上刻划的文字符号20余种，有的可能就是原始文字。此外还发现有卜骨。

东下冯遗址在山西省夏县，也是二里头文化典型遗址，与二里头文化基本一致，由于地域的差异又有所差别。这里鬲多鼎少，以蛋形三足瓮最具特色，不见三足盘、澄滤器和觚等。它们的差异反映出两个地区文化面貌上的地方特性，所以虽同属二里头文化，但分别叫“二里头类型”和“东下冯类型”。

从地层叠压关系和^{14}C断代测定年代来看，二里头文化晚于河南龙山文化，早于郑州二里岗早商文化，绝对年代大致为公元前2010年至公元前1625年，与文献记载的夏代纪年相当吻合；文化分布的地域与传说中夏人活动的地域比较一致，所以多数学者把二里头文化当作夏文化。

二 二里岗文化

二里岗文化是商代早期文化。遗址在河南郑州郊区，为商代早期都城遗址。根据城东墙夯土层内木炭的放射性碳素断代测定，相当于公元前1620年前后。二里岗文化分早、晚两期，均早于殷墟文化。规模宏大的商城位于遗址中部，有夯筑城垣与宫殿遗址。据宫殿基址和出土物情况看，这应是商代早期的王都。多数学者认为可能是商汤所居亳都，也有的学者认为是仲丁所建的隞都，属商代中期。

出土的遗物以陶器最多，青铜器、石器、骨器次之，并有蚌器、玉器、原始瓷器、印纹硬陶、白陶器、象牙器等。陶器有鬲、甗、斝、罐、簋、豆、大口尊、瓮、觚、爵等。陶器表面饰有饕餮纹、夔纹、云雷纹、方格纹、圆圈纹等纹饰。原始瓷器多施青绿色釉。白陶器发现很少，制作精致，为商王、贵族所有。青铜器有工具、礼器、乐器。器形有镬、铲、刀、钻、鱼钩、簪、鼎、鬲、斝、罍、尊、盘、卣、盂、觚、爵、盉以及戈、镞等，数量比二里头文化有明显的增多。卜骨出土数量较多，但刻字者很少，刀法与殷墟甲骨文相似。陶尊口沿常刻有陶文和记号，还出土了猪、羊、龟、鱼、虎头人坐像等陶塑制品，反映出当时雕塑工艺水平较高。

遗存中有墓葬，小型墓随葬陶器，中型墓则随葬有青铜礼器、少量玉器、象牙器和原始瓷器等。在一座中型墓的二层台上殉有一人，腰坑内埋有一条狗。

二里岗文化反映了商代奴隶制国家的等级差别，有人殉现象，但殉葬的人还不多。二里岗文化遗址范围大，内涵丰富，为研究商代早期文化提供了依据。除此之外，中华人民共和国成立以来，在黄河中下游南北两岸和长江流域等地，均调查或发掘了大量早商文化的遗址。

三　殷墟

殷墟是商王朝后期的都城遗址，位于河南省安阳市西北小屯村，其北面、东面不远有洹水流过。《史记·殷本纪·正义》引《竹书纪年》记载“自盘庚徙殷，至纣之灭，二百五十三年更不徙都”。通过殷墟的发掘和对甲骨文的研究，小屯确定是商代后期的王都。

安阳小屯村自宋代到清代就出土商代铜器。清代末年又屡有刻有文字的甲骨出土。1928—1937年曾在殷墟进行了15次发掘，揭开了商代夯土建筑基址，发掘大墓并寻找到商王陵所在地侯家庄西北岗，基本搞清楚了建筑基址的分布与组合关系，出土了丰富精美的随葬品，同时还出土了刻字甲骨1.7万余片。15次发掘，丰富了商代历史和文化的研究资料。

1949年以后，考古工作者继续进行发掘殷墟的工作，多年来，在发掘、钻探、研究等方面成绩斐然，出土了大批刻字甲骨和数量众多的青铜器，取得了丰富的考古资料。同时对殷墟文化进行了分期，搞清了殷墟的范围和布局，又开展了甲骨学、商代青铜器、商代的人殉与人牲、商代的族墓地制度、各种手工艺水平、商代的社会性质等多方面的学术研究，成果丰硕。

四　人殉和人牲

这是奴隶制社会中的两种社会现象。在商代，人殉是为侍奉社会和家族中某些特权者而从死的人，其中有陪臣、妻妾、侍卫和亲信，也有奴隶。商代的大墓中有人殉，部分墓中还有人牲。早期人殉数量较少，后期数量增加。人牲是在祭祀时，把人像牛、羊、猪等牲畜一样宰杀，供奉给祖先和山川神灵，被杀的人为战俘和奴隶。甲骨卜辞中有商代后期杀人祭祀的记载，最多一次杀祭达300人。

商代的宫殿建筑附近，均发现有人牲的遗骨，有的身首异处，有的人兽同穴。这些都是为宫殿建筑举行有关的仪式时杀的人。殷墟王陵区有大量的祭祀坑，坑中埋有商王祭祀祖先时杀的人牲，有些中型墓也有人牲。

人殉是父权家长制出现以后的产物，反映出人与人之间不平等关系。随着奴隶制国家的出现，这种关系得到进一步的发展。人牲主要来源于战俘，这些战俘在尚不能提供较多的剩余价值时，只好大批用于祭祀，这是早期奴隶社会的象征。殷墟前期人牲数量多，后期减少，而且多用妇女和儿童，这反映了生产力得到提高。

五 甲骨文和金文

目前已发现的商代文字有陶文、甲骨文、玉石文和金文，其中以商代后期甲骨文最多。金文是先刻在陶范上，然后铸在铜器上的铭文，故也叫“铸铭”，其他是直接刻上的，称为“刻铭”。不论哪种文字，均先经过书写。在殷墟曾发现墨书和朱书的陶文、骨文和石文，证明当时已用毛笔书写。各种文字都与甲骨文属于同一系统，所以商代的文字可用甲骨文作为代表。甲骨文是占卜之后的刻字，通常叫作甲骨卜辞。卜辞一般为短文，但全辞最长者也有百字的。商代甲骨文不见于古代史书记载，所以学者命名不一，有龟卜文、契文、殷契、甲骨刻文、殷墟文字、贞卜文、殷墟卜辞等各种名称。几十年来，殷墟出土甲骨文卜辞已达十几万片，目前已识别出1000多个单字。

甲骨文已使用象形、会意、形声、假借四种造字方法。最基本的是象形文字，但已不是图画，而是一种语言的符号，是比较成熟的文字。甲骨文的内容是多方面的，涉及商代社会各个领域，它不仅为商代考古、历史研究提供重要资料，而且在文字学、语言学、科学史等研究中均占有很重要的地位。

六 占卜

占卜在我国中原地区最早出现于龙山文化。内蒙古富河文化已有卜骨出现，早于中原地区。占卜在二里头文化中开始普遍盛行，到了商代，占卜成为奴隶主贵族进行统治的重要手段之一。统治阶级极力提倡对凌驾于一切之上的至上神的崇拜，这种至上神观念的产生，是当时奴隶社会发展出现了专制帝王的反映。当时占卜的方面很广，上自国家大事，下至帝王贵族的私人生活，如祭祀、年岁、征伐、天气、福祸、田狩、疾病乃至生育等，无不取决于占卜。所以，国家设有专掌卜事的卜官，形成当时统治阶级集团中一个重要的阶层——卜人集团。

卜官进行占卜时，有一定的程序。首先选择占卜的工具——甲骨，甲是龟甲，骨是牛、羊等动物的肩胛骨。早商多用骨，牛、羊、鹿、猪肩胛骨兼用，很少用甲。晚商甲、骨并用，甲多于骨。其次将甲、骨进行修整，打磨光滑。最后在甲骨上钻出圆窝“○”，叫作钻，在圆窝旁凿成菱形的凹槽“⬡”，叫作凿，钻凿排列整齐，并有一定间距。早商卜骨只用钻而无凿，晚商钻凿兼施。占卜时，把所卜之事刻在甲骨上叫“命辞”。卜时正反对贞，卜官用火灼烧，使甲骨反面裂纹，依据兆纹以定凶吉。定吉凶的占断刻在甲骨上即谓“占辞”。占断之后，再决定是否采用。因此在卜兆旁常见用“兹用”或“兹勿用”字样，表明采用与否。若采用，还须验其效果，刻在甲骨上，即谓“验辞”。不同时代的甲骨处理情况和钻凿形状不一样。

七　青铜礼器

西周奴隶主以整套的礼制规定了森严的等级制度，来维护奴隶主的统治秩序。一些用于祭祀、丧葬、朝聘、征伐、始冠和宴饮活动时举行礼仪用的青铜器皿被赋予特殊的意义，成为礼制的体现，这就是所谓藏礼于器。这些青铜器皿就叫作青铜礼器，或称彝器，如鼎，原来是用作炊器，后来成为礼器中最重要的器种之一，按照礼制组合成列鼎。列鼎数目有九、七、五、三共四等，天子九鼎、诸侯七鼎、大夫五鼎、士三鼎，不能随意僭越。在西周奴隶制兴盛时，礼器制度最严格，随着奴隶制的衰落，礼崩乐坏，青铜器逐渐失去这种作用。

青铜礼器主要指鼎、簋、钟、鬲、尊、卣等，一般是鼎、簋共存，鼎为奇数九、七、五、三，簋为偶数八、六、四、二相配。鼎为圆形三足两耳，也有方形四足。盛行于商周时期，汉代仍流行。战国和汉代常有用陶鼎作为随葬的明器。簋本作“𣪘”（金文），古代食器，用来盛黍、稷、稻、粱等物，圆腹、侈口、圈足，像现在的大碗。商代簋多无盖，无耳或有两耳。西周和春秋的簋常带盖，有两耳或四耳。春秋时期还出现圈足下加方座或附有三足的簋。战国以后，簋就很少见到了。

八 簠和盨

簠即文献里的“胡”或“瑚”，是古代用来盛黍、稷、稻、粱等物的食器。长方形，口部外侈，四个短足，有盖，盖与器形状大小相同，打开则成为相同的两个器皿。在西周时期出现，流行到战国末期，早期足短，口向外侈。春秋、战国时足变高，口不外侈，器身变深。

盨也是古代用来盛黍、稷、稻、粱等物的食器。椭圆形、敛口，有两耳、圈足、有盖。盖上一般有四个矩形纽，仰置时成为带四足的食器。盨在西周时出现，春秋后期消失。

九 戈

古代一种用于钩杀的兵器，由青铜制的戈头、木或竹柲（即柄）、柲上端的柲帽和下端的铜镈四部分构成。戈头的刃部称“援”，援末斩折而下的部分称作“胡”，嵌入木的部分称“内”，援末和胡上穿绳缠柲的小孔称“穿”。

商代戈头有三种形式，直内戈、曲内戈和有銎可以插的戈，一般没有胡。商末出现有胡的戈。西周的戈多短胡，有一穿至三穿。春秋战国的戈多三穿至四穿，同时援变得狭长。

十 云雷纹

青铜器上一种典型的花纹。特征是以连续的回旋形线条构成的几何图形。有的作圆形的连续构图，单称云纹；有的作方形的连续构图，单称雷纹。云雷纹常作为青铜器上纹饰的底纹，用以烘托主题纹饰，也有的单独出现在器物颈部或足部，云雷纹盛行于商和西周，沿用至春秋、战国时期。

十一 饕餮纹和夔纹

青铜器上常见的纹饰。饕餮纹也称兽面纹，纹样象征古代传说中一种贪食而又凶猛的饕餮兽的面形，图案多有变化。商至西周时常作为器物上的主题花纹，多以云雷纹衬底。西周后期以后逐渐失去主题纹饰的突出地位，用作器耳或器足上的装饰。夔纹的图案是传说中一种似龙的动物——夔，形状为一角、一足、口张开、尾上卷。有的夔纹发展为几何图案装饰，变化很大，常见的有身作两歧，或身作对角线，两端各有一夔首。夔纹盛行于商和西周前期。

十二　蟠虺和蟠螭纹

青铜器的纹饰，盛行于春秋战国时期。蟠虺纹是以蟠屈的小蛇（虺）的形象构成的几何图案；蟠螭纹图案是传说中的一种没有角的龙（螭），张口、卷尾、蟠屈。

十三　窃曲纹和瓦纹

青铜器的纹饰。窃曲纹由两端回钩的“S”形的线条构成扁长图案，中间常填以目形纹，盛行于西周中后期，春秋战国时仍沿用。瓦纹是由平行的凹槽组成，形如一排排仰瓦，始于商代，盛行于西周后期至春秋。

十四　仪礼玉器

古代在祭祀、朝享、交聘等仪礼时使用的玉器。主要有璧、琮、圭、璋、璜、琥六种，统称瑞玉。按《周礼》的说法，六种瑞玉是用以礼天地四方。玉璧在新石器时代就有发现，平圆形，中间有孔，商周时代作为礼玉，汉代多做佩饰或挂饰。玉琮是一种外方内圆的粗管形玉器，新石器时代的良渚文化墓葬中就有出土。殷商遗址中有玉琮出土，但器形比较短小，汉代很少见。玉圭是一种上端尖锐的长方形玉片，下端平直，上端作等边三角形。玉璋实际就是半圭，长方形玉片上端只有一道斜边，殷墟小型墓中也有出土。玉璜是一弧形的玉器，为玉璧的1/3至一半左右，新石器时代就有出土。常雕琢成龙、鱼等形，刻有纹饰，为古代的礼玉，也作装饰品。玉琥即虎状玉，是最后加入瑞玉的玉器，也有人认为其不是仪礼中使用的瑞玉。

第二节 内蒙古地区夏商周时期的遗迹和遗物

中原地区进入了青铜时代以后，内蒙古地区东西部的居民们也开始使用铜器，进入青铜文化时代。夏商周时期，内蒙古东部是“百有余戎”活动的地区，其中包括山戎和东胡，还有夏、商、周王朝的与国，如燕亳、孤竹、肃慎等。内蒙古西部地区在夏商时期活动的游牧民族有土方、𠯑方、鬼方、羌方、熏鬻等。西周时期活动的游牧部落统称戎、狄，即猃狁或犬狄等。春秋时称狄，包括林胡、楼烦等部族。匈奴族出现在战国，与商周时的鬼方、猃狁以及春秋时的狄关系密切。但在考古资料上的辨别方面，尚有大量工作待解决。春秋中后期，中原各国日益强大，秦、魏、赵等国势力逐渐达到内蒙古西部地区，燕的势力达到内蒙古东部地区。东部地区虽距中原远些，但是文化关系仍很密切，西部地区靠近中原，与中原地区物质文化关系更为紧密。下面分别探讨内蒙古东西部地区夏商周时代文化。

一 夏家店下层文化

夏家店下层文化是北方较早的青铜文化，主要分布于老哈河及大小凌河流域。中华人民共和国成立前，内蒙古青铜时代考古仅有零星的发现，年代上没有分清，在考古学上造成一些混乱。20世纪50年代在辽宁喀左县马厂沟发现一组有郾侯铭文的青铜器，当时认为是燕亡时流落到这里的窖藏。直到1958年，在内蒙古赤峰宁城县南山根、辽宁朝阳十二台营子以及辽宁锦西县乌金塘等地又相继发现春秋式铜戈的墓葬，人们才对北方地区青铜文化有了新的认识，认识到北方地区应该有青铜文化存在。为此，于1960年在赤峰市夏家店进行发掘，在夏家店下层遗址中分辨出来一种有明显特征的青铜文化，命名为夏家店下层文化。[①]其年代，晚于中原的龙山文化，早于东周，相当于中原地区的夏商时期，^{14}C测定距今3965±90年、3550±80年，并不晚于黄河流域早期的青铜文明。夏家店下

① 中国科学院考古研究所内蒙古工作队：《赤峰药王庙、夏家店遗址试掘报告》，《考古学报》1974年第1期；中国社会科学院考古研究所编：《新中国的考古发现和研究》，文物出版社1984年版。

层文化的分布很广，北部越过赤峰西拉木伦河，南面越过河北省拒马河，西到张家口、宣化一带，自辽河以西包括京津地区在内的燕山南北均有这种文化遗址、墓葬和遗物。内蒙古赤峰市、通辽市南部、锡林郭勒盟东南部，均分布有夏家店下层文化。

夏家店下层文化陶器的主要制法有泥圈套接法、轮制、磨制。其中，泥圈套接法为本地区传统制陶工艺。陶系有夹砂陶和泥质陶，以夹砂灰陶和褐陶为主体，泥质灰陶其次，其余种类较少。实用的陶器多为青灰色，火候较高，器表多饰绳纹，少数磨光的陶器尚存有未抹平的绳纹痕迹，说明绳纹是制造陶器过程中留下的痕迹，磨光是进一步加工。此外陶器上还有用种种工具压印成的篮纹、划纹和链条形小泥饼状的附加堆纹等。从1974年发掘的赤峰市敖汉旗大甸子墓葬来看，[①]随葬作为明器的陶器多火候低，胎呈红色，表面黑色磨光。夏家店下层文化的陶器群有尊、鬲、甗、盆、罐、鼎、盘、豆、鬶、壶、瓮、钵、爵等，以鬲、盆、罐类数量最多。鼎腹多似罐、钵形器，鬲形制有鼓腹、筒腹和折肩三种，多深腹筒形状鬲。代表性器物有：腰部饰有附加堆纹的肥袋足甗、筒腹鬲、罐形鼎、鼓腹罐、盂、鼓腹盆等。盘、豆各地发现量很少，鬶、爵仅在大甸子墓地中有少量发现，鬶、爵数量虽少，却是与黄河流域同时期的考古学文化相比较的重要标本，它们与河南的龙山文化、商文化风格相似。除鬶、爵外，许多陶器与中原地区龙山文化和商文化相似，说明夏家店下层文化与中原龙山文化和商文化有着密切的关系。在大甸子随葬陶器上发现有红白色矿物颜料描绘的图案花纹，图案似青铜器上的云纹，少数动物面目的图案，类似青铜器上的饕餮纹风格，这种彩绘陶器代表了该文化高超的制陶工艺和艺术水平。此外，这种彩绘陶器在赤峰市蜘蛛山、四分地、辽宁北票丰下等地遗址中也发现有残片，说明这种彩绘陶器不仅作为随葬品，可能也用于生活用品。

夏家店下层文化遗址中发现的青铜器不多，而且多是小型的工具或装饰品等，器类有耳环、指环、斧柄饰件、杖首、戈及戈柄等。但是从发现的青铜铸件来看，这时人们早已脱离使用金属的最初阶段。如在大甸子墓地发掘中，发现小型青铜铸件，是用两块外范、一块内范铸成表面凸起纹

① 刘晋祥：《敖汉旗大甸子遗址1974年试掘简报》，《考古》1975年第2期。

饰的器件，说明这时人们已经掌握了制造青铜铸件的技术。许多夏家店下层文化遗址中，均发现有青铜器，如赤峰夏家店下层遗址发现铜屑4颗，赤峰四分地遗址出土了一件铸铜的小陶范，赤峰宁城小榆树林子遗址发现小铜刀一件，北京昌平雪山夏家店下层文化中发现有青铜小刀和镞，昌平雪山、房山琉璃河刘李店和唐山小官庄墓葬都发现了青铜耳环，赤峰翁牛特旗梧桐花头牌子窖藏发现的青铜器有甗、鼎等。所有这些材料，足以说明夏家店下层文化已是一种青铜文化，出土的镞和铜刀形制与商代的镞和铜刀一致，而所出的青铜耳环不见于商文化，应是夏家店下层文化特有的青铜器。

夏家店下层文化的石器种类有磨制石器、打制石器、细石器和打磨兼存的石器，以磨制石器为主。器类有锄、铲、斧、盘、刀等。掘土工具有窄顶宽刃边的打制石锄和长方形磨制石铲，刈割工具有长刃边的磨制石刀，背面有凹缺或穿孔，可以捆在木柄上使用。此外还发现有数量不多的细石器，器形多为刮削器，有大量的锥和镞，镞是圆锥形或三棱形。在夏家店下层文化的石器中，以打制的亚腰形石锄、剖面呈弧形或三角形的磨制石刀、中部有一穿孔的方形石钺等器物最具区域特色。住址的堆积中发现很多骨器，有大量的锥和镞，镞是圆锥形或三棱锥形。另外发现有许多动物骨骼，能辨认的有猪、狗、羊、牛和鹿科动物，这些动物骨骼是制作骨器的原料，说明夏家店下层文化时期驯养了很多动物。上述几个遗址中的骨骼，尤以猪骨较多。

夏家店下层文化的房址遗迹发现很多，有半地穴式建筑和地面建筑两种，以半地穴式建筑为主体。1987—1988年，内蒙古考古工作者为配合平双公路的修建，对赤峰宁城县三座店遗址进行发掘，两年共发掘遗址1775平方米，房子遗迹很多，仅夏家店下层文化地层中，房子压房子，文化层深达7米左右，1988年就发现房子遗迹91间。夏家店下层文化的房子几乎都是半地穴式的，突出特点是许多房子有两道围墙。外围墙都用石块砌成，内墙多用土坯砌成，个别也有石砌、夯土筑或直接用泥土墙。少量房子无围墙，有的以坑壁作为墙。房子的形状、大小各地均不一样，如赤峰药王庙遗址中的房子有袋形窖穴式和圆形竖穴式，均无围墙，房内都有篝火痕迹，地面用草泥筑成或黄土夯打。袋形窖穴式房子为草泥抹墙，圆形竖穴式房子用大小不一的石块砌墙。再如赤峰小榆树林子遗址中有三座石墙房子、两座土坯墙房子，平面均近圆形，在一座圆形土坯房子内，还发现有土坯砌成的隔墙，将房子隔成两间大小不等的居址。有的房子还发现三层居住面，说明这座房子曾先后三次有人居住。夏家店下层文化遗址的房屋遗迹情况，在一定程度上反映了贫富的分化，同时也反映了夏家店下层文化的年代分期和地域差异。赤峰宁城三座店遗址中房址分布很密集，辽宁北票遗址的房址分布也十分密集，均为聚落遗址，而且人烟稠密。有的夏家店下层文化遗址发现有石围墙或壕沟，如赤峰西山根遗址和敖汉旗大甸子遗址都有围墙或壕沟等防御设施。内蒙古东部的英金河流域有许多石砌的“山城”，大多是夏家店下层文化的住址遗迹。

夏家店下层文化的墓葬都是长方形竖穴，排列密集而有规律。几乎都是单人葬，而且墓中都伴有箱形葬具，有木结构的，有石板叠架的，也有用土坯垒砌的。儿童墓则多数不见葬具，墓圹仅可容身。个别大墓长约3米，深约7米，但也只有一层木质葬具。葬式多为侧身直肢葬。墓圹的脚端壁面多挖小龛，龛内放随葬品，死者除随身佩戴的装饰品外，女性以纺轮随葬，男性则随葬斧、钺、箭。墓中填土中常埋有用于祭祀的整猪。成人墓中几乎都随葬鬲、罐、盂等陶器。以敖汉旗大甸子墓地来看，10000平方米范围内发现近700个土坑墓，头一致向西北，排列密集而有秩序，很少有叠压。较大的墓随葬鬲、罐两组或三组，少数还随葬鬶、爵类酒器，这多是男性墓。1/3的成年男性墓中随葬有石斧或石钺，制作工艺比实用品精致，这可能是象征身份的标志。夏家店下层文化墓葬情况，反映出当时已出现贫富差距，但阶级对立似乎尚未产生，仍保留着氏族社会的传统。

在夏家店下层文化遗址中还发现有卜骨，其特点是，不论是牛、鹿的肩胛骨或是动物较厚的长骨做成的长条形，都是先钻好圆穴的钻，然后在钻内灼炙。这与同地区年代较早的富河文化以及年代较晚的夏家店上层文化的卜骨都不相同，富河文化和夏家店上层文化都是有灼而无钻、凿。

2009年，二道井子遗址的发掘揭开了夏家店下层文化研究的新篇章，作为遗迹保存最好的夏家店下层文化遗址，二道井子遗址位于内蒙古自治区赤峰市红山区文钟镇二道井子行政村打粱沟门自然村北侧的山坡上，遗址南北长190米、东西宽140米，面积近27000平方米。2009年对其进行了抢救性的发掘。该遗址的发掘是夏家店下层文化的一项重要考古发现。

经发掘者推测，该遗址年代与大甸子墓地第一期及以大山前遗址T413⑨为代表的单位年代相当。[①]

二道井子遗址出土陶器陶质共分夹砂陶、泥质陶和砂质陶三类，陶色以灰褐色、灰色居多，红褐色、黑色少见。器形多见三足器、平底器，圈足器较少。器类主要有鬲、罐、甗、盆、盘、器盖、鼎、尊等。器表除素面外，以绳纹最为常见，篮纹和附加堆纹也占有一定比例，个别尊、罐等泥质陶器表面施一层黑色或黄色陶衣，彩绘陶片也有发现。石器数量众多，以磨制为主，打制较少。器类有斧、铲、锛、钺、臼、杵、磨盘、磨棒等，以生产工具为大宗，生活用具较少。骨器发现数量也较多，大部分为生活用品，且磨制精美。器类有勺、匕、铲、针、镞、针管、刻画骨器等。青铜器方面数量极少且器型均较小，器类有刀和耳环。玉器数量也较少，且玉料不佳，器类有斧、凿、璧等。此外，还出土了数量众多的卜骨，多为动物肩胛骨或较致密的狭长骨片制成。[②]

二道井子遗址发现有环壕和城墙作为防御设施，还清理出由房址、窖穴、院墙等组成的完整院落4组（见图3–1）。在二道井子遗址中，房址共计149座，除了两座长方形半地穴式建筑外，其余均为地面式建筑，地面式建筑的平面形状以圆形为主，少见圆角方形，外部多附有回廊或者侧室。

图3–1　二道井子遗址

（引自陈永志、吉平、张文平主编《赤峰文化遗产》，文物出版社2014年版，第126—127页）

① 曹建恩、孙金松、党郁：《内蒙古赤峰市二道井子遗址的发掘》，《考古》2010年第8期。

② 曹建恩、孙金松、党郁：《内蒙古赤峰市二道井子遗址的发掘》，《考古》2010年第8期。

结合各方面的考古学资料，可以看出夏家店下层文化的社会结构存在以下特点：（1）社会普遍存在等级制度；（2）出现有以小个体为单位的家庭；（3）具备了产生私有观念的条件；（4）社会冲突较以往更为加剧；（5）礼仪生活从事神为本转向以军政为本。[①]

夏家店下层文化分布范围内，在西周时是燕侯的封地，按《左传》记载，早期的肃慎与燕亳是商的与国。在夏家店下层文化的遗址中出土的青铜器上，有铭文或是未曾见过的族国徽帜。有的学者考证喀左县北洞村发现的青铜器上的铭文是商代孤竹国的。赤峰翁牛特旗梧桐花头牌子发现夏家店下层文化窖藏青铜器，其中一铜甗底部有城郭和族徽的铭文，这种族徽的族属有待进一步研究。总之，夏家店下层文化可能包含早期肃慎、燕亳、孤竹等与国的器物。夏家店下层文化的内涵、分期等还有许多问题。如敖汉旗大甸子遗址是代表夏家店下层文化的一个阶段。根据1956年河北蓟县（今天津市蓟州区）张家园遗址发掘，发现该遗址有早晚之分，早的相当于商，晚的相当于商周之际至春秋，与北京昌平雪山、房山琉璃河相似。从已发掘遗址来看，各夏家店下层文化既有地域的差别，又有时代早晚的差别，而且文化分布有渐南渐晚的趋势，这个问题有待今后去进一步研究。

从遗址的叠压关系以及器物演变规律来看，夏家店下层文化与红山文化、小河沿文化之间有统一的文化传统，但这种承袭是创新发展的，如夏家店下层文化的三足器是在红山文化的基础上又吸取了河北龙山文化的因素，形成自己的独特风格。又如彩绘陶器，在小河沿文化中就已出现，赤峰翁牛特旗老鹞梁墓葬中，曾出土一件腹部施有红白相间的带状纹饰的彩陶罐。夏家店下层文化彩绘陶是在小河沿文化的基础上发展的。再有夏家店下层文化墓葬中出土的玉琮、玉佩饰等，与红山文化的同类玉饰在制作技术和艺术风格上是完全一致的。这些都说明夏家店下层文化与红山文化、小河沿文化的渊源关系是很明确的。

二　夏家店上层文化

在夏家店下层文化遗址上，往往叠压有夏家店上层文化，这种文化的遗物与夏家店下层文化不相同。1960年发掘赤峰夏家店村遗址时，曾提出

---

① 塔拉：《草原考古学文化研究》，内蒙古教育出版社2007年版，第109—111页。

称之为“赤峰第二期文化”。直到1961年发掘宁城南山根遗址和墓葬以后，才搞清以前在赤峰市境内，如赤峰美丽河、宁城八里罕和南山根等地，曾多次发现西周至春秋时期的青铜礼器和兵器，这些青铜器大多是夏家店上层文化的包含物，是青铜时代一种北方民族文化的遗物，故将该遗址命名为夏家店上层文化。[①]这种文化的器物群大致分为两部分：一大部分是它固有的文化因素，另一部分是输入的器物。输入的器物是黄河流域西周至战国初期诸侯国用于随葬的礼器和战争的兵器，出现在氏族贵族和社会上层墓葬中。固有的文化因素不论在遗址还是墓葬中都是这种文化的主要方面。

夏家店上层文化的分布，据调查所知，自西拉木伦河以北的查干木伦河、乌尔吉木伦河流域，南到承德地区，东到教来河、孟克河及大凌河上游，西到宣化以东，赤峰市、通辽市境内等地，都有这种文化的分布。根据赤峰市宁城县南山根101墓中发现的一组青铜器与明确年代的标准器比较，可以认为其是春秋初期的。在这一批墓葬填土中有夏家店上层文化陶器碎片，说明夏家店上层文化在春秋时期已经分布在老哈河流域的宁城县境内。在赤峰市美丽河、西拉木伦河以南的夏家店上层文化遗址中多可见到中原地区春秋晚期的青铜器。同时赤峰林西县大井村古铜矿冶炼遗存的标本，经^{14}C测定为商周之际，这说明在商周时期，夏家店上层文化已经分布在西拉木伦河以北了。由此可以看出，夏家店上层文化在西拉木伦河以北有较早的遗存，而在西拉木伦河以南，只有西周以后的遗存，显示了这种文化有个自北向南发展的过程。根据调查得知，在西拉木伦河以南，凡是夏家店上层文化与夏家店下层文化在一处的地点，都是时代较晚的堆积，而与战国、秦汉遗存在一起的地点，夏家店上层文化都是较早的堆积。夏家店上层文化的年代相当于西周至春秋或战国初期。

夏家店上层文化的陶器皆为夹砂陶，陶质粗疏，全部手制，多呈红褐色，少量为灰褐及黑褐色。纹饰有圆涡纹、附加堆纹、篦点纹。罐的肩、口部，鬲的足与腹壁接合处常出现断裂现象。器壁厚薄不匀，器表大多经过粗略打磨，罕见纹饰，火候低。常见的器形有鼎、鬲、甗、豆、罐、

① 刘观民、徐光冀：《宁城南山根遗址发掘报告》，《考古学报》1975年第1期；中国社会科学院考古研究所：《新中国的考古发现和研究》，第三章、五、（一）“北方草原的青铜文化”，文物出版社1984年版。

盆、钵等。鼎腹似敛口钵，小平底下斜撑三个较长的圆锥形足。鬲的空足多呈浅而圆的半球形，裆内平缓无显著分隔，空足下接粗大的实心足尖，空足上有直筒状腹和圆肩罐状腹两种。甗的下半部为圆肩罐状腹鬲，腰间有一圈附加堆纹。豆有两种，一种是敞口的圈足，上接碗状盘；另一种是敞口圈足上接一段空心长柄，柄上接一浅盘。罐多为小口圆肩深腹和大口浅腹两种。方形器纽多见于鬲、盆腹壁，疣形器纽多见于罐腹壁，环形器耳则多见于鼎和小型鬲口沿或大口浅腹罐的口沿。

生产工具仍以石器为主，石器以锤斧和磨制穿孔半月形石刀的特征显著。石刀的背边为弧形，刃边为直边，穿孔靠近背边。此外还有打制的环状石器等。虽然有铜镞发现，但仍以骨镞数量最多。骨镞的断面呈三角形或菱形，尾部磨成楔形扁尖。

青铜器种类很多，其中炊具、容具较少，而多见工具、武器和礼器。工具和武器有刀、锥、斧、凿、镞、矛、短剑等。铜刀多为一侧有齿的短柄小刀，与松辽平原上的铜刀形制接近。锥、斧、凿的形状与北方其他文化中所见的铜工具相似。短剑多为身柄连铸，剑柄和柄首常铸有动物形或几何形图案，剑身有直刃，也有曲刃。另还有銎柄式短剑，有些文章中称为矛，近年来发现较多，逐渐引起人们的注意。这种短剑的剑身较长，一般为曲刃，柱脊延伸到銎柄，筒口很细，剑身与剑柄连铸，有的装入剑鞘，如辽宁建平发现这种短剑的剑身留有木质痕迹。有的剑柄首制成铃首，这种剑是中国北方系青铜短剑，与中原地区西周柳叶形扁茎短剑不一样，是夏家店上层文化具有代表性的青铜器之一。我国东北辽宁、吉林等地发现有曲刃青铜短剑，但夏家店上层文化的曲刃青铜短剑多为剑身、剑柄一次铸成，而辽宁、吉林等地却常见剑身、剑柄分别铸成，然后再组装在一起。这种分铸的短剑在宁城县南山根也有发现，体现出相邻地区的文化交往关系。铜斧多为扇形，有管銎，与商代扁形刃的钺有明显的区别。在夏家店上层文化的墓葬中，常发现许多铜质的装饰物随葬，如连珠形、双尾形、鸟形等。在宁城南山根101号墓发现有青铜容器，其中有一组鼎、鬲、豆、罐，形态与夏家店上层文化的陶质容器形态特征完全一致，是代表夏家店上层文化特征的青铜容器。另有一组鼎、簠、簋，形态、纹饰皆与黄河流域相当于春秋初期的礼器一样。这种随葬铜器中，既有土著文化特征的容器，又有中原地区贵族的礼器的现象，反映了当时的文化交流关系，说明当时贵族中存在慕效中原诸侯礼俗的风尚。

在夏家店、南山根等遗址的堆积中，还发现许多骨锥、骨镞以及食剩的动物骨骼，经鉴定有牛、羊、猪、狗、马和鹿科动物。

夏家店上层文化的住址，多在临河两岸的高地上，有圆形半地穴式的，也有构筑在地面上的。屋内地面上有烧火痕迹或灶坑，屋址附近有蓄存物品的袋形窖穴。半地穴式的屋址和窖穴有用土坯或石块垒砌坑壁的现象。分布在赤峰英金河畔溶岩岗上的住址，还发现在屋址近旁用石块垒砌的一段矮坝，将陡峭的山坡修整出一条狭窄的活动场地。在住址的堆积中，除陶器碎片和石质工具外，还包含动物骨骼，数量比夏家店下层文化多，而且还有夏家店下层文化未曾见过的马的骨骼，说明当时畜牧、狩猎较发达。

墓葬都在住址附近。有墓圹排列较整齐的墓地，也有杂散在屋址之间的墓葬。墓圹都是长方形竖穴土坑，葬具有石块围砌成的石棺，也有木质的，木质葬具周围常用石块填塞固定。成人墓多为单人葬，也有极少数异性合葬或同性合葬墓。随葬品一般为一件陶罐或陶钵，极少用鼎、鬲。女性墓中往往以纺轮、针筒、铜锥、小刀随葬，也有黑白两色珠子组成的项链及铃形、鸟形、双尾形和各式连珠形铜饰件。男性常佩带武器及骨镞、铜镞，短剑多见于较大的墓葬。宁城南山根101号墓为一贵族墓葬，[①]墓中出土的青铜器达500余件，有容器、礼器、工具、武器、车马器以及铜镜和各式牌饰。1985年在宁城县甸子乡小黑石沟又发现夏家店上层文化墓葬数座，出土大量青铜器，尤以1号墓出土青铜器最多，有700余件。[②]其中有礼器、工具、武器、车马器等，说明小黑石沟墓地有贵族的墓葬。

夏家店上层文化亦盛行占卜术，卜骨多选取骨质密而薄的猪、羊肩胛骨，无钻和凿，只在肩胛骨的一面施灼，另一面显示裂痕为兆纹，这与夏家店下层文化有明显的区别。

夏家店上层文化时期的社会情况，从宁城县南山根101墓中随葬品看，除有该文化独特的青铜器外，还有中原地区春秋时期贵族常用的青铜

---

① 辽宁省昭乌达盟工作站、中国科学院考古研究所东北工作队：《宁城县南山根的石椁墓》，《考古学报》1973年第2期。

② 内蒙古自治区文物考古研究所、宁城县辽中京博物馆编著：《小黑石沟——夏家店上层文化遗址发掘报告》，科学出版社2009年版。

礼器，表明该文化进入西拉木伦河以南时，社会中已出现贵族首领。在同一墓地中，还埋有低于贵族首领而又高于一般氏族成员的武士，他们埋葬时，头戴铜盔，随葬戈、矛、短剑等，无青铜容器和中原青铜礼器。除一般氏族成员墓随葬陶器外，还有一部分人埋在住址边缘废弃的窖穴或住址中，没有随葬品，一个单元中3具或4具尸骨枕藉，性别、年龄各不相同，但无种族类型的区别。如通辽市希伯营子出土青铜短剑的墓中发现4具骨架，东侧为1具直肢葬（骨架），西侧为3具并排东向的屈肢骨架。这些情况说明夏家店上层文化时期，社会有多种等级的差别，是同一族属中的人分化形成的。

1976年发掘清理的赤峰市林西县大井古铜矿遗址是一处集采矿、选矿、冶炼、铸造为一体的联合作坊。①根据矿址中的遗物来看，属夏家店上层文化。从赤峰市克什克腾旗出土的商代铜甗，通辽市扎鲁特旗北霍林河煤矿沙尔呼热南山坡上出土西周晚期至春秋时期的青铜器，以及大井古铜矿遗址的发现，说明这一地区青铜冶铸有着悠久的历史。

夏家店上层文化与夏家店下层文化差别较大，不属于同一系统的文化，看不出渊源关系。而夏家店上层文化与辽宁朝阳的魏营子类型不仅在年代上基本衔接，在文化特征上也有许多共同因素。两者均以夹砂红褐陶为主，以素面磨光陶和火候低为相同特征，主要器物的器形可以看出演变关系。魏营子类型与夏家店下层文化相比，从文化全貌看，似乎差别较大，但将陶器相比较，魏营子类型是夏家店下层文化的延续，如盂形鬲。魏营子类型的发现，填补了夏家店下层文化与夏家店上层文化的空白，找到了这一地区青铜文化延续发展的序列，即夏家店下层文化—魏营子类型—夏家店上层文化。②

关于夏家店上层文化的族属，人们一直很关注。从夏家店上层文化的分布地域作历史地理方面的比较，应为东胡及其前身山戎的遗存。分布在燕秦长城南北的夏家店上层文化应是不同时期的东胡（山戎）的遗存。

---

① 辽宁省博物馆文物工作队：《辽宁林西县大井古铜矿1976年试掘简报》，《文物资料丛刊》1983年总第7期。

② 辽宁省博物馆文物工作队：《辽宁朝阳县魏营子西周墓和古遗址》，《考古》1977年第5期；郭大顺：《试论魏营子类型》，《考古学文化论集（一）》，文物出版社1987年版。

1981年发掘的敖汉旗古鲁板蒿乡周家地村夏家店上层文化墓地，[1]死者大多随身佩带铜泡、铜牌、石珠、铜刀、锥和骨针，有的尚有残衣物、覆面等。这个墓地年代大体上相当于西周至春秋，不晚于战国早期。经头骨鉴定以及遗物、葬俗等情况分析，认为夏家店上层文化为东胡及其先人的遗存。周家地墓地为夏家店上层文化的研究提供了新资料，也对探索其他北方民族相关问题有所启示。

内蒙古东部地区青铜时代文化是比较复杂的。如1983年在赤峰市敖汉旗王家营子乡柳南村发掘的17座墓，是一个聚族而葬的墓地，这些墓葬属于青铜时代遗存，但从墓葬结构、葬俗和随葬器物群来看，颇具特色，还无法笼统归到已知的考古学文化中。这为内蒙古东部地区考古学文化类型提供了新的重要线索。

三 大口二期文化与朱开沟遗址

内蒙古西部地区的夏商周考古工作起步较晚，20世纪五六十年代仅做了一些调查工作，70年代开始才进行了一些发掘。

1. 大口二期文化

大口遗址在鄂尔多斯准格尔旗马栅乡，1962年调查发现，1973—1983年先后进行过5次小规模发掘。1973年将发掘资料报道后，引起学术界的重视。[2]这是一个龙山文化至夏商文化的遗址，大口一期文化相当于陕西客省庄二期文化（陕西龙山文化），大口二期文化相当于偃师二里头文化。出土的大量资料说明，大口二期文化相当于中原夏或早商文化。[3]大口二期文化的陶器以泥质灰陶为主，夹砂灰陶次之，此外还有泥质褐陶、夹砂褐陶和少量的泥质黑陶。陶器纹饰多篮纹和绳纹，少量附加堆纹、划纹、锥刺纹、方格纹等。这些纹饰一般不单独使用，而是在器物口部、颈部或腹部以划纹、锥刺纹等做成简单的图案。不少器物尤其是大型器物上，多

---

① 杨虎、顾智界：《内蒙古敖汉旗周家地墓地发掘简报》，《考古》1984年第5期。

② 吉发习、马耀圻：《内蒙古准格尔旗大口遗址的调查与试掘》，《考古》1979年第4期；1982年美国《人类学》杂志第5期转载。

③ 马耀圻：《准格尔旗大口遗址》，《中国考古学年鉴（1984）》，文物出版社1984年版，第88页。

附有较大泥饼状器錾。陶器均为手制，小型器捏塑而成；大器物用泥条盘筑，分段制成，再黏合在一起。陶器造型多较匀称，有的器口尚可看出慢轮修整的痕迹。器形有袋足瓮、甗、鬲、折肩罐、大口尊、深腹罐、盆、碗、盉等。典型器是袋足瓮、甗、折肩罐、大口尊。这些典型器多为瓮棺葬具，器形高大，在器形上与二里头文化或二里岗文化相近。

大口二期文化的生产工具有石器和骨器。石器以磨制为主，而且磨制得很精致，此外还有打制石器和细石器。石器主要是用于砍伐、耕作和收割的农业工具，有斧、铲、锛、刀、尖刻器等。骨器数量较多，而且磨制精致，在内蒙古西部古代遗址中出土这么多骨器还是少见的。骨器中既有生产工具和武器，也有生活用具和装饰品，主要有凿、镞、锥、针、匕和笄等。

大口二期文化盛行瓮棺葬，用两件器物器口相对作为埋葬小孩的葬具。除完整的器物外，有的用甗上半部或用深腹罐的下半部。埋葬时，往往把折肩罐口部打掉或将甗的三个足打掉，然后再倒插进去，或把罐底打掉，再用陶片盖住。这种情况或许和当时人们的某种信仰有关。这些瓮棺埋葬在房屋周围，葬具多用日常生活的器皿。瓮棺葬本是仰韶文化流行的葬俗，大口二期文化盛行瓮棺葬，可能是地域特点的文化特征，也可能是文化发展不平衡所致，不能说瓮棺葬仅仅是母权制盛行时的一种葬式。大口二期文化中发现有卜骨，为动物肩胛骨，无钻、凿，仅有灼。

大口二期文化的遗存在陕北发现过，内蒙古鄂尔多斯准格尔旗、伊金霍洛旗，呼和浩特市的清水河以及托克托县等黄河及其支流的台地上，都有这种遗存分布着。较重要的遗址有准格尔旗的马栅沟、榆树湾、张家梁、陈家梁以及伊金霍洛旗的朱开沟等地。

2. 朱开沟遗址

朱开沟遗址位于鄂尔多斯伊金霍洛旗纳林沟北朱开沟村。1974年发现，1977—1984年先后发掘4次，发掘面积4000平方米，发现房屋87间，灰坑207个，墓葬329座，瓮棺葬19座，出土可复原的陶器5000余件，石器、骨器和铜器800余件。该遗址分布在东西长2千米，南北宽约1千米的朱开沟沟掌处。4次发掘，在不同的地区共分7区，除第七区为仰韶文化晚期遗存外，其余6个区为龙山晚期至早商时期遗存。发掘者将6个不同地点的发掘分为五段三期，即第一段为龙山文化晚期；第二段至第四段相当于夏代；第五段为早商时期。[1]

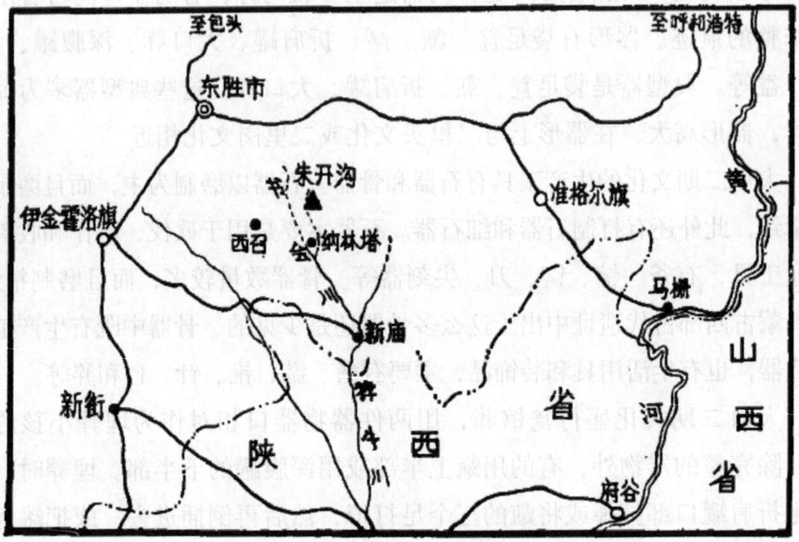

图3-2　朱开沟遗址位置示意图

（引自田广金《内蒙古朱开沟遗址》，《考古学报》1988年第3期）

朱开沟遗址中第一段至第四段中不少遗物或遗迹现象与大口二期文化相似。朱开沟遗址资料丰富，更能反映内蒙古中南部夏商文化的特征。陶器以灰陶为主，三足器发达，有各种类型的鬲、斝、甗、盉和三足瓮，特别是口沿带附加堆纹的花边鬲、蛇纹鬲和三足瓮等，反映了地方特征。朱开沟遗址第三段墓葬中出土有小型铜器，如铜耳环、铜臂钏和铜指环等，还有铜针和铜锥。第四段墓葬中仍有铜指环。第五段墓葬中随葬有青铜兵器、生产工具和佩带的装饰器，如铜戈、铜短剑、铜刀、铜镞、铜鍪和铜圆牌等。在遗物中还有青铜器，如鼎、爵，制作粗糙。鼎的环状耳在口沿上，锥状袋足，上腹饰饕餮纹。爵底平，腹饰饕餮纹，足横断面呈三角形。遗址中出土的中原二里岗式的青铜容器、具有地区特点的铜刀以及殷墟式铜戈、青铜短剑和铜刀，为探讨这种地方性文化内涵以及这个地区青铜器的起源提供了重要线索。

朱开沟遗址墓葬除瓮棺葬外，在第二段男女合葬中出现男性仰身直肢，而女性侧身屈肢面向男性的现象，并有殉葬猪下颚骨的习俗，开始出

① 田广金：《内蒙古朱开沟遗址》，《考古学报》1988年第3期。

现葬具。特别是第三段墓葬中，不仅出现上述男女合葬墓，还有多人合葬墓。有的男性居中，仰身直肢，在其左右熟土二层台上或脚下葬少年女性，侧身屈肢，面向男子。有的成年女性居中，仰身直肢，其左右或脚下葬其他女性，侧身屈肢，面向中间。这些多人合葬墓可看出社会地位的差别，二层台、脚下及左右两边的侧身屈肢葬死者，可能是家奴或妻妾，她们是为墓主人殉葬的。墓葬中殉牲习俗更盛行，少者一对猪下颚骨，多者十几对，也有羊或其他肉食动物下颚骨殉牲。这些殉牲动物排列有序，多数置于墓主人肢下或脚下的填土中。木棺葬具数量增多，随葬的陶器也较丰富。第四、第五两段墓葬基本同第三段。这些墓葬材料反映了当时的社会情况。

从目前调查、发掘情况看，与朱开沟同类的文化遗存分布相当广泛，发现的地点有准格尔旗大口、张家塔、陈家梁、张家梁、黑岱沟，清水河县的白泥窑子、沙峁圪旦、吕家坡、秦明圪台，包头市阿善，呼和浩特市郊区黄土坡和凉城县毛庆沟、板城、杏树背等地，大体集中在内蒙古中南部即黄河、河套及其东部地区。其中大口、黑岱沟以及白泥窑子均进行过发掘或正在发掘。

四　西岔遗址

西岔遗址位于内蒙古自治区清水河县单台子乡西岔村，1997年7月内蒙古自治区文物考古研究所对其进行了抢救性发掘。[①]直至2004年，内蒙古自治区文物考古研究所对西岔遗址共计进行了5次大规模发掘，累计揭露面积达8100平方米。根据目前的考古发现，西岔文化遗址仅存在于内蒙古清水河县南流黄河沿岸。继西岔遗址发现后，又调查发现四座塔、扑油塔等遗址，碓臼沟遗址因为和西岔遗址相距仅0.5千米，二者遗迹绵绵不绝，故合并一处。[②]西岔遗址根据地层堆积及出土遗物分析，可划分为仰韶、龙山、朱开沟和西岔4个阶段的文化遗存，西岔文化即是以西岔阶段为代表的考古学文化。[③]

① 曹建恩：《万家寨水利枢纽工程考古报告集》，远方出版社2001年版，第60—78页。
② 曹建恩：《万家寨水利枢纽工程考古报告集》，远方出版社2001年版，第81—87页。
③ 塔拉：《草原考古学文化研究》，内蒙古教育出版社2007年版，第84—85页。

西岔文化的陶器以泥质陶为主，其余为夹砂陶。其中，以泥质褐陶为绝大多数，泥质灰陶次之，夹砂灰褐陶、夹砂红褐陶、泥质红褐陶较少。制法以泥条盘筑法制器，器物口部多贴附泥条加固，足跟、器耳以榫卯法与器物相衔接。器类有鬲、壶、罐、盆、甗、豆、鼎、钵、簋、纺轮等，以高领鬲、侈沿鬲、高领壶、豆、鼎、盆为基本组合。纹饰以绳纹占绝大多数，划纹、水波纹、素面少见。石器均磨制，以斧、刀及砺石为主，另有凿、铲和研磨器。铜器数量很少，器类有管銎斧、耳环、锥等。骨器仅有铲和锥，其中以铲最为常见。玉器仅见玛瑙珠饰，均呈圆柱状。

房址均半地穴式建筑，平面呈方形，四周大多筑夯土墙，地面灶或石板灶位于房内西北部，门道多向东。灰坑多以坑口平面呈椭圆形或圆形的直壁平底坑为主，坑口平面呈方形或圆形的袋形坑较少，个别有瓮或葬有人骨。墓葬均为竖穴土坑墓，头向北。侧身直肢或略屈肢单人葬，随葬品简单。[①]

西岔文化经过类型学手段与其他文化进行比对研究，再辅以^{14}C测年法，可分为三个时期，第一期的时间范围在殷墟四期至商周之际，第二期文化年代大体属于西周早期，第三期遗存的时间范围处于西周中期或者稍晚。

按照文化因素分析方法对西岔文化进行源流研究，基本确定朱开沟文化为其主要源头。此外，西岔文化还受到过关中地区刘家文化、甘青地区青铜文化的直接影响，以及商文化的间接影响。其文化因素在准格尔旗西麻青墓地、陕北地区张坪墓地、乌兰察布市凉城崞县窑子墓地均有发现，西周晚期以后，西岔文化已经消亡，其影响虽不及朱开沟文化影响之深远，但仍可晚及战国到汉代。[②]学界还有另一种对西岔文化源头的看法，认为西岔文化属于“游邀中期—游邀晚期—娄烦庙湾双扳手袋足鬲—西岔文化”系统。[③]

五 崞县窑子墓地与毛庆沟墓地

1. 崞县窑子墓地

崞县窑子墓地位于内蒙古乌兰察布凉城县崞县窑子乡东北石人沟北侧

---

① 曹建恩：《万家寨水利枢纽工程考古报告集》，远方出版社2001年版，第60—78页。

② 塔拉：《草原考古学文化研究》，内蒙古教育出版社2007年版，第91—96页。

③ 马明志：《“西岔文化”初步研究》，《考古与文物》2009年第5期。

台地上，1983年清理发掘，计有31座墓葬，均为长方形竖穴土坑墓，其中有数座有头龛，又有生土二层台的竖穴土坑墓葬。[①]墓主人有成年男性、女性，还有女童。各墓的随葬品多寡不等，多者达百件以上，少者仅两三件。陶器每墓大多仅出土一件，有个别为两件。墓葬中出土的遗物总计753件，以青铜服饰品为主，还有少量石器、玉器以及骨蚌器等。

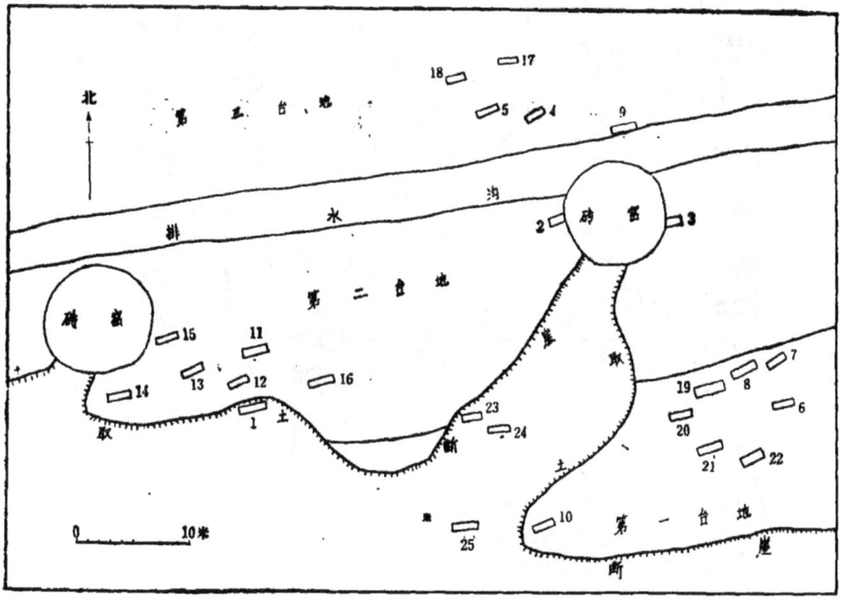

图3–3　崞县窑子墓葬分布平面图

（引自魏坚《凉城崞县窑子墓地》，《考古学报》1989年第1期）

陶器出土28件，多数为泥质陶，少数为细砂陶。陶胎略厚，器表和胎色泽不一，个别器表上留有烟炱，为日常实用器。陶色以灰陶和灰褐陶占多数，还有红褐陶和红陶。灰陶和灰褐陶多为轮制，制作规整，胎较薄，器表往往还留有轮制旋纹，火候也较低。陶器以素面为主，纹饰有细绳纹、弦纹、划纹和压印纹。器类比较简单，以双耳壶和鼓腹罐为主，还有双耳罐和单耳罐。

① 魏坚：《凉城崞县窑子墓地》，《考古学报》1989年第1期。

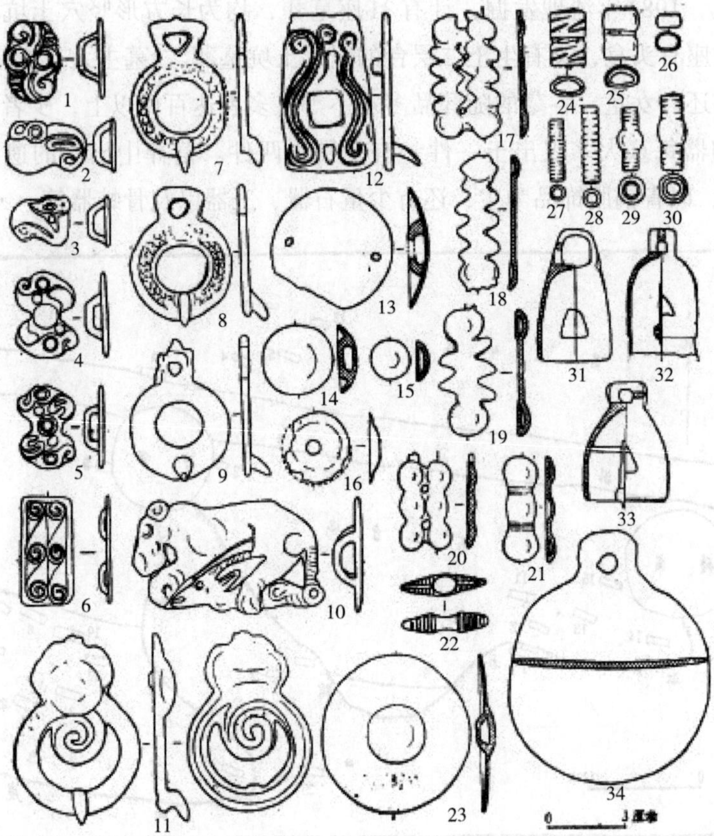

1—3. AⅠ—AⅢ式鸟纹饰牌；4、5. BⅠ—BⅡ式鸟纹饰牌；6. C型鸟纹饰牌；7. AⅠ式带扣；8、9. AⅡ式带扣；10. 虎羊纹饰牌；11、12. B、C型带扣；13、14. AⅠ、AⅡ式扣饰；15、16. B、C型扣饰；17、18. AⅠ式连珠形饰；19. AⅡ式连珠形饰；20、21. BⅠ、BⅡ式连珠形饰；22. 鹤嘴斧形器；23. 圆形饰牌；24—26. AⅠ—AⅢ式管状饰；27、28. B型管状饰；29、30. C型管状饰；31—33. Ⅰ—Ⅲ式铃；34. 有柄饰牌

图3-4　崞县窑子墓地随葬青铜器示意图

（引自魏坚《凉城崞县窑子墓地》，《考古学报》1989年第1期）

墓葬中出土青铜器较多，多为服饰器，工具类极少。服饰器有带扣、鸟纹牌、虎羊纹饰牌、扣饰、铜铃、管状饰件、铜环、铜耳环等，工具仅出土铜刀两把，鹤嘴斧形器一件。墓葬中还出土有绿松石、玛瑙、小石珠等各式串珠，有玉环、石环和蚌环。骨器有镞、弓弭、环、管状饰、带扣穿孔饰件和小骨串珠。

根据地势和出土物，发掘者将这批墓葬分为三期，一期和二期分别为春秋晚期，三期为战国早期。墓坑东西向，死者头向东，墓葬流行殉牲，以头、蹄代表牲畜的头数。男女殉牲在种类上有差别，男性以马、马鹿和羊为主，女性以牛和羊为主。晚期出现用狗和猪殉牲，反映了男女分工和时间早晚的差别。从出土物和殉牲习俗等情况可看出，这里是一处古代北方部族的墓地。墓地的墓主人可能属春秋晚期北狄楼烦的一支。

2. 毛庆沟墓地

毛庆沟墓地位于乌兰察布凉城县西南永兴乡毛庆沟村北的蛮汗山南麓。1979年发掘墓葬81座，殉马坑1座，除2座墓葬为唐辽时代外，79座为青铜时代和早期铁器时代的墓葬。[①]这里是氏族部落公共墓地，排列不甚整齐，北部稍早，南部稍晚，北部墓坑均呈东西向，由中部向南出现南北向墓坑，南部多为南北向。东西向墓与南北向墓随葬器物组合不同，而且相互没有叠压打破的关系，值得注意。墓葬全竖穴土坑墓，东西向墓67座，南北向墓12座。墓坑大小不等，普遍流行殉牲习俗，殉牲主要有山羊、牛、马和狗，山羊最多。单独殉羊者，墓主人均为女性。墓中随葬品多少不等，少的1件，最多的达104件。兵器和工具大都随身佩带，如短剑置于腰侧，铜矛、铜戈置于右侧肩部，铁刀在腰右侧，铜镞置于足下，工具铁鹤嘴斧放在死者头部或置于腹部，马具放在死者头部。凡是随葬兵器和工具的死者均为男性。随葬品中还有种类繁多的装饰件，均佩戴在腰部或颈部。

出土和征集陶器共计42件，器形比较简单，以小口圆腹罐、鼓腹罐和褐陶带耳罐等罐类为主，还有鬲、盆各一件。陶质多数是泥质灰陶（包括灰褐陶），有少数红褐陶（包括红陶）。制法有轮制和手制两种，灰陶器和大部分灰褐陶器为轮制，火候较高，器壁较薄。个别灰褐陶器和红褐陶器为手制，器形不规整，器壁一般较厚，火候稍低，器表颜色多不均。陶器的纹饰较简单，以绳纹为主，主要装饰在泥质灰陶罐的肩部和腹部，在口部、肩部以及腹部往往还划有数道弦纹。此外，还有少量波浪折线纹和附加堆纹等。

随葬的兵器和工具出土不多，有铜器、铁器和骨器。器类有短剑、戈、镞、矛、刀和鹤嘴斧等。短剑共出土10件（铜短剑6件、铁短剑4

---

① 内蒙古文物工作队、田广金、郭素新：《毛庆沟墓地》，《鄂尔多斯式青铜器》，文物出版社1986年版，第277页。

件），最具特色，通长24.8—29.8厘米，剑身长14.4—17.8厘米，剑身和剑柄连铸。柄首为相对、相背的二鸟头对联结或圆环形，剑身直刃，剑格稍下斜，均有柱状脊，是北方古代游牧民族短剑。戈为有胡二穿。镞有铜镞和骨镞，为三棱有翼式和銎式。刀有铜刀、铁刀，为弧背凹刃。

随葬品中，装饰品数量最多，种类繁多，有各种料珠组成的项饰，有带扣、鸟形饰牌、双鸟纹饰牌、长方形虎纹饰牌以及其他各种铜饰件组成的腰带饰等。这些遗物与鄂尔多斯发现的鄂尔多斯青铜器类似，反映了古代北方游牧民族的特点。到晚期，器物多为铁制品，而形制一如铜制品。反映了从以铜质为主到以铁质为主的发展过程。从遗物中还可看出有中原流行的文化因素存在，如料珠、陶鬲和带钩等。说明毛庆沟墓地可能有两种不同类型的墓主人。墓葬的时代相当于春秋中晚期至战国中期，墓主人可能与狄、楼烦、匈奴等民族有关。

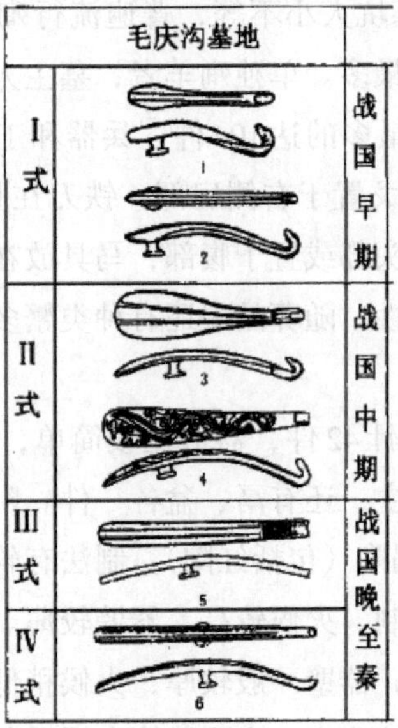

图3-5 毛庆沟墓地出土带钩类型

（引自陈畅《毛庆沟墓地年代学研究》，《考古与文物》2010年第1期）

六 其他遗址

随着近些年来内蒙古地区考古工作的开展，相继有众多春秋时期遗址面世。

1. 西园墓地

西园墓地位于内蒙古自治区包头市东郊西园村以北的大青山南麓坡地之上，内蒙古文物考古研究所等机构于1985年、1988年联合对西园墓地进行了发掘，发现了新石器时代遗址和春秋时代的墓地1处。其中，春秋时代墓地共计7座墓葬，祭祀坑两座。葬式有仰身直肢葬、仰身屈肢葬和侧身直肢葬3种，以仰身直肢葬为主。葬法有单人葬和双人葬两种，随葬品有铜器、骨器、石器等，以装饰品为主，器类有耳环、带钩、动物纹饰牌等。据研究，西园墓地遗存所属年代为春秋晚期至战国早期，有明显的北方游牧文化特点，是我国北方青铜文化系统的遗存。①

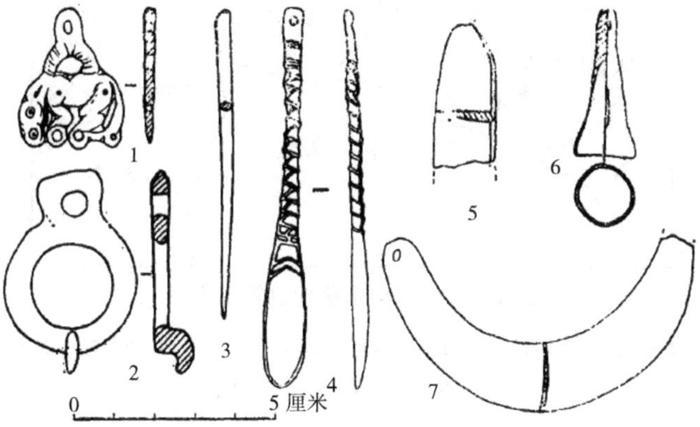

1. 动物形饰牌（M3：6）；2. 带扣（M4：4）；3. 笄（M3：2）；4. 匙（M6：2）；5. 刀（M7：2）；6. 铃（M6：6）；7. 璜形饰（M5：3）

图3-6　铜器

（引自内蒙古文物考古研究所、包头市文物管理处《包头西园春秋墓地》，《内蒙古文物考古》1991年第1期）

2. 忻州窑子墓地

忻州窑子墓地位于内蒙古自治区乌兰察布市凉城县永兴镇板城行政村忻州窑子自然村附近，西距老虎山遗址、毛庆沟墓地约3千米。2003年内蒙古文物考古研究所先后对其进行了两次发掘。②

① 塔拉：《草原考古学文化研究》，内蒙古教育出版社2007年版，第131—132页。

② 曹建恩、孙金松、杨星宇：《内蒙古凉城县忻州窑子墓地发掘简报》，《考古》2009年第3期。

在忻州窑子墓地，除已遭破坏的3座墓葬外，其余66座墓葬均经过科学的考古发掘。此处墓地流行头龛及二层台。在经过正式发掘的66座墓葬中，有12座仅设有头龛，10座仅具二层台，18座既有头龛又有二层台；其余26座墓葬则仅为竖穴土坑，无其他任何附属设施。除1座墓葬发现用石块垒砌的石棺外，其余墓葬均未见葬具。皆为单人葬，葬式为仰身直肢。此外，墓地内较普遍存在殉牲的习俗，随葬品以陶器和铜器数量最多，骨角器、玉器、蚌器和石器较少。①

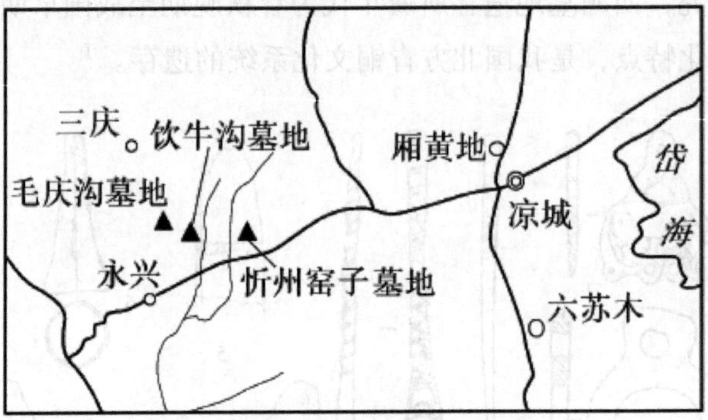

图3-7 忻州窑子墓地位置示意图

（引自曹建恩、孙金松、杨星宇《内蒙古凉城县忻州窑子墓地发掘简报》，《考古》2009年第3期）

忻州窑子墓地的发掘，是继凉城县毛庆沟墓地之后在岱海地区的又一次重要考古发现。该墓地对于研究内蒙古中南部东周时期北方考古学文化具有重要的学术价值。

3. 西咀墓地

2004年5月，为配合国家文物局重点科研项目“河套地区先秦两汉时期人类文化、生业与环境”课题的开展，内蒙古文物考古研究所组队对浑河下游地区开展区域性考古调查，其间发现西咀墓地。西咀墓地位于内蒙古呼和浩特市清水河县小庙乡西咀村所处坡地之上，墓地破坏较为严重，经仔细调查，仅发现3座墓葬。

西咀墓地的墓葬皆为长方形土洞墓，头端洞室较小，应是洞室的退化

① 曹建恩、孙金松、杨星宇：《内蒙古凉城县忻州窑子墓地发掘简报》，《考古》2009年第3期。

形制。3座墓中仅1座墓葬发现有随葬品，且根据墓葬形制和人骨特征判断应为儿童墓葬，其余2座墓葬皆不见任何随葬品。随葬品主要有铜器、贝币、石器等。[①]经发掘者研究，根据出土器物可断定该墓地年代大体处于春秋晚期至战国初期，虽然发掘出土物较少，但对于研究此时期内蒙古地区各考古学文化相互关系颇有价值。

除此3处遗址之外，近年来还有许多含有春秋时期考古遗存的遗址问世，如清水河县阳畔东周墓地、准格尔旗西麻青墓地、和林格尔县新店子墓地等。这些遗址共同构建了内蒙古地区商周时期青铜文化，具有十分重大的意义。

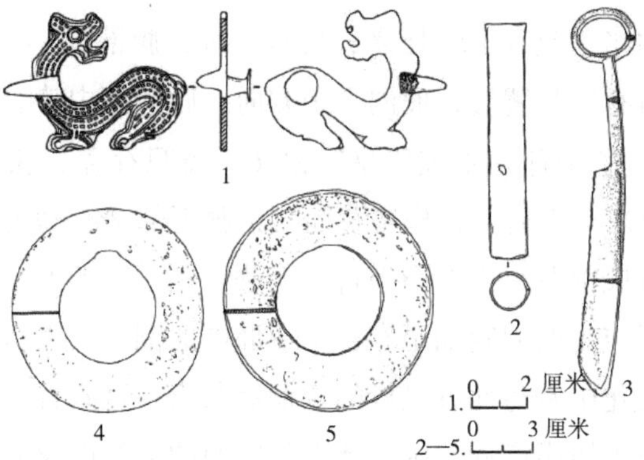

1. 虎形带钩（M3：8）；2. 铜针筒（M3：2）；3. 铜削刀（M3：1）；
4、5. 铜环（M3：9—36、37）

图3-8　出土铜器

（引自内蒙古师范大学科学技术史研究所、内蒙古文物考古研究所《内蒙古清水河县西咀墓地发掘简报》，《考古与文物》2018年第1期）

七　商周窖藏文物

内蒙古地区，尤其是东部地区，多次发现商周窖藏青铜器。如1958年赤峰大西牛波罗出土了弦纹铜甗。1981年赤峰翁牛特旗解放营子乡头牌子又出土三件大型青铜器，为一甗二鼎，鼎中还盛满棕色结晶体砂。甗铜色呈暗红，腹部和足部均有黑色烟熏痕迹，裆部残，通高66厘米，口径

① 曹建恩、孙金松、刘志勇、李力：《内蒙古清水河县西咀墓地发掘简报》，《考古与文物》2018年第1期。

41厘米，腹深36厘米，重14千克，器壁外有三道弦纹。整个器体由四范合铸，范口结合不严，袋足上有四处补铸痕，制作工艺类似赤峰大西牛波罗出土的弦纹甗。鼎一为饕餮纹，一为弦纹，铜色均为暗红色。饕餮纹鼎通高54厘米，口径38厘米，耳高9厘米，口沿外侈，直腿，也是四范合铸，铸缝凸出，口沿下有一圈云雷纹底的饕餮纹，腿上也饰有饕餮纹。弦纹鼎通高67厘米，口径37厘米，耳高9.4厘米，一耳脱落，口沿下和腿部均有三道凸起的弦纹，制法同前。这3件大型铜器形制与中原商周铜器相同，但制作粗糙。甗上刻有铭文“屮”“[illegible]”，可能是族徽。又如1975年通辽扎鲁特旗巴雅尔吐胡硕乡，发现8件窖藏青铜器，有簋1件、簠1件、鍑1件、薄片连珠形饰2件、铜圈3件。只征集到簋和簠。簋通高36.8厘米，口径19.8厘米，足径19.4厘米，兽首形耳，腹部饰8组窃曲纹，以下饰瓦纹，足上铸有三只饕餮，面向三个方向，底部正中铸有“井（邢）姜大宰它铸其宝𣪕子子孙孙永宝用享”铭文。簠只存盖，长29.5厘米，宽25厘米，高9厘米，方唇，耳作饕餮面状，腹下部饰有蟠虺纹，其余部分均饰窃曲纹。簠底部花纹中有两个符号无法识别。从器形、花纹和铭文考证，这两件铜器应为西周晚期至春秋早期邢国的铜器。类似中原的青铜器在夏家店上层文化中常与北方民族的青铜器共出。这些青铜器的发现为研究商周时期内蒙古境内商周与国、狄人与中原的关系以及北方青铜文化的产生、发展均提供了实物资料。

第三节 关于北方青铜器与鄂尔多斯青铜器问题

我国北方草原地区，历史上除接受中原地区文化影响外，有着自己独特的文化。广大北方地区青铜时代的青铜短剑、刀、管銎战斧以及各式动物纹饰牌和各式饰件等，均是颇具特征的北方青铜器。中华人民共和国成立以来，北方地区青铜器各地陆续出土，数量众多。学术界对这些青铜器的研究，尤其对青铜短剑的研究已有一定深度和广度，但仍存在分歧意见。学者多是从类型学研究出发，对青铜短剑的分布、分类、演变进行系统的研究。也有综合分析的，从青铜短剑的群体、演变序列、起始年代及相互关系等方面进行研究。这些研究与内蒙古地区青铜时代的青铜器关系密切。

中华人民共和国成立前内蒙古地区曾出土许多古代北方青铜器，日本人水野清一和江上波夫在《内蒙古·长城地带》一书中，称之为“绥远青铜器”或“鄂尔多斯式青铜器”。目前看来，其分布远不止鄂尔多斯一地，而且延续的时间也很长，从青铜时代到铁器时代、汉代甚至更晚。日本学者的研究多以征集品来进行分类排队、对比，提出我国长城沿线发现的鄂尔多斯式青铜器出现在公元前500年以后，是从黑海沿岸的斯基泰发源，从西向东顺次流传到中国的，并说鄂尔多斯式青铜器的主体，相当于俄罗斯卡拉苏克文化的后半期。[①]俄罗斯一学者进一步阐释了这一观点，明确提出中国发现的青铜器野兽纹牌饰是斯基泰人创造的，认为鄂尔多斯青铜器是从西伯利亚草原传来的。内蒙古地区越来越多的资料说明这些观点是不能成立的。大量的实物资料反倒说明，俄罗斯米奴辛斯克盆地是中国古代北方青铜文化的一部分。分布在俄罗斯南西伯利亚鄂毕河上游和哈萨克斯坦的卡拉苏克文化的青铜器与中国北方青铜文化的关系很密切，有的与中国北方青铜器一样，是受中国北方青铜文化影响的结果。从内蒙古东部地区的夏家店下层遗址和墓葬中出土的青铜铸件等遗物以及内蒙古西部地区朱开沟遗址中出土的早期青铜器来看，中国北方青铜器出现的时代早于俄罗斯卡拉苏克文化，更早于黑海沿岸的斯基泰的草原文化。所以，中国北方青铜文化应是在中国北方以及中国国境以外很大一片地域内独立产生和发展的，影响面更是广泛。根据已发现的资料来看，北方青铜器在商代后期，南面已分布到渭河流域和河南北部的殷墟文化及先周文化的范围内；东面分布到辽东沿海；北面远远超出中国国界，在蒙古国、俄罗斯的外贝加尔、图瓦、米奴辛斯克盆地、克拉斯诺亚尔斯克地区、阿尔泰，西面在吉尔吉斯草原、鄂毕河中游直到黑海沿岸都有发现。在伊朗高原的古代青铜器中，也有与中国北方青铜器相似的标本。但北方青铜文化的中心区和发源地是在中国。内蒙古赤峰市境内和鄂尔多斯等地，均是中国北方青铜文化很重要的分布区域，而且也是北方青铜文化出现较早的地区。

中国北方青铜文化在不同的地区，因不同的历史传统和不同的外界影

---

① 卡拉苏克文化是俄罗斯青铜时代晚期文化，主要分布在南西伯利亚、鄂毕河上游和哈萨克斯坦。该文化时代说法不一，大体上限在前15—前12世纪，下限在前8—前6世纪。前期为卡拉苏克期，后期为石峡期。越来越多的资料说明，卡拉苏克文化的青铜器与中国北方青铜文化关系密切。俄罗斯米奴辛斯克盆地是中国北方青铜文化分布区最北的一小部分。

响，各地的青铜器除共性之外，还有一定的差异性。考古学者根据差异性又细分类型，以剑而论，分作以曲刃短茎式剑为特征的东北系铜剑和以连柄直刃剑为特征的北方系铜剑；[①]也有人将年代较早的曲柄短剑另作一类分成三类；[②]还有人又另分出一种触角式剑。[③]对鄂尔多斯青铜短剑以及其他青铜器，日本学者、俄罗斯学者写有大量文章进行研究，其中许多观点与中国考古发现事实有不符之处。关于中国北方青铜文化的“西来说”“北来说”等都是错误的。中华人民共和国成立以来，我国学者根据考古发现，写了大量的研究文章，[④]从不同方面证实中国北方青铜器是在中国北方地区产生发展的，并与中原商周文化关系密切。中国北方青铜器不仅分布远远超出现在的中国国界，而且影响面更广泛。不论学者们将青铜短剑分成几个群，内蒙古地区的东部和西部均是青铜短剑、动物纹牌饰等中国北方青铜器很重要的分布区，而且也确实与东北地区的青铜器存在明显的差异性。北方青铜器是与考古学文化分不开的，如夏家店上层文化出土青铜短剑。但目前对内蒙古广大地区存在几种考古学文化，其相互关系如何，与中原地区青铜文化的关系如何，很多问题现在还难以搞清，笼统地认为一个地区的青铜器属于鄂尔多斯式青铜器的提法是不确切的。鄂尔多斯地区青铜时代的考古学文化目前也尚未完全搞清楚，有待进一步研究解决。

---

① 林沄：《中国东北系铜剑初论》，《考古学报》1980年第2期。

② 乌恩：《关于我国北方的青铜短剑》，《考古》1978年第5期。

③ 张锡英：《试论我国北方和东北地区的“触角式”剑》，《考古》1984年第8期。

④ 靳枫毅：《论中国东北地区含曲刃青铜短剑的文化遗存》（上），《考古学报》1982年第4期；靳枫毅：《论中国东北地区含曲刃青铜短剑的文化遗存》（下），《考古学报》1983年第1期；林沄：《商文化青铜器与北方地区青铜器关系之再研究》，《考古学文化论集（一）》，文物出版社1987年版，第129页；翟德芳：《中国北方地区青铜短剑分群研究》，《考古学报》1988年第3期。

第四章　战国秦汉考古

战国秦汉考古是中国考古学的重要组成部分。战国秦汉时期在物质文化和精神文化等方面的特点在考古学文化中都得到较为全面的反映。

战国时期（公元前475—前221）是大动荡的年代，在埋葬习俗上，从顽固地维护奴隶制传统的宗法、礼乐制度，到逐渐破坏和衰退。铁器逐步普遍使用，促进了生产力的发展，新的生产关系对生产力的发展更是起到促进作用。由于各地政治经济发展不平衡，以及各地文化传统及其相互的作用等因素，全国除边境外，在物质文化上分作五个地区。

（1）三晋两周地区，大体指黄河中游地区。这个地区农业、手工业、商业均较发达，最早出现金属货币，但主要使用布币。随葬品使用以鼎、豆（盆）、壶为主的成组随葬器物，葬式采用微曲的屈肢葬法。

（2）燕国地区，指华北北部至长城南北。这里与北方游牧民族接触频繁，有独特的文化特点。钱币为刀币、布币并行，埋葬以鼎（鬲）、豆、壶为主组成的随葬器物，采用微曲的屈肢葬或直肢葬。使用饕餮纹和山字形纹半瓦当。陶器还流行一种掺有云母片的鱼骨盆。

（3）齐国地区，主要指今胶东半岛至山东西部地区。有自身的文化特点，为刀币主要流通区。埋葬的随葬组合器以鼎、豆、壶、舟为主，葬式大多是仰身直肢葬，个别为屈肢葬，使用树木纹半瓦当。

（4）秦国地区，主要指泾水、渭水流域。与甘肃等西北地区原始文化关系密切。最早使用圜钱，随葬器物以鬲（釜）、盒、壶（罐、瓮）成组埋葬，葬式采用蜷曲特甚的屈肢葬。使用鸟兽纹、葵纹等圆瓦当。

（5）楚国地区，主要指长江中游，重点是江汉平原至洞庭湖平原，有独特的文化面貌，铁兵器使用较多。漆器工艺较为独特。同时还有与江南地方传统文化有关的薄釉硬陶工艺。钱币使用郢爰钱和蚁鼻钱（也称鬼脸钱），随葬器物以鼎、敦、壶为主成组埋葬，采用仰身直肢葬式。

秦朝在中国历史上虽只有15年，却是一个很重要的朝代，秦加强了中央集权的封建政治制度，并使其日益完备。秦及西汉前期，物质文化在全国共形成四个地区。

（1）关中地区，即渭河流域。这里本是秦地，当时经济文化最为发达。

（2）关东地区，指函谷关以东的黄河中下游地区，经济、文化也很发达，文化面貌接近关中地区。

（3）河西、河套的长城地区，主要指长城西部沿线地带，人烟稀少，经济文化比较落后，多为新辟之地。军事、屯田等遗迹较多。长城东部的辽东地区燕文化比较明显。

（4）江淮流域等南方地区，主要指长江流域原荆楚地区。楚文化明显，与黄河流域区别较大。南方地域范围大，发展不平衡，广州至江浙一带以南越文化为基础，又各具特点，四川情形又有差异。

西汉初，冶铁术有了进一步发展，铁器更多地代替木、石等原始农具和铜器，青铜工艺在一些部门衰落或被淘汰。这时物质文化面貌与战国晚期、秦朝完全不一样。奴隶制度的传统礼乐制度基本破坏，农业、手工业和货币等均达到前所未有的发展，五铢钱成为全国统一的货币，埋葬制度发生了明显的变化。西汉末年贫富分化严重，大型墓随葬品种类、数量增多，壁画墓开始出现，反映了社会向封建庄园经济发展。东汉豪强地主比西汉更强大，墓葬中出现了类似庄园经济的建筑。依附农民、奴婢等成套模型的明器与表现豪强地主的壁画、画像石、画像砖广泛流行。墓葬反映着封建家族关系，铜镜、瓦当上多以豪强地主政治经济所要求的吉祥语为铭文，如“长宜子孙”“君宜高官”等。东汉后期壁画墓等更流行，墓葬中反映庄园经济的各种模型明器更多，出现模拟庄园部曲的资料。

战国时，内蒙古地区的游牧民族称为“胡”，主要有林胡和楼烦。公元前3世纪末，北方许多氏族部落逐渐聚集，形成匈奴和东胡两个较大的部落联盟，在内蒙古地区活动。匈奴以阴山地区为统治中心。秦汉时期，匈奴与中原王朝时战时和，有时臣属于汉朝。东胡在匈奴以东，战国时期主要活动在今赤峰市西拉木伦河和老哈河流域，与匈奴以及赵、燕关系频繁，公元前206年被匈奴击败。战国时期中原七雄的秦、赵、燕等国，势力均达内蒙古南部大片地区，后期达到今锡林郭勒盟、赤峰市和通辽的南部，曾设置九原、云中、上谷、右北平、辽西等郡。秦汉时，中原王朝在内蒙古地区设置郡县更多，匈奴、乌桓、鲜卑等游牧民族也在这里活动。所以，在内蒙古地区，既有战国时赵、燕等国的文物和中原秦汉文物，又有匈奴、东胡、鲜卑等北方游牧民族的文物。内蒙古广大地区在战国秦汉时期的文化是各民族共同缔造的。

第一节　内蒙古境内战国秦汉古城

在内蒙古境内发现大量战国秦汉古城，尤其是汉代古城，调查、发掘总计达70余座。这些古城分别属于上郡、西河、朔方、五原、云中、定襄、雁门、代郡、上谷、右北平和辽西等郡管辖。古城中，有的发现有战国的遗迹和遗物，如和林格尔土城子古城、托克托县古城村古城、宁城县黑城古城以及凉城县双古城等，说明有些古城战国时期就已存在，秦汉时代沿用，不过大部分古城是西汉时期兴建的。

汉代古城形制，大致可分四种，第一种为方形或长方形，规模较小，如磴口县陶升井麻弥图古城。第二种呈回字形，规模较大，中间有子城，如呼和浩特市塔布陀罗海古城。第三种规模略小于第二种，子城不在中央而位于城内的一隅，如呼和浩特市美岱二十家子古城。第四种就是沿秦汉长城交通要道口处，用来戍边的小城障。这些汉城，有的是单纯的汉文化遗存；有的是不同时代的文化遗存，如和林格尔土城子古城，有战国、汉、北魏和唐代等时期的遗存。有的古城被雨水冲刷和风沙侵袭，现今仅部分城墙依稀可见，地面散布有残陶片，如土默特老仗营子古城；有的则保存较好，城墙、遗迹较清楚，如包头麻池古城等。呼和浩特地区的战国秦汉古城和城堡遗址多达几十座，仅托克托县境内就有十几座古城遗址，如距市区东南45千米处的二十家子、南15千米黄合少乡城墙村、东北15千米外的塔布陀罗海、正西15千米的八拜村、南10千米昭君墓西沙梁子、托克托县的哈拉板升、东北15千米的陶卜齐、西南45千米处的托克托县古城及距呼和浩特南46千米处的和林格尔县土城子[①]、和林格尔县胜利营

① 程永魁：《呼和浩特古城浅述》，《内蒙古文物考古》1994年第2期。

东沟子村[①]、清水河县拐子上古城[②]、清水河县城嘴子村[③]等地都发现了汉代的古城遗址。这些古城形状相仿，建筑风格相同，大部分有内、外两城。从这些城址地表收集的文物看，有陶片、灰色绳纹砖、卷云纹瓦当、五铢钱、铁器等，具有明显的汉代特征。[④]

第二次全国文物普查和第三次全国文物普查成果显示，鄂尔多斯境内现存有汉代城址30多座。这些汉代城址中，按照地质地貌的差异统计，分布于黄河岸边的有4座，库布齐沙漠内的有5座，毛乌素沙地内的有2座，丘陵沟壑地带的有5座，秦直道附近的有4座。按照行政区划统计，多数分布于杭锦旗、达拉特旗、东胜区、伊金霍洛旗和准格尔旗，而分布于鄂托克旗和鄂托克前旗的只有4座。据《中国历史地图集》显示，在西汉和东汉初期，鄂尔多斯地区大部为汉朝属地，而今鄂托克旗和鄂托克前旗为匈奴与汉朝交错占据和争夺的地带。[⑤]

分布于黄河南岸附近的古城有城拐子城址、十二连城城址、城壕城址、城塔城址4座，显示了汉王朝据河为塞、固守黄河南岸的意图。秦代修筑的从都城附近直达漠北边塞的秦直道南北纵贯鄂尔多斯地区，汉朝多次对匈奴用兵以及昭君出塞均经过秦直道，而在直道附近由南向北分布的古城有红庆河城址、城梁城址和城拐子城址，成为秦直道通行的休息和物资给养补充站，这些城址在当时的边关贸易、征战后勤和民族融合中发挥了重大作用。这些古城平面形状多呈长方形，少数呈方形，个别呈圆形或不规则形；城址平面形制多为单城，少数为内外两城，极少数为包含有内城、外城和子城的三套城，而十二连城城址由五座城组成；从面积看，城址多数面积不大，但是像霍洛柴登城址、纳林城址、十二连城城址这样的郡县故址占地面积较大；从保存状况看，保存较好或一般的较少，保存较差或差的较多。[⑥]

包头黄河段沿岸汉代城址主要有三顶帐房古城、哈德门沟古城、昭君

---

① 齐溶青、索明杰、吕朋珍、李思雨、解曜珲：《和林格尔县胜利营东沟子遗址发掘简报》，《草原文物》2013年第1期。

② 李兴盛、邢黄河：《清水河县拐子上古城调查》，《内蒙古文物考古》1991年第1期。

③ 陈永志主编：《内蒙古文物考古文集》（第三辑），科学出版社2004年版，第81—128页。

④ 程永魁：《呼和浩特古城浅述》，《内蒙古文物考古》1994年第2期。

⑤ 甄自明、岳够明：《鄂尔多斯汉代城址浅析》，《草原文物》2015年第1期。

⑥ 甄自明、岳够明：《鄂尔多斯汉代城址浅析》，《草原文物》2015年第1期。

坟古城、孟家梁古城、麻池古城、堡子湾古城、公庙子古城、张连喜店村古城、陈二壕古城等。以上古城分布的范围，西起乌梁素海东岸，东至包头市区以东古城湾村，全长125千米，除昭君坟古城在黄河南岸，其他均筑在黄河北岸。[①]

除上述城址外，乌兰察布市卓资县分布有城卜子古城遗址[②]、土城子村遗址[③]、三道营古城[④]，鄂尔多斯准格尔旗秦汉广衍故城[⑤]、赤峰黑城古城等[⑥]。

对古城城名，国内外学者都做了不少考证，较有名的有考定托克托县古城村古城为战国云中郡城址、乌拉特前旗三顶帐房古城为汉五原郡城址(秦九原郡)、和林格尔土城子古城为汉定襄郡故城等。此外，经过调查发掘，确认准格尔旗瓦尔吐沟古城址为秦汉广衍故城，呼和浩特美岱二十家子古城应为西汉定襄郡的安陶城址。该城址出土“安陶丞印”封泥，可证明《汉书·地理志》定襄郡条下列十二县名中的定陶县，应为安陶县之误。1960年试掘了凉城县双古城西城，据出土物和文献考证，应是汉代沃阳县故城。1963年北京大学侯仁之、俞伟超等专家考察乌兰布和沙漠时，确定了汉代朔方郡所属的三座城名，即磴口县陶升井麻弥图古城为三封故城址、磴口县布隆淖古城为临戎故城址、杭锦后旗太阳庙农场保尔浩特古城为窳浑故城址。和林格尔县新店子汉墓壁画上有一幅武成图，并有榜题，结合庄园图等考证，墓主人出生于汉代武成县，死后归葬乡里。在墓地东约2.5千米即有当地称为榆林的古城，此城北半部被明代玉林卫所叠压，南部经过试掘确定是汉城，证实当是东汉的武成故城，也就是西汉的武成县。根据武成县的地理方位，再据《水经注》的记载，又考定出许多汉代城址的城名，如清水河县岔河口南的汉代古城，应是汉桐过县城址，纠正了过去认为其是云中郡所属之误。呼和浩特市东郊的塔布陀罗海古城应是武泉城址，托克托县哈拉板申村北的古城应是沙陵城故城。1973—

① 郭建中、车日格：《黄河包头段沿岸汉代古城考》，《内蒙古文物考古》2007年第1期。

② 齐溶青、索明杰、贾志斌、王仁旺、邢琳：《卓资县城卜子古城遗址2010年发掘简报》，《草原文物》2011年第1期。

③ 赵杰：《卓资县土城子村遗址发掘简报》，《草原文物》2013年第2期。

④ 李兴盛：《内蒙古卓资县三道营古城调查》，《考古》1992年第5期。

⑤ 崔璿：《秦汉广衍故城及其附近的墓葬》，《文物》1977年第5期。

⑥ 冯永谦、姜念思：《宁城县黑城古城址调查》，《考古》1982年第2期。

1974年，勘查鄂尔多斯杭锦旗霍洛柴登古城，根据发现的“西河农令”及“中营司马”等官印判断，这里可能是西河郡治所所在地。鄂尔多斯伊金霍洛旗红庆河城址为西河郡虎猛县城；准格尔旗的十二连城城址为云中郡沙南县城，勿尔图沟城址为西河郡广衍县城，纳林城址为西河郡美稷县城。达拉特旗的城拐子城址应为西汉五原郡河阴县城，东胜区的城梁城址应为西汉西河郡增山县城，乌审旗的敖拜淖城址应为西汉上郡高望县城。[①]内蒙古地区战国秦汉尤其是汉代古城城名，还有许多有待继续研究考定。

下面重点介绍一部分古城。

一　托克托县古城村古城

托克托县古城村古城位于呼和浩特市西南45千米，托克托县城的东北35千米，呼托公路北。城周8千米，城垣已多被风沙掩埋，仅南墙尚存残迹，最高处为5米，其余三面墙残迹均断断续续。东墙稍成直线，其余三面城墙都不是直线，城墙每面都有缺口。墙为夯筑土墙，墙土中包含战国至西汉之际的陶片，在后加的夯筑土中，也夹杂有北朝时期陶片。古城内散布陶片瓦砾很多，曾发现刀币、布币和汉代陶罐、陶盘等文物。1965年在古城西南1千米处发现东汉闵氏墓一座，出土许多汉代文物和壁画。据文献记载以及遗存判断，这是战国赵国筑云中城。赵国始置云中郡，秦汉沿之，是内蒙古西部建立最早的古城之一。古城的西南角有一小城，现城墙已不存。古城的中部有一土丘，当地称为“钟鼓楼”。根据这两处地表散布的遗物和发现的佛座后刻有铭文的鎏金铜佛像证明，这两处均为北朝时期的遗迹、遗物，推知北魏时期在云中郡城址上设过县。

二　三顶帐房古城

三顶帐房古城位于巴彦淖尔乌拉特前旗东45千米，文化层已破坏，但尚可看出古城轮廓。古城的东、西、北三面城墙尚有保留，南墙破坏严重，不过仍可看出为方城，东西长1000米左右，城内偏北处有一子城。北城墙与其他三面不一样，为宽30余米夯土墙，与加强北方的防御有关。

① 甄自明、岳够明：《鄂尔多斯汉代城址浅析》，《草原文物》2015年第1期。

城内多出墨、灰色的绳纹和席纹陶片，也出过“长乐未央”砖和五铢钱、半两钱。据出土遗物和文献记载判定，该城是秦九原郡和汉代五原郡。古城东北1千米处有古墓群，有高大的封土堆，是汉代墓群。

三　麻池古城

麻池古城位于包头市九原区麻池乡政府所在地西北，昆都仑河以东3.5千米，黄河以北的二级台地上。古城分南北二城，南城的西半部与北城的东半部连接；南城南墙和北城北墙中部各有一宽20米左右的豁口，为城门故址。北城东城墙长563米、南城墙西段长300米、西城墙长665米、北城墙长778米。南城东城墙长664米、南城墙长600米、西城墙长522米、北城墙东段长357米，总面积约339845平方米。北城南墙北160.5米中间位置筑有两个相距102米、高5米、直径32米的夯土堆，夯层厚10厘米左右。夯土堆东西排列，四周及上面有残砖断瓦，西夯土堆南曾采集到印有阳纹的“大吉利”残砖和“万石”的长方砖；两夯土堆南165米南城西墙和北城南墙交角以东30米，还有一个高1米余、直径13—15米的夯土堆，土堆顶上及四周是厚厚的砖瓦堆积。很明显，这三座夯土堆上都曾有过建筑。①

四　和林格尔土城子古城

和林格尔土城子古城位于和林格尔县城北10千米，呼和浩特市南40千米。古城在土默特平原与南部山区的交界处，宝贝河自南流来，经城西折西北，流入大黑河中。古城为不规则形，南部向东南斜出，北部向西扩展。南北长2250米，东西宽1550米，分为南、中、北三区。南区为汉代古城，中区为北朝时代遗存，北区为唐代古城。1960年进行过清理发掘，基本摸清了此城的文化情况。②出土物中有西汉时期的遗物。汉城南墙与东墙大部分保存，东北角和西北角被唐代城打破。北墙保存很少，西墙南段为宝贝河水侵蚀。据文献记载，和林格尔土城子在战国时期属云中郡；

① 郭建中、车日格：《黄河包头段沿岸汉代古城考》，《内蒙古文物考古》2007年第1期。

② 张郁：《和林格尔土城子古城试掘纪要》，《文物》1961年第9期。

西汉时为定襄郡治所所在地成乐县；北魏初年在此建盛乐城，为北都；北齐置紫河镇；隋筑大利城，为突厥可汗沙钵略及启民可汗所居；唐平突厥，更名单都护府，后置金河县等。可见，和林格尔土城子是我国汉代至唐代北方的重要城镇之一，是边防重镇。

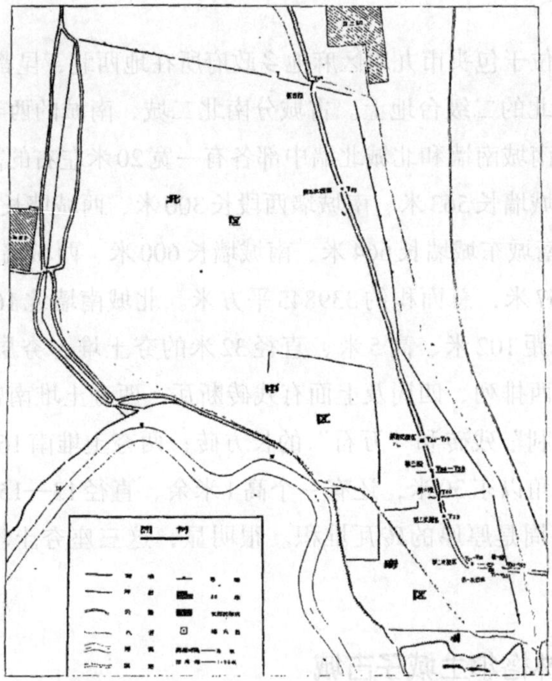

图4-1　和林格尔土城子古城平面示意图

（引自张郁《和林格尔土城子古城试掘纪要》，《文物》1961年第9期）

五　秦汉广衍故城

秦汉广衍故城位于鄂尔多斯准格尔旗川掌乡勿尔图沟南岸，依山傍水，地势险要。古城大部分被悖牛川冲塌，仅剩不完整的东墙和一段北墙以内的部分，城墙为夯筑土墙。地表下夯土墙深1.6米，宽6.7米。城址内散布残砖瓦、陶片和坩埚残片、铜渣、铜镞、铁渣，多种残泥范、石范以及半两、五铢、大泉五十等钱币。从城内采集的遗物看，18件不同纹饰的瓦当中，12件为秦代文物。古城两处墓葬出土的一戈、一矛和一铜壶上，均刻划有“广衍”两字。戈上还刻有“十二年上郡戈”，这是秦王政“十二年上郡戈”，是目前见于著录的八件“上郡戈”之一。《汉书·地理志》记载，广衍为西河郡的属县，所以该古城应是秦汉时期的广衍县城。广衍县城的确定，为推断同时期其他古城的位置提供了可靠的方位依据。古城内散布的遗物和墓葬中出土的文物，反映了秦的统一和秦汉统一多民族国家的形成过程，是各种文化的融合，其中必然也包括北方各民族的文化。①

六　黑城古城

黑城古城位于赤峰市宁城县西南60余千米的老哈河北岸。古城分内外两城和一花城。内城呈长方形，因城墙土色灰黑，故称“黑城”。东西长812米，南北宽540米，四面各开一城门，并接筑有瓮城门。内城保存较好，墙高还有8—9米，城墙筑有马面，四角有角台。东、北、西三面城墙均有劈裂颓坍，南墙基本完好。城外四面有护城河，大部分城壕沟坎尚清晰可辨。城内有东西、南北两条道路在城中心交叉，城中心南部原有当地俗称“大堂”“二堂”的两个土台，近年因取土而铲平，据出土物判断，原为木构建筑物。城内遗物有战国至汉的瓦片，也有辽金元明等时代的铁镞、各种残瓷片以及元代铜权、明代条形砖等。外城平面也呈长方形，东西长而南北较短。外城北墙沿内城北墙东西延伸，东西长1800米，南北宽800米。老哈河支流黑里河冲毁了部分南墙和东墙，天（义）平（泉）公路从城西半部穿南北两墙由城中而过。外城内遗物丰富，残陶片很多，在城中部和东墙内分别发现新莽钱范作坊遗址和三口方形竖穴土井遗迹。新莽钱范作坊内出土大批“大泉五十”“小泉直一”质地坚硬的陶范母，范母上有纪年文字和“钟官”字样。城内遗物还发现有“渔阳太守章”“白狼之丞”“卫多”等封泥，还有“部曲将印”“假司马印”“韩贵私印”等铜印章，铁权、“宜官”石印和“大富”戳记陶瓮片，这些多为汉代文物。城中还有些辽元等时代遗物。外城内发现的瓦多为汉代绳纹筒瓦、板瓦和“千秋万岁”云纹、羊头纹等瓦当。花城位于外城和内城外墙外偏西处，平面呈长方形，东西宽200米，南北长约280米。现存东、西、北三面部分城墙破坏严重，故城内遗迹难辨，遗物也少，调查采集有抹沟纹板瓦、细绳纹灰陶罐、残陶盆以及鱼骨盆残片等。从遗物和城墙叠压关

① 崔璿：《秦汉广衍故城及其附近的墓葬》，《文物》1977年第5期。

系判断，花城年代最早，是战国时燕国所修筑，直到新莽时代，均为重要城市，是当时政治、经济、军事均占重要地位的古城，有可能就是右北平郡址。内城的年代应晚于花城和外城，并历经几个时代，可能是在汉城基础上辽代又修建的，时代较复杂。①

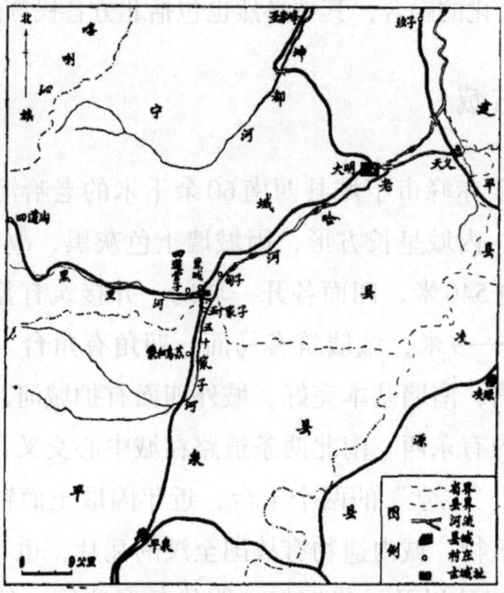

图4–2　黑城古城地理位置示意图

（引自冯永谦、姜念思《宁城县黑城古城址调查》，《考古》1982年第2期）

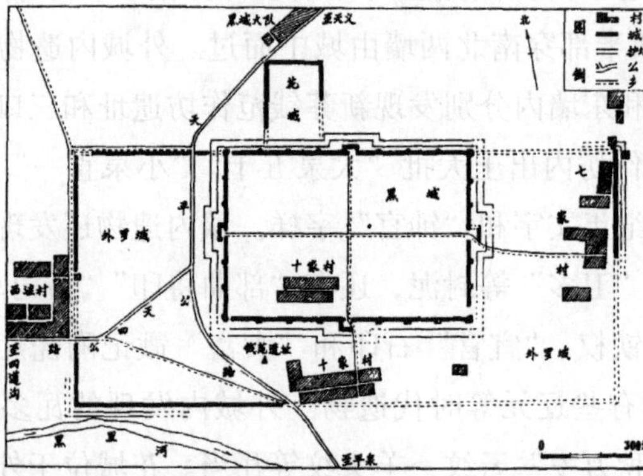

图4–3　黑城大队古城址平面结构实测图

（引自冯永谦、姜念思《宁城县黑城古城址调查》，《考古》1982年第2期）

① 冯永谦、姜念思：《宁城县黑城古城址调查》，《考古》1982年第2期。

七 呼和浩特市美岱二十家子古城

呼和浩特市美岱二十家子古城位于呼和浩特市郊区黄合少乡美岱二十家子西滩村东。1959年进行了科学发掘。①古城面积235000平方米，为内外两城。城墙和大型屋基提供了内蒙古地区汉代建筑的资料，如大型屋基建筑四周为夯土墙基或台基，屋内有两行木柱支撑屋顶。周围发现的大量筒瓦和板瓦，是房屋的建筑材料。出土文物非常丰富，有筒瓦、板瓦、陶盆、陶罐、陶豆等多种陶器，还有铁器、钱币、封泥等。铁器中出土有铁甲片，共计303片。发现的铠甲有盆领，胸、背部用甲札，肩、下缘等部均用鱼鳞甲片，提供了当时铁铠甲的形制资料。封泥中有“安陶丞印”“定襄丞印”等，钱币有半两和五铢钱。从出土物来看，此城当是汉代定襄郡安陶县故城，时代为西汉，下限不会晚于东汉。

八 居延城址

居延城址位于阿拉善盟额济纳旗达来呼布镇吉日嘎郎图嘎查东南12.3千米的荒漠地带。城址平面近长方形，东墙长137米、南墙129米、西墙长123米、北墙长129米，四角设有角台。墙体为夯土版筑，现已坍塌，低矮残破，基宽约4米，残高仅在1.5米左右。城址历久年深，加之恶劣的自然环境，致使墙体被风撕开一道道的豁口，东墙和北墙尤甚。城门设于南墙中部，宽约6米，门道处由青、红两色条砖铺设的排水设施依稀可见。城内有大小不等的方形坑，虽被沙土填埋，但仍可辨识，尺寸一般为长1.7米、宽1.1米，排列较有规律，具体用途不详。城西50米处原有一条南北走向的水渠，现在地表已经看不到任何痕迹。城址内外散布着丰富的遗物，残碎的石磨盘、灰陶片、青砖等俯拾即是。此外还有少量的铜片和铁渣，曾出土五铢钱15枚，“大泉五十”1枚，以及铜器、铁器、陶器等。②居延城址是汉代居延边塞遗迹的重要组成部分，具有军事防御的功能和性质。

---

① 内蒙古自治区文物工作队：《1959年呼和浩特郊区美岱古城发掘简报》，《文物》1961年第9期。

② 陈永志、吉平、张文平主编：《阿拉善文化遗产》，文物出版社2014年版，第152—153页。

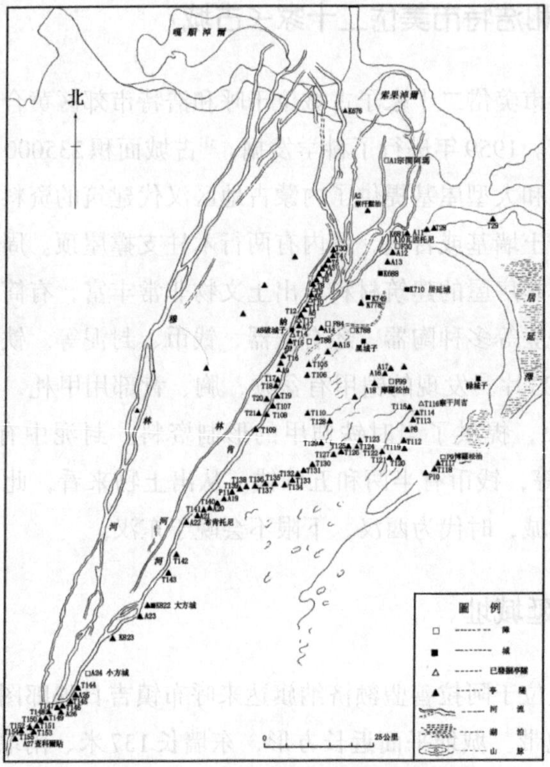

图4-4 居延遗址汉代亭障分布图

（引自魏坚《额济纳旗汉代居延遗址调查与发掘述要》，《额济纳汉简》，广西师范大学出版社2005年版）

九 十二连城城址

十二连城城址位于准格尔旗十二连城乡脑包湾村，黄河南岸的台地上。当地传说，在这里共有9座古城，据此东南7千米的城坡村，还有3座古城，故合称为十二连城。目前能找到城垣轮廓比较清楚的只有5座城址。这5座城址相互毗连，略呈方形。其中1号城址面积最大，约占全部城址面积的2/3，南北长1039米，东西宽857米。据研究考证该城是西汉云中郡沙南县城。城址南有姜义贞墓，明确记载了该墓与胜州榆林城之间的距离，从而可以确定十二连城城址中的1号、5号城，即隋唐时期的胜州榆林城故址。①

① 甄自明、岳够明：《鄂尔多斯汉代城址浅析》，《草原文物》2015年第1期。

第二节　内蒙古战国秦汉时代墓葬及其部分文物

一　墓葬

赤峰地区发现敖汉旗铁匠沟战国墓，[①]出土陶器、铜器、骨器、玛瑙器、松石等。红山区战国墓，出土陶器和骨器，从这座墓葬的结构和随葬器物特征分析判断，应该属于战国时期燕国的移民墓葬。[②]和林格尔县大堡山墓，属战国晚期赵国墓地。[③]凉城县水泉东周墓地，属战国中晚期墓葬。[④]战国秦汉古城的附近，大都发现有墓葬群，尤其是汉代墓葬，已发现和发掘了一批，这里作为重点介绍一下。

汉代墓葬，总的趋势是从竖穴墓向洞室墓发展。西汉用大的空心砖来砌墓室，东汉则多改用小砖砌墓室。在内蒙古地区发现的汉墓形制大体有土坑墓、木椁墓和砖室墓等。

（1）土坑墓。20世纪50年代在巴彦淖尔清理了许多土坑墓，此外在鄂尔多斯准格尔旗、杭锦旗也有发现，如瓦尔吐沟、霍洛柴登等地。土坑墓多出土一些汉代陶器、铁器、铜镜及货币等。

（2）木椁墓。其形制是长方形并有木椁，木椁外又加砌有砖，四角及中央立有木柱，防止下塌。墓底平铺一层砖，椁顶平砌二层砖。这样的木椁墓在包头市郊孟家梁以及巴彦淖尔市乌拉特前旗均有发现。有的木椁墓在椁外填以陶片或木椁四周上下均有陶片掺和泥土，这种木椁墓在托克托县丁家窑子有发现。

（3）砖室墓。分单室和多室两种。墓顶有四面起券的穹窿式和两面起券的船篷式。墓室有砖木结构和只用砖砌两种。砖木结构墓发现不多。单室墓多长方形船篷式顶，墓室大小不一。多室墓墓室多由前室、中室、后

---

① 邵国田：《敖汉旗铁匠沟战国墓地调查简报》，《内蒙古文物考古》1992年第Z1期。

② 张松柏：《赤峰市红山区战国墓清理简报》，《内蒙古文物考古》1996年第Z1期。

③ 齐溶青、索明杰、贾志斌、武成、李权：《和林格尔县大堡山墓地发掘报告》，《草原文物》2013年第2期。

④ 曹建恩、孙金松、党郁、李力：《凉城县水泉东周墓地发掘简报》，《草原文物》2012年第1期。

室、两侧耳室以及各室之间的通道组成，大小和室的数量不等，多为方形穹窿式顶，室内四壁和顶部多绘有壁画。单室砖室墓在内蒙古地区发现很多，包头市孟家梁、巴彦淖尔乌拉特前旗以及乌兰布和沙漠都有大量单室砖室墓，成群密集地分布。多室砖室墓如托克托县发现的东汉闵氏壁画墓，有九个室，①和林格尔新店子乡板申发现的东汉壁画墓有六个室。墓葬的形制、大小以及随葬品的数量、种类，均以墓主人的身份决定。身份较高的人的墓葬，墓顶均有覆斗式封土堆，有的至今仍可看到高于地面的夯筑墓葬封土堆。汉代墓葬可反映出汉代的等级制。墓葬的形制和大小因时间早晚而发展，从小到大，从简单到复杂。从随葬品的种类和数量可看出社会的变化，如各种明器种类的增加，象征庄园经济的模型明器的出现以及壁画墓从东汉开始流行，都反映了社会的变革，反映了庄园经济的发展。

汉代壁画墓的内容很丰富，归纳起来有以下七种：（1）神仙信仰，如伏羲、女娲、东王公、西王母等。（2）天象图，主要画在墓室顶部，如云气、星象以及青龙、白虎、朱雀、玄武四神图等。（3）以“三纲五常”为题材的儒家推崇的所谓古圣贤、忠臣、孝子、烈女等。（4）宣扬“天人感应”的祥瑞图，如有木连理以及灵芝草等。（5）表现墓主人身份的车马出行图、幕府官寺属吏图等，这是判断墓主人身份的最重要材料。（6）标志墓主人生前财富和享受生活场面等，如坞壁田宅、农奴耕作、畜牧、作坊、厨房、宴饮以及百戏图等。（7）装饰用的其他花纹。内蒙古地区发现的壁画墓，不论是托克托县闵氏墓还是和林格尔东汉壁画墓的壁画内容都没有超出以上的内容。

1. 和林格尔东汉壁画墓

内蒙古和林格尔东汉壁画墓，是目前为止，全国已发现的汉代壁画最多、内容最丰富、榜题也最多的壁画墓。壁画构图美观、笔法流利娴熟，色彩鲜艳。壁画和榜题真实地反映了墓主人的一生，反映了东汉时期社会、经济、思想、民族关系等方面情况。

和林格尔东汉壁画墓，1972年发现于新店子乡小板申，②为多室砖室

① 罗福颐：《内蒙古自治区托克托县新发现的汉墓壁画》，《文物参考资料》1956年第9期。
② 内蒙古自治区博物馆文物工作队编：《和林格尔汉墓壁画》，文物出版社1978年版。

墓，共有六室，早期曾被盗掘。遗物除一件“长宜子孙”残铜镜和残漆器、铁器外，多为汉代陶器，有鼎、耳杯、盘、奁、碗、罐等共计82件。墓室中的壁画，是20世纪70年代初我国考古的重大发现之一。墓室地面铺有“富乐未央子孙繁昌”方砖，墓门到各室四壁的砖面上，抹有一层5毫米至1厘米厚的白灰，白灰面上，绘满了壁画，计有彩画46组57幅，100余平方米，榜题250多项，700余字，为所知榜题最多的东汉壁画墓。内容描绘了墓主人的一生经历，有升官图及农耕、牧马、车马出行、墓府、百戏、圣贤、孝子等。壁画表明墓主人是东汉朝廷派到北方民族杂居区的重要官吏，他从举孝廉步入仕途，后封为郎官，历任西河长史、行上郡属国都尉、繁阳县令、护乌桓校尉。墓的前、中两室，绘墓主人各任车马出行图、官府图、庄园、粮仓、坞壁、所经地方、庆功宴筵和接受褒奖等场面和榜题，表现他的官吏生活。后室以及其他三个耳室绘有表现墓主人晚年富有的庄园家居生活的各种画面，有农耕、放牧、厨役、酿造等，反映了东汉社会经济以及墓主人生前的财产。

据壁画和榜题考证，墓的年代下限应在东汉桓、灵之世，在公元2世纪60—70年代。墓主人是史籍未曾记载过的护乌桓校尉。壁画中的武成图，说明墓地所在地属东汉定襄郡之武成县。汉代习惯，人死后常葬于生前住地的附近。该墓东3.5千米有个当地叫“榆林城”的地方，是明代玉林卫的驻所，这座城的南部下面，就压着汉代武成县故城。壁画中还提供了其他方面的重要资料，生产劳动的壁画，反映了当时内蒙古地区农牧结合的经济特色；壁画中的古代建筑，提供了研究汉代建筑制度、用途、形式、结构、色彩等形象资料；墓主人历任官职的所在城市和府舍图，如任西河长史的“离石城府舍”、任上郡属国都尉时的“土军城府舍”、任繁阳县令时的“繁阳县令官寺”和任护乌桓校尉时的“宁城图”以及晚年居住的“武成图”，反映出当时北方城市和中原城市的结构布局是完全一样的，是研究东汉时期衙署布局和中国城市发展史的重要资料。壁画中的渭水桥、居庸关及有关水道等画面，是研究汉代水陆交通和水道变迁的资料。壁画中的“庄园图”是已发现的汉代庄园资料中最完整的，对研究东汉经济有重要参考价值。壁画中描绘的起居饮食、仪仗车骑、农耕畜牧、乐舞百戏、发式衣冠、市场交易以及众多的乌桓等少数民族人物形象等，为研究东汉社会经济、文化及各民族习俗等均提供了形象的资料。壁画上的榜题是一种新书体，是继承周代金文、战国玺文和篆书而形成的写法，对研究书法的演变很有价值。

2. 鄂托克旗凤凰山墓地

凤凰山墓地位于鄂尔多斯鄂托克旗木凯淖尔镇巴音淖木村东南40千米处。墓地四周为地势较低的草原和丘陵，植被稀疏，大部分地区被沙丘覆盖。1987年进行文物普查时发现一座汉代壁画墓，1990年对壁画墓进行了抢救性发掘，1992年伊克昭盟文物工作站对此墓地进行了发掘，前后清理发掘墓葬13座。①

墓葬所在山坡土层较薄，墓室大多开凿在红砂岩层上，无坟冢，均为有斜坡墓道的洞室墓。墓道长度在5—20米，宽度在0.8—1米。墓室平面多呈长方形，个别的近正方形。墓室大小有差异，有的带有耳室，有的设龛，墓室顶部多呈硬山式顶。墓向多为东北向，少量东南或西南向。墓葬分布较集中，但布局无规律可循。随葬人骨葬式因多次被盗掘已不甚清楚。葬具多为木棺，未见椁板，发掘时棺的大小形状均已不清。墓葬出土的随葬品不甚丰富，以泥质灰陶为大宗，器表多绘彩，彩绘图案以卷云纹为主，器形有壶、罐、灯、灶、炉、俑等，均属于中原系统。此外还出土少量釉陶器和铜器。更为重要的是，壁画墓（1号墓）墓室所绘壁画保存较好。墓顶为星象图，壁龛内无壁画。墓门右侧壁画已脱落，墓门沿边以赭色绘出0.12米的门框。壁画内容丰富，有庭院、宴饮、百戏图；望楼、台榭图；戈射图；牛车、马车图；出行图；侍奉图；执物图；兵器、抵兕图；放牧、牛耕图。墓葬中发现零星人骨和两块棺木，出土陶器、铜器及珠饰等。此墓葬规模不大，但壁画内容丰富、布局严谨。壁画墓不见表现墓主人生前生活的规模宏大的显赫场面和死后祈求灵魂升天成仙的虚幻境界，而多以饮酒行乐、观舞射猎等为主题，表现出悠然自得的生活气息。

关于墓地的年代，原报告认为整个墓葬形制及随葬品的特征大体相同，说明这批墓葬的埋葬时间相差不远，根据墓葬形制及随葬品及壁画风格分析，并与邻近地区同时代墓葬相比较可以得出其年代为西汉晚期至东汉前期。

① 魏坚编著：《内蒙古中南部汉代墓葬》，中国大百科全书出版社1998年版。

3. 巴日松古敖包壁画墓

巴日松古敖包壁画墓（嘎鲁图汉代壁画墓）位于鄂尔多斯乌审旗嘎鲁图苏木东北20千米处的巴日松古敖包梁上。2001年由鄂尔多斯博物馆和乌审旗文物保护管理所联合考古队抢救性清理发掘了2座墓葬，是鄂尔多斯地区发现又一处东汉时期壁画墓群。2015年9月，鄂尔多斯博物馆、鄂尔多斯市文物考古研究院、乌审旗文物管理所对巴日松古敖包墓地两座被盗壁画墓葬进行了清理。[①]墓葬集中分布于低缓的丘陵顶部，于砂岩中开凿，为带斜坡墓道的洞室墓。墓室平面呈长方形，墓内有木棺等葬具。墓葬出土了陶器、铜器、铁器等少量器物。墓室四壁及顶部绘有精美的壁画。绘画技法娴熟，是罕见的形象化史料，也是难得的绘画艺术珍品。[②]

巴日松古敖包壁画的内容主要有：持吾执豆侍奉图、黑盖轺车出行图、宴饮图、抚琴图、舞蹈图、庭院楼阁图以及奔驰骏马、抵斗公牛、觅食群羊、翱翔天空的鹤和雁等内容的草原风光图、星象祥云图等。特别是1号壁画墓墓室北壁的壁画是表现墓主人仕宦经历的车马出行图，右侧为一乘枣红马牵引的黑盖轺车，车内左侧坐一位黑衣男性，车后有侍女跟随，轺车之后是一乘白马牵引的黑舆车，白衣御者坐在车前。[③]壁画色彩鲜艳，内容富有中原汉文化气息，同时又具有北方民族特色，是汉代考古的重大发现。巴日松古敖包壁画墓的清理，为研究鄂尔多斯地区汉代丧葬习俗、绘画艺术等提供了重要的实物资料。

此外，和林格尔县新店子西头号墓葬为西汉早期墓葬[④]，杭锦旗塔拉沟汉墓[⑤]、杭锦旗乌兰陶勒盖汉墓[⑥]、呼和浩特市赛罕区沟口子村汉墓[⑦]等

---

① 赵国兴等：《内蒙古鄂尔多斯巴日松古敖包汉代壁画墓清理简报》，《文物》2019年第3期。

② 乌审旗文物局：《乌审旗文物志》，2012年版。

③ 李双、辛枭宇：《浅谈鄂尔多斯地区的汉代墓葬壁画》，《鄂尔多斯文化遗产》，文物出版社2014年版。

④ 李强、赵江滨、霍治国、武成、陈立志：《和林格尔县新店子西头号墓葬发掘简报》，《草原文物》2013年第2期。

⑤ 王仁旺、孙金松、田丽：《杭锦旗塔拉沟汉墓清理发掘简报》，《内蒙古文物考古》2008年第2期。

⑥ 高毅、尹春雷：《杭锦旗乌兰陶勒盖汉墓发掘报告》，《内蒙古文物考古》1991年第1期。

⑦ 陈永志、任保其、李强、赵江滨、武成：《呼和浩特市赛罕区沟口子村汉墓清理简报》，《草原文物》2013年第2期。

属西汉时期墓葬。巴彦淖尔地区纳林套海墓葬、包尔陶勒盖墓葬、沙金套海墓葬、和林格尔县店湾墓地、凉城县北营子、鄂尔多斯三段地、包头市召湾、包头市下窝尔吐壕、和林格尔县土城子、准格尔旗薛家湾镇巴润哈岱乡西黑岱墓地1区①、额济纳旗砾石沙梁②等都属西汉末到东汉时期的墓葬。

二　内蒙古战国秦汉时代部分遗物

内蒙古地区发现的战国、秦汉时代文物很多，现仅介绍其中的一部分。

战国时期内蒙古地区的各国遗迹、遗物、墓葬，因工作做得较少，文物发现不多，其中较重要的有乌兰察布市凉城县崞县窑子乡出土的蟠螭纹铜壶和铜饰牌。蟠螭纹铜壶尤具特色，它的形制和蟠螭花纹与中原地区出土的铜壶完全一样，但壶上除蟠螭纹外，在第二圈的图案中有穿短裙的跳舞小人，显然是北方民族的服装。这个铜壶反映了中原文化与北方民族文化的融合。

1958年，在包头市郊区麻池曾发现三件“安阳”石布范，其中一件比较完整。布范上有浇铸用的流口，范外表刻有不规则的菱形方格纹，以便用于缚扎，范内刻有“安阳”二字，为方足布范。出土布范附近，还出土了许多战国时期的绳纹灰陶残片以及两件素面灰陶碗，形制为大口、折腹、平底，说明麻池一带有战国时期的遗址。“安阳”石布范是战国时期赵国的钱范。战国时期的货币在内蒙古地区发现得更多。1980年，在麻池村西的砂石场又出土一批战国布币，其中大部分是安阳布币。乌兰察布市凉城县不止一次出土大量战国时期的货币，除有赵国的布币外，还有燕国的明刀币，说明当时在内蒙古地区流通好几种战国的货币。内蒙古东部地区也有战国文物出土，如赤峰地区出土的铜鼎、绳纹灰陶罐和燕国兽纹瓦当等。

---

① 齐溶青、周磊、王永胜、李强：《内蒙古准格尔旗薛家湾镇巴润哈岱乡西黑岱墓地发掘简报》，《北方文物》2017年第2期。

② 王仁旺、岳够明、胡春柏、李国庆、巴格那：《额济纳旗砾石沙梁墓葬清理简报》，《内蒙古文物考古》2009年第2期。

秦代虽短暂，但在内蒙古地区不论东部或西部，特别是秦汉长城沿线，均有秦代文物出土。西部地区，在秦汉广衍故城附近的墓葬中，出土有秦半两钱币、陶罐以及秦代上郡戈等。1979年，在鄂尔多斯准格尔旗的纳林乡又出土秦上郡铜戈一件，上刻有铭文，正面为“二年，上郡守冰造，高工丞沐叟，工隶臣徒”，背面文为“上郡武库”，共计铭文20个字。铭文与已知上郡戈刻法不相同，为小点点连接而成。据戈的形制和铭文字体分析，当是秦王政二年的文物。[①]在秦汉长城沿线的关口城障附近，也常发现有秦代半两钱币。内蒙古东部地区1960年曾在赤峰市蜘蛛山遗址的秦汉地层中，发现有秦代残陶量，器身上残存秦王政二十六年诏书片段。赤峰郊区三眼井乡以及敖汉旗四家子乡出土有秦代铁权。三眼井乡秦权重31.4千克，器身通体铸有秦王政二十六年诏书全文。四家子乡的秦权重30.5千克，因出土时铜诏版脱落不见，故器身无诏书。此外，在赤峰郊区还出土有秦铜戈，敖汉旗四家子乡秦代遗址内还出土秦代铁农具，有锄、镬、铲等。

汉代文物出土较多，这里只介绍其中的主要部分。在包头市召湾汉墓中，20世纪50年代就出土有“单于天降”“单于和亲”和“四夷尽服”等瓦当。1981年召湾汉墓中又出土了“单于天降”“单于和亲”“四夷尽服”和“千秋万岁”等文字瓦当，这是“匈奴自单于以下皆亲汉，往来长城下”文献记载的佐证，[②]反映了内蒙古地区北方民族与中原人民友好往来的情况。1981年，召湾汉墓中出土一件黄釉浮雕陶樽，器身为筒状，壁微斜，口径略大于底径，变体博山式盖，底部有三雕蹲熊足，樽腹部满布浮雕，浮雕技法是以模印成图案后贴附于器坯上，修整后施釉烧制，故图案清晰，光泽莹润，雕有多种神话故事和祥瑞图案，共计29种、47图。墓中还出土有“昭明”铜镜、“日光”铜镜、五铢钱等，根据墓葬和出土物判断为西汉中晚期。黄釉浮雕陶樽是用来作为冥器的，是目前发现的汉代浮雕中内容最丰富的罕见的一件。浮雕内容反映了阴阳五行、黄老思想、神话传说、谶纬迷信在当时意识形态上所占的地位，是研究汉代哲学思想、文化艺术的一件重要实物资料。内蒙古东部地区秦汉古城或遗址、墓

① 李三：《内蒙古准格尔旗出土一件上郡青铜戈》，《文物》1982年第11期。

② 参见《汉书·匈奴传》。

葬中，也出土了大量汉代文物，尤以赤峰市宁城县黑城汉代古城出土的铸有“始建国元年三月”纪年字款的新莽钱范值得介绍。1976年在黑城中部偏南试掘了新莽时期钱范作坊，出土了一批西汉王莽时期“大泉五十”“小泉直一”的陶范母。多数范母经过烘干，质地较坚硬，红褐色，少数因未烘干而质地疏松易碎。范母均为长方形，前端中部有一圆斗状浇口，浇口两侧设有排气的沟槽。“大泉五十”范母长60厘米、宽23.8厘米、厚6厘米。每方有钱模64枚，排列6行，中间四行每行十一枚，两边各十枚，钱径3厘米，钱模凸起。“小泉直一”范母长40厘米、宽22厘米、厚4厘米。在范母浇口两侧，有两竖行阳文隶书反写的纪年文字。铭文有的右行为“后钟官工良造世”七字或在后字右边还有一个十字，也有的是“前钟官工良造第世”八个字，左边为“始建国元年三月”，字迹清晰。除钱范母外，遗址还出土西汉半两、五铢、“大泉五十”“小泉直一”等六种货币，以及坩埚、炼渣、生产工具以及瓦当等残片。“钟官”为汉代中央主管铸钱的官职。钱范母在此地的发现，说明王莽时期改变了自汉武帝时期西汉郡国不能铸钱的制度。

居延遗址是内蒙古阿拉善盟额济纳旗境内发现的重要汉代遗址，在遗址中出土了大量珍贵的汉代遗迹和遗物，特别以出土“居延汉简”闻名于世。居延遗址位于内蒙古阿拉善盟额济纳旗额济纳河中下游地带，是汉代居延边塞，包括城、障、亭、燧、塞墙等一系列军事防御和屯田设施。汉武帝太初三年（前102）始建，东汉末年废弃。遗址分布在居延海东南伸延至西南方，全线总长约250千米，保存有断续的塞墙（长城），长约100千米，其余均为列燧。居延遗址经调查的现存城、障、亭、塞址十余座，燧址130余座，分别属于甲渠、卅井、殄北候官管领及居延都尉直辖。1930年西北科学考察团曾广泛调查、发掘并统一编号，出土汉简1万余枚；1972—1976年甘肃省居延考古队发掘了甲渠候官治所（A8，西北科学考察团编号）、甲渠第四燧址（P1），共出土汉简1万余枚，并有弓箭、铜镞、转射、铁甲片、辘轳、网坠及“五铢”“大泉五十”铜钱等。①

① 国家文物局主编：《中国文物地图集·内蒙古自治区分册》（下册），西安地图出版社2003年版，第635页。

第三节　内蒙古境内战国秦汉长城遗迹

长城是我国古代宏伟的建筑工程，在世界工程史上，也是绝无仅有的。一般提到长城，多指明长城或秦始皇修筑的万里长城，但作为一种古代军事防御工程的长城，早在两千多年以前的战国时期就已开始修筑了。战国时期的长城有两类，一是防御北方游牧民族的长城，如魏、秦、赵、燕等国修的西、北部长城；另一类是战国时期各国之间相互防御的长城。秦始皇统一六国后，兴筑了连接秦、赵、燕等国的长城，且向北扩展，远比秦、赵、燕三国长城长。汉代修缮了秦代旧长城后，汉武帝又曾两次在内蒙古境内修筑长城。自战国及于明代，全国修筑的长城总长度已超过十万里，分布于十六个省、自治区、直辖市，而以内蒙古自治区境内的长城修筑朝代最多，长度也最长。内蒙古境内各时代长城的长度，初步统计达三万里。这里重点介绍战国秦汉时代的长城，其他时代的长城在后面再做介绍。

一　内蒙古西部地区战国秦汉长城和秦直道

1. 战国时期的秦国长城

战国时期，秦国最早修筑长城。公元前408年，秦简公修筑防御魏国的长城，即“堑洛”的长城，是削掘洛河边山崖而成。秦始皇时修筑的长城，也采用了类似的工程术，“堑山堙谷”利用壁崖做长城。秦国为了防匈奴，在西北修筑长城，从公元前324年开始，到秦昭襄王时才修筑完。该长城起于今甘肃岷县，经临洮，北达兰州，再向东到今宁夏固原市，东北折入甘肃、陕西，分为二支。一支经陕西靖边北折而东行，经榆林市东北，神木市北进入内蒙古准格尔旗的新庙乡，止于准格尔旗十二连城黄河边。另一支在陕西境内。内蒙古鄂尔多斯东北部这道秦长城遗迹断断续续，已难尽睹全貌。但在准格尔旗纳林塔乡西的书会川西岸，保存着一道南北走向的长城，长城沿线遇山石筑，遇平川土筑，夯土中有战国时代陶片，长城以东地区有秦代文物，说明此段长城是秦长城。①

① 史念海：《黄河中游战国秦时诸长城遗迹的探索》，《中国长城遗迹调查报告集》，文物出版社1981年版。

2. 魏国长城

魏国位于今河南和陕西境内，据文献记载共修长城两道，一为西南长城，一为河西长城。河西长城是为了防御秦国和戎。该长城大部分在今陕西省境内，部分地段尚可看出痕迹。河西长城是公元前361—前351年修筑的，自华山起，西北行，沿黄河西岸北行，长达一千余里。今鄂尔多斯准格尔旗东距黄河10—20千米处有一道时断时续，南北走向，两侧石块包砌中填土、石块的长城，基宽42米，残高1.5米不等，可能是魏国河西长城的北端遗迹。

3. 赵国长城

赵国修筑了两道长城，一道是南境的漳滏长城，在今河北临漳、磁县一带。一道是防御匈奴的北长城。北长城为赵武灵王时修筑，起于“代郡”（今河北省蔚县一带），西经山西雁北地区进入内蒙古，傍阴山东段大青山南麓迤逦而西，再西北折至阴山西段的狼山，到狼山口的“高阙”止。内蒙古地区的兴和县、察右前旗、卓资县、旗下营、呼和浩特市、土右旗的水涧沟门、包头市北和乌拉特前旗的白彦花等地均有该长城的遗迹，时断时续，有石筑的也有土夯筑的，如呼和浩特市乌素图召西侧高出地面的土垅断面上，可明显看出长城的夯筑层，实际上就是夯筑的赵长城。赵长城有的地段保存得较好，如察右前旗呼和乌素的长城遗迹。多数地段保存较差。卓资县境内的赵长城经过两千余年的自然和人为破坏，已分成数段，但总体走向仍十分清楚，而且遗迹亦比较明显。长城分别由察右前旗、察右后旗进入卓资县东北的哈达图乡境内，分南、北两线，经马盖图乡、卓资县城关镇后，西折经福生庄乡、三道营乡，由旗下营镇进入呼和浩特市。城关镇以东大致呈东北—西南走向，城关镇以西大致呈西北—东南走向，长城基本修筑在大黑河北岸的阴山南麓。[①]呼和浩特地区的赵长城，东由卓资县旗下营镇那只亥村南进入呼和浩特郊区榆林乡北部，在山腰上向西延伸，经西铺窑子村北、喇嘛圐圙村北、古楼板村北、榆树沟村北、哈拉更村北、哈拉沁沟村北、坡根底村北。这段长城高一般在半米至1米左右。特别从保合少乡后扁担石沟村向西，由于山势向南斜，坡较大，水土流失严重，形成南北方向多条沟壑，随处可看到长城的

① 李兴盛、郝利平：《乌盟卓资县战国赵长城调查》，《内蒙古文物考古》1994年第2期。

剖面。因山势高大，长城多在大山脚下，从坡根底村向西，经东红山口村南、坝口村南，在乌素图水库南侧向南折，经西乌素图村西、东栅子村西、霍寨村西后又向西沿大青山脚西行。这段长城最高处可达2.3米。长城进入土左旗后，因山势高大，峰峦起伏，形成天然的屏障，长城贴近山脚向西而去，从陶思浩乡屹力更村北进入土右旗境内。这段长城经过黑牛沟、朱尔沟、万家沟、古雁沟、白石头沟等大沟。①包头地区的赵长城自土默特左旗陶思浩乡屹力更村北进入包头市境内，从土右旗美岱召镇上协力气村东北沿大青山南麓向西，过土右旗沟门乡北的水涧沟口，至包头郊区东园乡北的五当沟口。②

4. 秦长城

秦始皇统一六国之后，为防御匈奴，在北方大规模修筑长城，把战国时期秦、赵、燕三国长城连接起来，西起临洮，东至辽东，并且向北扩展了不少，在内蒙古地区留下了遗迹。秦长城的遗址，由宁夏延伸至内蒙古后，即由狼山而东，经固阳县北部、武川县南部再向东，由大青山乡的大白彦山向南折，进入山里，纵向延伸，由呼和浩特市北出山，与大青山南坡的战国长城汇合，顺大青山东行而北过集宁区，最后由兴和县北部进入河北省，与战国燕长城相连。秦长城有些地段保存有三四米高，但多数地段已坍塌。秦长城具体沿线走向问题正在逐步得到解决。如呼和浩特市在文物普查中，就弄清了大青山山脊长城和大青山峪口长城，是利用山势，或于沟内设卡，或于山脊立障，以自然地势来做“天然长城”。又如锡林郭勒盟南部多伦县有一道长城，似由集宁北延伸过来，与战国燕长城相距数百米或数里并行，有人认为这是秦始皇时修的秦长城。因秦长城并非全部沿用、修缮战国秦、赵、燕三国长城，而是向北扩展了许多，它的具体走向尚有待进一步考古调查解决。

包头地区的秦长城横贯固阳县中部，蜿蜒于什尔腾山北坡。自东向西走向，自呼和浩特市武川县入包头市固阳县大庙乡前腮忽洞村北，西北行经大庙乡长发城北、恒义和北、坝底北、小窝图南、东公此老乡小召子南、银号乡三元城北、半沟北。往西长城由西北转为西行，经银号乡大德

① 朝克：《呼和浩特地区长城遗存》，《内蒙古文物考古》1994年第2期。

② 邓宏伟、张海斌：《包头境内的战国秦汉长城与古城》，《内蒙古文物考古》2000年第1期。

恒南、三分子村南、前耳驹沟南、东胜永乡天盛成南、程顺渠北、九分子乡老五店南、前康图沟南。至此长城由西行转为西北行，经九分子乡牛场湾南、后牛场湾南、兴顺西乡羊场南、西斗铺乡哈毛坝南、后西永兴南、坝梁乡苏计坝北、边墙壕北、西斗铺乡边墙壕北、屈家壕南、陈碾房北，在王如地南入巴彦淖尔市乌拉特前旗。总计长120千米。[①]

5. 汉长城

西汉武帝时，曾两次在今内蒙古西部修筑长城。第一次在元朔二年（前127），主要是修缮秦始皇时修的长城。第二次是在太初三年（前102），在阴山以北修筑外城。《史记·匈奴列传》载："汉使光禄徐自为出五原塞数百里，远者千余里，筑城障列亭至庐朐……"说明外城是自五原北往西北延伸的。根据调查，在今包头北阴山以外，有两道近似平行的长城遗迹，蜿蜒西北而行，由固阳县北向，西经达茂旗、乌拉特中旗、乌拉特后旗，从后旗的乌力吉西北进入蒙古国境内，后又西行，约在阿拉善盟的额济纳旗境内又进入内蒙古地区。这两道长城遗迹的位置和走向均与《史记》《汉书》等文献记载相一致，当是汉武帝第二次修筑的外城。外城是对修缮秦旧长城而言的，因在秦长城之外，故称"外城"。当地称之为"成吉思汗边墙"，是不对的。包头地区的汉长城分布于达茂旗和固阳县东北角，分内外两条线，从东南向西北并列而行，相距30—45千米。外线长城从呼和浩特市武川县二份子乡三份子村与金界壕相交处起，经达茂旗坤兑滩乡上苏吉村、乌克忽洞乡东滩村、种羊场下房子、农牧队、百灵庙河东、后河入巴音敖包苏木巴音花嘎查，最后经红旗牧场的乌兰宝力格嘎查、囫囵苏木浩特乌素、巴音敖包嘎查进入乌拉特中后联合旗。该长城在达茂旗境内总长度为150千米。内线长城东南起自固阳县大庙乡石兰哈达村北，向西北过东公此老乡屹臭脑包至卜塔亥乡北部的边墙壕村进入达茂旗界，经达茂旗乌兰乡、西河乡、新宝力格苏木、巴音珠儒和苏木的添力格图村、希拉哈达村、向阳村、营路村、红旗窑子村、敖包阿日村、库伦村、超勒根村、那日图村、白生村，最后进入巴彦淖尔乌拉特中旗兴呼勒

① 邓宏伟、张海斌：《包头境内的战国秦汉长城与古城》，《内蒙古文物考古》2000年第1期。

格苏木毛仁嘎查和木日呼都格村。包头境内总长140余千米。①

战国、秦、汉长城的修筑方法多是因地制宜，有石筑的，有土夯筑的，也有土石混筑的。还有的是利用天然的地势。沿长城重要关口和适于瞭望的地方，多置有城障、塞和烽火台，作为驻军守卫和警戒用。烽火台多设在视野宽广的山巅，有的距长城很近，有的隔好几个山峰。烽火台一般由石块垒成，有的四周还有围墙。汉代除长城沿线设有烽火台外，在边疆与都城长安相通的要道上，也设烽火台，内蒙古西部地区，留下许多烽火台遗迹。城障多在长城以南的关口或交通要道上，有夯筑土墙的小城，也有石筑的小城，如汉外长城南侧的巴音诺洛、苏亥、阿尔乎热以及沃博尔呼热四座城障，就有土筑的和石筑的，均为边长450米的正方形的小城，只开一个城门，四角筑有马面（墙台）。阿尔乎热城障还有护城壕和瓮城，可能是较重要的城障。又如包头市固阳县银号乡的三元成古城，周长约两千米，为夯筑土城，开有南、西两个城门，西城门有瓮城痕迹。三元成古城位于长城南侧交通口处，应是长城的城障。长城除城障外，还有塞，塞比城的范围要大些。今巴彦淖尔乌兰布和沙漠越过阴山走向漠北的哈隆格乃山口处，有一石筑城，位于山口西侧的阶地上，高出谷底18米。城墙边长为68.5米，正方形，这就是汉代有名的鸡鹿废墟。②文献记载，在穿越狼山的山口，有秦汉的高阙塞。经调查，今乌拉特后旗狼山的石兰计山口与文献记载的高阙特征相符。山口两侧各有一个突出群峰的山峰，似双阙。口内山谷较狭窄，谷长六七千米，谷南口东侧的山头上有峰燧遗址，北口两侧的山岭上有长城和峰燧遗址。据此情况，石兰计山口应是秦汉的高阙塞。③

6. 秦直道

秦始皇统一六国后，加强交通建设，修筑了驰道和直道。驰道是以国都咸阳为中心，通向全国各个重要地区，直道只修了一条，由咸阳不远的云阳县起，直通九原郡。直道始筑于秦始皇三十五年，修成时秦始皇已

① 邓宏伟、张海斌：《包头境内的战国秦汉长城与古城》，《内蒙古文物考古》2000年第1期。

② 侯仁之、俞伟超：《乌兰布和沙漠的考古发现和地理环境的变迁》，《考古》1973年第2期。

③ 唐晓峰：《内蒙古西北部秦汉长城调查记》，《文物》1977年第5期。

死，历时两年半。直道走向由陕西淳化县北起，北行至子午岭，在子午岭上向北行，直到定边县南，离开子午岭地区，进入陕北黄土高原，再往东北行，进入内蒙古鄂尔多斯高原，过乌审旗北，经东胜南，在达拉特旗境内过黄河，直达秦九原郡，即今包头西南乌拉特前旗三顶帐房古城。因鄂尔多斯高原沙化严重，秦直道遗迹多被湮没。近年，在东胜漫赖乡海子湾发现一段100米左右的秦直道遗迹，路面宽残存22米左右，路基断面明显，现高1—1.5米，为红砂岩土填筑，北部的山岗豁口是人工开凿的。自此豁口临高北望，可连望见三个山岗豁口。向南望，可望见一个山岗豁口，四个豁口连成一线，可看出“堑山堙谷，直通之”的状况。直道附近，发现有秦汉残陶片、瓦等遗物，还有汉代古城多处。秦直道遗迹在内蒙古西部还应有更多，需进一步调查发现。

二 内蒙古东部的战国、秦汉长城

内蒙古东部地区，特别是赤峰市境内，有战国、秦、汉时期的长城遗迹。

1. 战国燕长城

《史记·匈奴列传》载：“……燕亦筑长城，自造阳至襄平。置上谷、渔阳、右北平、辽西、辽东郡以拒胡。”考古工作者对燕长城做了许多调查工作，基本上摸清了燕长城的走向。燕国修了两道长城，南长城在华北平原地区，是燕与中山国的分界线，北长城靠近东胡活动地区，目的是“拒胡”。燕北长城是我国最早的长城之一，西自造阳（今河北省张家口附近），东至襄平（今辽宁省辽阳一带），全长2000余里。由河北省围场县进入内蒙古赤峰市境内。具体走向是经喀喇沁旗到赤峰市郊区，穿过老哈河至辽宁省建平县北后，又进入赤峰市敖汉旗，至敖汉旗宝国吐南部，走向就不清楚了，可能是东南折拐于宝国吐南与辽宁省北票交界的山区，进入北票境内。燕北长城的筑造也是因地制宜，就地取材，或石垒，或土筑，有的也是利用“天然屏障”，宽4—6米，高5米以上。

2. 秦长城

秦始皇统一六国后，对燕长城进行了修缮、扩建和改建。今天赤峰市北英金河北岸，就有秦长城中段的部分遗迹。秦长城东西横贯，自西向东由赤峰市郊区至敖汉旗境内，有遗迹断续保存。在敖汉旗小河沿乡、乌兰乡、敖吉乡、下洼乡等地，都发现有战国秦汉时代的城堡和村落遗址，这些城堡和村落与秦长城经过这些地方有关。1975年，在奈曼、库伦两旗境内发现有125千米长的长城遗迹，有人认为是由敖汉旗宝国吐乡延伸而来的长城，经奈曼土城子乡，直抵牤牛河西岸，至此以河代长城，北溯20千米，又自牤牛河东岸向东延伸，经新镇乡伸向库伦旗平安乡，东南至库伦先进苏木，随后进入辽宁阜新境内。对这段长城，有人认为是战国时期燕国和秦汉长城，也有的文物工作者提出了否定意见。此道长城的修筑年代和性质正在深入调查中。①

在赤峰市敖汉旗南部四家子乡的老虎山一带，1975年发现一道长城。该长城顺羊山北坡而下，穿过大凌河支流老虎山河，越老虎山，往东南穿过一片缓坡丘陵地，延伸至辽宁省朝阳县或建平县境内。这段长城保存较好的地段在敖汉旗境内，长约5千米。四家子乡老虎山小八盖子村遗址中，曾出土过秦代的重要遗物，如完整的秦铁权、各种铁制生产工具和“明刀”，秦半两小圆钱等，说明老虎山是秦代重要要塞之一，这道长城也应是秦代长城。

3. 汉长城

在赤峰市境内，燕长城和秦长城以南，还有一道长城，蜿蜒在喀喇沁旗和宁城县一带。这道长城是由河北省承德县境内向东进入赤峰市宁城县大营子山区，再向东进入喀喇沁旗的老哈河西岸，延伸至辽宁省朝阳地区。赤峰市境内一段约长225千米。这道长城是以坤都河和黑里河为塞，沿河北岸或西岸筑造，体现了“以河为塞，因边山险”的原则。采用堑壕，内外墙结合的方法，就地取材，均为土夯筑。破坏严重，仅山头上的部分保存较好。长城沿线间隔3千米即有一座烽火台，烽火台距长城一般为8—10米，最多不超过30米，用土夯筑，顶部一般较平，表土多有火烧痕迹，个别的烽火台周围筑有城墙，墙外似还有护城河，如小柳官沟东山的烽火台，当地称为转转城子，圆形，直径20米左右，现保存好的有2—6米高。烽火台之间可前后相望，反映了在战争中逐步周密完善的布局。

① 哲里木盟《文物普查简报》1988年第3期刊登否定奈曼旗、库伦旗境内的土壕是战国燕秦汉长城的报道。

长城沿线的内侧，在交通要道或险要之处，还设有土筑障城，规模不大，用以驻军守卫。根据长城的构造和设置、烽火台、城障及附近出土物，可判定此长城为汉代长城。不过这道长城似乎与汉武帝时修筑的西自甘肃，东至鸭绿江的长城不是一回事。这道长城在燕、秦长城线南，间隔平均约40千米，东西长200余千米，置秦汉时期辽西郡的西境和右北平郡的北境。西汉初年，汉王朝处于守势，故将此部分土地弃于匈奴，所以，这道长城就应是西汉初的汉长城。

第四节 内蒙古地区战国秦汉时期匈奴、东胡等游牧民族的遗迹、遗物

战国秦汉时期，活动在内蒙古地区的古代游牧民族，主要有匈奴和东胡，他们曾创造了光辉灿烂的物质文明，留下了许多遗存。

一 匈奴族的遗迹、遗物

关于匈奴族的考古，中华人民共和国成立前仅零星发现过各种动物纹饰件，被称为“鄂尔多斯青铜器”，而且多流于国外。中华人民共和国成立以来，乌兰察布和呼和浩特市等地区曾出过几批富有草原气息的各式动物形铜饰件，人们才认识到这些文物应属于匈奴等游牧民族的文物。1972年冬季，在鄂尔多斯杭锦旗阿鲁柴登沙窝子里发现一批金器，有金冠、项饰及各种动物形饰牌；1973年，在杭锦旗桃红巴拉发现了一批墓葬，出土了一大批富有游牧生活气息的器物；1974年，在准格尔旗玉隆太又清理了一座残墓。这些发现促进了对匈奴文化面貌和特征以及其他问题的探讨和研究。

1. 20世纪50—60年代匈奴文物的发现

1958年，在乌兰察布凉城县出土一批蹲踞动物形铜饰件。同年5月，和林格尔县范家窑子乡西窑子村西沙窝农民挖得一批铜器，有戈、短剑、刀、管状饰、环饰以及九件动物纹饰件。九件饰件中八件为蹲踞状动物，另一件为卷曲二动物，背后还有一钮。[①]1960年，在土默特右旗水涧沟门发现并清理了一座古墓，出土一批类似范家窑子出土物的铜器，有铜兽、

① 内蒙古文物工作队编：《内蒙古文物资料选辑》，内蒙古人民出版社1964年版，第57页。

异形戈、小刀、象形饰牌及马衔、铜泡等马具。1962年，准格尔文化馆征集到20件青铜器，据说是中华人民共和国成立初期在该旗速机沟发现的，其中有鹿、鹤、羊、狻猊、马、狼六种鸟兽动物，还有帽形饰件铃等。内蒙古地区曾经出土过鹿、鹤、羊、狼等动物形饰，但狻猊、屈足马等形饰件尚属首次出土。这批青铜器种类多，鸟兽多成对，雌雄相偶，有带枝角的雄鹿，也有无角的雌鹿，各种动物神态形象十分逼真，反映了浓厚的草原民族的艺术特色。①类似的铜器在准格尔旗瓦尔吐沟也曾有发现。以上几批动物铜饰均为匈奴文物，根据同时出土的其他文物判断，凉城县、和林格尔范家窑子以及水涧沟门等处出土的文物比速机沟出土的文物早，应属战国时期，速机沟出土的文物属汉代。

2. 桃红巴拉匈奴墓

1973年，在鄂尔多斯杭锦旗桃红巴拉沙窝子里清理了六座墓，在伊金霍洛旗的公苏壕清理了一座墓，②这批墓葬是内蒙古地区首次发掘的早期匈奴墓。墓葬为长方形竖穴土坑墓，墓葬排列整齐，无棺椁葬具，死者随身佩带器物，仰身直肢葬入坑内。随葬品有兵器和工具，并殉以牲畜的头蹄。出土的文物有鹤嘴镐、锥、小锤、斧、凿、短剑、刀、镞、带扣、环饰、兽头形饰件、管状饰、马衔、马面饰等，还有金耳环、铁刀、陶壶、陶罐、砺石、石串珠和骨角器等，而以铜器占多数。这些文物有一大批是反映游牧生活气息的器物。特殊的埋葬习俗，是早期匈奴人的习尚。不过同时出土的铜斧、铁刀和丝织品等，是来自中原，这是匈奴与中原经济文化交流的证明。根据墓葬中共存的文物判断，这应是战国早期的匈奴墓，不过也有学者认为是春秋晚期的墓葬。

3. 西沟畔墓葬和呼鲁斯太古墓

1979年，在鄂尔多斯准格尔旗布尔陶亥乡的西沟畔发现三座战国墓，墓中出土一批珍贵文物。这批文物以金器为主，还有银器、铜器、铁器和陶器。其中金器有虎豕争斗纹金饰牌、金耳坠、金项圈、金指套等；还有直立怪兽纹、长条蛇纹、鸟形金饰片及剑鞘金饰片17件。动物纹有双兽、卧鹿、卧马、双马、马纹、怪兽、三兽咬斗、双兽咬斗等。银器有饰片和

---

① 盖山林：《内蒙古自治区准格尔旗速机沟出土一批铜器》，《文物》1965年第2期。

② 田广金：《桃红巴拉的匈奴墓》，《考古学报》1976年第1期。

马具，其中饰片多为卧马纹，马具为银虎头节约共7件。另外墓中还出土铜器有短剑、刀、镞、镜、带扣和小件装饰品等。值得注意的是，在两件虎豕争斗纹金饰牌和银节约的背面，均有铭文刻款。陶器仅有一破碎陶罐。这批文物，特别是动物纹金、银、铜饰牌、饰片和饰件，富有浓郁的草原气息，是珍贵的匈奴文物，时代为战国晚期。[①]

1979年春，在巴彦淖尔乌拉特中旗杭盖戈壁乡的呼鲁斯太发现一批铜器。这批铜器出土于被破坏的匈奴墓，有铜鹤嘴斧、铜短剑、铜刀、铜锛、铜镞、十字形铜饰、立鹿形铜饰牌和圆管状饰件以及铜车马器30件，还有陶罐、砺石和珠饰等。葬俗与桃红巴拉墓类似，文物也多与桃红巴拉匈奴墓出土物一致，有的与其他匈奴文物相同，故判断为战国时期匈奴墓。[②]

4. 阿鲁柴登金饰件和大路乡玉隆太出土的匈奴文物

1972年冬季，鄂尔多斯杭锦旗阿门其日格乡的群众在阿鲁柴登沙窝子中发现一批极其珍贵的金银器，捐献给国家。经现场调查和清理，得知这批文物出土于两座古墓中，遗物以金器为主，银器次之，还有石串珠等装饰品。所有的金银器，大多以半浮雕的动物形图案为装饰，是不可多得的珍品。文物中有金器共计218件，重4000余克，制法有铸、压、锤打及抽丝等多种工艺。品种有金冠饰、长方形饰牌、镶宝石饰牌、虎形饰片、鸟形饰片、羊形饰片和饰件、刺猬形饰件、兽形饰件，以及方形、鸟纹、圆形等扣饰、大小圆泡、串珠、项圈、锁链、耳坠等。银器共5件，为压印有动物图案的饰牌和虎头。此外，还有45枚石串珠和凤纹、鹿纹残陶片。这批文物中动物图案上的动物，有站立、蹲踞、静卧、群聚和搏斗等，神态逼真，栩栩如生，是草原生活的真实写照。尤其是金冠饰，是迄今为止所发现的唯一的“胡冠”。冠饰由1件鹰形冠饰和3件冠带组成，整个冠饰以展翅翱翔的金鸟瞰视狼咬羊等为画面，鸟头用绿宝石琢制，富有勇猛而金碧辉煌之感。这一金冠饰绝非一般人所有，应是匈奴统治者所用。关于这批文物的时代，学界有不同看法。不过这批文物在参加全国考古重大发现展览时，是列入汉代展品展出的。

① 郭素新、田广金：《西沟畔匈奴墓》，《文物》1980年第7期。
② 塔拉、梁京明：《呼鲁斯太匈奴墓》，《文物》1980年第7期。

1974年，在准格尔旗玉隆太发现一座古墓，出土物以圆雕动物形象的车马器为主，还有工具和装饰品等铜器。铜器有盘角羊头形辕饰、伫立状羚羊、立式兽和马形等竿头饰件以及铜鹿，还有铜刀、锛等工具和铜带扣、双鸟纹饰牌、管状饰等小件装饰品。除铜器外还有铁器、骨器及石珠等出土。铁器有鹤嘴斧、马衔、铺首等。还有骨镳、石串珠和银项圈等。墓中埋有马骨和羊骨，葬俗接近桃红巴拉墓葬。[①]对这批文物，有人认为是战国时代的匈奴文物，[②]但也有不少人认为与准格尔旗速机沟、瓦尔吐沟文物相类，应属于汉代匈奴文物。

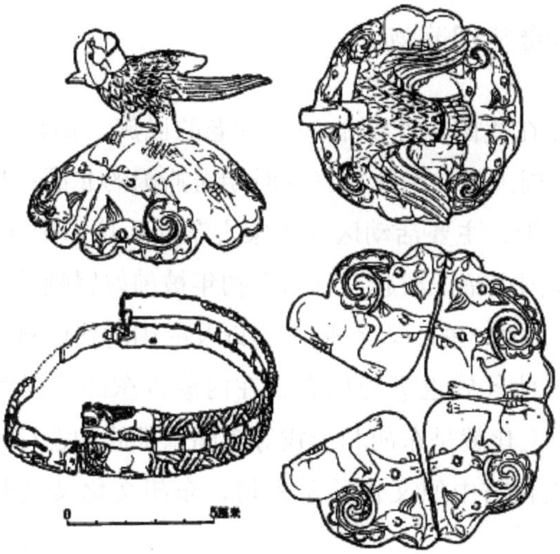

图4–5　鹰形冠饰

（引自田广金、郭素新《内蒙古阿鲁柴登发现的匈奴遗物》，《考古》1980年第4期）

5. 东胜补洞沟墓

1980年6月，在鄂尔多斯东胜补洞沟前后清理了9座墓葬，出土了一批以铁器为主，另有铜器、陶器和骨器的文物。铁器共35件，有鼎、鍑、剑、刀、镞、环和马面饰。铜器有规矩镜和铜饰牌共6件。陶器为灰色、褐色泥质陶罐5件。骨器有骨匙、骨簪和骨片等。墓葬有单人葬和夫妻合葬，为竖穴土坑墓，墓里有马、牛、羊骨骼，反映了游牧民族的习俗。有人认为该墓是汉代匈奴墓，但从遗物鍑和陶罐等来看，均与呼伦贝尔扎赉

① 郭素新：《内蒙古发现的鄂尔多斯式青铜器概述》，《内蒙古文物考古》1992年第Z1期。

② 田广金：《内蒙古准格尔旗玉隆太的匈奴墓》，《考古》1977年第2期。

诺尔和乌兰察布二兰虎沟鲜卑墓出土的造型相似，应属东胡系乌桓或鲜卑的墓葬。其时代也晚于东汉，为西晋至十六国时期的墓葬。

20世纪70年代以来，内蒙古关于匈奴考古，不论是考古发现还是研究水平，都取得了一定的成绩，有些甚至是突破性的。但因发现地点多是易被破坏的沙漠地带，发现的文物多为征集品，未经科学的发掘，出土物中陶器也较少，因此关于匈奴文物的断代分期、特征的探讨，均有待于进一步深入，尤其需要通过科学的发掘和对有一定数量、富有特征的陶器的研究来解决。

二 东胡遗迹和遗物

东胡是居住在我国东北部的一个古老的民族。商代时，居商王朝正北；周朝时，居周王朝的东北；春秋时期居燕国的北部；战国时期，又到达燕国的东北一带，主要活动区在内蒙古东部西拉木伦河和老哈河流域。东胡从出现于我国史籍记载起，到西汉初年被匈奴冒顿单于击败为止，有相当长时期是比较强大的，与商周王朝以及战国时代的燕、赵两国往来频繁，对邻近的其他各族也进行掠夺，在内蒙古东部地区留下了他们的足迹。夏家店上层文化就是东胡和山戎等东胡系部族的遗存。夏家店上层文化反映出东胡文化与中原文化关系密切，东胡文化又吸取了匈奴文化的因素。

东胡被匈奴击败后，剩下的东胡人主要有乌桓、鲜卑两部。乌桓聚居在乌桓山①，鲜卑聚居在鲜卑山②，均在今内蒙古东部地区。汉武帝曾把乌桓迁徙至上谷、渔阳、右北平、辽东、辽西五郡塞外居住，即今老哈河、滦河上游及大、小凌河流域一带，设置“护乌桓校尉”一官，持节代表汉朝中央监护和管辖乌桓各部，使乌桓“不得与匈奴交通”，负责“为汉侦察匈奴动静”，各部大人并于每年朝见汉朝皇帝一次。③鲜卑部落也跟着向西南移动到乌桓人过去所居的西拉木伦流域。在内蒙古东部地区，留有乌桓和鲜卑的遗存，不过目前尚不能把乌桓的遗物分辨出来，统称为鲜卑遗

① 乌桓山在今辽河上游西拉木伦河以北赤峰阿鲁科尔沁旗附近。

② 鲜卑山在今通辽市科尔沁左翼中旗西边。

③ 参见《后汉书·乌桓传》。

存，或混于其他时代遗存中。

中华人民共和国成立以来，曾在内蒙古境内发现过几批鲜卑文物。开始因见有飞马纹、鹿纹等动物纹牌饰，富有游牧生活的浓郁色彩，曾被误认为是匈奴文物。如20世纪50年代曾把乌兰察布市察右后旗二兰虎沟古墓群出土的文物判断为东汉匈奴文物。1959年在调查整理呼伦贝尔扎赉诺尔发现的一批墓葬及出土文物时，调查人员认为其与内蒙古西部发现的鄂尔多斯式铜器不一样，提出当为东汉鲜卑墓的看法，但当时未被理解和承认。直到1961年后陆续发现了与扎赉诺尔墓葬属同一类型的巴林左旗南杨家营子遗址墓葬之后，这些遗存才逐渐被公认为鲜卑文物，时代相当于东汉时期，扎赉诺尔鲜卑墓群的发现，开辟了鲜卑考古的新篇章。1980年，在呼伦贝尔鄂伦春自治旗阿里河西北嘎仙洞发现了拓跋鲜卑先祖石室，在伊敏河一带又发现了类似扎赉诺尔的墓葬，为鲜卑考古的研究增加了更多的早期资料，对拓跋鲜卑西南迁过程也提供了实物史料。

第五章　三国两晋南北朝、隋唐时代考古

三国两晋南北朝隋唐时代考古可以分为两个阶段：一是三国两晋南北朝时代；二是隋唐时代。三国两晋南北朝时代，社会处于大分裂、大动荡、大混乱中。若干政权较长时间割据，边境民族进入中原，部分汉人流动迁徙，统治者间混战不已。同时，汉族与其他民族的交往和融合增多，促进了边远地区和南方地区社会经济的迅速发展。这个时期考古学从全国来看，主要特征是：一是豪强地主墓葬大量出现，他们聚族而葬，等级制十分森严；二是由于长期的分裂割据局面，所以考古资料地方特点明显，文化特征丰富，不少遗迹、遗物突出了军事的需求；三是南方地区经济得到迅速发展，特别是瓷器的烧造，显示了很高的水平；四是汉族和各少数民族交往加强，反映各民族间文化交流的遗迹、遗物引人注目；五是佛教建筑、石窟寺等大量出现，佛教遗迹保存较多，佛教雕绘得到发展。

三国两晋南北朝考古资料发现和研究的情况介绍如下。中原地区的城市布局，如三国的曹魏邺城（今河北省临漳县），出现了新的、规整的格局，城的外形变成东西长方形，宫城位置由南移到北，城以南门为正门，市移到宫城的南部。这种城市布局，为后来的都城设计开创了先例。同时，城址注意选择地势险要的地方，城池工程逐步完善，加强了城池的防御作用，特别着重加强北方和西方的军事设施。城市居民区与统治集团居住区的区分日益严格，居民区不断扩大，统治者加强对居民区的控制。宗教建筑在城市中不断增加。从中原或南方的墓葬来看，等级制森严的豪强地主墓葬中的随葬品，反映着墓主人生前的生活，不仅随葬品的种类增多，而且质量也大大提高。尤其是两晋时期，随葬有较多的金银器，充分反映了门阀士族追求腐朽的生活。随葬品中除生活用品、男女侍俑外，还有武士俑、着甲武俑、着甲骑俑、牛车等，反映战乱时期的军事需要。到

北魏时期，墓志从汉代的墓碑埋入墓中，发展成方形定型的墓志，上下两块，上为录顶式志盖，盖中央刻字，志石在下，刻有墓主人的生平。在社会经济方面，青瓷的制造在南方先自成系统发展起来，并且影响北方。青瓷工匠已掌握铁的还原技术，到北魏时走向成熟阶段。到北齐时，北方已能生产白瓷。这个时期的货币制造种类很多，十六国、南北朝时期出现了中国最早的年号钱。目前发现的较早的年号钱有十六国成汉汉兴元年（338）铸的“汉兴”铜钱以及南朝刘宋孝武帝孝建元年（454）铸的“孝建四铢”钱、北朝魏孝文帝于太和十九年（495）铸的“太和五铢”钱。这个时期开凿了大批石窟寺，巨大的石窟群遍及北方各省。我国三大石窟敦煌石窟、龙门石窟以及云冈石窟均是这个时期开始开凿的。大量的佛寺也出现在全国各地。这时的寺院是以塔为主体建筑，居寺院中央，与后代寺院塔的位置不一样，是我们判断佛寺和城市年代的依据。

隋唐时期是中国封建社会高度发展时期，政治上统一强大，经济文化高度繁荣，与周边各民族联系密切，同亚洲、非洲和欧洲的一些国家交往频繁。隋唐考古不仅在中国考古学上很重要，在世界文化史上也引人注目。隋唐时期在我国考古学上的突出表现是：（1）由于社会的稳定，经济的发展，出现了规模宏大的都城和大型宫殿建筑。（2）埋葬方面兴筑大型砖室墓，厚葬风气流行。随葬品数量和质量均大大提高，反映社会上层人物身份和豪华生活的仪仗俑群和音乐舞蹈俑等，取代了厨房明器和以牛车为中心的仪仗俑。（3）陶瓷器制造业得到大发展，北方也有不少烧造青瓷的窑址，还有邢窑烧造白瓷。到武则天时期，发明了烧造三彩器，远销至日本、朝鲜、东南亚、埃及、伊拉克等地。唐三彩在国内外影响很大，国内后代的辽三彩、国外朝鲜的新罗三彩、日本的奈良三彩器，都是模仿唐三彩工艺技术烧制的。（4）丰富多彩的丝织品和精致的金银制品大量出现，丝绸远销亚洲、欧洲和非洲，丝绸之路闻名世界。（5）佛教达到极盛。佛像雕造由南北朝时期大量凿窟，改变为结合中国民族形式凿一大龛，在龛内设置造像或是摩崖造像，并造以木结构的宫殿，渐渐失去凿窟的风气，在题材上也结合中华民族内容，与当时真实人物更接近。佛教艺术得到发展，宗教壁画为五代、宋以来中国特有的山水画打下基础。

根据隋唐全国考古资料研究，隋唐时期的城市有两类：一为都城，采用坊市制度，如长安、洛阳以及隋炀帝曾建造江都宫的隋唐扬州城。二为地方城市，按长安、洛阳的坊市制度布置，仍为封闭式城市规则。到唐代晚期，出现了以汴梁为代表的开放式封建城市。隋唐两代的都城长安城（隋称大兴城，唐称长安）是当时世界上最大的城市之一，面积达83余平方千米，是现西安城面积的7倍，它的设计和布局是我国后来城市的典范。都城由郭城、宫城、皇城三部分组成，有规划整齐的河渠、街道、坊、市。

在唐代，长安城的主要变化是宫殿的殿堂设计出现新的特点。唐代前期，宫殿以新创建的大明宫取代了隋代的大兴殿，而且突出在城北墙外的龙首原高地，高据岗阜，内外布局严谨，既适于警卫宫廷内部，又可掌握都城全局，突破了传统的礼制。大明宫内正殿含元殿和宴飨群臣的麟德殿的设计和构造，远远超过前代，布局规整对称，主从分明，如麟德殿三殿相连，翼以两楼两亭，并以回廊围绕。含元殿更是壮观，高耸于丹凤门正北，设有70余米长的龙尾道，殿前设两阁，廊道相连，均不同于过去的殿堂设计，建筑技术上有了新发展。唐代后期，唐玄宗在城内修建兴庆宫、“夹城”“蓬莱回廊”等，豪华富丽远在大明宫之上，出现前所未有的琉璃饰件、筒瓦、花砖等，反映统治集团追求腐化的生活。隋唐两代都城长安充分反映了隋唐时代社会经济的高度发展水平。

1969年，在今河南洛阳，即隋唐两代的东都，发现一座隋唐时代的地下粮仓——含嘉仓遗迹。遗址内有排列整齐、分布密集的大小数百座地下储粮窖，其中一座还盛满变质发黑的谷子。粮食窖的结构大体都是大口小底圆形土坑，坑内底和周围均经过火烧处理和交错铺设木板，垫有苇席。窖内还出土铭砖，刻有储粮的数量、时间、受领粮食的官吏姓名等，有的铭砖记载很详细，记载了粮窖的位置、储粮来源、品种、入窖年月日和粮食窖管理人员官职姓名。铭砖记载，每窖储粮少者七八千石，多者为万石，含嘉仓储粮反映了隋唐时代农业经济水平。同时，这些储粮的来源据铭砖记载，是来自江淮地区的苏州、徐州、楚州，反映了当时南北交通是很方便的。含嘉仓的发现，为研究我国国防建设战备储粮提供了重要资料。

隋唐时期的手工业，特别是金银细工和纺织业表现突出。唐代金银细工发展很快。唐初，受波斯萨珊王朝金银器工艺的影响，金银器的造型和主题花纹均存在较浓厚的外来因素。安史之乱以后，萨珊式金银器已不用或很少用，常见的是碗、盘、盒等，主题花纹也变成牡丹花和花鸟图案，外来因素融于中国传统器形和装饰花纹中。唐代金银器皿已经综合采用钣金、浇铸、焊接、切削、抛光、铆、镀、捶打、刻凿等各种工艺。而且水平很高，如焊接方面，运用了大焊、小焊、两次焊、掐丝焊等，无论哪种焊接，均焊口平直，看不出焊缝。在中国丝织史上，唐代是一个光辉灿烂的时代，丝织品的织造和印染术都有惊人的发展。在唐代以前，汉代丝织品即已采用传统的经锦织法，唐代又采用了纬锦织法。唐代前期，传统的经锦精品已达到与斜纹纬锦不易区别的水平。纬锦织法的广泛普及，使丝织品产量激增，成为当时国内外市场上的畅销品。唐代中期，丝织业空前繁荣，而且出现一批新工艺、新产品。印染术也得到空前提高。丝织品刺绣也有了大的发展，出现平绣法。为了满足西方市场的需要，唐代还采用了中亚人民喜爱的纹样，织出大量联珠对鸟对兽纹、联珠骑士纹等纹样锦，与中国传统的丝绸一起沿着北路（也就是草原之路）、中路（从汉代起称为丝绸之路，也是佛教传入之路）和南路（即海路）这三条丝绸之路输出国外。隋唐“丝绸之路”为中国与伊朗、中亚、西亚等国的经济文化交流起了巨大作用。中国输出的商品，除丝绸之外，还有瓷器、唐三彩和铜镜。唐代的铜镜在武则天时期，合金成分有了变化，锡的成分增多了，因此颜色净洁如银，形制上也打破了传统的圆形铜镜，出现了八棱弧形的菱花铜镜等。唐代典型的是较厚重的鸟兽葡萄纹铜镜，同时还开始出现人物、鸟兽、山水等画面的铜镜，这是在唐以前未曾发现的。

三国两晋南北朝时期，在内蒙古地区，主要活动有东胡系乌桓、鲜卑等族，遗留下许多遗迹和遗物。这个时期除乌桓、鲜卑族外，北方草原西部先后出现高车、柔然和突厥族，曾占据过内蒙古一部分地区。内蒙古东部地区还有室韦、库莫奚等族。关于乌桓、高车、柔然、突厥、室韦、库莫奚等族，有的有些线索，有的至今尚未能分辨出来，如库莫奚族与鲜卑族关系密切，后又与契丹族融合在一起，所以关于库莫奚族的遗迹、遗物，有可能就混在鲜卑或契丹的遗迹、遗物中，有待我们今后再深入研究解决。

隋唐时期活动在内蒙古西部广大地区的民族，先后有突厥、回纥、党项、阴山鞑靼等。在东部地区有室韦、奚、契丹等族。唐末，奚等族渐融合于契丹，室韦也在契丹族建辽国过程中，部分合并入辽，而居住在呼伦贝尔额尔古纳河一带的蒙兀室韦，成为后来蒙古族的祖先。内蒙古地区除北方民族活动外，从北魏起至隋唐，中原政权均在内蒙古地区建了许多行政设置，来加强统治。

北魏统一中国北方后，在内蒙古西部先后建立了夏州、朔州（即汉代五原郡，后改为怀朔州）、云州等，下设若干郡县。北魏初期还建有防御柔然的沃野、怀朔、武川、抚冥、柔玄、怀荒等军镇，为有名的北魏六镇。六镇除怀荒在今河北省张北地区外，其余各镇均在内蒙古境内。

隋唐时期，中央王朝为加强统治，在内蒙古地区建有许多行政设置。隋朝设有胜州、夏州、丰州（今乌拉特前旗）、云州等，下设郡县。唐代在蒙古高原上设置了许多都护府、羁縻州，长期管理民族杂居区，统辖着活动在蒙古高原上的各游牧民族。在内蒙古西部设有云中都护府（后改为单于都护府，即今和林格尔土城子）、胜州（今准格尔旗境内）、丰州（今乌拉特前旗境内）、麟州（今伊金霍洛旗境内）、夏州（今乌审旗境内）、新宥州（今鄂托克前旗城川一带）和东受降城、中受降城、西受降城等。内蒙古东部地区属饶乐都督府、松漠都督府、室韦都督府和营州都护府管辖。

三国两晋南北朝和隋唐时期，内蒙古地区有许多游牧民族先后活动过，故留下丰富的遗迹、遗物，其中尤以鲜卑民族活动时间最长，下面将重点介绍鲜卑族的遗迹、遗物。

第一节 内蒙古地区鲜卑遗迹及其他遗迹

鲜卑是东胡系的一支，它与东胡系另一支乌桓最初都分布在蒙古草原的东南。公元1世纪末开始南迁，魏晋以来成为我国北方的主要民族。十六国时，鲜卑族建立的政权有前燕、后燕、南燕、西秦、南凉，此外还有西燕、吐谷浑和代。十六国之后，整个北朝的主要统治集团也都是鲜卑族。鲜卑族分慕容鲜卑、拓跋鲜卑、宇文鲜卑以及段部等许多部落。但总体可分为二大支，即南迁较早的包括慕容、段部等部落的东部鲜卑和南迁较晚的以拓跋鲜卑为主的部落。公元2世纪时，檀石槐组织的鲜卑部落军事联盟疆域很大，东退东北的夫余，西击伊犁之乌孙，北拒南西伯利亚的丁零，南掠汉王朝的边境。在东起辽东，西至敦煌的广大北方草原上，有鲜卑五六十个部落，檀石槐将其国分为东、西、中三个区域来统治。檀石槐死后，鲜卑的军事联盟也就很快瓦解了。鲜卑族在北方活动时间很长，留下大批遗迹和遗物，尤其是内蒙古地区，鲜卑的遗迹和遗物更是分布广泛。鲜卑族没有自己的文字，汉文的记载又多是间接的且时代较晚、简单零散，所以研究鲜卑族的历史主要靠鲜卑族留下的实物史料。

一　拓跋鲜卑西南迁遗迹

拓跋鲜卑是鲜卑族最东北的一部，最初游牧区在黑龙江上游额尔古纳河和大兴安岭北段之间。远祖毛是这一地区部落集团的酋长。毛传五世至第一推寅时，率众“南迁大泽方千余里，厥土昏冥沮洳，谋更南徙，未行而崩”。“大泽”即呼伦湖，湖东南一带迄今尚有面积广阔的沼泽区域。拓跋鲜卑在这里停留下来，经过六世。这时鲜卑和匈奴等各部落逐渐融合，同时，拓跋鲜卑以拓跋部的姓氏关系，构成一个部落关系网，以宗室八姓为主体，以拓跋部为核心。到第七代第二推寅邻时，加入了檀石槐的鲜卑部落军事联盟。邻为西部大人。檀石槐的鲜卑部落军事联盟瓦解后，第二推寅邻的儿子诘汾再向南迁徙，经过“山谷高深，九难八阻，于是欲止”。“山谷高深，九难八阻”当是指大兴安岭南段，辽河的支流乌尔吉木伦河流域。拓跋鲜卑在这一带又停留一段时间，继续南迁，最后到达“匈奴之故地”。拓跋鲜卑在“匈奴之故地”经过部落间的争夺，诘汾之子力微取得胜利，并得到发展，于公元258年，迁居于汉定襄郡盛乐，召集诸部落酋长举行祭天大会，盛乐成为拓跋鲜卑的第一个政治中心。拓跋鲜卑与中原魏、晋都有着密切的关系，十六国时期，不断发展壮大，曾一度被前秦苻坚打垮过，十年后（386）拓跋珪收拾拓跋部的残余部众，召开部落大会，即代王位，不久改称魏王，后又迁都平城。拓跋鲜卑不断壮大，逐步封建化，采取“息众课田”、移民屯田等措施，社会经济得到发展。至魏孝文帝拓跋宏时，采取一系列改革措施，加速了与中原汉族的融合，迁都洛阳，成为中国北方的统一政权。

1. 北魏先祖石室

拓跋鲜卑的先祖石室，《魏书》上有记载，但具体地点中外学者一直争论不休。1980年7月，内蒙古的考古工作者，在呼伦贝尔市鄂伦春自治旗阿里河镇西北10千米的嘎仙洞内，发现北魏太平真君四年（443）拓跋焘派中书侍郎李敞等人到先祖石室来祭祀先祖的祝文石刻，[①]与《魏书》记载相符，解决了北魏先祖石室的具体地点问题。嘎仙洞地处大兴安岭北段顶巅之东麓，在嫩江西岸支流甘河的上源。石洞口高12米，宽20米，洞南北深92米，东西宽27—28米，穹顶最高处有20多米。距洞口15米的西侧石壁上，有太平真君四年祭祀先祖的祝文石刻。这个石洞面积约2000平方米，可容纳数千人。大洞的西北角还有一斜洞，顺20多度斜坡拐向左方。斜洞宽9米，长22米，高6—7米，顶端东、西各有一壁龛小耳室。大洞的中央，有一块不规则的天然石板，下由一大石托起，约50厘米高，似一石桌。石刻高度距地表有1.5米左右，刻辞为竖行，通高70厘米，宽120厘米，共19行，每行12—16字不等，全文201字，刻文为汉字魏书，隶意犹重。石刻原被苔藓覆盖，字迹很难被人发现，经洗刷清除苔藓后才现出原文，清晰可辨。

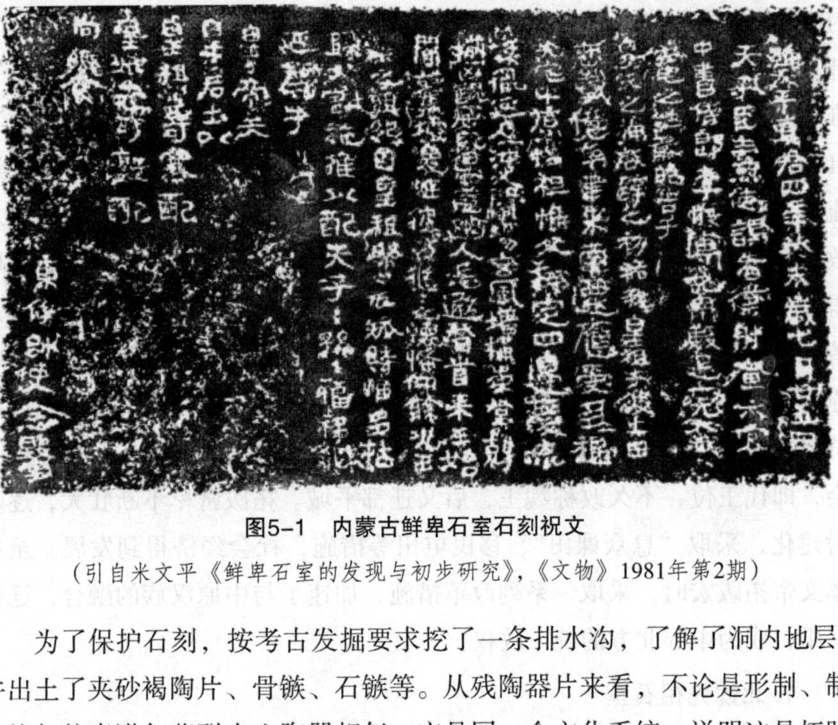

图5-1 内蒙古鲜卑石室石刻祝文

（引自米文平《鲜卑石室的发现与初步研究》，《文物》1981年第2期）

为了保护石刻，按考古发掘要求挖了一条排水沟，了解了洞内地层，并出土了夹砂褐陶片、骨镞、石镞等。从残陶器片来看，不论是形制、制法均与扎赉诺尔墓群出土陶器相似，应是同一个文化系统，说明这是拓跋鲜卑先祖生活过的石室。拓跋鲜卑处于原始部落时期，先祖毛就率众在这

① 米文平：《鲜卑石室的发现与初步研究》，《文物》1981年第2期。

里从事狩猎、采集，到第一推寅宣帝时，才率众西南迁到呼伦贝尔草原，遇上“大泽”，停留在呼伦贝尔大草原一带。

北魏先祖石室的发现，为研究东胡系其他诸部族的地理、历史提供了地理坐标。太平真君四年的石刻，是目前研究拓跋鲜卑历史确有纪年的重要材料。

2. 完工墓群

位于呼伦贝尔市陈巴尔虎旗完工索木西0.5千米。从1958年起就不断发现墓葬，出土一些陶器等。1961—1963年，先后清理了6座墓葬。1963年清理的4座残墓，其中M1A和M1B保存较完整，其余两座残墓基本全被破坏。①

M1A为近似方形的竖穴土坑墓，墓深1.1米，长2.65米，宽2.6米，墓庭铺有长条木板，板上整齐地平铺了六块南北向长方形桦树皮，四壁无椁板痕迹。墓底东侧有尚未满十岁的小孩骨架4具，骨架较零乱，残存的皮肉上，还有麻、绸类衣裤残片。墓内殉有马头两个，牛头4个，随葬陶、石、骨、银、铜、铁器和桦树皮器皿共47件。在M1A下的中部又有一长方形竖穴土坑墓，东西长2.15米，南北宽1.2米，深1.6米，墓穴四壁残存椁板痕迹。墓底另有板灰痕迹，这就是M1B。M1B内埋有不同性别的人骨架26具，经鉴定为男性14具、女性11具和一个小孩。葬式无规律，有仰、俯、坐和卧，绝大多数都是肢体分离。墓内还有马10匹、牛8头、狗3只。人骨、兽骨、杂乱相间，层层叠压，堆满一坑。随葬品有陶、石、骨、铜、铁、金器以及珠饰、桦树皮器皿、残漆器等共200余件。陶器多置于墓底两端，墓底北壁有一副较完整的骨架。其余两座残墓据老乡介绍，也是数十人葬在一起的墓葬。M1B陶器共计出土18件，可复原的13件，器形有壶、罐、三耳器和一件黄河流域不晚于公元前3世纪，属春秋战国时期的鬲。随葬的骨器和铜器具有游牧民族的特点，多为鸣镝、镞、弓弭、带饰、带扣、扣铃和环等。铁器有20件，多残破，多为镞、刀和带扣。从随葬器物和殉牲等习俗来看，与扎赉诺尔墓葬群相似，应是拓跋鲜卑从大兴安岭西南迁至这里的遗存。M1B的多人葬应是古老的丛葬习俗，家长死后，将家族其他成员尸骨二次葬于一起，丛葬习俗反映了拓跋

① 李作智：《内蒙古陈巴尔虎旗完工古墓清理简报》，《考古》1965年第6期。

鲜卑这时仍处于原始的部落社会。从随葬品鬲以及残漆片等，可以看出拓跋鲜卑与中原的关系是密切的。随葬品中的饰件等，又反映了对匈奴文化的吸收。M1A与M1B两座墓之间的关系尚有待于今后研究解决。

吉林大学的潘玲发表了《完工墓地的文化性质和年代》①一文，作者认为完工墓葬的年代为西汉时期，以东北土著文化为主体，受到较多匈奴文化的影响。

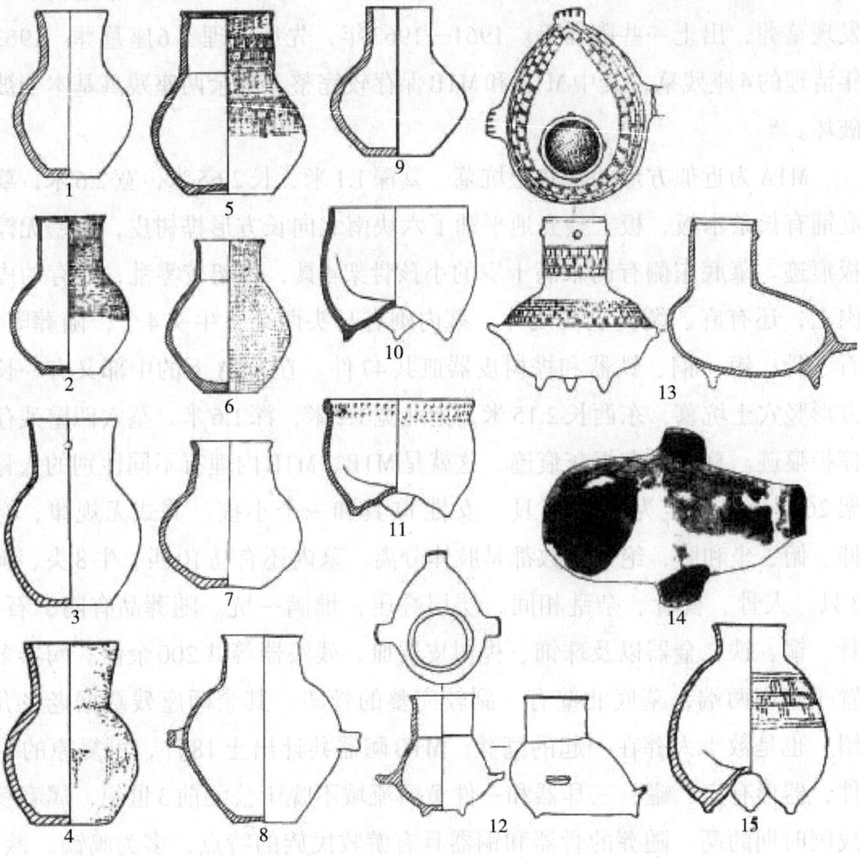

1—9. 长颈陶壶；12—14. 鸭形陶壶；10、11、15. 陶鬲

图5-2　完工墓地出土陶器

（引自潘玲《完工墓地的文化性质和年代》，《考古》2007年第9期）

① 潘玲：《完工墓地的文化性质和年代》，《考古》2007年第9期。

3. 扎赉诺尔墓群

位于满洲里市扎赉诺尔区南的木图那雅河东岸坡地上，1961年初步调查，有墓300余座。1959年清理了两座墓并收集一批文物。[①]出土文物有夹砂粗褐陶器，多为罐类，其中有双耳罐、单耳罐、敞口罐等，此外还有钵等。铜器有鍑、动物和人物纹饰牌、带饰和残损规矩铜镜一面等。此外还有骨角器、木器、玉珠饰和残损如意纹织锦等。墓葬均为竖穴土坑墓，单人葬，有桦木板做的棺木。1960年又发掘墓葬31座，出土遗物有300余件。[②]在发掘的31座墓中，单人葬26座，双人葬2座，小孩葬2座，母子合葬1座。全部墓葬均为竖穴土坑墓，并多有桦木棺，仅一座墓无棺，而是在尸骨上纵横叠放桦树皮两层。木棺结构大体相同，多数为有盖无底的木棺，只有3座是有盖有底的木棺葬。不论哪种木棺结构，均有牛、马、羊的头或蹄殉葬，多置于棺盖上。木棺为桦木板和木棺框组成。有棺底的木棺，底部为二层木板，与棺框之间并未黏合，木棺一头大，一头略小。出土文物有陶、铜、骨、铁、木器及石球、贝壳、料珠等。同时在一女性墓中还发现发辫一束，系用皮绳束结，这是少有的发现。陶器不多，共26件，全为夹砂粗陶，手制，火候很低，陶色为褐色或红褐色，器形多为罐类，其余还有壶、钵、碗、尊和双耳罐等，多为实用器。有一罐内还有腐烂的谷壳，罐外有火烧焦的一层黑皮。陶罐多置于死者头部的两侧或顶部。铜器多为装饰件，有圆形、羊形、螺旋形、锯齿形等饰件和手镯、戒指、铜泡等，出土时多与腐朽的皮带、皮片粘连。铁器多为武器，全部为熟铁锻制，有矛、镞、衔、环首刀和鞘，其中镞最多。骨器多用牛、马、羊、鱼骨制作，有弓弭、镞、鸣镝、衔、锥、带扣、簪、骨板等，其中一骨板上刻有猎人射鹿的狩猎图，上面还16个长形和圆形的小穿孔。骨器中弓弭数量较多，豁口处多有拉弓的磨印。骨簪出土量也较多，为鱼骨所制，出土时在女性尸骨头部。骨镞出土量更多，有三棱、六棱、圆柱、扁形以及翅尾形等多种，有的镞有镞头和茎部，可以插入木梃内，而且茎也较长。在镞旁还发现很多已腐烂的木梃。木器都用桦木和桦树皮制作，有桦树皮盒、弓囊和圆形器，此外还有1件木弓。桦树皮圆形器边缘有针孔

---

① 郑隆：《内蒙古扎赉诺尔古墓群调查记》，《文物》1961年第9期。

② 内蒙古文物工作队：《内蒙古扎赉诺尔墓群发掘简报》，《考古》1961年第12期。

痕迹，多出在陶罐、壶附近，大小同罐、壶口相宜，可能是器盖。

扎赉诺尔墓群的葬俗和随葬品，与完工墓葬相似。但扎赉诺尔墓葬不再是围铺桦板，而桦木棺既有框架，又做出前宽后窄的棺式。殉牲已用头、蹄简化的方法。陶器种类增多了，罐中也还残存有腐烂的谷壳，说明这里可能出现了少量农业。铜器、骨器和铁器的种类、使用范围均增多了。扎赉诺尔墓葬不见完工的古老丛葬习俗，而多为单人葬，甚至出现了男女合葬墓，反映了个体家庭开始出现，大家族部落组织开始走向解体，但男性和女性墓葬的形制、随葬品方面还没有显著的区别。女性墓葬中仍随葬有环首铁刀、骨镞、铁镞、弓弭和马衔，证明她们与男人一样进行猎牧，妇女没有脱离主要生产，还保持一定的地位，故出现母子合葬墓。在墓葬分布上，母子合葬墓和男女合葬墓被围绕在较多男性单人墓的中间，这都反映了当时仍处于母权制社会阶段。发现的发辫，反映了拓跋鲜卑妇女的习俗。在扎赉诺尔墓群出土物中，有中原地区的规矩铜镜、如意纹锦和木胎漆器奁，这既反映了拓跋鲜卑与中原的关系，又证明了这里墓葬的年代不会早于公元1世纪，当是东汉时期的墓葬。出土物中的各种动物纹铜饰件、双耳铜鍑以及马具等，反映出与匈奴文化的关系密切。但动物形饰牌以飞马、狼、狐等邻近农耕区的草原边缘常见的动物为主，与匈奴的群兽搏斗等不一样。扎赉诺尔墓葬晚于完工墓葬，但也是拓跋鲜卑西南迁出兴安岭至呼伦贝尔这一段时间遗留下来的墓葬。

20世纪80年代以来，在呼伦贝尔伊敏河流域也陆续发现了一些墓葬，多为单人葬，出土一批陶器、铜饰牌、骨器等，均与完工、扎赉诺尔墓葬出土物相似，也是拓跋鲜卑的墓葬，这也应是拓跋鲜卑西南迁至呼伦贝尔草原后，遗留下来的墓葬。

4. 南杨家营子遗址和墓葬

南杨家营子村在赤峰市巴林左旗林东镇北约35千米处，在乌尔吉木伦河的东岸。遗址、墓葬是1961年发现的。1962年对遗址进行了试掘，清理了20座墓葬，[①]遗址中出土物较少，但和墓葬中出土物是同一种文化。墓葬都是长方形土坑竖穴墓，一部分墓葬中有木质葬具，并使用铁钉。各墓棺用钉数量不一样，可能是因墓棺的结构不同。墓葬因被啮齿类

① 刘观民：《内蒙古巴林左旗南杨家营子的遗址和墓葬》，《考古》1964年第1期。

动物扰乱，所以有些墓很难分辨出随葬品的位置、葬式。能辨别出的葬式为仰身直肢葬。墓葬中的单人葬有男有女，双人葬有男女合葬，也有男二、女二的同性合葬，同时还有男性和小孩合葬墓。多人葬中男女人数不等，多的达十人，但可以肯定，多人葬墓中是有一对以上成年男女。多人葬墓是一次葬还是二次葬，多因扰乱难以辨别。随葬品出土有陶器、铁器、铜器、骨制品、装饰品等共124件。陶器中有夹砂红褐陶和泥质灰陶，夹砂红褐陶器较多，为手制。泥质灰陶器较少，皆为轮制。陶器器形仅有壶、罐、碗三种。骨器多为镞，此外有弓弭、纺轮、珠饰和羊距骨等。随葬品铜饰和珠饰均出自女性墓中，而男性墓中随葬骨、铁镞等器物。殉牲多是羊腿、羊头、牛头，但也还有用马、狗动物殉牲。各墓情况不一，女性墓只殉牲羊腿，而男性墓却殉牲牛头，个别殉牲有羊头、羊腿。也有的墓中无动物殉牲。墓中还出土有东汉的五铢钱币。从出土物和随葬习俗来看，与完工、扎赉诺尔墓群属同一文化，应是拓跋鲜卑西南迁至乌尔吉木伦河时的遗迹、墓葬。

南杨家营子墓葬与扎赉诺尔、完工墓葬相比较，殉牲虽然与扎赉诺尔墓相同，但数量减少了，陶器也多与扎赉诺尔墓地出土的相似，以壶、罐为主，盘状口的陶器这里仍使用。骨器各类减少了，主要是镞、弓弭。镞和弓弭的制作也趋向精细，并出现骨纺轮。铜器与扎赉诺尔墓葬出土的一样多为装饰品。铁器使用的范围扩大了，除马具、武器外，还出现类似铲形的铁工具。总的来说，南杨家营子出土物不如扎赉诺尔丰富，但从制作技术的提高和铁器使用范围的扩大，反映出经济有发展。在墓葬制度上，不仅贫富差别明显，男女分工也较清楚。小孩随父亲葬，反映出父权制的确立。这里的多人葬，与完工的古老丛葬也不一样，人数没有完工墓葬多，而且大部分都具有棺木，随葬品也较丰富，可能为古老的丛葬风俗的残留习惯。南杨家营子墓葬反映出拓跋鲜卑部落已进入较高级的部落联盟阶段。

5. 乌兰察布草原的墓群

拓跋鲜卑在赤峰一带停留时间不很长，就又西南迁至“匈奴之故地”，即今内蒙古河套以北、以东一带，故在乌兰察布市发现多处墓群，如察右后旗的二兰虎沟、赵家房子等地。

二兰虎沟和赵家房子村墓群均在察右后旗。二兰虎沟墓群在土木尔台车站西南45千米，[①]赵家房子村墓群在土木尔台车站西南15千米。[②]这两处墓群是被破坏后才去进行调查的。从调查了解和征集的遗物来看，都是古代北方游牧民族的墓群，与完工、扎赉诺尔、南杨家营子等地墓群相同，应是拓跋鲜卑的墓群。这两处墓群均是竖穴土坑墓，多为东西向仰身直肢单人葬，随葬的陶罐、陶壶均置于死者头部附近，铜饰件等多在死者身上。二兰虎沟墓群中还有无形制土坑，死者手持兵器，东倒西歪，有的坑内只有人头骨五六个，也有的有身无头，有的妇女怀抱幼儿。赵家房子村墓群中有的有棺，有的无棺，有的墓葬仅有人骨而无随葬品，个别死者面朝下。这两处墓群均无完工、南杨家营子墓群的古老丛葬习俗，不仅反映出拓跋鲜卑出现贫富的差别，而且可能还是在鲜卑部落中一种新的社会关系出现或战乱时期的反映。

两处墓群随葬品都有陶器、铜器、铁器以及各种珠饰等。陶器中有夹砂红褐陶壶和陶罐，手制，与扎赉诺尔、南杨家营子相似，但陶器中也有轮制泥质灰陶或黑陶壶和罐。赵家房子村还出土应属汉文化特点的带铺首的黑陶壶，在陶壶和肩部刻划有类似汉字的文字。饰件有铜质鹿纹、网纹等动物纹饰牌以及铜带扣、指环和圆形铜泡饰等。赵家房子村墓葬还出土了马形金饰牌、金叶、金花、金簪等金器饰件。两处墓群还出土具有中原汉文化特点的“长宜子孙”镜、“日光”镜、四乳镜、重环纹鸟纹镜等。二兰虎沟墓群出土铸有汉字“大吉”铭文的铜铃，赵家房子村墓群还出土有五铢钱以及剪轮五铢钱。此外，赵家房子还出土过铜釜。

在达茂旗百灵庙的东北方，中华人民共和国成立前日本考古学者曾发现一墓群，[③]也是土坑墓，东西向的仰身单人葬，陶器置于头部两侧，但随葬器物较少，殉牲现象也不见了，骨角器也少了。其中一墓中陶罐里还存有较多的稗粒，这或许反映了农业因素有所增长。这一墓群的葬式、头

---

① 郑隆、李逸友：《察右后旗二兰虎沟的古墓群》，《内蒙古文物资料选辑》，内蒙古人民出版社1964年版，第99—100页。

② 盖山林：《内蒙古察右后旗赵家房子村发现匈奴墓群》，《考古》1977年第2期。

③ ［日］江上波夫：《内蒙古百灵庙凹地的古坟》，《亚细亚文化史研究·论考篇》，东京大学东洋文化研究所1967年版；参见宿白《东北、内蒙古地区的鲜卑遗迹——鲜卑遗迹辑录之一》，《文物》1977年第5期。

向和随葬品等各方面情况，与二兰虎沟、赵家房子村两处墓群均相似，应属鲜卑墓葬。这里墓葬中所出的陶壶肩上，也刻划有类似汉字的文字，同时也出土有剪轮五铢钱。

以上三墓群的情况，反映了拓跋鲜卑西迁，进入内蒙古西部草原初期的遗迹，出土剪轮五铢钱，说明时代已到东汉晚期或者更晚一些。建安二十年（215），曹操罢省五原、云中、定襄等郡，为拓跋鲜卑向西南迁徙提供了方便，迁徙到距中原更近的民族杂居区，也使拓跋接受更多的汉文化，所以墓中反映拓跋鲜卑与中原汉文化的密切关系。

6. 盛乐故城

3世纪中叶，拓跋鲜卑首领力微于始祖三十九年（258）迁于定襄之盛乐。盛乐故城即今内蒙古和林格尔北10千米处的和林格尔土城子，[①]是拓跋鲜卑的第一个政治中心。力微选择这一农业经济占重要地位的地点做政治中心，说明拓跋部更重视农业。不过这时拓跋鲜卑部落仍未改变游牧经济，居无定所，常常迁徙，所以这里经营农业多是拓跋部控制下的汉族人民。据文献记载，313年力微孙猗卢又“城盛乐，以为北都”。346年力微重孙什翼犍再次“移都于云中之盛乐宫”，次年，又南迁新盛乐城。盛乐似应有两个城址，这个问题目前尚未弄清楚，有待今后进一步研究。盛乐作为都城，在什翼犍即代王时期开始成为稳定的政治中心。什翼犍少时曾在邺城做过十年质子，在那里学习不少中原的典章制度，回拓跋部后，学习中原设置百官、制定法律等，使拓跋鲜卑开始具有国家的规模。

和林格尔土城子是汉代定襄郡成乐县的旧址。城址南傍宝贝河，有郭城，东西窄（1550米），南北宽（2250米），形状不规整，略作五边形。郭内东南隅有南北两内城，北内城为唐代所建，南内城为汉魏遗迹。南内城东西残长670米，南北655米，城内文化层堆积较厚，试掘时发现大量汉代建筑瓦件、生活用具和铁制农具、兵器，同时还出土牛、马、羊、猪骨和骨器。除汉代遗物外，还有较多的北魏晚期的黑色厚瓦，说明北魏迁都洛阳前后，盛乐才出现规模较大的建筑物。

---

① 张郁：《和林格尔县土城子试掘纪要》，《内蒙古文物资料选辑》，内蒙古人民出版社1964年版，第69—73页。

7. 凉城猗㐌部遗物

拓跋鲜卑至禄官时，分拓跋部为三部：一部居上谷之北，濡源之西，由禄官自己统治；一部居代郡参合陂之北，由沙漠汗之子猗㐌来统辖；一部居盛乐，由猗㐌弟猗卢来统领。猗卢善用兵，南掠并州，将并州北部杂胡均掳掠到云中、五原、朔方三处，又西渡黄河，攻击居住在那里的匈奴、乌桓等部落。由于拓跋鲜卑实力雄厚，西晋许多汉人也纷纷投奔拓跋部。拓跋部与西晋王朝关系很密切，力微子沙漠汗从曹魏到西晋咸宁三年（277）一直留在洛阳。拓跋鲜卑还曾帮助西晋王朝镇压反叛势力，得到西晋王朝的封号。1956年秋，在凉城县蛮汉山南部小坝子滩发现一批鲜卑猗㐌部的遗物，其中有兽纹金饰牌、镶嵌宝石的兽形金饰、饰兽首的金指环、金耳坠和驼钮“晋鲜卑率善中郎将”银印。其中一件兽纹金饰牌背面刻有“猗㐌金”三字，猗㐌即猗㐌，说明这批出土物是猗㐌部的遗物。猗㐌在西晋末曾帮助并州刺史司马腾击刘渊有功，故西晋王朝给予封号并赐金、银印。这批文物中金饰牌的制作技法、动物装饰以及镶嵌宝石等文化因素均多是吸收匈奴文化的特征，但也体现了拓跋鲜卑的特色，这批金饰牌的动物多以邻近农耕区的草原边缘所见的兽类为主，如狼、狐等，同时还有与扎赉诺尔墓葬出土的飞马纹铜牌饰相似的奔马。

8. 呼和浩特市美岱北魏初期墓葬和呼和浩特市大学路北魏墓

1955—1961年，在呼和浩特市美岱村南宝贝梁的山沟中发现有北魏初期的砖室墓，[①]出土一批文物，有金器、铜器、铁器、陶器等。4世纪末，拓跋鲜卑曾经一度被前秦苻坚打败，十年后，什翼犍的孙子拓跋珪收拾残部，召开部落大会，于386年即代王位，同年又改称魏王。这时拓跋珪都城仍在盛乐，他北击高车族，占领河套地区。到394年，拓跋部已跨大河南北，后又灭了后燕。到398年，拓跋珪即位，次年迁都平城（今山西大同市）。美岱村墓葬从随葬品来看，为北魏初期贵族墓。特别是一墓中出土有“皇帝与河内太守”铜虎符，与在山西大同市东郊发现的虎符同样形制，应与博陵、上党、辽西太守虎符和离石、吐京、阳曲护军虎符属同一时期铸造，反映了拓跋鲜卑此时已建立了封建政权。从美岱墓葬出土物中

---

① 李逸友：《呼和浩特市美岱村北魏墓》，《内蒙古文物资料选辑》，内蒙古人民出版社1964年版，第118—119页；李逸友：《内蒙古呼和浩特美岱村北魏墓》，《考古》1962年第2期。

可看出鲜卑早期墓葬特点少了，殉牲没有了，弓、镞以及骨角随葬品不见了。墓葬为带墓道的砖室墓，随葬陶壶、陶罐数量增多了，这些与汉族墓葬相同，反映拓跋部已定居，农业经济已占优势。墓中有附铁环的木棺，一些铜制用具如鐎斗、勺、灯，还有金饰品、漆耳环、漆鞘长形铁刀以及“大泉五十”货币等随葬品，都与当时汉族上层没有太大区别。但墓葬中仍保留拓跋鲜卑一些特点，如陶器的器形、纹饰等加工技艺上，保留了与南杨家营子乃至扎赉诺尔墓出土物相同的特点，特别是高足双耳铜鍑以及动物纹铜饰牌和金指环等，仍反映游牧民族的习俗。

呼和浩特市大学路北魏墓是在1975年发现的，[①]为带甬道的单砖室墓。出土物全部为陶质，有俑、生活用具、牲畜、家禽以及牛车等共34件。有人认为该墓是拓跋鲜卑迁都平城前后的墓葬，但从家禽、牲畜模型的明器来看，反映出这时农业经济所占比重很大，已不见游牧民族特点，还有随葬的舞乐俑等反映出贵族生活与汉族贵族一样，所以，此墓有可能是迁都洛阳后的墓葬。

9. 内蒙古包头市北魏姚齐姬墓

1986年4月，在包头市东土右旗萨拉齐镇北约2千米处，当地农民平整土地时，发现了一座北魏时期的古墓葬。[②]古墓地处大青山以南、黄河以北的土默川平原，这一带地势坦荡，土质肥沃，交通便利，历来为人所重视。墓葬形制为长斜坡墓道的单室砖墓，出土陶壶1件，墓志砖1块，牛头骨和蹄骨1个，马头碎骨和马的腿骨若干。墓志砖正面有阴文铭文“廉凉州妻姚齐姬墓”“太和廿三年岁次己卯七月廿八日记”字样。

从出土的遗物、墓室的结构以及牲殉习俗等情况，说明是一座北魏晚期的墓葬。墓志砖的发现，是考证这一残墓的重要资料，墓志中的“凉州”，在今甘肃兰州北部一带。凉州始设于汉，北魏太武帝改为镇，太和中又恢复为州。“凉州”前的“廉”字，应该是姓，“姚齐姬”是姓廉的妻妾，“太和廿三年”为公元499年，是孝文帝拓跋宏执政的最后一年，孝文帝迁都洛阳以后，土默川为魏国北部防御柔然侵犯的地带。墓志砖中提到的“廉”，根据《北史·魏本纪》载太和十九年（495）孝文帝颁诏“迁

---

① 郭素新：《内蒙古呼和浩特北魏墓》，《文物》1977年第5期。

② 郑隆：《内蒙古包头市土右旗北魏姚齐姬墓》，《考古》1988年第9期。

洛人死葬河南，不得还北”，认为此人可能是一名镇守北疆地区的小官。

鲜卑族拓跋部建立的北魏王朝，在相当长的时间内，保留着用牲畜殉葬的习俗。早期的鲜卑族墓葬如“扎赉诺尔古墓群”是东汉时期的鲜卑墓，墓葬中多用牛、马和羊的头蹄殉葬，其中以牛头、蹄殉葬为最多，殉葬物放在棺盖或尸骨头部棺外的二层台上。新发现的这座墓葬，其殉葬物则是放在墓道中。这表明孝文帝迁都洛阳后，鲜卑人的墓葬形制虽然在中原文化及南朝的影响下，有了很大的改进和变化，但北方留居的鲜卑人，仍保留随葬牛头及四蹄（即象征全牛）的旧俗。

10. 察右前旗呼和乌素墓葬

呼和乌素墓葬[①]位于乌兰察布市察右前旗呼和乌素乡泉脑村西，北距察右前旗政府所在地土贵乌拉镇约10千米，东面8千米即是南北穿行的京（北京）—包（包头）铁路。1995年9月，内蒙古文物考古研究所在对泉脑村汉代墓地发掘时，闻悉村西曾发现过古代墓葬，随即赶到现场进行清理工作，并征集到4件陶器。共清理墓葬2座，编号为QHM17、QHM18。QHM17竖穴土洞墓由墓道和洞室两部分组成，出土随葬品仅一件陶壶残器。QHM18砖室墓由墓道、墓门、甬道、墓室四部分组成，出土陶器共5件，均为泥质灰陶，4件为征集品，其中3件据称出自QHM18，另在呼和乌素以东约8千米的西大梁征集到长颈壶1件。

虽然呼和乌素北魏墓葬仅发掘2座，但因在察右前旗发现较少，因此资料较为重要。从QHM18的墓葬形制来看，与呼和浩特市大学路北魏墓、包头市北魏姚齐姬墓相同，征集的陶壶与上述两处墓葬的细颈罐类似，因此，三者的年代应大体相同。包头市北魏姚齐姬墓出土的墓志表明，此墓的下葬年代为“太和二十三年”(499)。因此，可以推断呼和乌素墓葬QHM18的年代也应在5世纪前后。QHM17为小型洞室墓，仅出土一件残器，而且与QHM18同处一墓地，可暂推定与QHM18年代相同。

---

① 魏坚:《内蒙古地区鲜卑墓葬的发现与研究》，科学出版社2004年版。

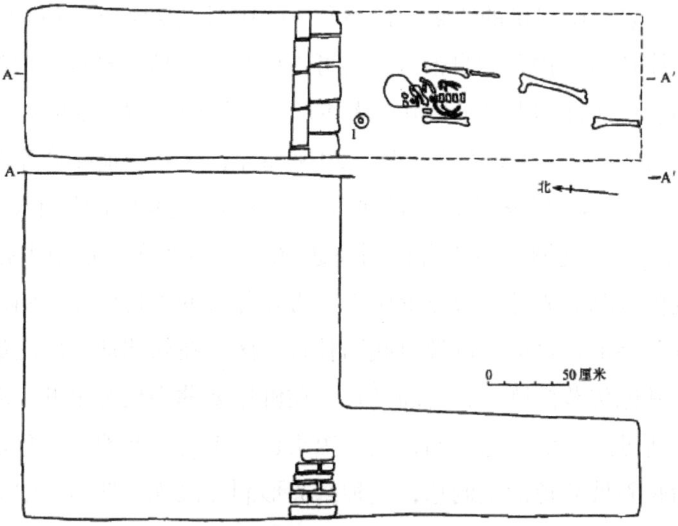

图5–3　察右前旗呼和乌素墓葬M17平、剖面图

（引自魏坚《内蒙古地区鲜卑墓葬的发现与研究》，科学出版社2004年版）

11. 迁都平城

拓跋珪在天兴元年（398）称帝后，次年迁都平城，天赐三年（406），“发八部人自五百里内，缮修都城，魏于是有邑居之制度”（《魏书·天象志》）。北魏的平城遗址就在今山西大同市城区及其附近。历年来，在大同城北的小北城以及大同车站附近，均发现许多波纹、连珠纹、忍冬纹等灰黑色陶片，还发现布纹大瓦、莲花纹、“富贵万岁”“传祚无穷”隶书体铭文瓦当等。大同车站东北方还出有排列整齐、间距5米的覆盆础石，这里是北魏宫城和宫城前衙署的范围。拓跋鲜卑这时已在平城修城郭，建宫苑，对拓跋部人民进行“劝课农耕”，曾经居住帐幕过游牧生活的鲜卑人，此时已开始从事定居的农业生产。为了加强统治，在平城内外大兴佛教建筑，开凿平城西武州山的云冈石窟。直到太和十八年（494）迁都洛阳，此城一直是拓跋鲜卑所建北魏的政治中心，故在平城遗留许多遗迹和墓葬。

12. 察右中旗七郎山墓地

七郎山墓地位于内蒙古乌兰察布市察右中旗五号乡东四号村东约1.5千米处，墓地东南距旗政府所在地科布尔镇约36千米。根据七郎山附近土城学区一名教师提供的线索，1995年8月19日到9月15日和1996年5月18日到6月10日，内蒙古自治区文物考古研究所、乌兰察布博物馆和察右中旗文物管理所抽调人员组成联合考古队，连续两年对该墓地进行了共50余天的考古挖掘。[①]该墓地共发掘了20座墓葬，这处墓地在墓葬形制和葬式等方面十分具有特殊性，共发现有20座墓葬，其中土坑侧穴墓18座、土洞墓2座。土坑侧穴墓所占比例高达90%，显然在墓地中占据主导位置。土坑侧穴墓为先挖一长方形竖穴，再在竖穴的长边横挖一侧穴，其平面呈“日”字形，这类形制源自我国甘青地区，在西北地区广泛流传并向外发展，其流传范围既广，时间又长，在鲜卑墓葬中极为罕见。因此，七郎山墓地所见土坑侧穴墓形制，追其源头也应来自西北地区。墓地中另一类墓葬为长斜坡墓道的土洞墓，这种墓葬形制在汉魏时期即在中原汉地普遍流行，应是受到汉文化影响。因此，仅就七郎山墓地的墓葬形制，没有直接继承于鲜卑传统的因素。葬式共计5种，即侧身屈肢、仰身屈肢、俯身屈肢、侧身直肢及仰身直肢。如此复杂多样的葬式出现在同一墓地，而且以屈肢尤其是侧身屈肢葬为主，这与以往的鲜卑墓葬差异甚大。在以往发现的鲜卑墓葬中以仰身直肢为主，因此，屈肢葬式尤其是侧身屈肢不是源自早期鲜卑的丧葬习俗。另外，七郎山有6座墓葬存在堆石现象，又全部为屈肢葬式，将这两种现象结合观察，与我国西北地区所发现的墓葬更有相似之处。七郎山墓地有14座墓葬使用葬具，均为木棺。无论哪一型木棺，其共同的特点是棺体头端高阔、足端低窄，这就是目前已经比较公认的鲜卑墓葬特点之一，即葬具为“头宽尾窄”的梯形棺。因此推定七郎山墓地所包含的主体文化因素与目前已知的拓跋鲜卑文化密切相关，甚至进一步认为，七郎山墓地是拓跋鲜卑遗存。七郎山墓地随葬品数量很少，20座墓中仅7座出有陶器，共8件，而且其中2座墓的陶器不是随葬在墓内而是放置在墓口北侧原地表上；其余随葬器物则均为随身的饰物，如耳坠、带扣等。保存完整的墓葬，一个墓内的随葬品多则5件（套），少则1件，个别墓葬还没有随葬品。将随葬品与大同北魏墓群及其他墓地陶器作对比，加上墓地在墓葬形制上的特殊性和葬具表现出的年代较早因素可得出，七郎山墓地年代推定为“定都平城”前后，即4世纪末至5世纪初。

① 魏坚：《内蒙古地区鲜卑墓葬的发现与研究》，科学出版社2004年版。

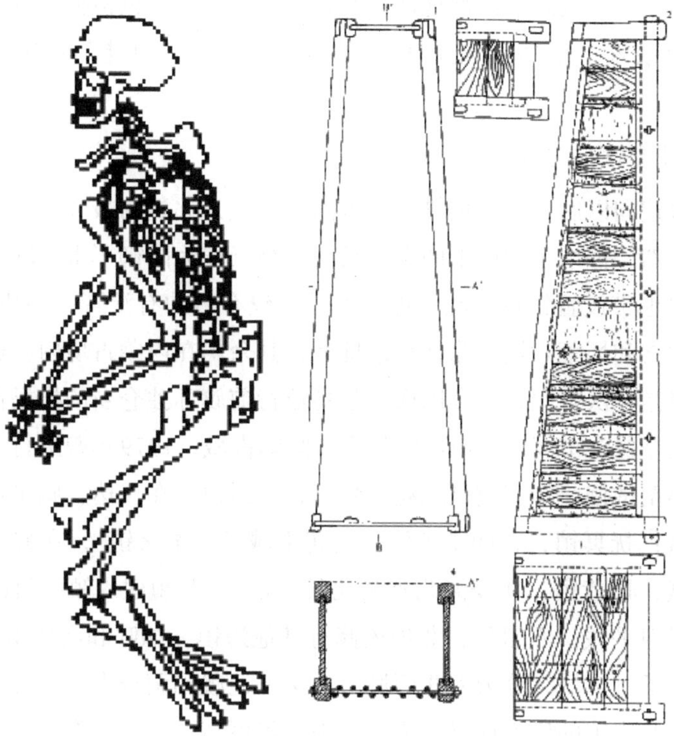

1.俯视；2.侧视

图5-4　七郎山葬式与棺椁图

（引自魏坚《内蒙古地区鲜卑墓葬的发现与研究》，科学出版社2004年版）

人们埋葬习俗的变化，往往滞后于文化的演进，因此一般情况下，葬俗是一种遗存诸文化因素中最稳定的因素之一。综合上述分析，七郎山墓地的葬俗、墓葬形制、葬式，可以说与拓跋鲜卑相去甚远。据目前考古发现看，在七郎山墓地所处地区及周边并没有发现同时期类似的墓葬，因此应该不是文化的影响，而应该与人群的迁徙有关。土坑侧穴墓与屈肢葬式独特的葬俗，两者往往互有联系，流行区域也大致重合，学者们一直将其与先秦时期的"羌戎"相联系，《魏书·世祖纪上》载："癸亥，诏兼太常李顺，持节拜河西王沮渠蒙逊为假节，加侍中，都督凉州及西域羌戎诸军事、行征西大将军、太傅、凉州牧、凉王。"（沮渠蒙逊于401年建立北凉政权，439年为北魏所灭）其官衔中的"都督凉州及西域羌戎诸军事"，可表明在十六国至南北朝时期，被称为"羌戎"的人群广泛分布在北凉统治地域即河西地区及新疆东部地区。北魏灭北凉之后，世祖拓跋焘曾“徙凉州民三万余家于京师”，七郎山墓的特殊墓葬形式可能与这次人群迁徙有关。

13. 北魏军镇遗址

北魏建国以后，柔然仍雄踞蒙古高原，成为北魏的最大威胁。北魏为了防御柔然，修缮了阴山下的秦汉长城，继续作为防御军事设施。北魏沿长城险要地带设置镇戍，驻军屯守，其中较有名的有沃野、怀朔、武川、抚冥、柔玄和怀荒六镇，除怀荒遗址外，其余均在内蒙古境内。遗址大致分布情况是：沃野镇，在今巴彦淖尔乌拉特前旗苏独仑乡的根场古城；怀朔镇，在今包头市固阳县白灵淖尔乡城圐圙古城，1979年曾进行实地考古调查和小型试掘，证实应是北魏怀朔镇；武川镇，在今达茂旗希拉穆仁城圐圙古城；抚冥镇，在四子王旗乌兰花土城子；柔玄镇[1]，在察右后旗克里孟古城；怀荒镇，在今河北省张北县一带。[2]北魏建六镇的目的是防御柔然，保卫平城。六镇外，北魏还修有其他边镇，如呼和浩特市西北5千米的坝口子村古城，分为南北两城。据文献记载和调查来看，可能就是北魏大青山北诸镇的后方据点白道城，为北魏更高一级镇边将领的驻所。再如准格尔旗石子湾古城，也应是北魏军镇址。在北魏军镇遗址都发现有北魏的板瓦、筒瓦、“富贵万岁”文字瓦当以及绳纹砖和种种陶片。这些边镇古城都具有镇戍布局的特点，城门口有驼峰式的土包，建筑台基和主要防区设在遗址的南部，背向后方，城址多选择在利于防守的地势，或前方有河流等。

二　其他鲜卑遗迹、遗物

1. 通辽境内的鲜卑遗迹、遗物

1975年在通辽科左后旗茂道吐苏木舍根嘎查北的沙丘中，发现一批墓葬，征集到一批文物。[3]据调查，这处墓群均为石棺墓，东西向，多单人

---

① 张文平：《北魏柔玄镇地望新考》，《北方文物》2021年第5期。

② 张文平、苗润华：《长城资源调查对于北魏长城及六镇镇戍遗址的新认识》，《阴山学刊》2014年第6期。

③ 张柏忠：《哲里木盟发现的鲜卑遗存》，《文物》1981年第2期。

葬，少数为二人合葬。墓中随葬品数量不等，有陶罐、陶壶、马具、青铜管等饰件，还有随葬海螺。但只征集了12件陶器，其他已不存。陶器有夹砂灰陶罐和泥质灰陶壶。灰砂陶罐为手制，筒形平底，陶质松脆，器表有竖向磨光的暗条纹，还留有烟炱。泥质陶壶质地坚硬，火候较高，轮制。陶壶的外表都饰以种种纹饰，多为滚轮压印法压印出的各种花纹，还有个别压磨暗条纹组成菱形网状纹饰，八字纹、重菱纹、篦点纹和复式几何纹是陶壶纹饰中独特的装饰，其中一个壶上还压印马纹，更是独特。类似舍根出土物的遗物，在这一带分布很广，开鲁县、科左中旗、奈曼旗等地均有分布。这些文物与辽宁省北票市房身村出土的慕容鲜卑文物相似，可能是3世纪中期东部鲜卑的墓葬。印纹陶与契丹遗址中的印纹陶似有联系，值得今后研究。

1984年，在科左中旗希伯花苏木六家子嘎查发现一处鲜卑墓群。①墓群分布较有规律，全部西北东南向，分四五排排列，约30座墓葬。墓葬为长方形土坑竖穴墓，较大的墓出土文物较多，且多金银器，小墓出土物较少，有的仅有一陶罐。墓中有木质葬具痕迹。出土遗物有陶器、金器、银器、铜器、铁器、琥珀、玉石饰件等共计160余件。陶器主要器形为壶和罐，类似舍根嘎查出土物。金银器中有金马牌饰、兽形金牌饰以及金钏、金钗、金戒指、金顶针、金指环、金扣和银钗、银顶针、银戒指等。兽形金牌饰与凉城小坝子滩猗㐌部遗物中的金动物饰牌风格相同，但具体兽形又存在较大的差别，小坝子滩出土的金饰牌兽形更为抽象，而六家子出土的则是不失为夸张的写实兽纹。青铜器中有铜镜、带钩、鎏金铜饰件和鎏银铜饰件、铜铃、铜钏、戒指等。铁器主要有包金或包银铁钉和铁管。此外还有琥珀卧狮、珠饰以及玉石饰件等。从出土物来看，六家子墓葬出土物当早于凉城小坝子滩猗㐌部遗物，墓中出土的“位至三公”铜镜和金银钏、钗、顶针、指环等，多见于东汉晚期至西晋的墓群中，墓中出土物既反映了游牧民族的特色，又反映了与中原汉文化的密切关系，故此墓群当是东汉晚期至西晋之间的鲜卑墓群。

2. 和林格尔县另皮窑村北魏墓出土金器

1982年和林格尔县三道营乡另皮窑村发现一座被破坏的古墓，出土一

---

① 张柏忠：《内蒙古科左中旗六家子鲜卑墓群》，《考古》1989年第5期。

批金器和铁芯包金饰件，征集到38件。[①]其中有金碗、野猪纹金带饰牌，饰牌分长蹄形和扁蹄形两种，还有野猪纹金圆形饰牌以及金扣饰、长条、管状等其他金饰件。其他遗物有银器1件，熏炉等铜器7件，大型陶罐1件和8件玉器等。这批文物中的金饰牌反映了游牧民族特点，有的学者认为当是拓跋鲜卑的遗物。

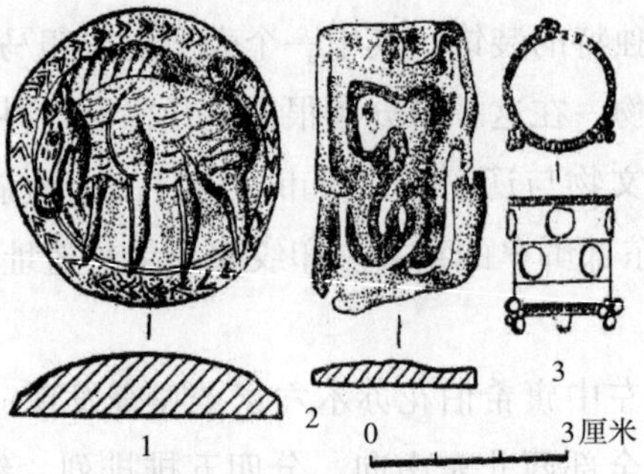

图5–5 另皮窑墓出土金饰牌

1. 野猪纹圆形金饰牌；2. 纠结纹金饰牌；3.管状金饰

（引自陆思贤《和林格尔县另皮窑村北魏墓出土的金器》，《内蒙古文物考古》1984年第00期）

3. 土默特左旗出土北魏时期文物

1980年在呼和浩特市土默特左旗讨合气村出土一批文物，其中有神兽纹金带饰、云纹金饰牌、火焰纹金饰牌等10件金器以及铁剑、铁刀、铁镞、马衔、铜鍑和圆杆形残骨器等。[②]这批文物也是出土后征集的，它们反映了草原游牧民族的特点，为鲜卑文物。

4. 达茂旗征集的金饰件

1981年内蒙古达茂旗西河乡前河村发现金饰件5件，有龙饰1件，牛头鹿角饰2件，马头鹿角饰2件。[③]在金龙身上还有7件附加装饰，其中有盾2件、戟2件、钺1件、梳2件，它们上面均有金线圆圈纹和鱼子纹，个别镶嵌蓝、绿色料石。金龙用金片卷成圆管状，龙身用金丝编缀。其他4

① 陆思贤：《和林格尔县另皮窑村北魏墓出土的金器》，《内蒙古文物考古》1984年第00期。

② 伊克坚、陆思贤：《土默特左旗出土北魏时期文物》，《内蒙古文物考古》1984年第00期。

③ 陆思贤、陈棠栋：《达茂旗出土的古代北方民族金饰件》，《文物》1984年第1期。

件应属神兽形，鹿角均为三枝并立，并挂有桃形金叶10—14片，而且有绿松石桃形镶嵌。这4件神兽形金饰可能为步摇冠上的饰件。步摇冠为慕容鲜卑族所喜爱，这应是东部鲜卑之遗物。

5. 科右中旗北玛尼吐鲜卑墓群

北玛尼吐鲜卑墓群位于兴安盟科右中旗吐列毛杜镇北玛尼吐村西北300米处一片流动沙丘上，1991年4月3日，科右中旗文管所、兴安盟文物站对这批濒临完全破坏的墓葬遗址进行了抢救性发掘。此次发掘共计发现墓葬123座，清理了残存的26座，均为长方形竖穴土坑墓，分为有无二层台两种，墓群分布规律，大体呈南北向平行排列。此外，还有少量墓中出现殉牲（只存在于男性墓内）和火葬现象。

墓葬除三座无随葬品外，其余均伴有多寡不一的随葬品。随葬品包括陶器、铁器、骨器、铜器、金银器、玉石器6类。陶器出土和采集共计36件，分为轮制和手制两种，均为夹砂陶且纹饰单一，以戳印纹为主。大多数器表有烟炱，器型主要有侈口舌状唇壶和陶罐，陶罐有长腹罐、鼓腹罐、折腹罐、小底罐，此外还有陶盅和带柄陶器。铁器出土数量较多，多数已经锈蚀，能辨识器型的有83件，器类有剑、镞、马鞍具等。骨器共计4件，器类有镞（磨制）、纺轮两类。铜器共29件，多数已经锈蚀，器类有钏、耳环、戒指、镞、铜钱和铜铃等。玉石器有砺石、水晶珠、玛瑙珠等。①

北玛尼吐墓群没有出土有明确纪年的器物，但其陶器和铜器与科左中旗六家子和通辽境内的一些其他鲜卑遗存特征相似，墓群陶器纹饰与舍根墓群陶器纹饰具有很大相似性。此外根据葬制葬俗的一些基本情况，发掘者认为此墓葬所代表的鲜卑社会应当已经进入了残余一定母权制的父系家长制社会，经济生活以畜牧业为主，其时代上限应当在东汉初期。

6. 乌兰察布商都县的鲜卑遗存

商都县东大井墓地位于乌兰察布市商都县西坊子乡东大井村西约1千米处，商都县属于阴山北坡的农牧业交错地带，是古代北方游牧民族非常重要的活动地区之一。1998年9月，内蒙古文物考古研究所、乌兰察布博

---

① 钱玉成、孟建仁：《科右中旗北玛尼吐鲜卑墓群》，《内蒙古文物考古文集》（第一辑），中国大百科全书出版社1994年版，第397—406页。

物馆、商都县文物管理所组成联合考古队，对墓地东南部未被盗掘破坏的古墓葬进行了抢救性发掘。

共计清理墓葬18座，均为土坑竖穴式，因墓地早期盗扰十分严重，葬式多不清楚。但从7座葬式保存较好的墓葬来看，葬式多为仰身直肢葬，另存有少量仰身屈肢葬和俯身直肢葬。墓葬多为单人葬，另有少量夫妻合葬墓与母子合葬墓，及一男二女的三人合葬墓。7座墓葬中有殉牲现象，殉牲多为羊距骨、肩胛骨、肢骨、羊角等，个别墓内殉牲有牛肩胛骨，皆置于盆骨及腿部外侧。该墓地随葬品丰富，共计235件，约有半数的墓内随葬有陶器，此外多以铜器、铁器、珠饰随葬。铜器有敦、杯、镯、饰牌、指环、耳饰和连珠形管状饰等；铁器以甲片为主，另有剑、矛、刀、环、带钩等；金器、骨器次之。金器多为饰件；骨器有弓弭、骨哨和珠饰等。此外，还随葬有少量的铜镜、石纺轮、五铢钱、桦树皮器、皮革等。①

结合对该墓葬文化因素的分析以及体质人类学等多方面的综合研究，基本确定其为早期拓跋鲜卑墓地，年代大体处于东汉晚期，或可能在檀石槐军事大联盟时期。

1983年10月，商都县大库伦乡石豁子村农民发现北魏窖藏文物，包括窖藏铜壶、铜盘、铜镂孔器以及铁犁铧、铁犁镜等11件文物。②铜壶与1983年在察右后旗红格尔图乡三道湾墓群出土的相似；铜盘下附三熊形足，熊蹲坐，嘴大张，两耳直立，熊身有细鎏金纹饰。此熊形类似凉城小坝子滩出土的兽形戒指上的兽，这批文物应是北魏时期鲜卑文物。

7. 呼伦贝尔市的其他鲜卑遗迹、遗物

团结墓地位于呼伦贝尔市海拉尔区哈克镇团结村村西海拉尔河南岸的台地上，由当地居民在取土时发现。2001年8月，呼伦贝尔市民族博物馆、海拉尔区文物管理所等部门组成考古队进行抢救性发掘，共计清理墓葬7座。

在本次清理的7座墓葬中，除HTM7破坏严重无法辨识外，其余墓葬均为竖穴土坑墓，且葬式均为仰身直肢葬，多数墓葬无葬具，个别墓内出

① 魏坚：《内蒙古地区鲜卑墓葬的发现与研究》，科学出版社2004年版，第55—100页。

② 崔利明：《内蒙古商都县发现北魏窖藏》，《文物》1989年第12期。

现头龛和只存在于死者头部的二层台，二层台上一般有随葬品，有殉牲习俗。随葬品（包括采集品）有铁器、陶器、铜器、玉石器4类。陶器均为夹砂黑褐陶，手制且火候较低，都伴有烟炱痕迹；纹饰有弦纹和附加堆纹等，多出现于陶器上半部；器类只有陶罐，器型有侈口罐和鼓腹罐两种，HTM1还出土双耳侈口陶罐一个。铁器和铜器均锈蚀严重，大致可辨认的铁器应为铁镞，铜器只有一件为耳饰。玉石器有琥珀珠饰一件。①

团结墓地的文化内涵与扎赉诺尔古墓群、拉布达林古墓群、伊敏河鲜卑墓群均有许多相似之处，据发掘者推断应为拓跋鲜卑走出大兴安岭南迁时留下的遗存。

伊和乌拉墓地位于呼伦贝尔市新巴尔虎左旗嘎拉布尔苏木伊和乌拉山西南2千米处，1996年6月，呼伦贝尔盟文物站进行了抢救性清理，共计清理墓葬两座。

两座墓葬相距约5米，均为土坑竖穴墓，墓圹前宽后窄，葬式为仰身直肢葬，有殉牲习俗。随葬品有陶器、铁器、金饰件3类。陶器有4件，器类为陶罐和陶壶两种，陶罐3件，为手制，夹砂黑褐陶，均为敞口长腹罐，又可继续分为二式；陶壶为侈口舌状唇壶，泥质褐陶，轮制。铁器共计2件，腐蚀比较严重，器类为马衔和刀，马衔残长22厘米，刀残长8.9厘米。金饰件共计1件，弧形，两端弯成半环状，展长约9厘米。②伊和乌拉鲜卑墓遗存的文化内涵包括两种因素，其部分葬俗和部分陶器形制与呼伦贝尔地区鲜卑墓相同，而陶器中的侈口舌状唇壶与科右中旗发现的鲜卑遗存有极大一致性，铁刀则与巴林左旗南杨家营子出土的类似。其墓葬中发现了两个不同地区的典型器物，这无疑为研究鲜卑文化遗存提供了新材料。

8. 二连浩特市盐池墓葬

盐池墓葬位于二连浩特市东北的盐池东部，赛乌苏—红格尔公路50千米的里程碑向西500米处，共计一座墓葬。1998年8月，二连浩特博物馆进行了清理发掘。

① 魏坚：《内蒙古地区鲜卑墓葬的发现与研究》，科学出版社2004年版，第3—15页。

② 呼伦贝尔盟文物管理站：《新巴尔虎左旗伊和乌拉鲜卑墓》，《内蒙古文物考古文集》第二辑，中国大百科全书出版社1997年版，第453—456页。

墓葬已经遭到了一定程度的破坏，为土坑竖穴式，仰身直肢葬，木质葬具仅留有木痕，为框架式结构，分为上下两层，由5厘米厚的木条制成。随葬品计有铜牌饰16件、铜带扣1件、铜环1件、绿松石串珠2个、桦树皮器底1件及少量的残碎粗布织物和糜黍类植物。其中铜牌饰均为长方形，模铸，饰鹿纹，牌饰四角有凸起的圆形铆钉，15件牌饰鹿形肚脐下方有一圆形穿孔。铜带扣的扣牌为长方形，扣环为椭圆形。绿松石串饰为圆柱状，中间穿一孔，孔略偏。桦树皮器为器底，圆形，以两层桦树皮对合，无纹饰。[①]

盐池墓葬地处位于中蒙交界处的二连浩特市，这一地区古代考古学文化甚少，特别是古墓葬还是第一次发现，所以具有重要意义。据发掘者判断，此墓葬出土的木质葬具和桦树皮器皿、绿松石串饰与扎赉诺尔古墓群的葬俗相同，与乌兰察布市三道湾的同类器形制也相当，据此可以推断此墓葬当属于鲜卑始迁入内蒙古高原时的遗存，年代约在东汉晚期。

9. 包头固阳北魏墓

1985年，包头市固阳县城南蒙古族学校内发现古墓群，有被破坏的两座砖室墓和数座土坑墓，[②]考古工作人员进行了清理发掘和调查。出土的遗物数量不多，但种类不少，有陶器、漆器、骨器、铁器、铜器和珠饰等。陶器为壶、罐类，形制似呼和浩特市美岱北魏墓出土物。骨器中有弓弭，似扎赉诺尔、完工墓葬所出土的。土坑墓均是单人葬，东西向，故不论从墓葬葬式还是出土遗物来看，均是北魏鲜卑的墓葬。在固阳县的梅令山下有一古城，出土大量汉、魏时期残陶片等，按文献记载的地理位置以及城垣的规模来看，可能为汉代石门障，北魏时可能改为石门县，这一古墓群与此城有关。

10. 托克托县北魏鎏金铜佛

1956年，在托克托县古城村古城发现一鎏金铜释迦牟尼佛像，在佛像座背面，刻有铭文，为北魏太和八年（484）的佛像。这里有一大土堆，应是佛寺遗迹。

---

① 魏坚：《内蒙古地区鲜卑墓葬的发现与研究》，科学出版社2004年版，第106—111页。

② 郑隆：《包头固阳县发现北魏墓群》，《考古》1987年第1期。

11. 和林格尔县鸡鸣驿北魏壁画墓

墓葬位于和林格尔县大红城乡榆树梁行政村鸡鸣驿自然村东1.5千米处。1993年内蒙古自治区文化厅北魏金陵考古队对墓葬进行了抢救清理，获得重要考古发现。[①]古墓主人为拓跋鲜卑贵族，入葬时间大约在480年。墓中20余平方米的彩绘壁画尚存，这是一组珍贵的北魏时期以世俗内容为题材的绘画作品。

壁画内容可分为五部分，分别为入仕升官、宴居生活、游牧狩猎、死后升天以及四神图等，狩猎图中的河流、山川、牛、马、虎、豹、猴子、野猪、水鸟、鹿等形象，为研究这一地区的古代生态环境提供了实物资料。一幅“杆技”杂技图绘有七位表演者，分别是指挥、鼓手、吹笛、玩球、举杆和两位杆上的表演者，场面热烈，形象生动。“四神图”是汉魏时期中原地区流行图形，这座墓在显著的位置上绘制了青龙、白虎、朱雀和玄武的形象。壁画内容为研究中国音乐、舞蹈、艺术史、绘画史等提供了重要的资料。另外墓中还出土了七八种模印图案砖，有人物、动物、花卉形象，具有北魏砖室墓特征。

12. 统万城与巴图湾水库古墓群

鲜卑的遗迹、遗物在内蒙古地区发现很多，故不一一列举。除鲜卑文物外，在十六国时期，南匈奴左贤王的后代赫连勃勃在今陕西靖边县与内蒙古鄂尔多斯乌审旗交界处建立都城，即统万城。古城大部分在陕西境内，小部分在内蒙古境内。右城分为东、西两城，东城为后建，西城是统万城的内城。西城外围有郭城，城墙均用青灰色白土夯筑，城四壁均修“马面”，四角有角楼，城的面积很大，但遗迹稀少。427年，北魏攻陷统万城，改为统万镇。近年在城内出土有“驸马都尉”铭文铜镜，可能为赫连勃勃统治时期的文物。

古城的西南5千米处为巴图湾水库，水库位于无定河上游，属乌审旗河南乡。水库大坝东南约1千米的土梁上有古墓群，多被破坏。经调查了解，这里的古墓有砖室墓、土洞墓。砖室墓为方形砖室墓，不同于北朝时期流行的方弧形墓，但也不是汉墓形制。不论砖室墓或土洞墓，均为男女

---

① 苏俊、王大方、刘幻真：《内蒙古和林格尔北魏壁画墓发掘的意义》，《中国文物报》1993年11月28日。

合葬墓。出土文物多陶器，以泥质灰陶为主，火候不匀，制作粗疏，有瓶、罐、灯等，与呼和浩特市美岱墓出土物的陶质、器形和纹饰有相同点。但墓葬形制不同，可能晚于美岱北魏墓。墓群中还出现用尸床代替尸棺的埋葬习俗，因此墓群有早晚的区别。这里距统万城很近，这一墓群可能与统万城有关系。

三 内蒙古地区鲜卑墓葬的分期与分区研究

内蒙古地区鲜卑族遗存十分丰富，粗略统计1949—2001年的50余年时间里，内蒙古地区发现鲜卑墓葬40余处，共计700多座，其中有半数经过考古发掘。孙危在《内蒙古地区鲜卑墓葬的初步研究》[①]一文中对内蒙古地区的鲜卑墓葬进行了分期与分区研究，得到了学界广泛的认同。该文将鲜卑墓葬从时间上分为五期，空间地区上分为东部北区、东部南区和中部区三个大区，现将其主要分期与分区情况作简要叙述。

第一期时间的范围为公元前1世纪末至公元1世纪，属于这一时期的墓葬有呼伦贝尔市额尔古纳右旗拉布达林和七卡、满洲里市扎赉诺尔、陈巴尔虎旗完工和新巴尔虎旗伊和乌拉五处，这五处墓葬又可依据文化内涵分为不同的三组：第一组为拉布达林、扎赉诺尔和七卡三处墓地，为拓跋鲜卑遗存，时间上是在拓跋鲜卑"南迁大泽"途中及在"大泽"周围居住时的遗存。第二组为伊和乌拉墓地，该组大部分特点与第一组相似，但出土了侈口舌状唇壶这种东部鲜卑的典型器物，所以该组遗存被认为是既与拓跋鲜卑有较多联系，又和东部鲜卑有一定关系。第三组为完工墓地，完工墓葬应是和匈奴文化有密切关系并受拓跋鲜卑影响的遗存，该墓葬既与拓跋鲜卑墓群有诸多相似，又有极大不同，而其差异处远大于相同处。

第二期的时间范围是公元2世纪初至公元2世纪中，属于这一时期的墓葬约有八处，分别为：呼伦贝尔市团结墓地、鄂温克族自治旗伊敏河两岸的孟根楚鲁和伊敏车站鲜卑墓地；兴安盟科右中旗北玛尼吐鲜卑墓地；赤峰市林西县苏泗汰、巴林左旗南杨家营子墓地；乌兰察布市察右后旗三道湾一期和商都县东大井墓地。另外还有锡林郭勒盟正蓝旗和日木图的三鹿纹牌饰当为墓葬所出，也属于此时期。这一期依据文化内涵和与第一期

① 孙危：《内蒙古地区鲜卑墓葬的初步研究》，《内蒙古文物考古》2001年第1期。

遗存的关系，又可分为三组：第一组为孟根楚鲁、团结、苏泗汰、南杨家营子、三道湾一期、和日木图和东大井七处，为拓跋鲜卑南迁“匈奴故地”途中留下的遗迹；第二组为北玛尼吐墓群，其文化特征鲜明且与东部鲜卑有诸多相似之处，应与东部鲜卑有一定关系；第三组为伊敏车站墓地，其文化性质与完工墓地接近。

第三期的时间范围为公元2世纪下半叶至公元3世纪上半叶，属于这一时期的墓葬有十处，分别为：位于通辽市境内的科左中旗六家子、科左后旗新胜屯、舍根三处墓地；位于乌兰察布市的察右后旗三道湾二期、赵家房村、二兰虎沟、卓资县石家沟墓地；位于锡林郭勒盟的二连浩特市盐池墓葬；呼和浩特市托克托县皮条沟；包头市达茂旗百灵庙砂凹地。依旧可按照文化内涵和与第二期的关系分为三组：第一组包括三道湾二期、赵家房村、盐池、皮条沟和百灵庙砂凹地，这一期出现了拓跋鲜卑新的文化特点，尤其是出土了一面具有断代意义的东汉中晚期常见的“长宜子孙”铜镜。根据综合研究，可以得出此组年代为东汉晚期至三国时期，正是拓跋鲜卑初居“匈奴故地”时期。第二组包括六家子、新胜屯和舍根三处墓地，此组时期大致为东汉晚期到西晋，可能是拓跋鲜卑初到“匈奴故地”后的一个世纪，涵盖的范围可能包括今通辽和赤峰地区与东部鲜卑有密切关系的遗存。第三组包括二兰虎沟和石家沟墓地，据分析此组遗存应为融入鲜卑中具有浓厚汉文化色彩的匈奴部众所创造，具有浓烈的匈奴文化特征，时代应在东汉晚期之后，即拓跋鲜卑迁徙至“匈奴故地”后。

第四期的具体时间在公元3世纪下半叶至公元4世纪末，包括的墓葬有乌兰察布市察右中旗七郎山、兴和县叭沟、察右前旗下黑沟，呼和浩特市和林格尔县西沟子村，包头市固阳蒙古族学校五处，又可分为两组。第一组包括七郎山、西沟子村、蒙古族学校以及叭沟，根据墓葬文化内涵和与其他期相比较，可以确定其时间范围在公元4世纪初至北魏迁都平城前后，即拓跋鲜卑首领力微建都盛乐之后至道武帝拓跋珪迁都平城之间。第二组为下黑沟墓葬，其墓葬损坏严重，根据考古学文化特征，其与慕容鲜卑有很大一致性，因此应为与慕容鲜卑有密切联系的遗存。

第五期的时间范围在公元5世纪初至公元5世纪末，属于这一时期的墓葬众多，包括乌兰察布市察右前旗呼和乌素、呼和浩特市大学路北魏墓、美岱村北魏墓、包头市土右旗姚齐姬墓等。各个墓葬遗存文化面貌相同，时间上均为北魏迁都平城之后到迁都洛阳之前的阶段。

在分区上，主要分为东部北区、东部南区和中区三个部分。东部北区主要涵盖呼伦贝尔市地区，包括扎赉诺尔古墓群、七卡墓地、拉布达林古墓群、孟根楚鲁墓地、伊敏车站墓地、完工墓地、伊和乌拉墓地和团结墓地。这一区域墓葬在时间上分属第一期和第二期的鲜卑遗存。东部南区主要涵盖通辽市、赤峰市和兴安盟，包括苏泗汰、南杨家营子、北玛尼吐、六家子、新胜屯和舍根六处，分属第二期和第三期。中部区主要涵盖呼和浩特市、包头市、鄂尔多斯市、锡林郭勒盟、乌兰察布市，这一区域墓葬遗存众多，包括三道湾、东大井、盐池、二兰虎沟、美岱村等，时间上分属第二期至第五期。①

第二节　隋唐时期内蒙古境内的古城与遗迹

隋唐中央政权在内蒙古地区设有不少行政建置，但因考古调查发掘工作做得不够，故许多古城尚待今后解决。

一　单于都护府

从6世纪中期起，突厥族逐渐移居到内蒙古境内。隋开皇五年（585），东突厥归附隋朝，隋朝先后为启民可汗修筑大利城和金河城，并在胜州（今准格旗十二连城）与夏州（今乌审旗白城子一带）之间挖了一道壕，壕北作为突厥族的牧场。大利城即今和林格尔土城子。该城汉代为定襄郡治即成乐县所在地；北魏建城号盛乐城，为北都；北齐置紫河镇。唐平突厥后，在此设单于都护府，主管漠南突厥、汉族杂居区的事务。唐后期置金河县，振武军节度使驻此。和林格尔土城子在隋唐时期是座重要的城市。

关于和林格尔土城子，前面介绍盛乐故城时已提及，全城不甚规整，郭内东南隅有南北两内城，北内城为唐所建。全城北部唐代遗存较多，面积也较大，古城除南墙中段被河水冲刷外，其余各墙大致保存完好。残高

① 王巍、孟松林：《内蒙古地区鲜卑墓葬的初步研究》，《呼伦贝尔民族文物考古研究》（第一辑），科学出版社2013年版，第167—451页。

6米左右，除西门外，东、北、南面城门遗迹也较清楚，并加筑有瓮城。在这里，曾多次出土唐代碑刻，如曾出过唐宝历二年（826）撰刻的“唐振武节度使单于大都护张维清德政碑”“唐单于府开元寺悉达多禅师碣铭”等。1956年春，在古城西墙外发现“唐振武军节度使李玉祥墓志铭”，这些都是确定和林格尔土城子为唐代单于都护府的佐证。1960年进行了重点清理试掘，初步掌握古城各个不同历史时期文化的分布范围。从出土物和遗迹来看，与呼和浩特市二十家子村唐代村落遗址遗物相似，它们均较多地接近中原文化，反映了当时社会历史情况。

1960年春在和林格尔土城子北墙外约200米处，发掘了11座古墓。[①]除1座为砖砌方形盒状骨灰葬外，其余均为各式圆形砖室墓，墓内有不同的砖砌仿木结构或无仿木结构墓门及阶梯墓道，有双人葬也有单人葬，还有无人骨的衣冠冢。墓葬内均发现有壁画，因雨水冲刷及淤泥堆积，多被毁坏，只有个别的尚可看出局部，如9号墓的立像，保存腰身部分。东壁绘男、女奴婢像，女像存上半身，圆脸高髻，着小袖红衫，作担水状等。这批墓葬出土有80余件文物，有陶器、釉陶、瓷器、铜器、铁器以及银手镯、龙首石斧等。从出土物来看，为唐代晚期到辽代初期墓葬，出土的朱绘塔形陶器，与山西浑县出土的相似，为唐代遗物，这可能与部族葬俗或宗教信仰有关。墓中出土的茶褐釉印花瓶和鹦鹉尊，是不可多得的珍品。原定为晚唐遗物，近年山西大同一带又有出土，应属辽代文物。

二　天德军军址

唐代为控制阴山重要孔道大同川，曾在这一带修建了天德军城。1976年，在内蒙古巴彦淖尔乌拉特前旗额尔登宝力格乡思忽洞附近发现一座唐墓，墓为砖砌穹窿顶单室墓，墓内有仿木结构，尸床上有一男三女共四具尸骨。墓中出土有唐代典型器物陶罐、三彩瓷盂、白瓷碗和唾盂，还有铜镜及象牙、玉石等精致的雕刻，均具有唐代晚期的风格，为研究唐代物质文化提供了重要资料。特别是墓中出土墓志铭一方，明确记载着死者王逆修，生前任职唐天德军州防御都虞候，卒后埋葬在天德军城南原2.5千米，为解决天德军城的位置提供了确切的资料。

---

① 内蒙古自治区文物工作队：《和林格尔土城子古墓发掘简介》，《文物》1961年第9期。

墓志铭文上记死者“安茔于军南原五里”，故墓地北面2.5千米就应是天德军城的故址所在。根据碑文所记天德军的里程方向和自然环境，对照今天的地理形势，唐代的天德军城已被乌梁素海所吞没，虽两次涉水踏查，因久经湖水浸蚀沉积，未能发现遗物。据当地年逾古稀的老人介绍，这里原来叫土城子，他们年轻时还曾在土城子内住家，并从事耕种、放牧，1933年发了一次特大洪水，把村庄和土城子淹没，与乌梁素海连成了一片。天德军城虽然沦为湖泊，但它的位置明确了，为解决唐代在内蒙古地区的军政设置等一系列城址，提供了线索，如据此推断天德军西南约2千米处的古城，即是隋朝的大同城等。

三　东、中、西三受降城

唐景龙二年（708），在内蒙古阴山通往南北的交通要道上，修筑了东、中、西三受降城。由于天德军城位置解决了，因而也提供了这三个受降城位置的线索。根据文献记载以及考古调查和出土文物来看，东受降城即今托克托县东岗上的“大皇城”。古城文化堆积4.5米，出土过唐代塔形陶器和白瓷注子，但该城未做钻探、发掘，有待今后去进一步研究。中受降城位置应在今乌拉特前旗东与包头市接近一带，具体位置待定。西受降城的位置初步推断的是今乌拉特中旗库伦补隆村东的古城。古城为方形，边长225米，设有瓮城。在西受降城的西面，古高阙南，有唐代横塞军城址。

四　胜州及其他遗址

隋唐胜州榆林城的有关记载很多。1963年在鄂尔多斯准格尔旗北的十二连城乡发现一盒唐代开元十九年（731）的姜义贞墨书砖墓志，证实了十二连城乡所在地的古城遗址，即隋唐胜州榆林城故址。这里传说有9座古城，该乡东南7千米的城坡村还有3座古城，故合称为十二连城，但目前仅能见到五座城垣的轮廓。这五座城的城墙筑法、形制都不大相同，各城所见遗物也有时代早晚的差别。根据城址的结构与古城内的遗迹、遗物来看，其中有两座古城不仅位置与墓志所载相符，遗物也是隋唐时代最丰富的，故可定为隋唐胜州城故址。[①]榆林最早建于隋文帝开皇七年（587），当时属云州管辖，后又置胜州，治所设在榆林，至唐代仍置胜州在此。到五代后梁贞明二年（916），契丹耶律阿保机破振武军之后，胜州也被废弃了，辽代另置东胜州于黄河东岸，即今托克托县托克托古城。金、元均以托克托古城为东胜州，明代为东胜卫，到清代才改称托克托。

隋唐时期均置金河县，唐代金河县即和林格尔土城子。按文献记载，隋之金河县与唐代金河县不在一处。据考证，隋代金河县城址，可能在托克托城北哈拉板申东梁汉沙陵故城处。

隋唐时期的古城在内蒙古地区还有许多，除以上介绍的以外，调查发现还有察右中旗园山子唐代古城以及乌拉特前旗西山嘴唐代遗址。此外，在赤峰市阿鲁科尔沁旗乌兰苏木发现的“大唐营州都督许公德政之碑”碑额，[②]更是研究唐代在北方地区的行政设施以及中原与北方民族间关系的重要资料。

图5-6　“大唐营州都督许公德政之碑”碑额

（引自苏赫《内蒙古昭盟发现“大唐营州都督许公德政之碑”碑额》，《考古》1964年第2期）

① 李作智：《隋唐胜州榆林城的发现》，《文物》1976年第2期。

② 苏赫：《内蒙古昭盟发现“大唐营州都督许公德政之碑”碑额》，《考古》1964年第2期。

第三节 内蒙古隋唐重要文物

隋唐时代的文物在内蒙古地区常有发现，下面仅介绍部分较重要的文物。

一 敖汉旗波斯萨珊式银执壶

1975年春，在赤峰市敖汉旗荷叶勿苏乡李家营子发现一批银器和金带饰。①这批金银器先后分别发现在相距不远的两个地方，据说出土时还有人骨，但没有砖石建筑材料，估计为两座土坑墓所出。其中一墓出土银器5件，即波斯萨珊式银带柄扁执壶、鎏金银盘、椭圆银杯、小银壶和银勺各一件。另一墓出土錾花金带饰和錾花透雕金带饰等共34件，此外还有小花瓣金饰、金带扣等。金质带饰捶雕的卷草纹具有浓厚的唐代风格，而银执壶的口部有流，流和口缘相接处有接缝，柄部和口缘相接处饰一鎏金人头像，深目高鼻，有八字胡须，短发向后梳，壶为高圈足外侈，圈足底边有一周联珠纹，这些都是波斯萨珊式银壶的特征。同时出土的底部有鎏金浮起的老虎纹银盘，与1970年在陕西西安何家村发现窖藏唐代金银器中的动物纹银盘相近似，当属同一时代。中国金银器在唐代很发达，而且多受波斯萨珊王朝的金银器影响，有的是波斯输入中国的，有的是中国的金银匠模仿制造的，但也可能有波斯匠人在中国制造。这反映了古代中国同西亚的友好交往关系。这件波斯银壶是目前在我国出土方位最北的一件。

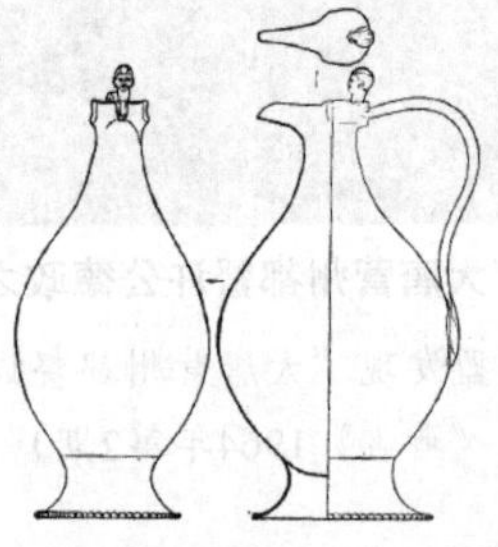

图5–7 敖汉旗李家营子出土鎏金银壶

（引自邵国田《敖汉旗李家营子出土的金银器》，《考古》1978年第2期）

① 邵国田：《敖汉旗李家营子出土的金银器》，《考古》1978年第2期。

二　喀喇沁旗发现的唐代鎏金银器

1976年，在赤峰市喀喇沁旗锦山乡哈达沟门筑路取土时，掘出6件鎏金錾花银器，共重11千克，有大型银盘4件、圆罐1件和双鱼壶1件。发现时均已被折几折后卷压成一块或敲砸压扁，并残损成两块，然后无规则埋在地下，出土地点无任何墓葬或遗迹。[①]这6件鎏金银器，形制花纹都十分精美，实属罕见，4件大型银盘全是錾花鎏金，均为圆形，大瓣花边，直径在47厘米左右，沿宽6—7厘米，盘沿上对称錾刻花卉图案两组。其中2件盘内底部有6组花卉图案与盘沿花卉图案对称，盘中心凸錾龙首双鱼相向回泳，龙首双眼圆凸，利牙卷舌，鱼身鳞甲錾刻精工细密，在双鱼之间，盘正中处为一火焰宝珠。银盘经修复，银底金花非常精美。另外2件银盘，形制、花卉图案均大致相同，其中一件在盘中心錾刻一卧鹿，满身饰梅花斑点，鹿顶长有一朵肉芝，鹿四周阴刻花叶和石榴花纹，形成以卧鹿为中心的团花。4件银盘均工艺精湛，光灿夺目，不论是双鱼或狮、鹿形象，均立体感强，栩栩如生，尤其是卧鹿银盘，更是精致美观，背底有铭文一行共55个字，说明是地方官向宫廷进贡的物品。圆罐残损最甚，未存器口，罐身上也錾刻有花卉、立鹿、花环等。双鱼壶呈扁圆形，壶身由两条直立状腹部相连的鱼构成。鱼的鳃、鳍和鱼鳞錾刻得很精致。从银盘的铭文来看，这可能是唐代宣州的产品，从形制、花纹来看，应属唐代安史之乱后的金银器。值得注意的是，银盘的底面，除因錾刻纹饰留下的上凸起的痕迹外，还有三个呈鼎足状排列的圆形凸痕。盘沿处，向下折弯4毫米，形成一沟槽，可能原来嵌有物体。在日本正仓院保存一银盘，下有三足，盘口衔坠由金珠等串成的垂饰，呈流苏状。这4件银盘底部三圆凸痕，口沿部的沟槽，可能就是三足和流苏式垂饰的痕迹，但在埋藏前脱损遗失。以上这6件鎏金银器为我国唐代大型银器中难得的精品。

三　唐代货币和外国货币

在内蒙古境内发现有唐王朝的货币，也发现有反映我国与西亚经济文化交流的东罗马金币和波斯银币。

---

① 喀喇沁旗文化馆：《辽宁昭盟喀喇沁旗发现唐代鎏金银器》，《考古》1977年第5期。

唐高祖武德四年（621），铸开元通宝，这是中国古代币制史上的重要转折点。此后，铜钱上不再标明两、铢等重量，而是用“通宝”“元宝”之类的名称。开元通宝钱币在内蒙古境内常有发现，但多为零星发现，而和林格尔土城子曾发现过满瓮窖藏“开元通宝”铜钱，重约500千克。[①]在这一大批“开元通宝”中，有唐初所铸的“开元通宝”，“元”字第二横左角上挑，有的背面有偃月和小星纹；也有唐代后期地方所铸的“开元通宝”，钱币背面铸有“京”“洛”“兰”“越”等字。

1959年在呼和浩特市土默特左旗毕克旗水磨沟口发现一唐代墓葬，出土文物中除金戒指、金冠装饰、高足银杯以及刀鞘、铜环等外，还出土一枚拜占庭金币，[②]重2克，直径1.4厘米，剪边，两面仅余中心图案和铭文部分，正面为王者半身像，背面为有翅膀的女神立像，这一金币应是东罗马币制改革后的金币，可能是东罗马列奥一世所铸，现收藏在内蒙古博物院。

1984年在呼和浩特地区北部发现东罗马金币，直径1.2厘米，重2.3克，也是剪边，仅余文字和图案，正面也是王者半身像，背面是有翅天使立像，但具体形象与毕克旗水磨沟的金币不完全一样。正反两面均可看出铸出的外文字母，这应属拜占庭早期所铸，但也属东罗马币制改革以后的金币。此金币保存在呼和浩特市文博单位。

1965年，在呼和浩特市西北坝口子村古城内发现波斯萨珊王朝银币4枚。一枚为卡瓦德一世（488—531）银币，直径2.8厘米，重3.8克，正面正中为王者右侧半身像，顶部边缘有六角星和新月等，象征日月，周边为联珠纹，外缘空白处有四个新月抱星，王者像前有钵罗婆文王名“卡瓦德”的铭文。背面正中有祭坛。坛上有火光，左右上角有星和月，祭坛两侧各有一祭司手执剑正面站着。从花纹和铭文来看，属波斯卡瓦德一世复位后所铸银币。另外三枚银币纹饰基本与上相似，形制稍有差异，王者像前有钵罗婆文王名“库思老”铭文。这三枚银币从花纹和铭文来看，当属库思老一世（531—579）所铸的银币。

---

① 据1979年《乌兰察布文物》中“和林格尔古城”的记载。

② 盖山林、陆思贤：《呼和浩特市附近出土的外国金银币》，《考古》1975年第3期。

1. 卡瓦德一世；2—4. 库思老一世

图5-8　波斯萨珊朝印布拓片

（引自盖山林、陆思贤《呼和浩特市附近出土的外国金银币》，《考古》1975年第3期）

以上金币、银币均是研究中西文化交流以及古代土默特对外交通的资料。

四　和林格尔县大梁村唐代李氏墓志

1988年和林格尔县舍必崖乡大梁村村民在村东的杨树林中挖甘草时发现一块墓志，随即报告了和林格尔县文物管理所，并将墓志送交文物部门。1989年7月内蒙古文物考古研究所与和林格尔县文管所对该墓进行了发掘清理。此墓位于和林格尔县县城西南约9千米的舍必崖乡大梁村，墓道前部放置一盒墓志。灰褐色砂岩镌刻，志石粗糙，盖顶及志面有许多砂眼。正方形，边长61厘米、厚24厘米。志盖盝顶中部厚12厘米，边厚6.5厘米，盝顶平面为方形，边长37厘米，平面刻有凸起的田字形方框，框内阳刻篆书“李氏墓志”四字。4个斜面各刻一朵牡丹花，4个侧面刻有缠枝牡丹花。志石厚12厘米，4个侧面也刻有缠枝牡丹花。志文阴刻楷书，21行，520字。全文照录如下：

唐故朝散大夫守蓟州长史成府君陇西郡夫人李氏墓志铭并序文林郎守单于大都护府司马牛镇撰夫人幽州人也少罹凶闵时属乱常井邑流离宗族湮

没其曾祖官讳莫能知之父义芳器宇宏邈体性纯懿英风独秀峻节孤高好运兵机尤精剑术静龙沙而拜命探虎穴而建勋威慑戎夷声振寰宇累迁卢龙节度柙衙雲麾将军守左金吾卫大将军试太常卿上柱国夫人即卿之长女也蕴兰蕙之恣秉松篁之节言行有则礼容成规笄年适人为彼中馈恭行妇德克著母仪躬事纮綖手勤机杼自星剑孤没梧桐半折娥轮独处四纪于兹素质罢绮绣之荣玄鬓绝珠翠之饰岂谓积善无应遘疾暴增呜呼叶榆之阴易谢隙驷之影难留元和二年六月廿九日终于单于府六奇里之私第春秋七十有五将袝先茔龟筮未协以其年十月十六日权殡于府城西原礼也隧路启扉辖车移寒日褑光愁云敛色嗣子左中军副兵马使同节度副使开府仪同三司检校太子宾客试秘书监子杲幼孤母鞠达于从仕承三从之明训负七纵之雄谋扇枕温膞勤于色養自丁家艰毁伤灭性将録遗风志之永永其词云玑璧折兮贞白尚存兰芷败兮芳香独闻青鸾昏兮尘笼玉匣白鷴吊兮泪滴朱门修女史兮神明哲傅母仪兮天资朗澈蕴淑慎兮容止雍雍秉贞操兮英风烈烈九原萧萧兮草树黄尽辖迟迟兮沙路长念孤坟兮寄绝域望先茔兮怀故乡辞白日兮归蒿里袭长夜兮同逝水輌陵谷兮无定期镌贞石兮向丘遂

由于此墓有明确纪年，随葬的陶器、瓷器、铜镜等为同类器物的断代提供了标尺，也为和林格尔土城子古城提供了重要的文字资料，进一步证实了史料的记载，对研究古城的变迁及建置均有十分重要的意义。

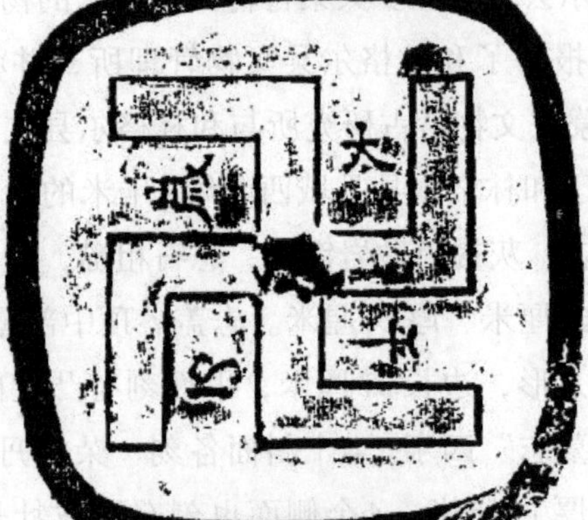

图5-9 和林格尔县大梁村唐代李氏墓出土铜镜

（引自孙建华《和林格尔县大梁村唐代李氏墓》，《内蒙古文物考古》1996年第Z1期）

第四节　石头人墓及吉日木图金带饰

在内蒙古北部草原上，常见有石头人墓。地面呈圆或方、长方形石块围筑，有单石圈、双石圈以及多石圈等，中间竖立一石人。石人有的刻得很简单，用一天然石条刻出眉、眼、鼻、嘴，稍加工以显出头部。有的刻一人，一手握剑，一手端一杯。还有刻成阿拉伯男人头像，头戴尖形帷帽。还有刻成妇女半身像，头戴披风似帽等。这样的石头人墓在内蒙古锡林郭勒盟靠边境往西直到新疆均有发现。这种石头人墓应是不同时代的墓葬。曾在四子王旗红格尔地区发掘了一些石头人墓葬，为金代墓葬，与锡林郭勒盟阿巴嘎旗白音图嘎的石头人墓不一样。锡林郭勒盟苏尼特左旗石头人墓也有类似的蒙古国突厥墓上所立的石人像，但目前田野工作做得太少，零星发掘了个别墓，欠缺系统的调查分类。这些石头人墓中应该有与突厥人有关系的墓葬。

1981年在锡林郭勒盟苏尼特右旗的吉日木图苏木，一牧民发现一批金带饰件、金刀鞘等。这批金带饰与敖汉旗李家营子出土的金带饰相似，但上铸有猎人射虎等三种图案，小的饰件上有兽纹，刀鞘上有卷草纹，但底纹均是鱼子纹，应为唐代文物。这批金饰件反映游牧民族的特点，可能与突厥族有关。

突厥族最初起源于准噶尔盆地以北，今叶尼塞河上游，过着游牧生活，后来迁徙到高昌北山，今新疆博格多山，以锻铁著名。5世纪中叶，突厥被柔然征服，成为柔然的锻奴，被迫居金山（今阿尔泰山）南麓。6世纪初，突厥摆脱柔然控制，逐渐强大，酋长阿史那联合准噶尔盆地铁勒等部，于552年大破柔然汗国，阿史那自称“伊利可汗”，在漠北地区建立了突厥汗国。蒙古草原部落有文字，是从突厥汗国的突厥文开始的。从6世纪中叶起，突厥逐渐移居到内蒙古境内，先后与隋唐王朝发生关系，必然在内蒙古境内留下遗迹、遗物。8世纪中期，突厥族建立的政权被回纥取代。回纥族又与唐王朝发生联系，回纥族也应在内蒙古地区留下遗存。9世纪中，回纥政权又被原住叶尼塞河上游的黠嘎斯人攻灭，占据漠北，不久黠嘎斯人又北归故土，给室韦西迁创造了机会。根据以上情况，内蒙古地区突厥族遗迹、遗物有待进一步发现、研究。

第六章　辽金西夏考古

第一节　内蒙古地区辽代考古

一　辽五京、内蒙古境内辽代古城以及宗教建筑

1. 辽五京和城址情况

契丹族在建国以前，长期过着游牧、狩猎生活，没有定都的要求。902年耶律阿保机兴建了第一座城郭，叫龙化州，今奈曼旗西北部与敖汉旗接壤地带，有座辽代石城，可能是龙化州故址。其后，又相继兴筑了不少城郭。耶律阿保机虽在龙化州称帝，但当时并未将此城定为都城。918年，才兴建规模宏伟的上京作为都城。

辽代有“京五、府六、州军城百五十六、县二百九、部族五十”。这些行政设置，除部族外，都建有城邑。关于辽代城址遗迹，已难全部考订，有200座左右，大多数在今内蒙古境内。辽代城址分布在当时四个地区：一为契丹本土，包括奚族居住的地带。城址主要在上京道和中京道内，除上京临潢府和中京大定府两都城外，还有祖、怀、庆、饶、龙化、武安、松山等州城。二为渤海地区，即原渤海国全境和一部分原高句丽地区。辽平定渤海国后，精简了渤海原来的许多行政机构，设置东京辽阳府及其下属州县，后来又增设显、乾、宗、贵德、遂等州。辽圣宗时兼并了部分高句丽地区，增设保、定等州。三为汉族地区，即原属后唐、后晋、北汉等辖领地区，包括辽太宗时后晋割让燕云十六州，先后设置南京析津府、西京大同府和平、丰、云内、东胜、易州等州县。四为部族地区，即居住在东北、北、西北一带的女真、室韦、乌古、敌烈、突厥等部族。辽设防城派兵镇守。从以上城址的建筑来看，又可分为五种类型：一是规模较大的

都城，有上、中、东、南、西五个京城。二是府、州、县城，规模小于都城的中小城郭。三是契丹贵族所筑的私城，称为头下军州。四是祭祀和守卫帝王陵墓之用的奉陵邑。五是边防城，在边境部族地区屯兵镇守之用。

辽五京中，东京辽阳府是利用渤海辽阳旧城修葺扩建的，在今辽宁省辽阳。南京析津府是利用唐代幽州旧城扩建的，在今北京。西京大同府是利用唐代云州旧城，即今山西省大同。这些京城在旧城基础上扩建，虽在布局上有所改变，但多保留了中原传统的城市特点。而上京临潢府（在今赤峰巴林左旗林东镇）和中京大定府（在今赤峰市宁城县大明乡）这两座京城，虽仿效中原地区都城的设计，但在建筑形式上和城市布局上，均具有鲜明的特点。辽代以五京为中心，将全国分成五京道五个区域，实行五京制说明了辽代没有形成一个联系全国经济的中心和最高统治中心，实际政治中心是随皇帝所设的“捺钵”而定。圣宗前多无定所，圣宗后才逐渐固定，这是契丹游牧习俗的反映。

辽代上京和中京的兴建，标志着契丹社会封建化进程进入一个新阶段。辽上京临潢府位于赤峰市巴林左旗林东镇东南15千米处。上京城于神册三年（918）开始筑城，初名皇都，天显元年（926）扩建，天显十三年（938）改称上京。这是契丹建国初期在本土兴建的第一座京城，也是辽国早期政治、经济、军事和文化中心。

图6–1　辽上京城址位置图

（引自中国社会科学院考古研究所内蒙古第二工作队、内蒙古文物考古研究所《内蒙古巴林左旗辽上京宫城东门遗址发掘简报》，《考古》2017年第6期）

上京城是我国草原上兴建的最早的都城，布局呈日字形，分为南、北二城，北为皇城，皇城是皇族居住区和官府衙门所在地，呈六边形，周长5千米，墙高10米。南为汉城，汉城是汉族居住区和商贸区，周长8.5千米，墙高6.6米。这种二元一体的城市布局，是辽代“以国制治契丹，以汉制待汉人”的统治政策的体现，也是草原游牧文明与中原农耕文明相结合的产物。

皇城的四面墙中，东墙长1467米，北墙长1485.8米，西墙不是直线，两端向内斜折，北段斜折墙长422米，南段斜折墙长359米，中段直墙长1063.1米，南墙应长1601.7米。总计皇城周长6398.6米。[①]

1961年辽上京城遗址被评为“国家重点文物保护单位”。城东南建有回鹘营，是中亚一带阿拉伯商人的居住区。城西南设同文驿、临潢驿，是使馆区。皇城北0.7千米及汉城南2千米处的山丘上各有辽代密檐式砖塔一座，称上京城南北二塔。皇城大内东南约60米处，立有一尊赭色砂岩雕成的观音像，首部无存，残高4.2米，观音石像西侧有石刻龟趺一具。上京遗址西有辽太祖耶律阿保机的祖陵及奉陵邑祖州城址。

辽上京具有辽代初期城市的特点，首先在城市的布局上，采用了契丹人和汉人分居的方式。皇城城墙高大，并设有马面，而汉城城墙不高，无马面。城市防御的重点是皇城，保护契丹统治者。在汉城中还设市楼来监督统治汉人。从皇城的布局来看，虽然仿效中原都城，但却不像中原都城那样布局对称，没有形成中轴线，大内的建筑随意，大内西北有大片地方无建筑基址，这是供搭设毡帐的旷地，反映了契丹民族的特点。辽上京城开始是东向，到耶律德光时，才依汉制将建筑物改为南向，大内新辟正门。

辽中京城是辽宋澶渊之盟以后，于统和二十一年（1003）到统和二十五年兴建的，并设立大定府，直到辽灭。中京是上京的陪都，政治、经济、军事地位都很重要。辽中京大定府的地理位置在赤峰市宁城县天义镇大明乡，大明乡也是因为大明城（辽中京城）和大明塔（辽中京城大辽塔）的存在而得此名，这是因为辽中京城一直延续到金、元两代，于明朝被毁，从明之后，人们便只能看到辽中京的废墟和大辽塔，也就被人们称

① 董新林：《辽上京城址的发现和研究述论》，《北方文物》2006年第3期。

作大明城和大明塔。

中京的兴建，不仅是辽宋关系的转折点，也是契丹社会加深封建化的新起点。1959—1960年内蒙古文物工作队对北城进行了调查和发掘。[①]中京城有外城、内城和皇城三重城。外城规模最大，城内有南北向中央干道，外城平面呈长方形，东西长4.2千米，南北宽3.5千米，南城正中有门，叫朱夏门，并有瓮城，四角有角楼，但未发现马面。自南门朱夏门到内城南门阳德门，全长1.4千米，正中有一条宽64米的大道，道两侧有用木板覆盖的排水沟，直通朱夏门，两侧城墙下有石涵洞。在外城南部东北角，靠近内城南墙，有一座残塔，现人称“大明塔”。在大塔的西南方，另一较矮的与大明塔形状相同的塔，现称“小塔”。这就是中京城有名的南北二塔。

外城内还有南北向街三道，东西向街五道。街市布局齐整，东西对称，各街均有排水沟。按文献记载，东西各有三坊，每坊有围墙，为当时工商业区，外城内还兴建有官署、庙宇和驿馆等。

内城在外城中，略呈回字形。皇城在内城的北部，为正方形，东西宽2000米，南北长1500米，城墙上设有马面，以内城北墙为北墙。皇城为契丹统治者居住的地方，东南和西南均设有角楼。辽中京与当时北宋都城比较，虽然仿照了汴京布局设计，但有许多不同之处，如汴京为大、小三个口字城相套，而中京仅内、外城相套，皇城在内城北部，仅有东、西、南三面城墙；汴京外城四墙的四角是抹角，而中京城外城不设马面，而是内城城墙设马面，用以防范外城的汉人；汴京三重城均有大量建筑物，而中京内城仅有少量建筑台基，多按契丹习俗搭设毡帐。可以看出，辽中京城虽在布局上有中轴线，东西对称，多仿效中原都城，但仍保留了契丹族的特点。

中京自辟地兴建到失于金，历经150年，一直是辽的重要都城。金兵在攻陷上京后，于辽保大二年（1122）正月又攻占中京。金时改中京为北京大定府，设留守司、转运司、警巡院。元初改为北京总管府，至元五年（1268）改为大宁路，二十五年（1288）改为武平路，明初在此设大宁都指挥使司，后改北平行都指挥使司，洪武二十年（1387）设大宁卫。明太

---

① 李逸友：《辽中京城址发掘的重要收获》，《文物》1961年第9期。

祖死后，因诸王纷乱，此城遭战火遂成废墟。

辽代州、军、县城的规模，有大、中、小三等，有的城是沿用和改建的，有的是新建的。上京道和中京道的州、县城基本上是辽代所建，少部分是沿用旧城和改建的。在东京道、南京道和西京道境内，则沿用旧城和改造的占多数。例如，赤峰市林西县西南60千米樱桃沟的辽饶州故城，即是辽太祖时沿用唐代饶乐都督府故城而设置的。[①]该城是大小两个城相连，平面呈横长方形，全城东西长1400米，南北宽700米，东城较大，西城为后来扩筑的小城。夯筑土墙，两城城墙上均无马面和角楼，东西各有二门，东城南墙中部也似有一门，城门均筑方形瓮城。两城中部东西一条大街，长街市肆官署等遗迹明显可见，布局整齐。东城还有一条南北大街，将城分为四区，西城无南北大街，仅有两区。从城址内出土遗物和大规模冶铁场看，证实是辽太祖、太宗时安置渤海俘户而设置的饶州，东西两城应是契丹、渤海按民族分居的区域，与辽上京城分皇城和汉城一样，为辽代早期城市的特点。又如，辽在西京道兴筑的丰州城，该城为上等州城，城址在今呼和浩特东郊白塔村西南，在大黑河冲积平原上。城墙全部夯筑，但多被淤埋和破坏，西、南两墙较明显，而东、北两墙仅隐约可辨。经钻探得知，全城略呈方形，[②]南北向，南北长1200米，东西宽1100米，城墙上相距60—90米筑一马面，四角有角楼。东、南、西三面正中开一城门，并筑方形瓮城，北墙因现代公路、铁路所压，无法得知是否开设城门。城中有一方形高大建筑台基，东、南、西三门各有一条大街直通城中。现西北角尚保存辽代楼阁式万部华严经塔一座，为八角七层砖木结构塔。塔内尚有金代石碑六块，从碑铭得知该城为辽、金丰州天德军城址和城中各坊、街巷、关厢名称，[③]其中四坊应是沿用辽代名称。四面城门内的大街将全城分为四坊，官署、市肆、作坊和民居分布在这四坊内。城下为黄沙土，未压有早于辽代的文化层，说明《辽史·地理志》所载历史沿革是错误的。类似丰州这样城墙周长4300米左右的城郭，均为上等州军城。据调查，这样的州军城在内蒙古境内还有许多，如呼和浩特市西白塔古城，为辽云内州开远军城址，周长4600米；敖汉旗丰收乡白塔子古

① 吴宗信：《辽饶州故城调查记》，《考古》1980年第6期。

② 内蒙古文物工作队和呼和浩特市文物管理处共同钻探。

③ 李逸友：《呼和浩特市万部华严经塔的金代碑铭》，《考古》1979年第4期。

城，为辽武安州城址，周长约5000米。这些上等州军城址为节度使镇守。中等州军城城垣周长为3000米，面积约为上等州军城的一半，镇守官员有节度使、观察使和防御使。下等州军城城垣周长在2200米左右，实际有2200米左右和1000米以下两种，属观察使、防御使和刺史镇守。这种下等州军城址和县城规模相同。这些城大多呈方形，小部分呈长方形，个别四墙斜向或部分城垣扭曲。城址大多为南北向，小部分为东西向。辽早期为东、西两城相连，这是为契丹与汉人、渤海分治而设。

辽代城址中还有奉陵邑，是专门为奉祀和守卫辽代帝王陵墓而兴建的城郭。辽代共修建五座奉陵邑，即太祖祖陵的祖州，太宗怀陵的怀州，东丹人皇王陵和世宗显陵的显州，景宗乾陵的乾州，以及圣宗、兴宗、道宗三帝合称的庆陵之庆州，其中祖州、怀州和庆州在内蒙古境内。其余二王陵和奉陵邑在辽宁省境内。下面简单介绍内蒙古地区的奉陵邑。

祖州城在今赤峰市巴林左旗石房子村后约2千米，东南距辽上京城20千米，城北山谷中为耶律阿保机的祖陵所在地。天显二年（927）太宗置。城垣全用土夯筑而成，残高3米左右。全城平面略作矩形，而西南墙内折背形，故又似不等边的五角形。由外城和内城组成，外城东南墙长285米，中部开城门为望京门。西南墙长570米，中部内折，东段长305米，西段长265米。西北墙长295米，东北墙长600米，这三面城墙中部均开设一城门。西北、东北二面城门外加筑瓮城，城墙上有马面，现西、南两角尚存角楼遗迹。在外城的后部设有内城，长295米、宽145米，东南墙正对外城望京门开设一城门。在外城筑有两段短墙与内城相连，将全城西半部隔开，外城南北两侧区均划入了内城范围，形成全城后半部都成内城区域。外城前半部中为大道，大道两侧有明显的建筑基址，有大大小小的院落，这些院落当是侍役人员居住地和绫锦院等被监督的汉人、渤海人的劳动场所。内城主要为享殿、官署和契丹祭礼有关的建筑基址。内城一隅有一石房子，由7块花岗石石板砌成，高4米，宽7米，进深6米，石板厚45—50厘米，这是契丹祭祀祖陵的神祠。在城址外的东南方，有分布密集的建筑基址，为一个个石块垒的围墙，围墙内为小型建筑基址，分布面积很大，这些当是身份低下的守陵户聚居之地。聚居地中有市肆，而城内仅有祭祠、享殿、官廨等奉祀和守卫功能的建筑，这是奉陵邑不同于一般州县之处。

怀州在今赤峰巴林右旗岗岗庙村。这座城原是太宗耶律德光的私城，因其死后葬于此，而升为州。城垣不大，正南北方向。城垣全系夯土筑成，东墙保存最好，长524米，南墙保存较好，长496米，西墙和北墙大部分被河水冲刷。城内清代建一座名为岗岗庙的喇嘛庙，现已成为一村落，城内遗迹均被破坏了，仅可看出两组大型院落遗址，这可能为享殿和官署所在地。该城的北墙外，也分布着密集的居住地，这也应与祖州一样，为守陵户居住区。

庆州在今赤峰市巴林右旗索卜尔嘎苏木西北10千米庆云山中。城垣也为土夯筑，分内外两城，平面呈回字形，南北方向。外城东西长1550米，南北宽1700米，城墙除北墙和西墙部分保存外，其余均已塌毁。内城保存较好，残高4米左右，东墙长1090米，西墙长1095米，南墙长930米，北墙长935米，每面墙正中或偏南开设城门，并加筑方形瓮城，城墙上有马面和角楼，城内有大型建筑群基址，为享殿、官署等建筑，还有宗教寺院等建筑基址。此奉陵邑与祖州、怀州有所不同，即庆州的守陵户不是聚居在城外，而是分住在外城的东、南、西三面。同时在庆州城西北隅至今仍保存一座辽塔，兴建于辽兴宗重熙十八年（1049），塔名为释迦如来舍利塔。

头下军州城是契丹贵族的私城，这些私城规模大小不尽相同。起初的头下军州城仅为安置俘户而筑城，让俘户聚集在城中从事手工业和农业劳动，为契丹贵族们进行生产活动。到圣宗时期，出现为公主从嫁户建立的头下军州，大小不等，大者为州，小者为军，但因种种原因，有的也被没收为皇帝私有的宫分地。辽代现存的头下军州城，如巴林右旗布敦化苏木古城，为辽上京道的松山州；翁牛特旗西南的乌兰板村古城，为辽上京道的丰州，均是头下州城。城址均简陋，城墙低矮，也无马面角楼，城中除管理的官舍外，无大型建筑基址。这些城实际属庄园经济性质，城中的俘户为契丹贵族从事各项生产。

边防城是指契丹在所属部族居住地区建的驻扎士兵的城郭，而不是与宋、西夏和高句丽接壤地区的城郭。在《辽史·地理志》中记载辽的东北和西北筑有边防城。在今蒙古国境内和内蒙古自治区境内，均发现有辽代边防城，而且已超过文献记载的数字。在内蒙古境内，如今呼伦贝尔陈巴尔虎旗巴彦库仁镇东南15千米的浩特陶海古城为辽通化州；今兴安盟乌兰浩特市东北约30千米的前公主陵古城为辽静州（金山县），都是边防城。这些城郭规模都不大，相当州县的下等规模，城址都有马面、角楼、瓮城等军事防御设施，城郭的功能就是用作军事防御，这些城附近往往兴建有小城，为军事防御上相互依托和接应的据点，这是由边防城的特殊功能所决定的。

以上仅简单介绍辽代城址的特点和情况，关于辽代城址李逸友先生有较全面的论述。[①]

2. 辽代的宗教建筑

塔是随佛教从印度传入中国的。塔的梵文含义是坟冢的意思。当塔传入中国时，在印度已经经过较长时期的发展，除坟冢（放舍利）外，还有在灵庙、石窟内建造成雕刻的塔，即“支提”或“制底”，没有舍利，而谓之庙塔。传入中国以后，发展成为中国式寺塔。唐以前寺庙是以塔为中心，但从唐代以后就发生了变化，逐渐以塔寺并列发展成为塔殿左右相对，最后把塔排出寺外，或建于寺旁、寺后以及另建塔院。辽塔当已在寺旁或寺后了。中国塔早期为木结构，也是从唐代开始发展成为砖石仿木结构，辽金时代为我国砖石塔高度发展时期。塔的种类很多，其中有来源于我国传统建筑楼阁的楼阁式塔，楼阁式塔发展而成密檐式塔，即实心塔。下面仅简单介绍内蒙古地区三处辽塔。

（1）万部华严经塔

位于呼和浩特市东郊17千米处，为辽代丰州城内寺庙中的建筑，建于古城的西北角。此塔是因崇奉和秘藏华严经而建造的，传说建于辽圣宗时期，为八角七层砖木混合楼阁式塔，通高55.60米，底周长为56米。该塔因年久失修，塔刹早已不存，1978—1986年修复，并将埋于地下的塔基清理露出地表，进行了加固保护。该塔在辽代砖塔中具有代表性。塔体建筑于夯土地基之上，塔内外壁和塔心设有多层互相交错搭接的木梁，构成一完整的木骨体系。该塔运用了水平悬挑及周箍拉接的木骨构架的科学结构，与砖砌体有机地结合为一体，来提高和增强塔体的水平稳定性能，很符合科学的力学原理。塔的造型优美雄伟，自下向上收分甚缓，塔基很高，基座上部为三层仰莲或俯莲座，莲座上为塔身。塔身每层均设腰檐和

① 李逸友：《辽代城郭营建制度初探》，《辽金史论集》，书目文献出版社1987年版。

平座，四面设券门和假门，并有通风气眼。南面第一层券门上嵌“万部华严经塔”篆刻额一面，第一、第二层各面门窗两侧塑有天王、力士、菩萨等浮雕，转角采用盘龙式柱，造型生动。塔内有楼梯攀登，有金代石碑六通，并有许多辽、金、元、明、清各代各种文字的题记，有汉文、契丹文、女真文、八思巴文、畏兀体蒙古文和藏文等，是研究内蒙古地区的历史、文化的很重要的资料。

（2）辽中京大明塔

始建于辽兴宗重熙五年（1036），传为感圣寺内的舍利塔。位于赤峰市宁城县辽中京遗址外城的东北角，是中京城内寺庙中的建筑，为八角十三层密檐式白色砖塔，当地老乡称为大明塔或白塔。该塔的原塔基部分埋在土中，看去似建在一高土台上，1988年将塔基埋土清理掉。塔身在此前也经过维修，现塔高80.22米，基部每面宽14米，周长112米，塔直径35.6米。塔外第一层正面四面镶嵌砖雕的佛、菩萨、力士和飞天像，背面四面砌成双层塔形，上层刻佛塔名，下层刻菩萨名，造型浑厚，是我国现存古塔中较为宏伟壮观的一座。20世纪80年代初期维修时，发现塔顶上有“寿昌四年四月初八日”记字，这是辽道宗时维修竣工后留下的。该塔当是辽兴宗至道宗年间修造，十分罕见。辽中京释迦佛舍利塔是我国国内现存第三大高塔，也是目前世界上所见辽塔中体积最大的一座。

（3）庆州白塔

位于赤峰市巴林右旗辽庆州西北隅，为八角七层楼阁式砖塔，建于辽兴宗重熙十六年（1047），竣工于重熙十八年（1049），塔名为释迦如来舍利塔。塔高74米，塔座上有1米高的仰莲，塔顶有八角形砖座，上有鎏金塔刹。全塔每层都悬挂有铜镜，共1500余面。内有佛龛佛像，塔身有天王等浮雕。造型玲珑优美，浮雕精巧细腻，色彩洁白高雅，是辽代佛塔建筑中的优秀作品。原有梯可登塔上，后被庙内喇嘛将登塔之梯撤去，上塔之门以砖堵塞，故在历次战乱中未被全部焚毁，仅毁塔门。唐山大地震时，塔身出现裂纹。1989年在对白塔进行修复的过程中从天宫中发现了经卷、雕版经咒、佛舍利、丝织品、银塔、金塔和玻璃器等珍贵文物。

二　辽代帝陵及其墓葬

辽代契丹族和汉族官吏的墓葬，主要分布在内蒙古、辽宁、北京、河北与山西二省的北部地区，中华人民共和国成立后，清理发掘辽墓已超过300座。这些辽墓从各方面反映了辽代的社会生活和风俗习尚，是研究辽史的重要资料。下面我们重点介绍帝陵和部分辽墓情况。

1. 辽代帝陵

辽代10个皇帝的陵墓，分布在5个地区。太祖的祖陵在今内蒙古赤峰市巴林左旗哈达英格乡辽祖州遗址西的祖山中；太宗怀陵在今内蒙古赤峰巴林右旗岗根苏木的境内，古怀州北3千米的床金沟北侧台地上；显陵在今辽宁省北镇医巫闾山中，为世宗父东丹人皇王陵；世宗亦葬于显陵西山；景宗乾陵在今辽宁北镇西南，天祚帝于金皇统五年（1145）葬于乾陵旁；圣宗的永庆陵、兴宗的永兴陵、道宗的永福陵，三陵合称为庆陵，在今内蒙古赤峰市巴林右旗索布日嘎苏木境内之庆云山中。辽代帝陵多依山为陵，三面群山环抱，山势雄伟、挺拔，陵区内林木茂盛，而且常年不涸地流水。在寝宫的地面，陵前建享殿，有陵门、围墙。享殿和陵墓组成一大陵园。祖陵在辽亡后，曾遭金人浩劫，地面建筑被焚毁。怀陵现尚基本保存。下面以祖陵和庆陵为例，简单介绍。

辽太祖陵，位于巴林左旗查干哈达苏木石房子嘎查西5千米一个口袋形山谷中，埋葬着辽代的开国皇帝耶律阿保机。928年，辽太祖在东征途中驾崩，皇后述律氏主持修建了富丽堂皇的祖陵。辽太祖陵由陵区和奉陵邑祖州两部分组成，陵区十分独特。由山门而入，四周为环状山峰。从里向外看，山门又像被封闭一样。作为一代皇陵，可谓天造地设，独一无二。2003—2004年中国社会科学院考古研究所内蒙古第二考古队对辽代祖陵陵园遗址及其附近地区进行了两次考古调查、试掘和测绘，明确了祖陵黑龙门的具体位置，初步确定了四座陵墓五处建筑基址的位置，获得了一批重要的研究资料。2007—2008年，中国社会科学院考古研究所和内蒙古自治区文物考古研究所联合组成祖陵考古队，对祖陵陵园遗址进行抢救性的考古发掘。此次对祖陵内一号陪葬墓和甲组建筑基址、陵园外东侧的龟跌建筑基址进行了抢救性发掘，取得了极为重要的成果。[①]

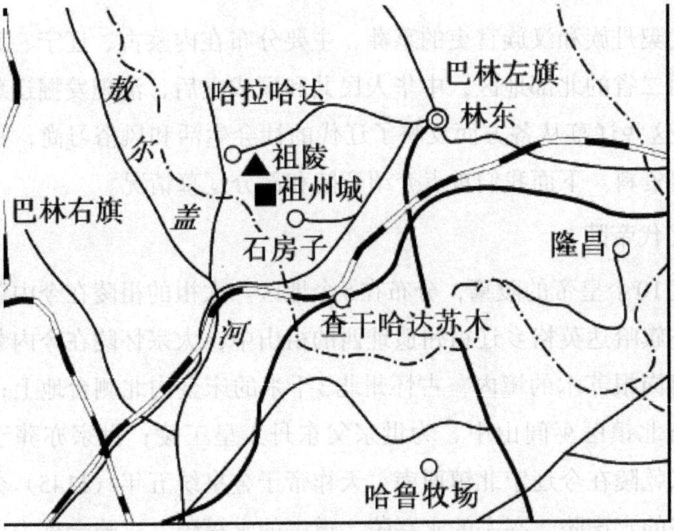

图6-2 内蒙古巴林左旗辽代祖陵陵园遗址位置示意图

（引自中国社会科学院考古研究所内蒙古第二工作队、内蒙古文物考古研究所《内蒙古巴林左旗辽代祖陵陵园遗址》，《考古》2009年第7期）

庆陵是辽代极盛时期所建造的帝陵，由东陵、中陵、西陵组成，全部为砖木结构，方圆十余里，规模宏伟浩大。此三座陵多次被盗，1929年，东、中二陵又被日本人盗掘，1953年日本京都大学文学部出版《庆陵》一书，是目前关于庆陵较完整的资料。庆陵所在的庆云山位于大兴安岭主干上，山势雄伟，森林密布，溪流纵横，三座皇陵依山起势，因峰显形，将巨大的山势和王者之气有机地融为一体，以表现皇帝至尊无上的主题。东陵是辽圣宗耶律隆绪和仁德皇后、钦哀皇后的永庆陵，是三座陵墓中保存最好的一座仿木结构的七室砖墓，墓内全长21.2米，最宽15.5米，最高约6.5米。地面和陵前有享殿，享殿平面为正方形，殿前有月台，两侧出回廊，绕成院落。回廊正中辟门，门前两侧设双阁。地宫为砖筑，有前、中、后三室，前、中两室左右各建一圆耳室。墓室多为穹窿形，不同于中原。墓室的仿木建筑部分和室顶绘彩画，从墓道到中室的壁上均绘有壁

① 董新林等：《内蒙古巴林左旗辽代祖陵考古发掘的新收获》，《考古》2008年第2期；董新林等：《内蒙古巴林左旗辽代祖陵陵园遗址》，《考古》2009年第7期。

画，中室的四壁绘春、夏、秋、冬四时捺钵的所在地（山水画）。由此可见，契丹帝陵模仿汉族帝陵，但也保留了契丹固有的传统习俗。中陵位于东陵之西，是辽兴宗耶律宗真和仁懿皇后的永庆陵。墓室规模大于东陵，各室平面均为八角形。墓室已塌毁，墓内残存有壁画，曾出土过兴宗和仁懿皇后哀册。西陵位于中陵之西，是辽道宗耶律洪基和宣懿皇后的永福陵。规模大于中陵，各墓室平面呈八角形，墓室也全部坍塌。墓内残存有壁画。曾出土道宗、宣懿皇后契丹文、汉文哀册。辽庆陵的出土物多已散失，仅存部分哀册。哀册共出土15方，为汉白玉质，呈正方形，边长130厘米左右，厚约30厘米。分为册盖和册石两部分，镌刻契丹、汉两种文字，每方近2000字，堪称书法精品。哀册的出土填补了辽史文献记载上的不足，为研究辽代皇族世系、碑刻艺术、民族文字等提供了宝贵的实物资料，具有很高的学术价值。墓中保存完好的精美壁画为研究契丹族的绘画艺术、丧葬习俗等提供了宝贵资料。①

2. 辽代墓葬总论

辽墓分为契丹贵族墓和汉族官吏地主墓。契丹贵族墓多分布在辽上京道和中京道境内，东京道的西北部也有发现。契丹贵族均聚族而葬，而汉族官吏地主墓多集中在辽代的南京道、西京道和东京道境内。

契丹贵族墓大致可分为两期，辽圣宗以前为前期，圣宗以后为后期，前后期在墓葬的形制和随葬品方面有较大差别。

前期的墓葬形制有双室、单室、带耳室等多种，平面呈方形或圆形。主室内多装柏木护墙板，葬具多用石棺，棺上刻有四神像。这一时期贵族墓中多不见壁画，偏晚时才出现少量壁画，但有的在石棺的内壁画有放牧毡帐等内容。墓葬的随葬品很丰富，多金银器和瓷器，有较多契丹民族特有的器物，如鸡冠壶、长颈瓶等。辽墓中特有的鸡冠壶，时代越早越保存原始形态。辽人逐水草而居，最初装水、酒、奶等一些液体用皮囊，辽代的陶瓷业兴起之后，开始烧制外形完全仿照皮囊的鸡冠壶，是辽代独有的陶瓷品种。鸡冠壶扁身单孔，为单“驼峰”，器身有仿皮制品的针脚和接缝。鸡冠壶也逐渐变化，变成鞍马式双“驼峰”，器身装饰增多，但仍保留泥条皮囊式装饰。再发展，鸡冠壶又变成带提梁式加圈足。契丹民族特

① 陈永志、吉平、张文平主编：《赤峰文化遗产》，文物出版社2014年版，第241—242页。

有的鸡冠壶从便于马上携带的皮囊式变为适于室内生活用的圈足提梁式，反映契丹人逐渐接受汉人习俗的变化。

墓葬中出土的白瓷长颈瓶，早期多盘口，肩部突出，腹部下收，随葬品中不论器形或花纹，有许多仍保留唐代晚期和五代的风格。如注子，仍是流较短，执手多在肩下，腹部较圆。这个时期随葬品多马具和武器，武器多为短兵器，尤其是镞和多组马具等较多，反映了骑兵的特点。前期偏晚逐渐发生变化，不仅鸡冠壶变为圈足提梁式，墓室内的仿木建筑和壁画也逐渐增多。

后期墓葬的形制从双室逐渐变成单室，而且墓室平面逐渐开始出现八角或六角形，出现外用石板堆砌，内用柏木板围成椁室的做法。墓室内皆置棺床，有的用木棺，有的将尸体直接陈于棺床上。这个时期流行尸体戴面具和全身穿铜丝网络，手脚戴铜丝套。墓室内壁画增多，多在墓道两壁绘出行仪仗图，墓门两侧绘门神，天井和墓室四壁绘男女仆侍。契丹贵族墓的壁画中，有属契丹衣冠习俗的髡发、架鹰、毡车等形象，也有仿北宋汉人墓中的宴饮、使乐等场面，反映契丹民族受到汉文化的影响。除壁画外，木棺内画各种生活情景画。随葬品中，鸡冠壶逐渐减少和消失，而特有的黄釉瓷器数目逐渐增多，如翁牛特旗解放营子辽墓，以黄釉瓷器为主要随葬品。辽道宗大安元年（1085）以后，又流行辽三彩器。随葬品中长颈瓶由前期的盘口变成碗口，下加凤首，肩部下溜，也称凤首瓶。这时随葬品中多出现长瓶（也称鸡腿瓶），有的长瓶唇边带有契丹铭文。同时，墓中随葬景德镇影青瓷器比重加大。这个时期多不随葬武器和成组的马具，而是采用简便的方法，随葬马镫、马铃等。如赤峰市宁城县小刘仗子辽墓中，随葬铜面具、铁马镫和马铃。到辽代末期，在辽宁省辽阳、鞍山、锦西一带，还出现画像石墓，不仅刻有夫妇“开芳宴”场面画，而且还刻有孝悌义妇等故事，说明契丹人逐渐封建化的事实。

汉族官吏、地主的墓葬以华北地区为例，早期均为多室并带耳室的墓葬，平面多为圆形，有壁画，多绘墓主人生前的生活，题材均是典型中原风格。与契丹贵族墓中一样，多出带“官”字款和“新官”款的白瓷器，反映契丹政权中的汉族官吏也有较大的权力。晚期墓葬则变化成将尸骨火化后放入木桶中，或是将骨灰放入木雕中，估计木雕为墓主人像。墓葬中有墓道、墓门和前后二室等，墓室为仿木结构，墓中有壁画和较多木雕人像，衣冠服饰多似中原形象，如高髻俑等。传说庆陵中也有木俑，与汉族官吏墓中类似。晚期汉族官吏有了更高的地位，反映了契丹封建化，在官制上也有了变化。

中小型辽墓中有汉族官吏或地主，也有接受中原文化影响较深的契丹中小贵族。墓葬中汉族特点浓厚。墓葬为砖砌圆形墓室，前设甬道。墓室内绘有壁画，嵌砌砖桌椅，后壁前砌棺床，上放骨灰，棺床前置定瓷碗和托子等。棺床涂朱色，随葬品均是华北汉人使用的器皿，与契丹贵族的随葬器完全不同。除此之外，各族普通百姓多用火葬，大部分用一陶罐装骨灰埋葬，多无随葬品，甚至无墓坑，这种火葬在辽的境内比中原北宋盛行。

3. 部分内蒙古地区发现的重要辽墓

内蒙古地区发掘清理的辽墓很多，出土了大量辽代珍贵文物，其中属于早期贵族墓有20世纪50年代在赤峰郊区大营子乡大营子村西发掘的应历九年（959）太祖女质古与驸马萧室鲁（肖屈列）的驸马赠卫国王夫妇墓。[①]该墓为砖砌多室墓，有前后室以及左、右、后三个小室。墓底总长10.5米，有柏木护墙板，发掘时柏木门和护墙板均已朽损。后室后部有砖砌棺床，其上装有柏木壁幛。棺床四周有栏杆，床上铺木板。该墓早期被盗，但仍遗留下随葬品2162件，有大量精美的金银器、玛瑙器、瓷器和铁器等，并有墓志一盒，陈放在前室正中。白瓷中有带“官”和“新官”款的，应是契丹官窑烧制品。从墓志铭得知，随葬品中有皇家所赐的，有墓主人生前所用的，还有少量的明器。墓中出土8组马具，有完整的笼头、盘胸和鞍上的披挂，此外还有银鞍、铁马镫、银缨罩、银铃和铁衔镳，可以复原为成套的马具。墓中完备的马具，大批的盔甲、刀、剑、矛和镞等武器均反映古代北方游牧民族特色，仿皮囊式的鸡冠壶具有早期契丹瓷器的特点。随葬品中锤揲技术精湛的鎏金龙凤纹银鞍饰以及墓主人身上佩带可以复原的金蹀躞带，均是珍贵的文物。这座墓葬是辽代早期出土文物较多的贵族墓葬，特别是出土长达五百字以汉文撰写的墓志铭学术价值极高，为学术界关于辽墓的分期断代提供了最直接的参考。

---

① 郑绍宗：《赤峰县大营子辽墓发掘报告》，《考古学报》1956年第3期。

辽代早期贵族墓葬具有代表性的还有耶律羽之墓。①该墓葬位于赤峰市阿鲁科尔沁旗罕苏木苏木古日板呼舒嘎查，墓主人是辽东丹国左相耶律羽之。墓葬为砖石结构，由墓道、门庭、墓门、甬道以及耳室和主室等组成，全长32.5米。墓制方面，在主室北部和东部有两座琉璃砖尸床，尸床原分别罩以柏木制小帐，古铜色漆或有彩绘的动物和人物形象。尸骨有2具，北尸床应为耶律羽之的，东尸床在一侧。墓志显示，耶律羽之夫人重衮于其夫葬后不久病故，葬到旧茔，所以东尸床是为重衮增建的。这种分床合葬的葬制较为特殊，有别于辽代后来常见的同床共寝葬俗。该墓随葬品主要是：金器，包括做工精细的各种饰件；银器在类别划分上，主要是金花银器、素面银器等，以器皿数量居多；铜器，大多数是马具和墓主腰带上的散件；铁器种类较多，有容器、工具、车马器、武器等，其中错金器具颇为特殊，规格不亚于其他贵重金属器；陶瓷器，数量不多，但是制作精良，此外还有一些木器和丝织品等。早期契丹葬俗以土坑葬或火葬为主，砖石结构多室墓则多承袭汉唐以来的风格，并且和唐墓有许多相似之处。目前对这类墓葬的起始还不清楚，早期辽贵族墓主要以方形墓室为特点，耶律羽之墓的发现为此提供了有力依据。另外琉璃砖的采用目前尚为孤例。

辽代中期贵族墓葬以近年来在多伦县发现的辽代贵妃萧氏墓葬为例。②在多伦县共有两处墓葬，其中贵妃萧氏墓葬为M2，该墓为砖结构的单室墓，分为五个部分：墓道、天井、墓门、甬道、主室，长40米。该墓随葬品的种类较多，主要有陶器、瓷器、金、银、铜器、玛瑙器、玉器等。墓中还出土了一双金花银靴（收缴回来），其中一只已残。用厚仅0.4毫米的银片制成。靴靿、靴面、靴底三部分各自锤揲成形，然后用细银丝缀合。靴身长27厘米、宽14厘米、高42厘米。靴靿由两块略呈梯形的薄银片组成，前片略大，后片略小，两侧用细银丝缀合，形成前高后低的高靴靿；靴口呈椭圆形，边缘外卷。靴靿下口套入靴面上口内。靴面用整块银片制作，前部略尖，后跟合缝处用银丝缀合。靴口鎏金一周，靴靿两侧各有鎏金双凤纹，周边满饰镂花变形云纹。靴面左右两侧各有鎏金单凤纹，周边满饰镂花变形云纹。鎏金银冠1件，基本完整。先用薄银片锤揲

① 齐小光、王建国等：《辽耶律羽之墓发掘简报》，《文物》1996年第1期。

② 盖之庯、李权、冯吉祥、董立民、刘洪元：《内蒙古多伦县小王力沟辽代墓葬》，《考古》2016年第10期。

各部件，然后镶嵌组合，或用细银丝缝缀。筒式高冠，弧顶较平，下部冠口略收束，两侧有对称的立翅高于冠顶。

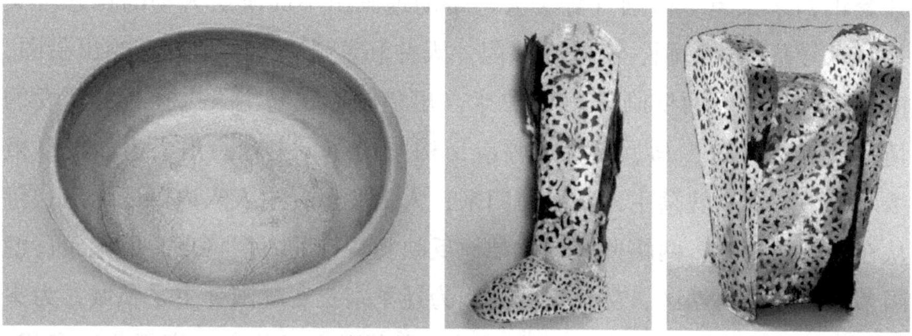

图6–3　内蒙古多伦县小王力沟辽代墓葬出土器物

（引自盖之庸、李权、冯吉祥、董立民、刘洪元《内蒙古多伦县小王力沟辽代墓葬》，《考古》2016年第10期）

墓志保存完整，根据墓志并结合相关史料考证，可确定M2的墓主为辽圣宗贵妃萧氏。葬于辽圣宗统和十一年（993），这是辽代考古中首次发现的贵妃墓葬。此墓属辽代中期，为圆形墓室。关于这位贵妃，《辽史》的记载相当简略。此次M2出土的贵妃墓志，内容极为丰富，揭示了大量相关史实，为研究辽代后族的家族关系等提供了非常珍贵的资料。

辽代晚期贵族墓葬比较突出的有通辽市库伦旗奈林稿乡木头营子和前勿力布格村一带辽代壁画墓群，先后已清理发掘6座壁画墓。其中有大型多室砖室墓，如一号墓、六号墓，①也有小型单室砖室墓，如五号墓。墓室平面多为八角形，墓顶为穹窿顶，多由斜坡墓道、天井、墓室及甬道组成。墓室内均为仿木结构，随葬品中瓷器有景德镇影青瓷和定窑瓷器，同时也有北方辽窑瓷器。有的墓葬中影青瓷器所占比例很大，如五号墓，出土修复瓷器21件，其中影青瓷有13件。库伦辽墓的壁画反映了契丹贵族的生活，对研究辽代社会历史、文化艺术均有很高的价值。北壁绘墓主人出行图，南壁为墓主人归来图，两壁壁画均为22米长。

出行图上画契丹、汉族人物共29人，墓主人髡发，颐指气使，随从恭谨侍候，驭者备马待发，女主人对镜整容，高轮小车待启程，头戴幞头

① 陈相伟、王健群：《吉林哲里木盟库伦旗一号辽墓发掘简报》，《文物》1973年第8期；哲盟博物馆、内蒙古文物工作队：《库伦旗第五、六号辽墓》，《内蒙古文物考古》1982年第2期。

的汉族鼓手，仪仗侍立或前呼后拥，呈现出豪华显赫的出行场面。归来图上有24人，描绘了车毂乍停，两驼跪卧，主人入内，女仆搬送什物等一片繁忙归来景象。壁画气势宏大，生动地画出不同阶层人物的神志。又如，六号墓中的壁画，也是在墓门、天井和墓道中。墓道北壁绘出猎图，南壁为归来图，两壁画长均为12米。出猎图表现墓主人出猎行将待发的情景，人物、驼、马、犬等相呼应，构图严谨，主题突出，生活气息极浓。归来图则反映墓主人刚出猎归来，人畜疲惫，主人入内卧床休息，侍从在外小憩情景。两幅壁画均生动地反映契丹族的习俗特点。库伦旗辽壁画墓群在辽懿州辖区，文献记载懿州为辽圣宗三女越国公主之私城，为头下军州。越国公主下嫁国舅萧孝忠，国舅萧孝忠尚公主，官拜北府宰相，门庭显赫，为一庞大的家族，因此库伦辽墓当是萧氏家族墓地。1—6号辽墓虽有早晚，但均是辽代圣宗后的墓葬。

到目前为止，全国辽墓中出土文物最丰富、保存也最完整的贵族墓葬是内蒙古通辽奈曼旗青龙山陈国公主驸马合葬墓。该墓是1985年6月发现的，1986年6—8月进行了清理发掘。[①]墓葬位于青龙山镇东北10千米斯布格图村北庙山的南坡上，为砖砌多室墓，由前室、东耳室、西耳室和后室组成，并有天井和阶梯式墓道。除前室为长方形券顶外，东西耳室和后室均为圆形穹窿顶。墓室仿木结构并有柏木护墙板，墓门外为雕砖施彩仿木结构门楼，墓门仿木结构部分均绘建筑彩画。后室后部紧靠护壁有条砖砌的棺床，一面为弧形，三面为直线。公主和驸马都穿戴契丹贵族所特有的金银殡葬服饰并排陈放在棺床上。墓中除建筑彩画外，在墓道、墓门、前室墙壁和券顶处，均绘有壁画。墓道两壁绘有对称的侍从牵马图，均为髡发着圆领长袍的契丹族侍从牵马走向户外，人和马前后绘有祥云，上方和身后绘房屋廊檐，但两壁马色不相同，人物形象和衣着颜色也不一样。除侍从牵马图外，墓门绘有缠枝牡丹，前室绘有男女侍仆、侍卫、仙鹤、祥云等图案，券顶部绘天象（日、月、星辰）。公主和驸马头枕金花银枕，脸部戴金面具，头上置鎏金银冠，脚穿金花银靴，尸体全身置银丝网络，并都戴有琥珀瓔珞，腰部各束有金銙丝带和银片蹀躞带，带上悬佩不同的金、银、玉件和工具，公主的耳、手腕、手指均戴有金、银、珍珠等饰

① 孙建华、张郁：《辽陈国公主驸马合葬墓发掘简报》，《文物》1987年第11期。

件，完整地体现了辽代贵族的殡葬习俗。

公主驸马这样保存完整的葬制，是迄今首次发现，尤其是身置银丝网络，过去从未发现，文献中也仅记载置铜丝网络，不曾有银丝网络的记载，可补文献记载之不足。随葬品除公主、驸马身上特制的金银殡葬服饰和佩带的物件外，在墓中的尸床上、供桌上、前室和耳室均发现有随葬品，这座辽墓随葬品达3227件，琥珀制品达2101件，是目前发现的辽代贵族墓中出土随葬品最多的一座。墓中出土墓志一盒，据墓志记载，公主为辽景宗之孙女，圣宗皇太弟秦晋国王耶律隆庆之女，18岁病死，于开泰七年（1018）追封为陈国公主，同年与其夫驸马都尉萧绍矩合葬。陈国公主驸马合葬墓的发现，为研究辽代政治、经济文化以及契丹民族习俗发展等方面，提供了大量实物资料，是辽代考古的重要发现。

图6–4　公主靴

（引自刘佳丽《从陈国公主驸马合葬墓出土文物看辽代艺术设计的风貌》，硕士学位论文，苏州大学，2011年）

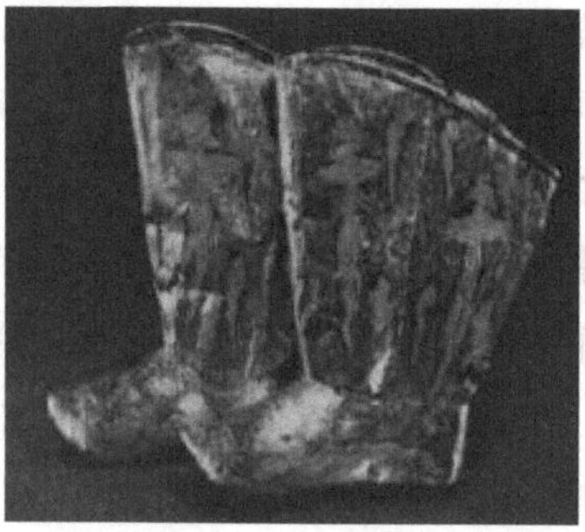

图6–5　驸马靴

（引自孙建华、张郁《辽陈国公主驸马合葬墓发掘简报》，《文物》1987年第11期）

内蒙古东部地区发现辽代贵族墓葬很多，除以上介绍外，在赤峰市宁城县辽中京故城附近必斯营子小刘仗子村附近，也曾发现许多辽墓，有砖室和石室，有八角、六角以及长方形墓，也出土了一批珍贵文物，为辽代晚期的墓葬。[①]

内蒙古西部地区发现的辽代贵族墓较少，但也有发现，如乌兰察布市察右前旗豪欠营湾子山辽代墓群，1981年清理，发现一具身穿一套特制铜丝网络葬服、面戴鎏金铜面具的完整契丹女尸，这也是辽代考古中一项重要发现。墓群残留墓葬三座，因地表石块圈砌的长“凸”字形不明显，幸免劫难。1981年出土契丹女尸的为六号墓，[②]墓室为不规则六边形石室墓，后部有一尸床，女尸无葬具，直身侧卧尸床上，除面戴鎏金铜面具，身上有丝绸葬服七八件和全套铜丝网络外，随葬品还有瓷器注子、碗、盘、碟12件，青玉柄铜刀两件以及木刀鞘、木桌、漆器和玉环两件。契丹女尸不仅提供了契丹族身穿铜丝网络、面戴铜面具葬俗的完整资料，而且提供了契丹妇女髡发的发型样式。女尸不仅为研究契丹族民俗、葬俗、辽代丝织品、辽代历史等提供了重要资料，也为研究人种学、民族学、生理学、病理学等方面提供了新资料。

三　辽代瓷器和货币情况

1. 辽代瓷器

陶瓷业是辽代最为发达的手工业之一，有自己的特点，在中国陶瓷史上占有重要的地位。辽代瓷器早期是吸收了唐、五代的风格，晚期则是吸收宋代瓷器风格。辽瓷种类也不少，但以白瓷为多，此外还有釉陶（包括辽三彩器）、缸胎、黑釉等。不过辽代陶瓷胎土不如中原瓷器细腻、纯净，白釉不如定瓷白。瓷器的装饰手法受定窑影响（早期受邢窑影响），有划花、刻花和剔花等，花纹题材多是卷草、牡丹、荷花、梅花、水波、凤鸟等。白釉中色泛黄，往往器内外底部露胎不挂釉。黑釉瓷器多为粗瓷。缸胎瓷器胎中含有砂粒。辽三彩是代表性器物，是辽朝在陶瓷烧制工艺上的一大创新。辽三彩从唐三彩发展而来，多用黄、白、绿三色釉，釉色非常

① 李逸友：《昭乌达盟宁城县小刘仗子辽墓发掘简报》，《文物》1961年第9期。

② 陆思贤、杜乘武：《察右前旗豪欠营第六号辽墓清理简报》，《文物》1983年第9期。

素雅、端庄，有的人称其为草原色。辽三彩器胎为黄沙胎，不像唐三彩是白泥胎或红泥胎。辽三彩釉色发暗，因釉中含钴较多，尤其是绿色釉中微闪蓝色。而唐三彩釉色色彩非常鲜艳。辽三彩装饰多印花、贴花、雕花等。辽三彩属低温釉陶器，彩釉极易脱落，常见的器形有盘、碟、壶、盒、砚及一些玩赏器。其中三彩方碟、海棠花式长盘等富有契丹民族风格。辽三彩在辽中期以后大量烧制，多用作随葬品，实用器不太多。其中赤峰缸瓦窑烧造量相对大一些，所烧三彩釉陶器胎质细软，呈淡红色，釉色娇艳光洁，可与唐三彩媲美。与唐三彩的区别除胎土不同外，主要是辽三彩中无蓝色，施釉不交融，釉面少流淌。

辽代瓷器在造型上有具有特殊风格的器物，如海棠长盘、长颈瓶、鸡冠壶、凤首瓶、鸡腿瓶等。三彩器中也多有上乘之作，如赤峰市博物馆中馆藏文物三彩鸳鸯壶，高20.1厘米，身饰三彩，圈足处无釉，鸳鸯背上有一个五瓣花形的注水口，口后部有一弧形提梁与其尾部相连，鸳鸯的喙部借形做成壶口。鸳鸯的羽翼线条刻画生动、流畅，一气呵成。鸳鸯的下腹为一托莲，整体造型如同鸳鸯浮在水面上。

辽代官府主持烧造瓷器的窑址，目前发现的有赤峰缸瓦窑址和巴林左旗林东窑两处。缸瓦窑址①位于赤峰市松山区猴头沟乡西12千米缸瓦窑村，半支箭河上游山谷中，是辽朝设在松山州境内的官窑。附近有大量的优质瓷土和釉土，边邻松漠，燃料充足。中华人民共和国成立后，国内学者曾做过多次调查。1995—1998年，内蒙古自治区文物考古研究所对窑址进行了三次大规模的考古发掘，揭露窑炉、作坊多座，出土大量的单色釉陶、三彩、白瓷、白底黑花、黑釉瓷、酱釉瓷、茶叶末釉等产品。遗址分布范围很广，东西长2500米，南北宽200—800米，总面积为1.25平方千米。文化层堆积1—4米。以烧制白瓷为主，兼烧仿磁州窑瓷器、茶叶末釉、黑釉、酱釉瓷器、釉陶三彩器、釉陶单色器及各色品种的小玩具等。白瓷以盘、碗、杯、碟、罐、壶等生活用具居多，也有少量玩具。瓷质有粗细之分，以粗瓷为大宗。粗白瓷胎多灰白或黄白色，胎质粗涩坚硬，常含黑或灰色的杂质。细白瓷胎质细白坚硬，釉面洁白光润，制作精工，可

---

① 彭善国、郭治中：《赤峰缸瓦窑的制瓷工具、窑具及相关问题》，《北方文物》2000年第4期。

与定窑白瓷媲美，多采用雕、刻、划、印等技法饰以菊花纹、牡丹纹、莲瓣纹、凤纹等纹饰。窑炉有马蹄形窑和龙窑两种，窑具有匣钵、支柱及垫饼。匣钵为直筒形平底并带有“官”字铭文，用来烧制小件瓷器。在装饰上及采用“官”字款铭文匣钵方面，是受宋代定窑的影响。缸瓦窑的烧造时间跨辽、金两朝，历史长达400余年，是辽金元时期北方草原官窑和民窑并存的瓷器制造场，遗址规模庞大，出土遗物品类繁多，工艺精良，堪称草原“瓷都”。

林东窑位于赤峰巴林左旗林东南辽上京故城皇城内西侧，规模较小，东西长80米，南北宽50米，产品以白瓷为多，胎、釉及制作均较细致，多为仿定窑烧制，应为御窑。除烧制白瓷外，也烧制黑釉和绿釉瓷器。器形有杯、碗、盘、碟、盂、盒、瓶、壶、罐等。黑釉还烧制成瓦，绿釉有瓶、罐两种。在白黑瓷器底部刻有Ⅰ、Ⅱ、卄、个、Л、开、O等符号是该窑的特点。窑具有匣钵、支具和垫环，也是受定窑影响。垫环始于曲阳定窑，是覆烧工艺的主要窑具，林东窑也采用垫环窑具，说明已掌握覆烧工艺。

辽代除官窑烧制瓷器，还发现许多其他窑址。内蒙古境内巴林左旗白音戈勒陶瓷窑，主要生产茶绿釉；巴林左旗小辛地南山坡窑址，主要生产辽三彩器；赤峰阿鲁科尔沁旗水泉沟窑址，主要生产白瓷等。在辽境内其他地方也有窑址，如辽宁省辽阳有江官屯瓷窑，北京门头沟有龙泉务村窑址，河北蔚县等地也有窑址。

2. 辽代的货币

辽建国初期已开始铸币，随着手工业、商业的发展，货币也得到了发展。辽代前期太祖耶律阿保机时，始铸“天赞通宝”铜钱，但当时大量使用的还是唐代和宋代的铜钱，所以在辽代遗址、墓葬中，均出现较多的唐宋货币。辽代的铜钱，大多是圣宗耶律隆绪时起各代铸造的。自太祖始铸“天赞通宝”年号钱，各代共铸年号钱18种。从出土情况来看，天赞、应历、乾亨、统和、太平、康国、天感等年号钱不可多得，而重熙、清宁、咸雍、太康、大安、乾统、天庆、寿昌等年号钱较多见。辽铜钱分通宝和元宝两种，通宝年号钱有天赞、天禄、应历、保宁、重熙、清宁、咸雍等。元宝年号钱有统和、太康、大安、寿昌、乾统、天庆等。铜钱分大小，大钱有折二的咸雍，折五和折十的乾统，折十的清宁、大辽、天庆等钱，这些大钱均较罕见。以上的钱币，钱面全用汉文，制造水平低，很粗糙，文字也不好，虽有18种之多，但发行量不大。辽代后期，宋代钱币仍在辽境内使用，如1972年在辽上京汉城出土铜钱六百多斤，达六万枚，多为宋钱，辽钱有九个年代共十一种，有保宁、重熙、清宁、咸雍、太康、大安、寿昌、乾统、天应等通宝或元宝。辽代的银币目前仅发现一枚，1977年在辽上京城西遗址中发现一枚契丹大字银币，字体工整清晰，币面铸契丹大字四个，经考证，译为“天朝万岁”。

四　契丹文字及内蒙古地区出土契丹文碑刻

契丹族原来没有文字，[①]太祖耶律阿保机时始制契丹大字。除辽契丹大字外，还有一种契丹小字，是天显元年（926）皇子迭剌用回鹘文字改制的。[②]从出土碑刻等文物看，契丹大小字的字形，都是采用汉字行书、楷书两体的偏旁来拼合成文字的。但契丹语属阿尔泰语系，是中世纪蒙古语系统，它的结构和文法与汉语不相同，读法也与汉语不相同，所以契丹文字与汉文无法对译，对契丹文字的研究也比较困难。契丹文字的创制对后来西夏文字、女真文字的创造具有重要的影响，契丹大字从创制到废止前后共使用了近300年，随着西辽帝国的灭亡，终于成为死文字。

据不完全统计，全国发现和现存的契丹大字资料有15种，[③]现仅列出内蒙古地区的5种石刻资料：(1)《辽太祖记功碑》残石，发现于内蒙古赤峰巴林左旗哈达英格乡石房子村北辽祖陵前龙门外东坡，碑上刻有汉字和契丹大字，现部分存内蒙古博物院，部分存在巴林左旗文物管理所。(2)《北大王墓志》，即《耶律万辛墓志》，1975年发现于内蒙古赤峰市阿鲁科尔沁旗昆都乡沙日温都。墓志刻于重熙十年（1041），虽有汉文志盖，

① 《五代会要》卷二九、《辽史·兵卫志》均记载契丹是“刻木为信”，没有文字。

② 《辽史·皇子表》卷六四，表二记载，天显元年，回鹘使者至，朝廷没人懂得他的语言，太祖命迭剌接待回鹘使者。迭剌与回鹘使者相处二旬，学习了回鹘的语言和文字，因而制成契丹小字。

③ 清格尔泰、吴英喆、吉如何：《契丹小字再研究》（壹卷），内蒙古大学出版社2017年版，第5—9页。

但与志文不对译，[①]现保存在阿鲁科尔沁旗文物管理所。（3）《大辽大横帐兰陵郡夫人建静安寺碑》，刻于咸雍八年（1072），正面为汉文，背面为契丹大字（也有人认为是契丹小字），现字迹已漫漶。此碑原立在内蒙古赤峰宁城县十家子村静安寺，现在宁城县大明乡辽中京城内白塔下。（4）辽上京城出土的契丹大字残石两块，现存巴林左旗文物管理所。（5）1984年在内蒙古乌兰察布市察右前旗礼拜寺乡北的阿布洞山的山顶上，发现立有一辽代契丹大字碑刻，[②]正面为六行字，第一行为"□辽大安二年□月六日之碑之"，其他五行字不易辨认，若按汉文字面则无法连缀成句，也颇费解，能认出的字在契丹大字中曾出现过，还有的字字形并不十分清楚。总的来说似契丹大字，尚待学者研究。根据调查，这里原有辽代寺庙之类的建筑，碑石内容可能与建筑有关。其余碑石还有四种，即《耶律延宁墓志》《故太师铭石记》《萧孝忠墓志铭》以及残《石棺铭文》，均出土和保存在辽宁省境内。

除了石刻资料外，近年来还发现了契丹大字木牍和纸质文献。[③]1999年9月在内蒙古兴安盟科尔沁右翼中旗代钦塔拉苏木的一处辽代墓群中发现两件木牍。第一件木牍长145厘米，宽4.3—5.6厘米，厚0.9—1.8厘米。两面均有墨书契丹大字。第二件木牍长63.7厘米，宽1.5厘米，厚1.8厘米，只有一面墨书契丹大字。《俄藏契丹大字手写本》2010年发现于俄罗斯科学院东方文献研究所，是迄今发现的唯一一本契丹文纸质文献，共128页，15360余字。现存于同一研究所。[④]

关于契丹小字的碑刻发现比较多，据不完全统计，现存契丹小字碑刻有40余件。[⑤]现仅列出发现和出土均在内蒙古的契丹小字碑刻如下：（1）《兴宗皇帝哀册文》，刻于清宁元年（1055）。（2）《仁懿皇后哀册文》，刻于大康二年（1076）。以上两件碑刻是1922年发现于内蒙古赤峰巴林右

① 刘凤翥、马俊山：《契丹大字〈北大王墓志〉考释》，《文物》1983年第9期。

② 乌兰察布盟文物工作站：《内蒙古察右前旗发现辽代碑刻》，《考古》1986年第11期。

③ 清格尔泰、吴英喆、吉如何：《契丹小字再研究》（壹卷），内蒙古大学出版社2017年版，第8—9页。

④ 清格尔泰、吴英喆、吉如何：《契丹小字再研究》（壹卷），内蒙古大学出版社2017年版，第8—9页。

⑤ 清格尔泰、吴英喆、吉如何：《契丹小字再研究》（壹卷），内蒙古大学出版社2017年版，第9—17页。

旗辽庆陵兴宗陵墓中，据说原石仍埋在墓中。(3)《道宗皇帝哀册文》。(4)《道宗皇帝哀册文》册盖。(5)《宣懿皇后哀册文》。(6)《宣懿皇后哀册文》册盖。上述四件刻于乾统元年（1101)，1930年出土于庆陵道宗陵墓中。同时出土的还有两盒汉文哀册，但是不能对译。原石现存在辽宁省博物馆。(7)《故耶律氏铭石》，为耶律挞不也的墓志铭，志盖有篆体汉字“故耶律氏铭石”六字，志文为26行契丹小字，刻于天庆五年（1115)，1969年出土于赤峰翁牛特旗山嘴子乡毛不拉沟村辽墓。这通墓志是现有契丹小字资料中字体最为工整的一件，现保存在赤峰市博物馆。另有8件资料，均不是在内蒙古发现的，也不保存在内蒙古境内，分别是：(1)《萧富留墓志铭》，亦称《萧令公墓志铭》，发现并保存在辽宁。(2)《许王墓志》。(3)《许王墓志》志盖。这两件发现并保存在辽宁省阜新市。(4)《大金皇弟都统经略郎君行记》（即《郎君行记》)，刻在陕西省乾县乾陵《无字碑》上，有对译的汉文，是研究契丹小字的依据，现保存在陕西省乾陵博物馆。(5)《萧仲恭墓志》。(6)《萧仲恭墓志》志盖。这两件均发现于河北省兴隆县，志文50行，共计2442字，是契丹小字文字较多的石刻，刻于金天德二年（1150)。萧仲恭的母亲是辽道宗的女儿，是辽贵族的后裔，降金后被金重用，故墓志用契丹文。现志石保存在河北省文物考古所。(7)《耶律仁光墓志》，发现保存在辽宁省，也是契丹小字，字数较多。(8)《郎君行记》残碑，内容与《无字碑》上相同，1982年发现于唐乾陵献殿，残存1/4，现保存在陕西省乾陵博物馆。

契丹文字除以上碑刻外，在铜镜、钱币、印章甚至瓷器上也有发现，这里就不一一介绍了。

第二节　内蒙古地区金代考古

一　金代古城及其遗址

女真族建国不久，即进入文化高度发展的辽和北宋地区，所以金代文化在许多方面是辽和北宋文化的继续。金代初期文化很多方面与辽代晚期文化相似。金代对西拉木伦河和老哈河流域重点控制，设北京道，一切地名仍沿辽制。在内蒙古其他地区，如城市形制、寺院布局、墓葬构造、日用器物等方面，几乎也多与辽代晚期一样。辽代的城址，金代继续沿用，也逐渐增加了一些城址，在东北地区，增加了许多方形、圆形以及山城等城市。金灭辽和北宋后，大批内迁“猛安谋克”，猛安谋克即是女真的屯田军，千户长为猛安，百户长为谋克。所以在华北包括东北，出现很多猛安谋克的城堡，猛安谋克属下的百姓，实际上是工奴、农奴。

金代女真族的发祥地主要在今黑龙江省一带。金前期的都城是上京会宁府，在今天黑龙江省哈尔滨市阿城区南，阿骨打时期称为皇帝寨，无城郭。金太宗天会元年到十二年（1123—1135）兴建皇城，但京城制度尚不完备，到皇统元年（1141），又模仿北宋汴京进行了一次大规模扩建，并修筑了外城。这里是金太祖、太宗、熙宗、海陵王四帝的都城。全城由横竖相连的南北二城和皇城组成，周长近11千米，设有马面、角楼、瓮城和护城河。皇城在南城偏西处，规模仿照北宋都城汴京修建。现存遗址中保存较好的是南北城墙和皇城中的五重宫殿遗址。北城中有冶铁作坊遗址，出土物有铁甲胄、铜镜、石臼、陶器等，这里当是手工业、商业和居民聚集区。金前期，除上京会宁府外，在灭辽以后，又基本沿袭辽的五京，改辽上京为北京，称辽南京为燕京，灭北宋以后，仍称北宋都城为汴京。所以到海陵王以前，金代都城实际为七京，即上京会宁府、北京临潢府、中京大定府、东京辽阳府、西京大同府、燕京析津府和汴京开封府。政治中心在上京会宁府。海陵王完颜亮，在天德二年（1150），仿汴梁扩建燕京析津府，营建新都，天德四年（1152）建成，贞元元年（1153）即把都城迁来，改称中都，设大兴府。金中都又通称幽州城，也叫燕京。中都城址在今北京市西南，由大城、内城（即皇城）、宫城组成，范围约15千米，规模宏大，建筑豪华。金迁都中都后，削去原上京称号，在此前又废了北京临潢府，将中京改为北京，汴京改为南京。这时五京为：中都大兴府、北京大定府、西京大同府、南京开封府、东京辽阳府。金将其统治的中国北部地区，划分为十九路，分别由五京和十四总管府管辖。到大定十三年（1173）又恢复上京会宁府，实际上为六京。到1214年因蒙古占领金东西两京，中都受威胁，金又迁都至南京开封府，一度升河南府（今洛阳）为中京金昌府，但不久金就灭亡了。

二　金代墓葬及其出土文物

1. 金代墓葬

金代墓葬大致以海陵王完颜亮贞元元年（1153）迁都中都为界，划分为早、晚两期。金代墓葬有石板墓、砖室墓、土坑墓以及火葬墓等，而且墓中多有石函。早期的墓葬发现数量不多，这个时期的贵族墓葬不论是在吉林省境内发现的金初功臣或贵族家族墓地，还是在河北省兴隆发现的投靠女真的契丹贵族萧仲恭墓，其形制、出土物均与辽和北宋区别不大，墓上石雕的文官武将、石虎、石羊等均与汉族贵族墓布置一样，只是壁画、砖石雕上人物的装束以及部分随葬品带有女真人的特点。晚期由于女真族很快吸取北宋文化，墓葬继承了北宋中晚期仿木结构的做法，把墓室内装饰得如同地面上的居室，但墓内随葬生产工具如铁斧的现象，在宋墓中没有发现。在晋南地区，雕砖艺术达到很高水平，人物像雕砖与墓壁榫卯嵌镶，立体感颇强。雕砖内容有墓主人对坐对饮以及孝子、义妇等故事，除反映身着女真装饰的猛安谋克唯酒是务的腐朽生活外，更多的与北宋中、晚期墓葬相似。内蒙古境内发掘金墓不多，也与其他地区一样。除贵族墓葬外，火葬墓与辽代一样很盛行，不少火葬骨灰放在石函内，并有随葬的陶瓷器，有些是明器。

内蒙古地区的金代墓葬类型在平面形制方面差别明显，据此可分作三类：方形墓、圆形墓、多角形墓。各种不同类型的墓葬在建筑结构、随葬品等方面也存在一定的差异。

方形土坑竖穴墓：内蒙古地区金代墓葬多是木棺或陶罐为葬具的方形土坑竖穴墓。此类墓多以墓群形式出现，发掘报道资料不详，大多无纪年物出土，时间跨度大。另外此类墓葬在规模、随葬品方面差别较大，可分为规模较大和规模较小两种。规模较大者，墓圹长在4米以上、宽在2.8米以上，有土葬、火葬两种葬式，且多为木棺火葬墓（即尸体火化后，将骨灰及随葬品装入木棺下葬，再在墓穴内将木棺、骨灰及随葬品一同火化，为土葬、火葬的结合）。随葬品丰富，多为陶罐、铁锅、马具及饰件、瓷碗、瓷盘、具女真民族特色的桦皮器及少量玉器和银器，墓上多有封土，此类墓主人当为女真贵族。规模较小者，墓圹长在4米以下、宽在2.8米以下，仅容木棺或陶罐，有土葬、火葬两种葬式。随葬品不多，有铁刀、铁链、铁剪、铜镜、铜钱、瓷碗、瓷盘、陶罐及少量银饰件与桦皮器，墓上有的有封土，有的用石块摆成圆形、长方形，有的无墓上结构，此类墓主人当为稍有资财的地主。如四子王旗红格尔地区金墓、巴林左旗王家湾金墓等。

方形砖室墓：此类墓葬多结构简单，有的有墓道，有的无墓道。墓室多坐北向南，平面形制有正方形和长方形两种，其中长方形居多；单室墓规模较小，墓门多为拱券形，墓顶有券顶、穹隆顶二种形式。室内多有土筑或砖筑的棺床，葬具为石棺、木棺、石函或陶盆。火葬居多，随葬品多为瓷碗、瓷盘、瓷瓶、鸡腿瓶、铜镜等日用器皿，金银器等贵重物品很少，如内蒙古林西县土庙子金墓。

圆形墓：见诸报道的此类墓葬仅发现二例，均为圆形单室砖墓，结构简单，坐北向南，由墓道、墓门、墓室组成，墓室直径2.5米左右，内设砖棺床，无葬具，随葬品较少，有瓷碗、瓷碟、瓷盘等，如内蒙古武川县乌兰窑子金墓。

多角形墓：此类墓葬数量较少，主要发现于内蒙古东部地区，墓室有砖构、石构两种，但两者在结构、随葬品等方面差别不大。平面形制以八角形者居多，个别为六角形。据报道此类墓葬均为单室墓，结构简单，多坐北向南，由拱券墓门、甬道、墓室组成，有的有墓道。墓室对边长1.8—3.5米，多圆形顶，个别墓顶悬铜镜，多设砖或石棺床，有土葬、火葬两种葬式，无葬具或以石棺、小木棺为葬具。有的墓内各转角处砌角柱，但无础、无斗拱，有的则柱上、券门上均有一斗三升斗拱。多随葬有瓷碗、瓷盘、铜质器物等。墓主多为富裕平民，如敖汉旗小柳条沟金代墓葬、巴林左旗林东镇金墓等。

内蒙古赤峰市巴林左旗哈龙归、金家营子、陈家营子一带发现有金代墓葬群，其中中华人民共和国成立前在哈达英格哈龙归（今陈家营子前山坡）发掘一座金墓，构造特殊，更多地保存了一些女真族的风俗。在墓外绕方形石墙，墙南面开门，门外东西两侧有向前延伸的石墙，前端又设门，这种墓园设置是受汉族影响，但墓园内砌长道，则极少见。墓园内有石碑、石人等，后有四座坟堆，早年被盗，出土一残碑，额上有“金奉国上将军”字样。仅发掘一女性墓葬较完整，此墓为方形土圹，圹前有斜坡墓道，土圹上地面处石砌方坛一座，坛前中部向前砌石墙一段以复圹前的斜坡墓道，石坛、石墙之上埋土建坟堆，这种封圹方法，极为特殊。圹中填土经夯打，圹底偏北处横置长方形石棺，内底铺苇席，上置骨灰木匣，匣外披花绫，内衬细绢，骨灰裹以绢袱，上放万字地花纱衣一件，又置奁具木箱、木漆盒、铜镜等。石棺底部穿五孔，这大约与东北满族棺下钻孔的风俗有关。

在巴林左旗林东镇北山坡，1958年也曾清理过三座墓，①均为小型火葬墓，其中一座墓室为单室八角形砖室墓。墓内砌有半拱椽檐，与辽、宋晚期仿木结构墓葬一样，不过金代晚期墓葬要比辽、宋墓葬小，多单室。墓内出土随葬品8件，均为陶瓷器，瓶、碟、杯、钵以及香炉，其中有定瓷系白瓷和粗白瓷。

2. 金代文物

金代文物在内蒙古地区出土不多，有的在墓葬中出土，有的在遗址中发现，但多为征集所得。如大青山中的金代遗址中就曾发现过宋代铜钱、圆形铜饰牌、铜镜、残瓷器、双龙纹圆形铜牌以及铁犁铧、四耳铁锅、铁火铲、铁矛等。②这些遗址可能与金界壕有关。在呼和浩特市东北哈拉沁沟也发现了一处金代遗址，③出土了5件文物和391枚铜钱。文物有小铜佛、铜弟子像各一件，菱花铜镜、海兽铜镜各一件。菱花铜镜背面铸有“湖州真石念二叔镜”八字，两铜镜边沿刻有“富民县官□”五字，铜镜边沿铸或刻铭是金代铜镜的特点之一。另外还有一个铁香炉，上部方形，下带四脚。铜钱绝大多数为宋铜钱，其中金代的“大定通宝”有两枚。金代因境内铜少，曾禁止私人铸铜镜，而由官府铸镜，故铜镜边沿刻出铸造地点或衙署名。铜镜花纹多双鱼、双凤和双龙，此外还有海兽、飞鸟瑞云等铜镜。1956年在内蒙古清水河下城湾发现有双鱼纹铜镜，边沿上也凿刻有字款。④

---

① 李逸友：《巴林左旗林东镇金墓》，《内蒙古文物资料选辑》，内蒙古人民出版社1964年版，第八编，七。

② 参见内蒙古文物工作队编《内蒙古文物资料选辑》，内蒙古人民出版社1964年版，第八编，七。

③ 参见内蒙古文物工作队编《内蒙古文物资料选辑》，内蒙古人民出版社1964年版，第八编，七。

④ 参见内蒙古文物工作队编《内蒙古出土文物选集》图148，文物出版社1963年版。

金代铸铜钱很少，但铜钱铸造整齐美观，有正隆元宝、大定通宝、泰和重宝、贞祐通宝和阜昌元宝、通宝、重宝。金代货币制度受南宋影响，大体可分三个阶段：在金完颜亮贞元二年（1154）以前，无独立币制，主要使用辽、宋钱币。贞元二年以后，发行纸币交钞，海陵王正隆二年（1157）始铸正隆元宝铜钱，交钞、铜钱都在12世纪出现，直到泰和元年（1201）铜钱、纸币同时并用，但纸币有换钞制度。到宣宗贞祐三年（1215）禁止使用铜钱，只许使用交钞。因取消换钞制度而导致纸币贬值，虽说纸币在全国通行，可民间实行不通，而是使用银两。在金上京遗址内，发现金代银铤。在内蒙古境内金代古城、墓葬中，均多见辽、宋铜钱，只有少量金代铜钱。在内蒙古境内还有金代铜印发现，如凉城县发现的金代“勾当公事日字号之印”等铜印，通辽奈曼旗发现金“多国山谋克”铜印，印的背面和边沿均刻有铭文，背面为大定十年等字，为猛安谋克屯田军之铜印。

三　女真文字

女真族原来没有文字，阿骨打建立金政权后，命完颜希尹创制女真文字。对此《金史》有较为明确的记载：“金人初无文字，国势日强，与邻国交好，乃用契丹字，太祖令希尹撰本国字，备制度，希尹乃依仿汉人楷字，因契丹字制度合本国语，制女真字，天辅三年（1119）八月，字书成，太祖大悦，命颁行之。”这段记载说明金太祖开始选拔博学雄才之士，以组成造女真字的班子，而完颜希尹和耶鲁便是主要的入选者，他们用了一年的时间，编定了《女真字书》。根据传世的女真大字进行研究，这种文字多是采用汉字和契丹字两种文字字形为基字而增减笔画制成，女真字中确实有相当部分是以汉字为基字增减其笔画而制成女真字的意字和音字。另一些则是从契丹字来的，自从锦西契丹字（契丹大字）被发现以后，人们渐渐发现女真文字除部分采用汉字作为基字外，有相当一部分是采用契丹字作为基字而制成的。锦西契丹字的制字制度，一般是以一个字表示一个完整的意义，或者以连续的几个字来表示一个完整意义。据专家研究，现在女真字中的有些字在锦西契丹字中就存在。此外，也有些字与庆陵契丹字（契丹大字）相似，虽然这些字在整个庆陵契丹字中所占比例很小，但是这种契丹小字在造字时，有可能是从契丹大字来的。总之，女真大字的构成，既有从汉字而来的，也有从契丹字而来的，这是确定无疑的。

女真大字创制颁行后，太宗天会三年（1125）十月，召耶鲁赴京师授女真字。后来熙宗又模仿契丹字和汉字的偏旁，创制女真小字，于天眷元年（1138）颁行，并广泛使用。现存许多女真文遗物都属于小字系统。最早引人注意的女真文材料是开封宴台金进士题名石刻，这种女真文石刻在东北地区有许多发现，而且有的时代直到明代，说明女真文字到金朝灭亡后有些地区仍在使用。

女真文字到明代末年逐渐失传，现流传的女真文字资料有明代编的《华夷译语》中所收的“女真馆来文”“女真馆杂字”和一些女真文字石刻。

女真文字是中华民族古文字中比较重要的一个文种，女真文字作为金朝的国书主体文字，在一段时期内，曾与契丹、汉文同时并用，在记录和弘扬女真文化过程中，曾留下了极为珍贵的历史文物资料，极大丰富了中华民族的文化宝库，对研究整个中华民族文化史，尤其是研究女真文化具有不可低估的历史价值。

四　金界壕

金朝为了防御蒙古草原各部，在北方修筑军事堑壕，即金界壕。它与历代长城一样，是军事防御工程。金界壕主要分布于我国内蒙古自治区境内，部分地段在蒙古国东方省、苏赫巴托省、肯特省以及俄罗斯赤塔州中南部地区。内蒙古阿荣旗、扎兰屯市南部地段与黑龙江省以界壕为分界线，界壕南侧的边堡属于黑龙江省，有部分地段在河北省围场、丰宁、康堡三县境内。据《金史》记载，天眷元年（1138）以前就曾在东北路泰州内修界壕，大定十七年（1177）和大定二十一年（1181）大规模修筑东北路、临潢路、西北路和西南路辖境内的界壕，并把修好的界壕连接成一条长壕。明昌三年（1192）至承安三年（1198），又在西南路、西北路、临潢路以及泰州边挖新的界壕，这就是“明昌新城”。

金界壕[1]主要由岭北线、北线、南线三条主干线和北线西支、东支及南线西支三条支线构成，总长度达3816千米。

金界壕的岭北线，约兴建于金熙宗皇统年间，东起自额尔古纳市上库力村附近，西行至根河口折向南行，至陈巴尔虎旗红山嘴越过额尔古纳河伸入俄罗斯境内，再自满洲里市北进入中国境内，西行至新巴尔虎左旗北部伸入蒙古国境内，终止于乌勒吉河与鄂嫩河发源地的沼泽地带，全长700千米，在中国境内长约256千米。

金界壕北线兴建于金世宗大定年间，东北端起自莫力达瓦达斡尔自治旗七家子村附近，沿大兴安岭东南麓西南行，经阿荣旗、扎兰屯、扎赉特旗、科尔沁右翼前旗，至科尔沁右翼中旗穿越大兴安岭，再西经霍林郭勒市，至东乌珠穆沁旗西部伸入蒙古国境内，再自阿巴嘎旗北部进入中国境内，西南行经苏尼特左旗、苏尼特右旗，至四子王旗鲁其根中断；自鲁其根以西，经达尔罕茂明安联合旗，至武川县上庙沟终点，长约235千米的地段已改为金界壕南线。金界壕北线在中国境内全长约1545千米。北线西支线，东端自扎赉特旗额尔吐北面从主线上分出，西行经科尔沁右翼前旗北部，至东乌珠穆沁旗东北部深入蒙古国境内，消失在贝尔湖南方，全长约500千米，中国境内270千米；北线东支线，东北端自扎赉特旗吉日根从主线上分出，西南行经科尔沁右翼前旗，至突泉县北岗村与金界壕南线主线相合，全长125千米。

金界壕南线，兴筑于金章宗明昌、承安年间。东北端起点在内蒙古莫力达瓦达斡尔自治旗尼尔基镇北约8千米处的前后七家子村，即北线起点之南3.5千米，西行15千米至北边墙村与北线相合，自此西南行至科尔沁右翼前旗满族屯乡，长约500千米地段全部利用金界壕北线补筑，只将部分地段改造为双壕和双墙。南线自满族屯西南行，经突泉县、科尔沁右翼中旗、扎鲁特旗、阿鲁科尔沁旗、巴林左旗、巴林右旗，至林西县凌家营子，其间长约480千米的地段为明昌年间所筑。再西南行，经克什克腾旗、翁牛特旗、赤峰市松山区，伸入河北省围场和丰宁县境内，再进入多伦县西南部，经正蓝旗、太仆寺旗、康保县（河北省）、化德县，至商都县冯家村，其间长705千米的地段为承安年间兴筑，其中内蒙古境内长约405

① 国家文物局主编：《中国文物地图集·内蒙古自治区分册》（上册），西安地图出版社2003年版，第95—96页。

千米。自商都县冯家村西行，经苏尼特右旗、察哈尔右翼后旗折向西北行，至四子王旗鲁其根与北线相合，再折向西南行，经达尔罕茂明安联合旗至武川县上庙沟村终止，长约365千米，这段界壕是承安年间在原北线和南线基础上改建补筑而成。金界壕南线和承安年间补筑改建的界壕全长1945千米。另外，金界壕南线上的西支线为明昌年间所筑，东自林西县凌家营子村北从主线上分出，西行至克什克腾旗达里诺尔折向西南行，经正蓝旗、正镶白旗、镶黄旗，至商都县冯家村与主线相会，长约590千米。

金界壕一般分布在山麓或较平缓的川地上，掘壕时将土堆积在内侧形成长墙，墙基宽3—5米，残高0.5—3米，一般未经夯筑，个别地段曾经补筑或夯筑。金章宗明昌、承安年间，曾在重要地段增筑副壕副墙。因界壕所经地区土质不同，有黄土或土石混杂或沙砾等各种墙体。沿线在转折处加筑若干处突出墙外且高于墙体的望台（马面），间距200—500米；每隔5—10千米兴筑边堡或关隘1座，有的利用壕墙为其一面墙，有的则在壕墙内外另筑小型边堡，再在边堡内侧兴筑较大型的城堡，为其指挥中枢。①

漠南线与岭南线金界壕东自大兴安岭南麓嫩江西岸，西至大青山北麓武川平原。可以说，这一条线正是我国东北至华北、西北一线的农业区与牧业区的自然分界线，实际上形成了一条生态学分界带。金界壕的起讫路线，绝不是金朝统治者凭空想象的结果，而是有自然地理依据的。

第三节　内蒙古地区西夏考古

一　西夏在内蒙古地区的古城等遗址

西夏出于政治、军事、经济上的需要，兴建了不少城市，如兴州、灵州、省嵬城、黑水城等。西夏都城是兴州兴庆府，即今宁夏银川市。大部分西夏城址都不在内蒙古地区，下面我们仅介绍内蒙古境内的西夏古城。今内蒙古阿拉善盟的全部、乌海市、鄂尔多斯市、巴彦淖尔市的大部分地

① 国家文物局主编：《中国文物地图集·内蒙古自治区分册》（上册），西安地图出版社2003年版，第96—97页。

区都是西夏的版图。西夏在内蒙古地区亦建造了一定数量的城市，现今在该地区亦发现了一定数量的西夏遗址。

1. 黑水城遗址

黑水城位于内蒙古阿拉善盟额济纳旗达来呼布镇吉日嘎郎图嘎查南约18千米的荒漠上，蒙语称为哈喇浩特，人们一般也称之为黑城。古城南临额济纳河下游的干涸河床，额济纳河古称弱水或黑水，额济纳为亦集乃的音转，而亦集乃就是西夏语黑水的意思。黑水城的上层也是元代亦集乃故城。古代额济纳河发源于祁连山，自西南向东北流，注入黑水城东北的大泽—居延海。由于额济纳河改道西移，居延海因断了水源而缩小为一个小湖泊，今名金斯淖尔。河水改道水源断绝，各族居民迁徙别处，屯垦区因废弃而完全沙化，古城废墟处在一片戈壁沙滩之中，城内流沙聚积，有的地方的流沙竟高达城墙顶部。因气候干燥，所以古城内埋藏的大量有机文物得以保存。

对这座大漠孤城的关注始于19世纪末叶。1886年俄国人波塔宁首度到达黑城，并从古城中掘获了珍贵文物。他将这一消息发表在《中国的唐古拉—西藏边区与中央蒙古》一书中。此消息一经传开，很快引起一大批欧美人的垂涎，他们打着“科学考察”和探险的旗号开始肆意盗挖和劫掠了大量埋藏于这座古城之下的中国文物。1908年3月和1909年5—6月，以俄国人科兹洛夫为首的所谓探险队在古城内及其周边地区盗挖，获得了包括西夏文书、汉文文书、波斯手稿、各种佛像、书籍、卷轴、金碗、铜钱等大批珍贵文物。在此基础上，科兹洛夫写成了《蒙古、安多和死城哈喇浩特》一书。1914年，英籍匈牙利人斯坦因再度来到这里，挖掘了黑城遗址。他在古城内外的庙址及佛塔中掘获了大量汉文文书、西夏文书、波斯文书、回鹘文书、西藏文书、佛像、中统钞、雕版画、水墨画等，并将此次挖掘收获发表在《亚洲的心脏》一书中。在这次挖掘的基础上，先后有《斯坦因西域考古记》和《英藏黑水城文献》问世。1923年，美国人兰登·华尔纳又一次盗掘了黑城，获得了佛像、壁画、铜镜等文物，还绘制了古城平面图。1927年，著名的中瑞西北科学考察团对黑城进行过考察。①

① 陈永志、吉平、张文平主编：《阿拉善文化遗产》，文物出版社2014年版，第195—197页。

1983—1984年，内蒙古文物考古研究所和阿拉善盟文物工作站两次对黑水城进行考古发掘，取得了该城的建置沿革和城市布局的考古资料，并出土大量各种文字的文书和其他文物。①考古发掘查明，该古城为早、晚两座城址叠压在一起，外围的大城也就是今日所见的哈喇浩特城，是元代的亦集乃路。在大城东北隅有一小城，东、北两墙压在大城垣之下，西、南两面墙被元代居民改造利用，尚留不相连属的数段，有的元代遗址就建在这些残墙上。这个压在大城下的小城，即西夏时期的黑水城。黑水城平面为方形，边长约238米，城墙夯土中央夹杂沙粒和汉代灰陶片，夯筑坚实。小城正南设门，有瓮城、马面和角楼。当时额济纳河为天然屏障，故未设护城壕。小城是平地起筑，墙土由别处运来，这与辽、金时期的边堡关防城市相似，具有明显的军事性质。因未做大面积考古揭露，黑水城上面压着是元代地层，所以关于西夏黑水城内具体遗址情况尚待今后考古发掘探明，但现有证据已证明小城是西夏黑水城，不是汉代的居延城，该城为西夏时期始建的西部边防重镇。小城下无汉代文化层，黑水城也当是西夏黑水镇燕军的驻地。城内出土物中有许多西夏文文书。

2006年5月，内蒙古自治区文物考古研究所对黑水城遗址进行了航拍，这次航拍是在与中国历史博物馆遥感与航空摄影考古中心的合作下完成的。所得的航片非常清晰有价值，不管从宏观方面研究黑水城的平面布局结构，还是在微观方面探索其建筑结构，都可以将航片与地面的实测图相互比对、参照。

2. 高油房古城

高油房古城位于巴彦淖尔临河区新华镇古城村，地处河套平原中部偏北，地势平坦开阔。高油坊城址北距石兰计古城约14千米，东南方向约35千米为八一古城。这里是蒙古高原和河套东部进入宁夏平原的要道地带，所以高油房古城是交通要道上的军事重镇。古城城墙大都已倒塌，残存墙最高为5米，初步考察，古城平面近方形，边长约990米，四墙中部开门，有瓮城、马面和角楼。城内东、西部土地明显不一样，东半部灰黑土现已碱化荒芜，但出土文物较多；西半部以黄土为主，现居有人家，出土文物较少。1958年，在城址东门内直径50—60米范围内曾出土大批已

① 郭治中、李逸友：《内蒙古黑城考古发掘纪要》，《文物》1987年第7期。

严重锈蚀的铁钱，少量可辨读为“乾祐通宝”。1959年，城内东北角出土金银器27千克。1966年，又在东北角处发现一影青小瓷罐，内藏金器约250克，考古部门后又从银行和群众手中征集回部分金器，有金佛像、莲花形金盏托、凤凰纹金碗、金指剔、镂孔人物金耳坠、金环及桃形和弧形金饰片。[①]这里还曾出土过西夏文铜印。所以，虽然对此城未进行系统考古发掘，但从出土文物来看，可初步认为此城是西夏古城。从古城的形制、风格来看，也与黑水城相似。一些学者经过研究认为此城应是西夏设立的十二监军司之一的黑山威福军司的治所。[②]也有学者不同意这种观点，认为黑山威福军司治所在乌拉特中旗新忽热古城。[③]此城面积比黑水城大得多，从古城面积和出土物来看，均可想见该城地位和繁荣程度在西夏时远远超过黑水城，为西夏东北边防较大的军事重镇。

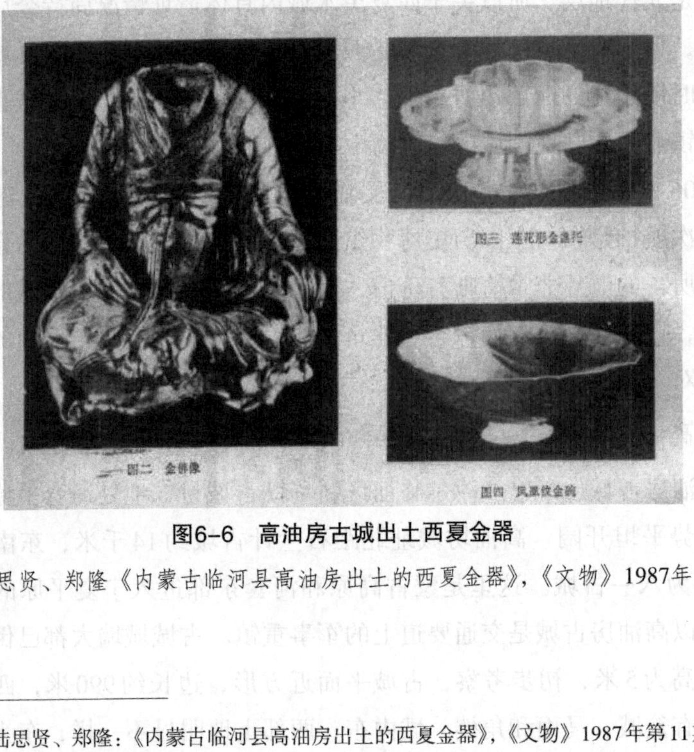

图6–6 高油房古城出土西夏金器

（引自陆思贤、郑隆《内蒙古临河县高油房出土的西夏金器》，《文物》1987年第11期）

① 陆思贤、郑隆：《内蒙古临河县高油房出土的西夏金器》，《文物》1987年第11期。

② 宋耀良：《西夏重镇黑山城址考》，《宁夏社会科学》1993年第5期；聂鸿音：《黑山威福军司补证》，《宁夏师范学院学报》2008年第4期。

③ 鲍桐：《兀剌海城地望和成吉思汗征西夏军事地理析》，《宁夏社会科学》1994年第6期；王大方：《内蒙古西夏长城要塞遗址成为第七批区保单位》，《中国文物报》2013年11月22日第2版。

3. 城塔村古城和陶思图城堡

这两座城址均在鄂尔多斯境内，[①]城塔村古城在达拉特旗，西距东胜区20千米，在哈什拉沟的北侧。古城面积为490米×436米，与黑水城面积大致相当，仅东南角尚存城墙遗迹，其余多变为耕地。古城中发现的文物有宋、金时期的铜钱，上印“西京雍和坊马松砚瓦记”字的残砚、陶瓷片等。瓷器以白瓷为主，也有黑瓷片。这里是在西夏版图之内，出土物说明时代是宋、金之时，故当是西夏的古城，同时也说明了宋、金之间的关系。

陶思图城堡在鄂托克旗陶思图村东北3千米，距黄河南岸50米，面积78米×73米，西、南各有一城门，城堡四角高于堡墙三倍。城堡保存较好。城堡北为黄河，南为大沙漠，东、西、南三面环抱一道高大的沙垅，均是古堡的天然屏障。城内遗物以陶片为主，并有少量白釉上绘黄釉花草之残瓷片以及较多残铁片，这可能是西夏的河防堡寨，用以防御辽、金侵袭。

4. 三岔河古城和城坡城址

三岔河古城位于鄂尔多斯乌审旗无定河镇大石砭村9小队西1千米处，北临萨拉乌苏河（无定河），西接毛乌素沙地，东南地势平坦开阔，为大片的耕地。1995年，内蒙古文物考古研究所和鄂尔多斯博物馆对三岔河古城南侧的无定河两岸被盗古墓进行了抢救性清理，并对三岔河古城进行了调查测绘。[②]古城平面呈西端宽、东端窄、东西较长的梯形，北墙和南墙长643米，西墙长518米，东墙长304米。以东墙为基线，为南偏东5°。城墙为土夯，墙基宽约18米，向上渐斜收，现存高5—10米。墙体夯筑，基底约1.3米为黑花土不分层混筑，其上以黑灰土和黄土相间分层夯筑，夯层清晰。黑灰土层厚约15厘米，黄土层厚约10厘米。墙外有护城河沟，紧贴墙体，宽约20米，现多已填满流沙，仅略显低洼，河沟外侧仍可见显露地表的土垅。据调查观测，城门应在西墙中部，但因西墙中部约300

---

① 参见内蒙古文物工作队编《内蒙古文物资料选辑》，内蒙古人民出版社1964年版，第八编，壹、贰。

② 内蒙古文物考古研究所：《乌审旗三岔河古城与墓葬》，《内蒙古文物考古文集》（第二辑），中国大百科全书出版社1997年版。

米被河水冲毁，故城门形制不详。在东墙中部略偏南处和南、北两墙中部略偏东处，各有突出墙体的高大半圆形土包一处，其顶部与墙体平齐，连为一体；其中北墙土包之顶部有一宽约20米、长约10米的长方形小平台，可能是城防建筑；其余两处顶部略有下凹，从位置和形制看，三处基址可能为城门遗址。古城西北角和西墙外侧均被流沙掩盖，城内多数地段覆盖厚1米左右的黄沙。城内见有多处建筑基址，以西南部分较为密集，地层堆积1.5米左右。城内建筑构件较多，因沙土掩盖而少见陶瓷片。在城外采集的瓷器残片同城内遗物基本相同。采集到的遗物有瓷片、建筑构件和铁器等。瓷器以黑釉为主，多施铁锈花，有的器表剔花或刻花；其次为酱黄釉和黄褐釉，多素面或刻花；其余有白釉、青釉、影青、青蓝釉、青花、斗彩和三彩，器形有罐、壶、碗、盘、碟、灯盏等。器物近底部多露胎，碗、盘、碟等小型器多采用叠烧法制成，内底留有涩圈。纹饰常见草叶、花瓣和鱼纹。建筑构件有瓦当、滴水、鸱吻和小型塑像等。另有少量的玻璃器残片和铁镞等遗物。据专家考证，该城建于西夏时期，元代继续沿用。

城坡古城位于鄂尔多斯准格尔旗哈岱高勒乡城坡村东500米，西北距哈岱高勒乡所在地约10千米。1983年4—9月，伊克昭盟文物工作站和内蒙古自治区文物工作队对城坡城址进行了调查；1987年，内蒙古自治区文物工作队再次对城址进行调查；1997年，内蒙古文物考古研究所对城坡城址进行了考古发掘，发掘面积近900平方米。

城址由南北两座城组成。北部为大城，平面呈四边形，北墙长300米，东墙长200米，西墙长210米，南墙长200米，基宽约3米，残高1—7米；西墙残存较高，北部弯曲，高低规整；西墙正中设门，外加筑长方形瓮城，长50米，宽40米；四角设有高大的土台，为角台或城楼。南部为小城，其北墙即大城南墙之东端，并向东延伸90米，平面呈长方形，东西290米，南北50米；城墙基宽2米，残高1.5米。两城城墙均为夯筑，夯层厚15—20厘米。城内文化层厚约1米。地表散布主要遗物有建筑构件和砖、瓦、陶、瓷、铁等残片；龙泉瓷的瓷片和大量地方烧制的酱釉露胎粗瓷片，器形有罐、碗、盘、碟、盘；另有水波鱼纹印花瓷片和兽面纹灰瓦当。关于此城的年代和建制，刘玉印认为此城建筑年代为西夏时期，是西夏时期金肃州管辖下的军事重镇，为辽夏金所争之军事要塞。郑隆先生根据城堡所处的地理位置推测城坡城址可能是西夏的金肃州管辖下的军事重镇。原发掘报告认为，“城内发现的陶瓷器等与城湾古城大同小异，二者在古城城墙的建筑方法及出土遗物等有许多相同或相近之处，说明两座古城同处一个时代。……且都是为防御而修建的”。冯文勇推测城址为西夏唐隆镇。[①]

5. 新忽热古城址

新忽热古城址位于阴山以北乌拉特草原东南部，内蒙古自治区巴彦淖尔市乌拉特中旗新忽热苏木西北1千米处。[②]城之北地势较高，为丘陵山地，城之南为草原戈壁，东西两侧为川地。古城平面呈方形，东西约850米，南北约800米。城四角向外突出似为角楼，东南两墙中部各设一门，门宽5米，门外加筑瓮城，瓮城入口居一侧，瓮城墙体与主城墙等高相连，城墙基宽10米，残高约8米，顶宽2—4米。每墙外侧都建有马面，东南城门两侧各设两个马面，西北城墙外侧各设五个马面，间距约50米，马面和角台规模宏大，与城墙平齐。古城全部采用夯土建筑，夯层清晰可辨，一般层位厚度为12—14厘米，墙体间用圆木加固，夯层间可见朽木孔洞。由于城市形态为方形夯土建筑，规模宏大，当地人俗称“城圐圙”。有学者认为此城是西夏的黑山威福军司的治所，[③]对此学术界有不同观点，仍在讨论中。

6. 其他遗迹

按文献记录，金灭北宋后，天会五年（1127），与西夏划定疆界。金将陕西北部划给西夏，西夏正式取得天德军和云内州，以黄河为两国界。[④]故今内蒙古鄂尔多斯全境和包头以西均为西夏国境。在这些地区，不论是赵、秦旧长城的城堡内，或是地势险要的汉唐古城上，往往能发现西夏文化层，如哈隆格乃山口的鸡鹿塞，除汉代文化层外，还有应属西夏的房基、弩机、甲片、陶瓷片等。又如乌拉特后旗的青库伦、乌兰库伦等小城堡，也有薄

---

① 陈永志、吉平、张文平主编：《鄂尔多斯文化遗产》，文物出版社2014年版，第202页。

② 国家文物局主编：《中国文物地图集·内蒙古自治区分册》（下册），西安地图出版社2003年版，第626页。

③ 鲍桐：《兀剌海城地望和成吉思汗征西夏军事地理析》，《宁夏社会科学》1994年第6期；王大方：《内蒙古西夏长城要塞遗址成为第七批区保单位》，《中国文物报》2013年11月22日第2版。

④ 《金史·夏国传》。

薄一层西夏文化层，城堡形制也似陶思图城堡，或城墙外加一道外墙。在今乌兰布和沙漠中汉代的窳浑故城（今称保尔浩特古城）中，也有数量较多的西夏毡帐或屋基和陶瓷片、铁甲残片，这些可能是西夏后期为防御蒙古人入侵而修建使用，活动时间不长，所以遗物遗迹也较少。

二　西夏墓葬和出土文物

1. 西夏墓葬

据文献记载党项族的葬俗有火葬、土葬和舍利葬，这与羌俗、汉俗和佛俗有关。从考古资料来看，也确实存在以上各种葬俗。发掘西夏墓葬的考古工作做得不多，较突出的有三种不同习俗的墓葬：一是西夏帝陵；二是甘肃武威西郊林场的西夏墓；三是内蒙古额济纳旗西夏黑水城外的一座塔墓。这些墓葬既反映了党项族的葬俗，也为研究西夏社会各方面提供了资料。

（1）西夏帝陵

位于宁夏银川西郊25千米贺兰山东麓，共有帝陵8座，陪葬墓70多座，陵区范围东西宽约4千米，南北长10千米，为迄今所知最集中的西夏墓葬群。1972年发掘了八号帝陵和三座陪葬墓。①八号帝陵为西夏第八代皇帝李遵顼的陵墓，为斜坡墓道三室土洞墓，深25米，墓道长49米，墓为一中室二配室。中室近正方形，略前狭后宽，穹窿顶，墓室内方砖铺地，四壁有护墙木板。墓道两侧各绘有一武士像。该墓早期被盗。帝陵地面上布局严整，有统一的规制，每座陵园面积在10万平方米以上，方向南偏东，地面建筑自南而北有阙楼、碑亭、石像生群、献殿和高大的塔式“灵台”，四周有内神墙、外神墙和月城环绕。外神墙之外，陵园的四角各有角阙一座，内神墙四边各有神门一座。

---

① 钟侃、李志清、李范文：《西夏八号陵发掘简报》，《文物》1978年第8期；吴峰云、李范文：《西夏陵区一〇八号墓发掘简报》，《文物》1978年第8期。

图6–7　西夏帝陵

（引自牛达生《西夏帝陵建筑揭秘》，《大众考古》2014年第9期）

陪葬陵分两类，一种规模较大，有内、外城，东西两座碑亭和门阙，但无献殿和角楼，规模小于帝陵。另一种规模小于第一种，虽也有土垣，但无外城、献殿、门阙，碑亭也只有一座，只在南垣开一门。陵区的墓上封土，有圆柱形、尖锥形和馒头形。发掘的108号陪葬墓是单室土洞墓，墓室呈方形圆转角、穹窿顶。陪葬墓未见铺地砖和护墙板，但墓道两侧各插一根长约2.15米的长方木，上端雕有人头像。出土随葬品有完整的幼狗、幼羊骨架各一副，石狗一只，大型铜牛和石马以及大量的家畜、家禽和金鞍饰等。党项族原实行火葬，洞室土葬是受汉族影响，帝陵形制似宋陵，但不完全一样，仍保留一些民族特点。

图6–8　西夏帝陵3号陵东北角角台和3号陵阙台

（引自牛达生《西夏帝陵建筑揭秘》，《大众考古》2014年第9期）

（2）武威西夏墓

1977年在甘肃省武威县西郊林场发现两座小型砖室墓。[①]两墓相距10米，均为夫妻合葬墓。墓室近长方形，人字形砖铺底，墓门砖拱券顶，墓顶呈圆锥形。出土文物有木桌、木衣架、小木塔、木笔架、木宝瓶和木制

① 宁笃学、钟长发：《甘肃武威西郊林场西夏墓清理简报》，《考古与文物》1980年第3期。

缘塔（共四个，放骨灰用，一墓两个）。木缘塔八角形，分塔座、塔身、塔顶和塔刹四部分。塔上有题记，记述死者身份和死亡、埋葬日期，同时还有朱书梵文，汉文佛教咒语。这两座墓均为在西夏政权下任职的汉人的墓葬。火葬葬具为木缘塔，这是印度佛教葬俗，说明党项族信仰佛教。墓中出土木版画29块，木版画所画是墓主人生前生活的内容，为写实画，具有较高的艺术价值。木器随葬品形制多同北宋和五代风格。

（3）黑水城塔墓

1909年俄国人科兹洛夫盗掘了位于内蒙古阿拉善盟额济纳旗黑水城外的塔墓。此墓高出地面9米，由塔座、台阶式塔身和圆锥形塔顶组成。塔内台座中部有垂直伸到塔顶的木杆，起支撑作用。在塔内北墙边一个台座上，发现一具坐着的人骨架和大量西夏文物。科兹洛夫砍下人头连同文物运回俄国。塔内出土大量西夏文佛经、文献、文书等。从文书日期断定，此墓建于1220年前后，在蒙古灭西夏之前。死者是西夏高僧。这一塔墓既没有按照佛教习俗火葬，也没有用葬具，而是坐在台上，为少见的特殊墓葬。

2. 西夏出土文物

在内蒙古境内除以上古城、墓葬遗址中出土西夏文物外，在许多地方多次出土西夏文物。1956年秋曾在鄂尔多斯准格尔旗发现黑釉剔花瓶两件和铁钱；1958年又在鄂尔多斯伊金霍洛旗发现黑釉剔花瓶；1958年在伊金霍洛旗发现西夏文“首领”铜印；1978年和1979年分别在鄂尔多斯东胜和准格尔旗黑岱沟征集到两方西夏文铜印，印文汉意均为首领，形制和大小相似，但西夏文笔画有别，前为西夏崇宗贞观四年（1104）铜印，后为西夏崇宗正德三年（1129）铜印，这些西夏文铜印是研究西夏文字的重要资料。

1985—1986年文物普查时，在鄂尔多斯伊金霍洛旗境内5个乡（苏木）发现5批西夏窖藏文物，这些文物大都保存完好，其中有瓷器、铁器等共50余件，[①]有酱釉剔花瓶、罐和白瓷碗等瓷器，铁工具、农具和羊首灯，铁锅等铁制品，还有石磨和陶器。1982年在准格尔旗准格尔召乡发现

① 高毅、王志平：《内蒙古伊金霍洛旗发现西夏窖藏文物》，《考古》1987年第12期。

窖藏西夏文物，共计出土瓷器21件、铁器54件。①瓷器大多是粗白瓷碟、盆、钵、碗、瓶等，有的白釉上还绘有黑色草叶纹或墨书字款。过去曾错误地认为西夏境内的瓷器均是宋瓷，但大量瓷器和瓷窑的发现证明西夏也烧制瓷器，如宁夏的灵武窑址，就烧造多种瓷器。西夏瓷器受到宋瓷的影响，但也有自己的特点。

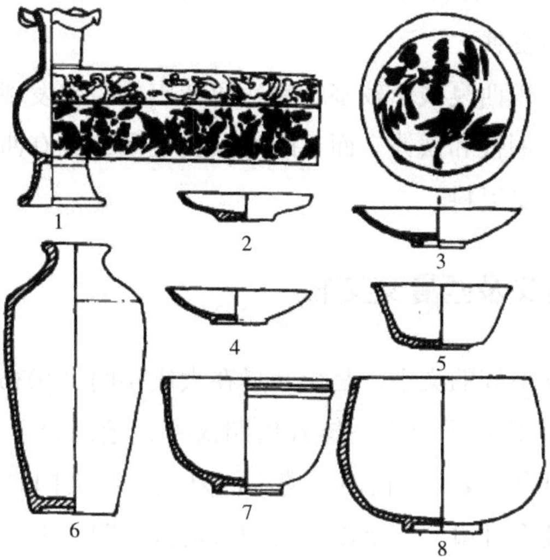

图6-9　准格尔旗发现西夏瓷器

1. 酱釉剔花瓶；2、4. 白釉碟；3. 白釉绘花碟；5、7. 白釉碗；6. 白釉瓶；8. 白釉钵
（引自王志浩《准格尔旗发现西夏窖藏》，《文物》1987年第8期）

西夏的铁器也有很多发现。主要有生活用品鍑、锅、火盘、锁、剪刀、杵、勺、臼、釜等，也有工具类器物如铲、铲刀、锄、铧、镰等，还有马衔、马镫等马具。大量的铁器出土反映出西夏重视铁器生产和高水平的冶铁业。

西夏除使用宋、辽货币外也有自己的铸钱。西夏的货币有铜铁两种，钱面文字有汉文和西夏文两类。西夏文钱币有福圣、天祐、大安、天盛、贞观、乾祐等“宝钱”；汉文钱币有天授、大德、元德、天盛、乾祐、大庆、皇建、光定等“元宝”“通宝”“重宝”。其中天盛元宝和乾祐元宝有铜钱和铁钱两种，而且又有汉文和西夏文两类，都是西夏仁宗时期所铸。

① 王志浩：《准格尔旗发现西夏窖藏》，《文物》1987年第8期。

西夏的钱币在内蒙古地区原西夏境内常有发现和出土，如巴彦淖尔临河高油坊古城出土过西夏铁钱。还多次发现大批窖藏西夏钱币，如1982年在包头市东郊沙尔沁乡阿都赖村出土窖藏重200余斤的北宋和西夏铁钱，部分钱币锈蚀结块，钱形完整，字迹清晰者尚有百余斤。经整理研究，其中的“乾祐元宝”占多数，其次是“天盛元宝”和“宣和通宝”。宣和是宋徽宗的年号，当是宋钱；乾祐年号曾有六个帝王用过，但与“天盛元宝”共存，应当是西夏钱。

鄂尔多斯发现西夏钱币较多，在达拉特旗盐店曾发现一处大型窖藏西夏钱币，出土有铜钱和铁钱。而且既有汉文钱币，也有西夏文钱币，是研究西夏经济的重要资料。

三 西夏文及西夏文文书

西夏文是党项族的文字，是李元昊在大庆年间（1036—1038）命野利仁荣等所创制，共六千余字，体式仿照汉字，笔画繁多，字的构造有会意、形声和转注等方法。[①]在西夏境内西夏文与汉文同时并用。西夏文一直到元朝中叶还在甘肃、宁夏以及内蒙古阿拉善盟一带流行，个别地区到明朝中叶还在使用。

西夏的辞书多种多样，已发现的有《番汉合时掌中珠》《杂字》《要集》《音同》《文海》《义同一类》《文海杂类》《文海宝韵》《五声切韵》等，绝大部分被俄国人科兹洛夫从内蒙古额济纳旗黑水城遗址中盗走，现存俄罗斯科学院亚洲民族研究所。科兹洛夫以及英国人斯坦因在民国时期还从黑水城遗址中盗走了西夏民间契约和官府文书（其中有地契、当铺契、欠款单、法典、官阶封号、审判档案、报告、布告、请假单、便条等），有西夏的医方、历书、卜辞和佛经，还有用西夏文译注的《论语》《孟子》《孝经》和《孙子兵法三注》等汉文儒家典籍。这一大批文书以及西夏社会经济文化等各方面的宝贵资料，有的发表了，有的至今也没有发表，绝大多数是被科兹洛夫盗走的。

《番汉合时掌中珠》是西夏文和汉文对照的字典，党项人骨勒茂才编于西夏乾祐二十一年（1190）。此书以事门分类，其特点是每一词语条目

① 史金波：《西夏文化》，吉林教育出版社1986年版，第11—15页。

都列有四项：西夏文、汉文、西夏文的汉字注音、汉译文的西夏字注音。这种西夏文—汉文互注音义的双解语汇本，为党项人、汉人互相学习对方的语言提供了极为方便的条件。此书对早期解读西夏文和构拟西夏语音起了十分关键的作用，也是学习西夏语文最便利的入门工具书。①

中华人民共和国成立后，中国的考古工作者又陆续发现了一些西夏文书。1976年甘肃省居延考古队在额济纳旗（当时该旗属甘肃管辖）的老高苏木遗址的房基内，发现了《音同》第二版辞书残片23片，这项发现弥补了我国没有西夏文辞书的空白。这23片残片，有的上面只有七八个字，有的甚至只有半个字，整理复原后为八面，属书中八页内容。《音同》是西夏文重要辞书之一，是按照每个字的声母分类的西夏文辞书，收录西夏字最多、最精，约有6000字，是一部依声检字的西夏文字典。每个字都有注释说明字义，而且是按照语音相同的原则排列，是研究西夏文字的音、形、义，探讨西夏语言和文化的宝贵资料。《音同》按照书的尺寸有几个不同的版本，按内容分主要有两个版本。第一版本编成刊印于正德壬子六年，即1132年，成书时间则可能还要早些。这一版本被称为小字本，在中华人民共和国成立以前有手抄本，因辗转传抄，错字、漏字不少。第二版本没有明确纪年，根据序言中提到编者是西夏著名的学者梁德养来推断，大致编成于1176年前后，是第一版的校订本。1976年发现的《音同》第二版残本是大字本，是研究西夏文字的重要资料。②

1983—1984年，内蒙古自治区文物考古研究所两次赴内蒙古额济纳旗黑水城遗址进行考古发掘，出土了大批文书。从出土文物可以看出，黑水城（黑城遗址）当时是个民族杂居的地区，出土的文书有多种民族文字，有西夏文、汉文、藏文、回鹘文、突厥文、女真文、叙利亚文、蒙古文等多种文字文书，其中多为汉文文书，编号近3000份，③部分集中出土于城中总管府架阁库，大部分散见于城中。其中有公文、契约、诉状、账册和票引、人丁名单、宝钞、柬帖、佛经、杂类、典籍图书等。值得指出的是，西夏文中有一定数量的世俗文献，特别是草体书写的西夏文字，有人

① 史金波：《西夏文化》，吉林教育出版社1986年版，第40页。

② 史金波：《西夏文化》，吉林教育出版社1986年版，第40页；钟侃、吴峰云、李范文：《西夏简史》，宁夏人民出版社2001年版，第123—126页。

③ 郭治中、李逸友：《内蒙古黑城考古发掘纪要》，《文物》1987年第7期。

名录、账单和契约文书。1983年考古发掘中出土的西夏文物中有西夏文字典《音同》以及《佛顶心陀罗尼》《圣胜慧到彼岸功德宝集偈》《金刚般若波罗密多经》以及《佛名经》《新刻慈悲道场忏悔灭罪记》等残卷残页，还有记录西夏番汉僧众多字的西夏文书。出土的西夏文《音同》残页25页，我国的西夏专家和学者对此进行了复原研究，[①]认为其学术价值极高，与1976年发现的《音同》残片结合起来研究势必更有意义。

① 史金波、黄振华:《黑城新出西夏文辞书〈音同〉初释》,《文物》1987年第7期。

第七章　元代考古

元朝是由中国北方游牧民族蒙古族建立起来的古代封建政权。蒙古族大约在公元7世纪时，生活在额尔古纳河流域，后向西发展，进入斡难河（今鄂嫩河）、怯绿河（今克鲁伦河）、土拉河上游的肯特山一带。蒙古族进入大草原后，与周围各部以及中原进行经济和文化交往，促进了自身的发展。12世纪末至13世纪初，蒙古首领铁木真陆续征服蒙古草原各部，统一了大漠南北，建立蒙古汗国，形成了统一的民族共同体。其后，蒙古汗国攻灭西辽、西夏、金、大理，并在吐蕃建立行政机构，又远征中亚、欧洲，建立起横跨亚欧的蒙古大汗国。1260年3月，成吉思汗的孙子忽必烈在开平（今内蒙古锡林郭勒盟正蓝旗）登上汗位，建元“中统”，巩固了在中原的统治地位。1271年，建国号为元，定都燕京（今北京市），称大都。1279年灭南宋，统一了全国。忽必烈建立的元朝，是我国继唐朝之后又一个大一统的封建王朝。

第一节　元代的古城

一　元代的古城概述

元朝为加强中央集权，巩固多民族国家的统一，创设了行省制度，设中书省和十一个行中书省。今天的内蒙古地区，大部分属于中书省管辖，是所谓“腹里”之地，是连接中原地区和岭北行省的枢纽，是通往漠北几条驿道的必经之途。因此，在内蒙古地区设置的路、府、州、县较多，古城遗址也较多。这些古城有些是继续使用宋、金、西夏的古城或加以改造和扩大，同时也兴筑了一些城址。元代的城址有着不同的功能，如在今内蒙古锡林郭勒盟正蓝旗的元上都城，是作为帝王避暑的夏都。再如弘吉剌部和汪古部的封建主为自己兴建的应昌路、德宁路等头下城，是专为封建主服务的。而大量沿用的前代旧城，是各级地方行政管理机构的驻地。元代城址后来大多废弃，但在内蒙古境内仍保存较多元代古城，部分古城尚能考证出城址名称。

内蒙古境内现存的元代城址，由于地表遗迹明显，地下文物丰富，早已引起国内外人士关注。从19世纪末，俄国、英国以及日本人分别对应昌路故城进行多次调查。1908年，日本人桑原骘藏和鸟居龙藏在该遗址调查时，发现《应昌路新建儒学说》碑首，从而确定此为元代应昌路故城址。1927—1930年，我国学者黄文弼随西北科学考察团，曾对敖伦苏木（即赵王城）进行了调查，发现《王傅德风堂碑记》碑，接着美国人拉铁摩尔、日本人江上波夫以及美国人海涅士和马丁也相继来到敖伦苏木进行了调查，发现了景教遗址和景教基石，有些基石上还刻有叙利亚文字。马丁还发现了《耶律公神道碑》。这些发现对研究蒙古史，特别是对汪古部的研究很重要。陈垣先生曾经对《王傅德风堂碑记》碑加以考证，并列出赵王世系表，补充了《元史》记载之不足。抗日战争时期，日本人盗掘了百灵庙一带的景教寺院遗址和高唐王阔里吉思墓。俄国人科兹洛夫于1908年和1909年，两次盗掘元亦集乃路遗址（即额济纳旗黑城），1914年英籍匈牙利人斯坦因也盗掘了黑城，致使大批元代以及西夏文物、文书流失海外。中瑞西北科学考察团在1927—1930年，也曾对黑城进行了发掘。外国人在内蒙古对元代古城的调查发掘虽有著作或图集发表，但无地层的依据。中华人民共和国成立以来，内蒙古文物考古工作者对元代城址进行了较全面的调查工作，内蒙古的学者们也发表了关于元代城址较全面的介绍文章。[①]内蒙古地区元代古城近30座，其中部分城址已进行了重点勘探和发掘工作，基本了解了元代城址布局和现状，科学发掘所得的文物和资料，为深入研究提供了可靠的依据。

内蒙古境内的元代古城已知城名的很多，如锡林郭勒盟正蓝旗的元上都、克什克腾旗达尔罕苏木的应昌路故城、达茂旗的敖伦苏木古城为德宁

① 李逸友：《内蒙古元代城址概说》，《内蒙古文物考古》1986年第00期；马耀圻、吉发习：《内蒙古境内的元代城址初探》，《内蒙古社会科学》1980年第1期。

路故城（也称赵王城）、呼和浩特市东郊的丰州古城、托克托县的托克托城内的东胜州故城（俗称大皇城）、托克托县古城村东北5千米的云内州故城、额济纳旗东南的亦集乃路故城（也称黑城，此城下压着西夏黑水城），以及元代宣宁县、平地县、新桓州、高州、武平县等城址。尚难确定元代城名的元代古城也很多，如察右中旗广益隆古城、武川县的东土城和南土城、和林格尔县小红城、乌拉特中旗新忽热古城、赤峰市西八家古城以及额尔古纳右旗的黑山头古城等。总的来说，一般城址有方形和长方形两种，夯筑城墙。除较大的元上都、集宁路古城外，大体上设四个城门或三个城门，多筑瓮城。街道一般呈十字街或丁字街。城墙上也多有马面和角楼，而且普遍有城壕（即护城河），提高了城市的防御能力，吸取了宋代城市建设的特点。在城市中，衙署往往建筑在重要位置上，不论是较大的城市还是小城，均突出衙署的地位，这是元代城市的特点之一。在城址中兴建文庙和儒学是元代城市的又一特点，如元上都、集宁路、净州路、应昌路等城址中均有文庙，文庙和儒学是元代城址中的一个重要组成部分。元代对宗教采取兼容并蓄的态度，所以无论是佛教、道教还是伊斯兰教、景教等均得到很大发展，各种宗教建筑在元代城中多有兴建，也成为城市建筑的重要组成部分，如敖伦苏木古城、亦集乃路故城内，至今各种宗教建筑遗迹仍然有明显保存。元朝政府为了加强中央集权的统治，在前代的基础上，在全国设置了驿站，内蒙古境内的古城，大多是当时重要的驿站，这里构成联通南北交通的枢纽。岭北行省与“腹里”的交通有帖里干、木怜、纳怜三条驿道。在额济纳旗黑城出土的文书中，有与纳怜有关的记载，[①]可补史籍记载的不足，也说明了元代城市又一个特点。下面重点介绍几座元代城址。

二　内蒙古境内的元代古城和遗址

1. 元上都

元上都遗址位于锡林郭勒盟正蓝旗上都河镇东北20千米处，地处滦河上游闪电河北岸水草丰美的金莲川草原上，北依龙岗，南临滦河。蒙语称“兆奈曼苏默”，即一百零八个庙的意思。元上都是元世祖忽必烈在

① 李逸友：《黑城文书所见的元代纳怜道站赤》，《文物》1987年第7期。

1256年命刘秉忠设计修筑的，称开平府，1264年升为上都，忽必烈迁都大都后，成为元代帝王避暑游乐的夏都。元上都遗址于1964年列为内蒙古自治区第一批重点文物保护单位，1988年公布为第三批全国重点文物保护单位。2012年6月29日，元上都遗址成为中国第42处世界文化遗产，实现了内蒙古自治区世界文化遗产“零”的突破。

1990年8—9月，内蒙古自治区文物考古研究所清理发掘了元上都砧子山南区墓地，发掘墓葬96座；1998—2000年，清理发掘墓葬102座。[①]1996年元上都遗址被列入中国申报世界文化遗产预备名录，根据联合国教科文组织的要求，为了展现元上都遗址的真实性和完整性，对元上都的系统考古工作正式展开。内蒙古自治区文物考古研究所围绕元上都遗址的申遗工作，对元上都城墙、宫殿及周边附属设施、墓地等遗迹进行了主动性、系统性的考古调查、测绘、发掘工作。1996年发掘了元上都1号宫殿基址；1997年发掘了元上都宫城内宫殿基址；1997年，内蒙古自治区文物考古研究所与中国历史博物馆合作对四郎城、元上都、砧子山、一棵树墓地等大型古遗址、古墓葬进行了为期50天的遥感和航空摄影工作。[②]1998年发掘了元上都南关元代遗址；1998—2000年三次发掘砧子山元代墓地；1998年调查发掘元上都及周边墓葬；2002年清理修复元上都皇城东墙；2003年清理修复元上都明德门瓮城。[③]2008—2011年，内蒙古自治区文物考古研究所完整测绘了元上都城址及相关建筑遗迹，并进行了大规模考古勘探工作，同时考古发掘了明德门、御天门、大安阁、穆清阁等重要建筑基址。

元上都城址由宫城、皇朝、外城和关厢四大部分组成。宫城位于城东南部，在皇城的中部偏北，平面呈长方形，东西宽570米，南北长620米，现存城墙高约5米，四角有角楼，东、西、南三面开有城门。宫城内的主要建筑大安阁、穆清阁、水晶殿、香殿、宣文阁、仁春阁等建筑遗址清晰可辨。城内除东南部一条横街与南门内御道相交呈丁字街外，其余城内殿

---

① 内蒙古自治区文物考古研究所、锡林郭勒盟文物管理站、多伦县文物管理所：《元上都城南砧子山南区墓葬发掘报告》，《内蒙古文物考古》1999年第2期。

② 中国历史博物馆遥感与航空摄影中心、内蒙古自治区文物考古研究所编著：《内蒙古东南部航空摄影考古报告》，科学出版社2002年版。

③ 魏坚：《元上都》，中国大百科全书出版社2008年版。

堂、楼阁、亭台等建筑非常密集，没有中轴线的设计，布局随意，道路也不规则。皇城包围着宫城，城墙同宫城一样包砖夯筑，平面为正方形，每边长为1400米，墙体残高约6米，建有高大的角楼。南北各开一城门，外筑方瓮城。东西各开二城门，外筑马蹄形瓮城。城内街道建筑布局整齐对称，主次分明，南北大街在城左右各一条，东西也有两条大道与南北大街相通，主要街道两侧又有对称小巷相通，整齐布局的街道将城划分成若干方形建筑区，至今尚可看出一些较大的建筑遗址和围墙遗迹。城的东北隅和西北隅各有一处规模较大的院落，这是大龙光华严寺和乾元寺的遗址。在南部大街两侧，有大型建筑台基遗址，这当是官署或重要府第遗址，地表上有青花瓷、钧窑、龙泉窑以及磁州窑等残瓷片，反映出当时皇城的繁华。外城在皇城西、北两面，皇城东、南两墙分别向北、西延伸。外城城墙仅为夯筑，平面方形，边长2220米，南、西两面各开一城门，外筑马蹄形瓮城。北墙上开两城门，外筑方形瓮城。在城外西北角及东北角挖有护城壕，城墙上无马面和角楼遗迹。在外城的西墙与皇城西北角之间，加筑一道土墙，将外城分为南北两部分，南部分布有稀疏的街道没有大型建筑基址，北部仅有几处小型建筑，中有一东西长350米，南北宽200米的石块垒砌的围墙，为皇家园林即“北苑”。元上都城外除北面，在东、南、西三面城外都有街道和房屋遗址，而且还有小佛寺遗址。在与外城相距数十里的小山顶上，还有许多土石混合筑成的台墩，形成对元上都的拱卫之势，这是外围的防御设施。

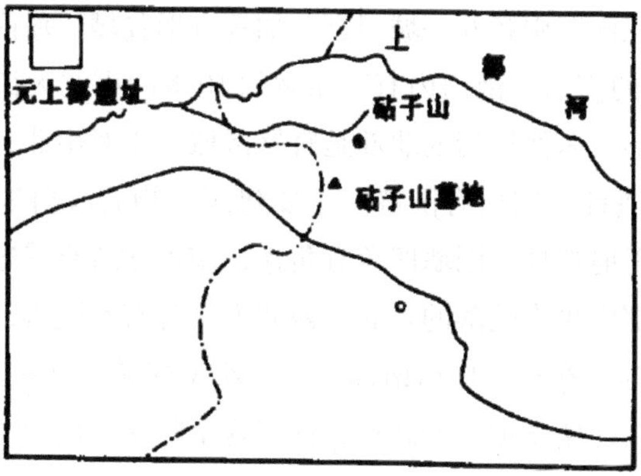

图7-1　元上都城南砧子山墓地位置图

（引自内蒙古自治区文物考古研究所、锡林郭勒盟文物管理站、多伦县文物管理所《元上都城南砧子山南区墓葬发掘报告》，《内蒙古文物考古》1999年第2期）

元朝自1263年始，元世祖忽必烈每年二月启程赴上都，八月底返回大都，元朝两都巡幸制度由此形成。元朝皇帝每年有半年时间在上都避暑，处理军国大事。元世祖、成宗、武宗、天顺帝、文宗、顺帝六位皇帝都在上都继位登基，显示出上都举足轻重的政治、军事地位。作为元朝的夏都，每年皇帝驻夏时，前来朝觐的各国使节、王公贵族、百官及护卫将士云集上都，毡车如雨、牛马如云。商人、传教士、旅行家纷至沓来，这其中又以马可·波罗最为后世所熟知。在元上都城内居住的有蒙古人、汉人、契丹人、回鹘人、高丽人、尼泊尔人等，元上都成为当时蒙古草原地区最为辉煌的都市，是国际性的大都会。元上都遗址是蒙古高原南部、中国北方草原地带保存最为完整、规模最大、地下埋藏文物最为丰富的草原都城遗址，具有重要的历史、科学和艺术价值。

2. 元应昌路故城遗址

应昌路故城遗址[①]位于赤峰市克什克腾旗达日罕乌拉苏木多若日嘎查西，东北距达里诺尔湖约2千米，东距经棚镇约80千米，西距元上都遗址150千米。遗址地处达里诺尔湖（古称答儿海子）西岸，南临耗来河。该城是元世祖女鲁国大长公主囊加真的头下城，也称为鲁王城，是弘吉剌部的统治中心。修建于至元七年（1270），名为应昌府，至元二十二年（1285）改为应昌路，元亡废弃。元末，顺帝曾驻应昌府，1379年4月死于应昌。

故城呈长方形，城墙为夯筑土墙，东西宽650米，南北长800米，在城东、南、西三面正中各开一城门，并加筑方形瓮城。城内东西两门间为一条宽约15米的横街，南门内有一条宽约10米的南北大街，与东西向横街相会呈十字形。东西横街的北部是官署区域，正对南北大街有规模最大的三进院建筑遗址，四周有围墙。主要建筑遗物有汉白玉柱础和琉璃瓦等，这当是鲁王府遗址，围墙四角有角楼，院内建筑有三进正殿和东西配殿相对称。北部中央大院落的东北、西北方又各有一院落，院内也有前后殿和东西配殿等。在东西横街南部，多为小型建筑，在东南隅一院落中，发现《应昌路新建儒学记》残碑首，证实这个院落为儒学所在地。在该城

① 李逸友：《元应昌路故城调查记》，《考古》1961年第10期；刘志一：《元应昌路遗址》，《内蒙古文物考古》1984年第3期。

西500米的小山上，有覆钵式塔一座，通高12米，1967年砖砌塔身被毁，现仅存方形石砌塔基座。城址东南30千米处有一龙兴寺遗址，现存石碑一座，碑首、碑身及龟趺俱全，碑首为《应昌路曼陀山新建龙兴寺》，碑文记载此寺建于泰定二年（1325）。

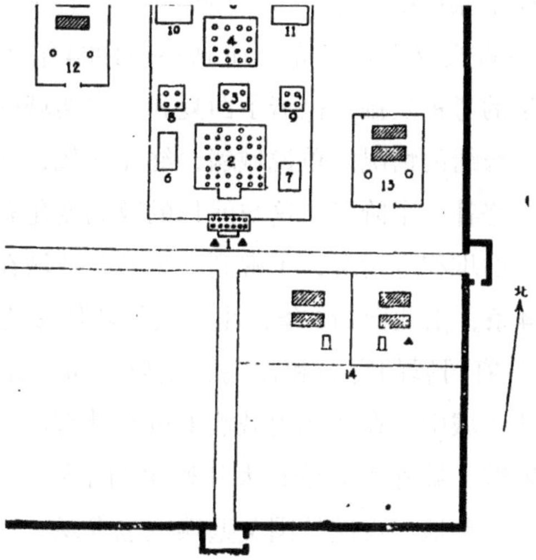

图7-2　元应昌路城址及主要建筑示意图

1. 大门；2. 大型建筑；3. 方亭类建筑物；4. 方形台基；5. 长方形建筑；6、7、10、11. 各有一土堆，似为砖筑建筑物；8、9. 亭榭类建筑遗址；12. 院落遗址；13. 官署遗址；14. 儒学遗址

（引自李逸友《元应昌路故城调查记》，《考古》1961年第10期）

应昌路是内蒙古地区现存元代古城中保存最为完整的一座，规模宏大，曾一度成为北元的都城。作为元朝重镇之一，应昌路在政治、经济、文化、军事及交通等方面起到过举足轻重的作用。

3. 亦集乃路故城

亦集乃路故城遗址在阿拉善盟额济纳旗达来呼布镇吉日嘎郎图嘎查南约18千米处，也称黑城，蒙语称为哈喇浩特。这是座早晚两座城址叠压在一起的古城，外围的大城就是元代亦集乃路故城，大城东北隅压的小城为西夏黑水城故址。

亦集乃路故城东西长421米，南北宽374米，呈长方形，四周城墙保存较好，为夯筑土墙，平均高度达10米以上，东西两侧设错对而开的城门，城门外拱方形瓮城，城墙四角设置突出的圆形角楼，四面城墙共设马面19个，城上建女墙，系用土坯砌成的一道矮墙，无垛口，城墙内四角、城门以及南墙正中有两面坡式登城马道7处。该城已成为废墟。城内东北角流沙聚积，几乎高达城墙顶部。

该城为内蒙古境内保存最好的一座古城，埋藏在地下的文物很丰富，有机文物也因气候干燥得以保存下来。亦集乃路一直是中外学者关注的重要古城遗址。内蒙古文物考古研究所在1983—1984年两次对该城进行了全面、系统、科学的考古发掘，搞清了西夏和元代两城的关系，也搞清了元代对古城改造、修缮的情况。单说城墙，终元一代，亦集乃路城墙就经历了始建、改造、修补三个阶段，这与元代的政局变化有关。发掘工作还搞清了城内文化层的堆积等情况，了解到亦集乃路故城在元代晚期，城内东西向主要大街4条，南北向街6条，小城大街两侧多为店铺和居民。总管府、广积仓等路府司属的官衙和住宅，主要分布在元代扩建的大城以内。佛寺遗址散建于城中，在西北角城墙上也有佛塔群，由北向南交错排列5座覆钵式喇嘛塔。城外东关分布大片密集的小屋、小院等居住遗址。城西南有清真寺以及墓地，古城外围戈壁滩上也发现有墓地。这两次考古发掘出土了大量的文物和各种文字的文书，尤其是近三千份文书，涉及面很广，有助于多学科的学术研究。还发现有元代铜印和文书，有北元宣光元年年号的文书，更晚的还有一方天元元年的铜印。说明亦集乃路故城的废弃，当在明代初年。这个城址不仅包含西夏和元朝的历史，还应包括北元的一段历史。[①]这座城虽然不大，主要是军事性质的城址，却为学术界所关注。其出土的文书，根据地层和文书上的年款、地名、人名等各方面研究判断，为研究元朝历史提供了多方面资料。

4. 集宁路古城[②]

集宁路古城位于内蒙古自治区察哈尔右翼前旗巴音塔拉镇土城子村，北邻G110国道、南靠黄旗海生态保护区，西距乌兰察布25千米。古城建于公元1192年（金章宗明昌三年），原系金代集宁县，为西京路大同府抚州属邑，是蒙古草原与河北、山西等地进行商贸交易的市场。元代初年，升为集宁路，属中书省管辖，下辖集宁一县。集宁路古城遗址被列入2003

① 郭治中、李逸友：《内蒙古黑城考古发掘纪要》，《文物》1987年第7期。
② 陈永志：《集宁路古城与草原丝绸之路》，《内蒙古画报》2011年第5期。

年度“中国十大考古新发现”名录。

城址平面呈长方形，南北长940米，东西宽640米。古城东、北墙保存较好，宽5—6米，残高0.5—2.5米，西、南墙破坏严重。东、西墙各设一门，东门位于东城墙北段，外置方形瓮城；西门设在西城墙中段，外置马蹄形瓮城。南门情况不详。城内道路六纵七横，将古城分为31个单元，城内北部正中有一大型的建筑台基，台基南部为市肆遗址，城外西侧有一条南北向的道路直通西门瓮城。城内地层堆积东浅西深，文化层厚1.5—5米；遗迹丰富，有大量的房址、灰坑（窖穴）、水井、道路、墓葬、瓮棺葬、窑、窖藏等，遗迹间叠压打破关系较为复杂。古城内现辟为耕地，地表散见大量的陶瓷片、石柱础、石臼及砖瓦等建筑构件残块。

2002年4月至2003年11月，内蒙古文物考古研究所对集宁路古城遗址进行了抢救性考古发掘，[①]发掘面积达22045平方米，共发现房址91组、灰坑（包括窖穴）822座、灰沟110余条、水井22眼、道路9条、窑址23座、墓葬11座、瓮棺葬4座、窖藏34座，出土了大量不同质地的各类器物。其中完整瓷器200余件、可复原瓷器7416件、陶器877件、金银器10件、铜器351件、铁器268件、骨器456件、铜钱36849枚，其他石器、木器等各类器物2000余件。这些遗迹、遗物的出土，为研究元代的城市制度、经济文化生活提供了翔实可靠的实物资料。

5. 包头燕家梁遗址

燕家梁遗址位于包头市九原区麻池镇燕家梁自然村台地上。遗址平面呈长方形，南北长700米，东西宽570米。文化层较厚，最厚处达2米以上。2006—2008年进行了考古发掘，共发现灰坑517个、灰沟36条、房址222座、窖藏29个、窑址4座、地炉32座、灶4个、墓葬2个、乱葬坑4个、道路7条、铜钱4万枚，出土元代瓷、铜、铁、陶、骨、玉等不同质地的各类器物万余件。这些器物基本为生活用具，以碗、盘、盆、瓮、罐、盏为主，同时也有瓶、匜、漏斗、香炉、玩具等。房址面积一般在10—20平方米，平面形状近方形或狭长的长方形。房子多单独成间，个别为套间。房间内发现多种形制的取暖设施火炕，也有炊事设施灶。出土大

① 陈永志：《内蒙古察右前旗集宁路遗址发现大量文物》，《内蒙古大学学报》（人文社会 科学版）2003年第1期。

量制作精良、工艺独特的瓷器，具有鲜明的时代特征。特别是景德镇窑青白釉狻猊器盖，造型生动形象，动感十足；景德镇窑鸳鸯莲池纹青花大碗，青花色彩艳丽，画工娴熟精湛，十分珍贵。釉里红瓷器出土不多，器形有高足杯、匜。[①]

2006年考古发掘时发现保存较好、关系明确的同时代不同时期的遗迹，如交错的道路、布局有致的房址等。特别是成排分布于道路两侧的三层房址，多为官肆、店铺类建筑，其内一些生产、生活设施尚保存完好。在房址内同时发现大量墨书题记和许多精美遗物。表明这里曾经是一处繁华的市镇，为研究蒙元时期村镇、驿站的建筑布局、经济形态及居民的生产生活情况提供了翔实可靠的实物资料。大量窖藏及部分灰坑中凌乱的肢骨，真实反映了元末复杂动荡的社会状况。遗址没有发现城墙，根据出土遗迹和遗物推断为元代遗址，上限不会晚于元世祖忽必烈至元十二年（1275），下限应该在明洪武五年（1372）以前，即明军攻克东胜州、云内州前，历时百年左右，基本见证了元朝的盛乱兴衰。中原及南方一些窑系瓷器的大量出土，反映了元代北方草原地区与中原、南方地区的商业贸易往来十分频繁，也说明燕家梁遗址是元代连接漠北地区与中原和南方的一处重要驿站。燕家梁遗址现为全国重点文物保护单位。

第二节　元代的墓葬

元代发现的墓葬多是官僚地主的中小型墓葬和火葬墓，未发现帝王墓。中型官僚地主墓葬的形制和随葬品大致沿袭宋、金时期，但全国不同地区的墓葬也有不同特点，如晋、豫、冀地区多为仿木结构的壁画墓，陕西地区则有一些随葬大批陶俑的中型墓，而江南地区的元代墓葬形制较小，但特别注意尸体的保存和精细器物的随葬。元代墓葬中除一部分极其特殊的色目人墓以外，一般很难区分民族的差异。相反，墓葬反映等级的差别是极其明显的。全国各地元代火葬墓发现很多，但火葬墓也有等级的差别，中、低层统治阶级的火葬墓有墓室和随葬品，甚至随葬有俑。但东北、西北等边境地区发现的火葬墓，却多是仅一残破陶罐盛骨灰丛葬在一

① 塔拉、张海斌、张红星主编：《包头燕家梁遗址发掘报告》，科学出版社2010年版。

处，这是属于普通百姓的火葬墓。

内蒙古地区元代墓葬中发现了砖室墓、石室墓、土坑墓，以及用一陶罐盛骨灰或随葬少量铜钱、钗、耳勺等物的火葬墓。砖室、石室墓的平面有八角形、六角形或方形，石板和土坑墓为长方形。随葬品较多，多为日常生活用品，器形有碗、盘、钵、碟、小型双耳罐、四系罐、四系瓶、长瓶以及元代特有的玉壶春瓶和香炉、陶灶等。玉壶春瓶的特征是长颈、大肚、底圈足，这种元代特有的器形有瓷、陶、金、银、铜等质料制成，并有早晚的差别，早期颈部较长，肚部下沉，晚期鼓腹较上，颈部收缩。香炉也分早晚，早期为直耳，且耳多在香炉口部，而晚期为曲耳，位于香炉口沿下。陶灶也是早期为方形，晚期多为圆形。随葬瓷器常见的有仿定窑白瓷或白地黑花（或铁锈花）仿磁州窑的产品，此外还有仿钧窑的产品以及黑釉、绿釉等瓷器。如集宁路古城附近元代墓葬出土的瓷器，就多为黑釉瓷罐、黑釉小口长瓶以及暗绿色青瓷小碗等，其中黑釉小口长瓶肩上还露胎刻有“葡萄酒瓶”四字。[①]

内蒙古地区也发现有少数元代的壁画墓。1965年和1976年两次在赤峰三眼井乡发现两座元代壁画墓，都是小型单砖室墓。[②]M1的随葬品早期被盗，M2保存较完整，为带竖穴台阶式墓道，方形墓室，穹庐墓顶，建造方式同辽、金墓。M2为男女合葬墓，葬具为一木棺，置在棺床上，木棺上绘有隐约可见的朱雀、白虎等。随葬品有白釉铁锈花瓷碗、黑釉瓮坛和海兽葡萄纹镜等共六件。两座墓葬均有壁画，但M1被破坏，M2保存尚好。壁画反映了元代贵族的生活。M2共计三幅壁画：尸床正北上方壁画，横幅画有男女墓主人对饮的宴饮图，长2.10米，宽0.65米，画面正中为三间歇山顶式建筑，中室内一长方形桌，上摆各种食品，男、女主人正平坐宴饮，男左女右对坐，女主人身后有两名侍女，男主人身后有一名男侍。东间为膳房，有男女侍者各一，作准备进膳。东房后有一马和一树，似有一漫漶的引马者。西房门掩闭，房西有一全鞍马，拴在大树上。墓室的西壁绘有出猎图，画面的大小及建筑的形式与北壁画大致相同。壁画内容分两部分，第一部分为墓主人出猎前小饮。东间两门掩闭，正中一间为三名男女侍者捧长瓶、托碗作进食状，墓主人在西间正中小饮，左右各立一侍

① 张郁：《乌兰察布盟察右前旂古墓清理记》，《文物》1961年第9期。

② 项春松、王建国：《内蒙昭盟赤峰三眼井元代壁画墓》，《文物》1982年第1期。

者。此间可能为当时民间酒馆，屋脊高挑的酒帘上墨书“春风馆”三字，马槽旁有三匹马。第二部分是出猎，墓主人骑马在左侧前面，两侍从各骑一马共同在追逐野兔，两只猎犬和猎鹰也扑向野兔，展示了围猎的真实场面。墓室的东壁上，绘的是出猎归来图，墓主人和侍从满载而归，迎接主人归来的是五人组成的仪仗队，二人捧角杯、长瓶献饮，三人击鼓、奏排箫和吹横笛组成乐队，左半画面上的三间歇山式建筑物里正在为墓主人归来备餐。总之，这三幅壁画表现了墓主人生前的生活情景。壁画较粗疏，可能出自民间画师之手，但人物画得较得体，线条也较准确，没有草图和修饰痕迹，墓主人几次出现，神态相貌前后一致。墓中壁画共绘28个人物，为研究元代服饰、陈设和习俗等提供了资料。三眼井元墓除以上三幅壁画外，还有一些门神、牡丹花等装饰花纹。

1982年，在赤峰市元宝山乡宁家营子发现一座元代壁画墓，是小型单砖室墓。墓室平面为方形，四壁券砌呈蒙古包式顶，顶部覆盖整块大石板，并有土坑竖穴台阶式墓道。[①]该墓室后部棺床上有男女两具尸体，出土了铜镜、铜钱、铜鞍饰件、银耳环、铁器以及木器若干件。此墓有八幅壁画，再加上云纹和牡丹、荷花等彩绘装饰，布满墓室四壁面及券顶。壁画人物形象生动逼真，构图准确，出土时色彩鲜艳，甚为壮观。八幅壁画有：正壁为墓主人的对坐图，男女主人左右相对，坐在帐幕之下，每人身后立男女仆各一。东壁棺床头部绘行旅图一幅，中有一人，身穿长袍骑驴徐行，身侧一童仆相随，左侧还有苍松。此画面多已剥落。壁画棺床脚部为一幅山居图，画面有枝叶苍劲浓郁的大树，小溪中双禽嬉游，一人盘坐于岩石上，山岩间有房舍隐现。在东西壁右半部各有生活图一幅，大小相同，均是在高桌上放有黑花执壶、黑花盖罐或是元代典型的玉壶春瓶等，桌边各立一人，东壁左手捧碗，右手握研杵，西壁的双手托盘，盘内有二碗，作供奉状。在墓门的东西两侧为两幅礼乐仪仗图，画中各有三人，有执仗，有吹横笛或击拍板，有执槌击鼓或拍击腰间系的长圆形鼓，东、西两侧每个人动作完全不相同。此墓与赤峰市三眼井元代壁画墓布局格式和风格基本相似，但民族特点比三眼井元代壁画墓更突出，壁画中人物的服饰，按《元史·舆服志》记载，墓主人当是六品左右官职。壁画中墓门两

① 项春松：《内蒙古赤峰市元宝山元代壁画墓》，《文物》1983年第4期。

侧的乐器组合，与《元史·礼乐志》记载也大致相符，为研究元代舆服、礼乐制度等，提供了难得的形象资料。

在泉州、扬州等地发现有元代的伊斯兰教和基督教的墓地，墓上有阿拉伯文、叙利亚文等墓碑。有些墓葬除少数为汉族的墓葬，多为西亚、中亚人和色目人的墓葬。墓葬多薄葬，很少有随葬品，偶尔出土金币、银币。在内蒙古和新疆以及北京房山等地，也发现带有十字架标志的墓石，上刻有叙利亚文。如内蒙古四子王旗的王墓梁以及达茂旗百灵庙敖伦苏木古城一带，均发现了刻十字架和叙利亚文的墓石，这属于当时基督教的一支——景教，说明当时景教曾在内蒙古一带有过传播。这些墓葬中也少有随葬品。

第三节　元代的手工业和商业

一　元代的手工业

元代手工业大都由官府经营，规模较大，部门也较多。中央设总管机关，如在都城元大都（今北京），即设有兵器制造局、梵像提举司（管理雕刻、绘画、铸像）、出腊提举司（金属铸造）、鼓铸（制造金属货币）等。元代手工业很发达，下面我们重点介绍几个方面。

1. 冶铁业

元代许多城市中均留有大片的冶铁遗址，这些城市多分布在今俄罗斯外贝加尔湖地区、蒙古国以及我国内蒙古地区，这些城市多与军事关系密切。内蒙古乌兰察布察右前旗巴音塔拉土城子古城，外城的西北部便堆满冶炼铜铁的炉渣、灰烬，出土有风箱炉灶所用的多孔炉盘残片和风箱隔灰用的砖球，还有带流的大铁勺、铁镞、铁车马具。仅铁车辖就出土20余个，大的直径为14.5厘米，小的直径为9厘米。城内还出土大量铁工具，有铧、耧、耙齿、钩锄、锤、熨斗、锯、刀等，此外还有铁杈。内城的南部也有冶炼遗址，出有铁渣和坩埚残片等。这些大型冶铁遗址，多是集中了各地俘虏来的工匠，强迫他们生产兵器或工具，这些工匠实际上是工奴。在外贝加尔湖区的乌伦盖河畔元代古城中就建有高堡，周围为冶铁作坊遗址，反映出这些大片冶铁遗址的生产者，是在监督下从事生产的。

2. 纺织业

从13世纪以来，北方的纺织业就有了较突出的成就。有丝织业、棉织业等，毡罽业是元代纺织业中新兴的手工业，毡罽业主要集中在华北地区，尤以元大都附近发展迅速。元代的绘画、墓葬中的壁画以及西方书籍插图中描绘元代的毡帽、毡鞋和青海诸木洪地区元墓出的羊毛毯子等，都是毡罽业的产品，有的上面还有复杂的纹饰。《经世大典》中引有《大元毡罽工物记》一书，较详细地记载了元大都一带毡罽业生产和使用的情况。在内蒙古额济纳旗黑城的出土物中就有方棋纹毛织残片和毡垫残片等。

棉织业在元代也有很大发展，王桢的《农书》中就记有当时已广泛使用搅车、弹弓、纺车、拨车和经架等工具。在棉织技术上比南宋进步，棉织品数量大大增加。在内蒙古黑城遗址中出土了棉织品，有尖头女布鞋等，说明当时广泛使用棉布。

丝织业的产品主要供统治阶级使用，在技法和纹饰上，多沿袭南宋的制度，突出的特点是在丝织品上，大量使用金钱或印金花装饰。如内蒙古察右前旗巴音塔拉乡土城子，即原集宁路古城的内城北门，1976年发现有窖藏元代丝织品，[①]窖藏一瓮中有8件完整的丝织物和其他残片等。经有关部门分析，均为蚕丝织物，多为纱、罗织品，其中有被面、夹衫、长袍等，多为印金花或印金提花织品，在一件提花绫上有繁体墨书的“集宁路达鲁花赤总管府”等字迹。达鲁花赤是当地最高的军政长官，这批丝织品当与集宁路达鲁花赤有关。

3. 制瓷业

大约在13世纪末，北方的瓷窑开始恢复，并普遍发展。根据内蒙古发现的材料来看，元代许多瓷窑都在宋瓷的基础上，烧造各种窑系的产品，内蒙古地区出土和征集的有精致的定瓷、影青瓷、龙泉窑青瓷等，发现最多的是仿定瓷系和仿磁州窑系的白瓷或白釉黑花（酱釉花），仿钧窑系的青瓷，以及黑釉、暗绿色釉等瓷器。除一些精品外，一般元代瓷器大多胎厚重且较粗糙，器形也较简单，器内多有烧制时用的饼渣痕迹。1978年在赤峰大营子乡哈金沟村发现窖藏元代瓷器共计79件，[②]其中有白瓷、酱釉瓷、铁锈花瓷、龙泉窑系青瓷、影青瓷和青花瓷，器型有碗、盘、长

① 潘行荣：《元集宁路故城出土的窖藏丝织物以及其他》，《文物》1979年第8期。

② 唐汉三、李福臣、张松柏：《内蒙古赤峰大营子元代瓷器窖藏》，《文物》1984年第5期。

颈瓶、大口罐、葫芦形执壶和高足杯等，除影青瓷、青花瓷外，大多造型简单，胎骨厚重较粗，火候也不均，明显的特点与赤峰缸瓦窑系产品相似。赤峰缸瓦窑从辽代开始制瓷，元代时这里多生产仿定白瓷、酱釉瓷和铁锈花瓷。元代的瓷器上还常见有“枢府”“内府”以及八思巴文字“旨酒”等铭记，这些铭记多为剔釉。元代最大的产瓷区在江西景德镇，在宋代影青瓷的基础上烧制白瓷。景德镇为元代官窑，又名“枢府窑”。内蒙古地区所发现的有铭记白瓷瓶，可能是北方官府所烧制的产品。据河北省考古发现，元代在漳水设立了官窑，而且漳水官窑在邯郸峰峰矿区的观台镇一带分布很广，元瓷堆积厚度达1.5米左右，发现有完整的窑址，也发现有两件肩部剔釉“内府”二字铭记的瓷瓶。在内蒙古察右前旗的集宁路古城内，20世纪50年代即已征集到城内出土的瓶身上有“内府”铭记的白瓷小口大瓶，而且还发现刻有“苗兵下白平”字的白釉瓶，现均存于内蒙古博物院。这些白瓷虽然都不是很精致，但个别器物仍很美观，如1958年在察右前旗集宁路古城出土的白釉剔花飞凤牡丹纹罐，1956年在赤峰市初头朗发现的白釉画花罐，1954年在呼和浩特市托克托县伞盖村出土的黑釉玉壶春瓶，1976年在包头固阳出土的白釉黑花瓷罐、鄂尔多斯十二连城出土的白釉黑花小口瓷罐、阿拉善盟额济纳旗亦集乃路故城出土的褐釉剔花瓷缸和乌兰察布武川征集的龙凤纹四系瓷罐等，都不失为精品。元代景德镇窑址重要的创举是烧制青花瓷和釉里红瓷器。在北方元代也有青花瓷器出现。1977年在通辽库伦旗奈林稿白庙子村征集到一批窖藏元代瓷器，其中一件元代青花玉壶春瓶最为珍贵，纹饰为卷草和缠枝花卉，花丛中有凤凰比翼双飞，此件元青花色调较明快，与北京首都博物馆所藏青花玉壶春瓶的造型、纹饰、釉色基本相似，可能为景德镇之产品。2002年发掘集宁路古城遗址过程中出土的青花瓷器，从器形、釉色、胎釉装饰及画面构思等诸多方面看，其烧造技术已经相当成熟。在出土的大量瓷器中，一件景德镇窑系的青白釉鸟食罐最为珍贵。此鸟食罐近似海螺造型，口沿趴着一个裸体的小人，通体青白色、明洁光亮，整个造型十分生动可人。此文物为内蒙古首次发现，在全国也属罕见。[①]此外，1979年在包头市燕家梁征集到7件瓷器，其中一件青花缠枝牡丹瓷罐是难得的精品。青花釉色淡蓝，略有黑斑迹，与山西省博物馆所藏青花瓷罐造型、胎釉、纹饰基本相

① 陈永志、宋国栋：《中国北方草原地带出土的元青花瓷器》，《草原文物》2011年第1期。

同，仅颈部纹饰略有不同。在赤峰大营子元代瓷器窖藏中，也有5件青花高足杯，除卷草纹外，还有飞舞的龙纹等，青花釉色蓝中闪灰并呈蓝斑迹，这是元代青花瓷的特征。在额济纳旗元代亦集乃路故城内也出土有元残青花瓷器，如残青花玉壶春瓶。内蒙古出土和征集到的元代瓷器是比较多的，反映了元代瓷器业的发展。特别是1970年，在呼和浩特市东郊辽金元丰州故城内发现的6件窖藏的器型较大的瓷器，均为元瓷中的精品。[①]其中一件为钧窑香炉，香炉颈部有3个雕贴的麒麟，正面两个麒麟中间有一方形题记，刻有“己酉年九月十五小宋自造香炉一个”的楷书铭文，己酉年当是元武宗至大二年（1309）。香炉的造型美观，制作精细，通体施天青色釉，而且施釉较厚，纵横流于器表堆积，显得格外生动，气势浑厚，是元代钧窑制品中的稀世珍品。除香炉外，还有钧窑镂空高座双螭耳瓶一对、龙泉窑缠枝莲纹瓶一件和龙泉窑缠枝牡丹纹瓶一对。这6件瓷器共同的特点是器形较大，胎骨厚重，具有雄壮浑厚的风格。这是元代瓷器共同的特点，但从造型、釉色以及花纹等方面来看，均反映了元代钧窑、龙泉窑烧制工艺的高超水平，是元代瓷器中的精品。

口径10.6、足径3.9、高10.6厘米　口径11.3、足径3.9、高9.7厘米　残高19厘米

口径15.9、足径5.2、高4.1厘米　口径13.9、足径4.5、高3.8厘米　口径13.8、足径4.4、高4厘米

图7-3　中国北方草原地带出土的元青花瓷器

（引自陈永志、宋国栋《中国北方草原地带出土的元青花瓷器》，《草原文物》2011年第1期）

① 李作智：《呼和浩特东郊出土的几件元代瓷器》，《文物》1977年第5期。

二　元代的商业、货币和文字

1. 商业与货币

元代由于农业、手工业的恢复发展，政治上南北统一和东西交通的空前扩大，所以元代的商业也有发展，进步的元代币制就充分反映这个事实。

元代较早有蒙古银币，币面铸有人持刀骑马像，或盖标志发行年代的属相印，如鼠、牛、虎、兔等，这种银币在俄罗斯莫斯科国家博物馆有收藏。元代是我国在全国范围内真正以白银为价值尺度的开始，宋代银铤具有半流通性质，在江苏句容就出土了元至元十四年（1277）重五十两铸有铭文的银元宝。元代货币种类多样，有各种铜钱，也有多种纸币，但元代货币以纸币为主。在我国甘肃、青海、新疆以及内蒙古等地均出土有元代纸币。1958年在青海柴达木盆地，一次就发现了210张元代纸币。在内蒙古额济纳旗黑城附近的沙漠里，也发现了大批元代纸币。

元代发行了很多种纸币，但主要有三种。第一种是忽必烈时期（1260）发行的“中统元宝交钞”，钱面为汉文，用桑皮纸印制，面额自十文至二贯文，共计10种，一贯等于一两银。这种“中统元宝交钞”，曾在新疆吐鲁番出土过棉质的，即过去所说的中国丝绸纸币。在内蒙古地区发现有桑皮纸印制的“中统元宝交钞”纸币。1982年在维修呼和浩特市东郊万部华严经塔时，发现一张“中统元宝交钞”纸币，为桑皮纸制，面额为壹拾文，为一行九叠篆汉字，这应是元代最早的纸币。1983年在额济纳旗黑城遗址中也发现有“中统元宝交钞”，但字迹模糊，面额为一贯文，这种“中统元宝交钞”是后来在至正年间重新印刷的。再有，1985年在额济纳旗吉日格朗图沙丘里被风刮出多张元代纸币，其中也有“中统元宝交钞”，但钱上有八思巴文和汉文两种文字，这种“中统元宝交钞”，当是1268年八思巴文颁布以后所印制的纸币。第二种纸币是至元二十四年（1287）颁行的“至元通行宝钞”，与“中统”钞并行，蒙汉两种文字印刷，每一贯等于中统钞五贯，白银一两，黄金一钱。元代曾一度改为钱钞并行，铸了“至大”铜钱。这时的纸币没有通行时间和地域的限制，特别是“至元通行宝钞”发行以后，消灭了两宋时期的交子、会子的交换券性质。世界上真正在全国范围内通行的纸币是从中国元朝开始的。这是币制史上的大事，也是先进的货币制度。“至元通行宝钞”，在额济纳旗黑城遗址中出土有贰贯文、贰佰文和壹佰文的纸币。1985年在额济纳旗吉日格朗图沙丘中出土了有汉文和八思巴文的“至元通行宝钞”纸币。第三种是元顺帝至正十年（1350）时颁行的，仍以“中统元宝交钞”为名，但钱背面有“至正印造元宝交钞”戳记，这就是“至正交钞”，规定每一贯为旧钞五贯。元代纸币还有许多，而且不同地方印制的还有所区别，但主要用钞为以上三种。

元代遗址和墓葬中也出土铜钱，但数量比以前少。元代主要使用纸币，初期曾废止过铜钱，但民间却仍多用铜钱。元代铜钱在数量和种类上均比其他朝代少，有1260年铸的“中统元宝”汉文钱，忽必烈时期还铸有“至元通宝”，为汉文和八思巴文两种，后又铸有“至大元宝”小钱和八思巴文“大元通宝”等。同时还有种“权钞”钱，均为大钱，背面穿孔上为一“吉”字，穿孔左有“权钞”二字，穿孔右标金额，这是以金属货币来代表纸币的特殊货币，说明元代纸币广泛通行。但由于纸币发行太多，货币贬值，引起恶性通货膨胀，元代纸币也随元政权覆灭而消失。

内蒙古以及其他地方的元代遗址中，还发现有官铸的大小不等的铜权，权身大都为六边形，一边用汉文刻颁发权的地点和年代，一边用汉文、八思巴文合璧刻重量数字，其余四边用叙利亚文等西方文字刻重量数字。这反映出当时商业的繁荣景象，同时也反映出元代西方色目人在商业上的特殊地位。

由于元代疆域扩大，所以客观上促进了东西方贸易和文化的交流，在许多地方发现有元代的各种符牌，有银牌和铜牌，其形状既有长方形也有圆形。元代符牌在俄罗斯叶尼塞州、托木斯克州等地以及中亚均有发现，上面既有畏兀体蒙古文，也有八思巴文，还有阿拉伯文。在内蒙古、新疆、西藏也出土有八思巴文的长方形、圆形的符牌，这些符牌都是由官府控制，反映了商业往来的繁荣情况。

2. 文字

钱币、铜权以及符牌上的文字均反映元代的文字使用情况。蒙古初期没有文字，13世纪初，成吉思汗灭了乃蛮部后，开始使用畏兀儿文字拼写蒙古语，称畏兀体蒙古文。这种畏兀体蒙古文的遗物传世很多。元灭金以后，迫切需要统一各民族语言文字。中统元年，忽必烈命西藏萨迦喇嘛国师八思巴创制了八思巴文。这是根据藏、梵文字母制定的一套拼音字母，它的形式和变化与藏文类似，大约是在至元五年（1268）颁行使用，在成宗铁穆耳时期最流行，使用的范围多为政府颁布的诏书、玺印、货币、铜权和各种文书等，是官方使用的文字。八思巴文无群众基础，故元亡后成为死文字。

第四节　汪古部遗迹遗物

金元时期，活动在内蒙古大青山以北的是汪古部。汪古部是突厥的后裔，原是金朝臣民，为金守卫北疆，抵御蒙古。在铁木真统一蒙古高原的过程中，汪古部首领曾协助铁木真征服乃蛮部，成为开国功臣，并与蒙古皇室联姻。按文献记载，蒙哥汗时期，即已正式将净州路等地封给汪古部首领为世袭领地。

一　汪古部的古城

1. 安答堡子故城

达尔罕茂明安联合旗达尔汗苏木额尔登敖包东15千米古城子地方的安答堡子城址（又称古城子城址，木胡儿索卜嘎城址），是汪古部早年的政治中心。

安答堡子故城平面略呈方形，东墙长570米、北墙长560米、西墙长570米、南墙长560米，夯筑土墙，基宽10米，残高1.5米。南墙和北墙正中辟门，东墙门址略靠北，西墙南端被河水冲毁200余米，是否有城门已不清楚。城墙外加筑马面，城门设瓮城，四角设角楼。城内有一南北街道贯通南北城门，东西街道与南北街道在城中两个高大夯土台东相交，东西街道东段在向东延伸中又向北再向东出城，绕开城内东部的大型建筑。东西街道西段似在城西一处大型院落的北侧。城内有建筑遗迹30余处，比较明显的东城门内侧的一处院落，内有大型建筑多处，大型建筑上发现有砖瓦建筑部件，其中有较多沟纹砖，此院落可能为一处官署建筑。东西街道正对与城中心夯土台基呈中轴线布局，此院落似为宗教建筑。城址南门和东门外四五百米区域内房屋遗迹密集。城外街道两侧建筑院落遗迹毗连。

城址地表多见有石臼、碌碡、磨盘等石制品，也有青砖瓦、琉璃瓦等建筑材料及白釉、钧釉、黑釉碗瓷片；还有龙泉窑青釉盘、碟瓷片，白釉褐花瓷罐等和各种陶器残片。从地表遗物情况推断，城址为金元时期的古城。

安答堡子是金元时期汪古部重要城堡，《元典章》载："淳祐十二年(1252)，砂井、集宁、静（净）州、安答堡子四处，元爱不花驸马位下人户。"有学者认为安答堡子在敖伦苏木，后来在此基础上扩建黑水新城，成为汪古部首府。①从两座古城及周边墓葬出土的文物看，木胡儿索卜嘎山下的这座城址有辽、金沟纹砖出土，城内也发现金代白釉碗，城外北部考古发掘中曾发现白釉刻花器盖；敖伦苏木古城附近未发现辽金时期遗物，只有元明时期遗物。安答堡子是汪古部早期政治军事中心，其位于界壕内侧附近，便于守卫；敖伦苏木古城在界壕之外，处于金元遗址群的边缘地带。《元史地理志》记载德宁路领县一德宁县，未有安答堡子。1976年集宁路发现一批丝织物，其中一件长20厘米、宽18厘米的织物上有"集宁达鲁花赤总管府""八安答堡子照业军人"等反书小字五行，说明元代安答堡子的存在，这个堡子一定不在德宁路。②

2. 敖伦苏木古城

达尔罕茂明安联合旗百灵庙镇北的敖伦苏木古城是汪古部的首府所在。汪古部首领曾受封北平王、高唐王、赵王等王号，特别是"赵王"曾经多次受封，故人们称敖伦苏木古城为"赵王城"，也是元代德宁路（静安路）治所。黑水新城元德宁路建成后，汪古部政治中心便北移至今敖伦苏木城址。

敖伦苏木古城平面呈长方形，城址北墙长960米，南墙长950米，东墙宽560米，西墙宽580米。城墙总体呈垄状，基宽约3米，高约1.5米，北墙西段、西墙及南墙西段在土垄状墙体之上残存夯土墙，最高约3米，夯层特别清晰，夯层厚20厘米。城址四个角残存比较高大的墩台，北、

① 盖山林、盖志勇：《内蒙古敖伦苏木古城考辨》，《北方文物》1992年第4期。

② 张海斌：《古城子城址（木胡儿索卜嘎城址）安答堡子概要》，《2012中国首届敖伦苏木文化研讨会论文集》，第240—242页。

东、西城墙均辟城门，并设瓮城。南城门不详。瓮城的形制略有区别，北门和东门的瓮城为侧开式的，西门瓮城为直开式的。城内建筑遗迹较多，街道布局依稀可辨。总体为三横三纵的街道及内外两城相套。主要街道为两条相交的“十”字街，东西街道贯通东西城门，南北街道北通城门，南至南墙。南北主干道东西各有一条南北向的街道，都贯通整个城址。东西街道南北两侧也各有一条贯通东西的街道。在东西三条街道之南，城址靠近河流一侧北部有一条东西向小街道，呈东北—西南走向。在城址南部正中存一内城，现存留几个高大夯土建筑台基，最高的可达3—4米。在主街道相交的“十”字街交会处的北侧，有一组大型四合院式遗迹，院落正中有一座高约3米的大型台基，其上可辨认出原有的柱础，散落的瓦砾中夹杂有许多黄色和绿色的琉璃瓦。还有几个修建在高大土台基上的建筑物，根据遗留在其上的文物推断为喇嘛教的寺院遗址。城址中部偏北另有一处重要建筑遗址，四围院墙早已坍塌，其正中北部有一用花岗岩石板垒砌的建筑物土台基，台基上堆积碎砖瓦，附近曾发现7块景教墓石。台基西南和东南约30米处各有一直径3米的砖砌实心塔柱状建筑遗址。经试掘发现土台为须弥坛，据此推测这座寺院是由景教寺改建而成的。城内东北角有一高台建筑遗址，有专家推测为天主教教堂遗址。

城址内散布各种遗物，以陶瓷器残片、砖瓦建筑残件较多，另外见有大型石料制品，有石碑、龟趺、碑额、柱础、臼、碾、磨盘、墓顶石等。瓷器多见属于元代磁州窑、钧窑、龙泉窑系产品，也有景德镇生产的青白瓷，并有较多的青花瓷器残片。砖瓦等构件散落在建筑附近，有龙纹和兽面两种瓦当，施黄绿两彩的龙纹、凤纹以及花草纹滴水，印有绳纹、波浪纹或沟纹的重唇板瓦头，鸱吻及花纹砖残件等。还有各种琉璃制品，施绿彩的龙纹琉璃瓦当，以及白釉筒瓦。

1927年，中瑞西北科学考察团中方学者黄文弼在敖伦苏木古城内发现《王傅德风堂碑记》石碑，[①]根据碑文得知敖伦苏木古城为汪古部世居之地。此碑有碑额一方，为汉白玉质，上刻“王傅德风堂碑记”七个篆字，两行直书。字的左右与上方浮雕双龙纹饰。早年王傅德风堂碑座尚存，为

---

① 黄文弼遗著，黄烈整理：《黄文弼蒙新考察日记（1927—1930）》，文物出版社1990年版，第15页。

一龟趺，只剩头部，碑身已不见。黄奋生著《百灵庙巡礼》[①]一书曾抄录碑文。此碑原有九百多字，是元净州路儒学教授三山林子良奉赵王怀都的“钧旨”撰写的，由王傅都事刘德彰篆额。碑文内容虽为赞扬赵王历任王傅而作，但其前半部分叙述赵王的世德，可补《元史》汪古部赵王世家记载的不足。[②]中瑞西北科学考察团发现这座城址后，1933年美国人欧文·拉铁摩尔（Owen Lattimore）也来到此城考察，首次发现了带有十字纹饰的墓石，并辨认出是景教的遗物。[③]1936年美国人D.马丁（Desmond Mortin）调查了敖伦苏木古城，以及达尔罕茂明安联合旗和四子王旗的其他元代城址和墓葬。同年另一位美国人海涅士亦考察了毕齐格结拉嘎的景教墓顶石和敖伦苏木古城址。1935年、1939年、1941年日本人江上波夫等人先后三次考察了敖伦苏木古城。[④]1990年江上波夫又第四次考察了敖伦苏木古城。1956年内蒙古文物工作队李逸友考察敖伦苏木古城址。20世纪七八十年代内蒙古文物考古研究所盖山林多次考察敖伦苏木古城及其周边景教墓地，并对城址和部分墓葬进行了考古发掘，著有《阴山汪古》[⑤]专著一部。21世纪初，内蒙古文物考古研究所和意大利的热那亚大学合作对古城进行了联合调查和测绘、录像，并做了局部的发掘。[⑥]

二　汪古部的景教墓地

汪古部是一个信仰景教的民族，景教是基督教聂斯脱利派传到中国的名称。在内蒙古达尔罕茂明安联合旗和四子王旗等地均发现汪古部的墓葬。

---

① 黄奋生：《百灵庙巡礼》，商务印书馆1936年版。

② 魏坚：《阴山汪古与景教遗存初论》，《2012中国首届敖伦苏木文化研讨会论文集》，第104页。

③ ［美］欧文·拉铁摩尔：《内蒙古的景教古城废墟》，《蒙古史研究参考资料》第14辑，内蒙古大学蒙古史研究室编印，1980年，第2页。

④ ［日］江上波夫：《汪古部的景教系统及其墓石》，《蒙古史研究参考资料》第14辑，内蒙古大学蒙古史研究室编印，1980年，第40页。

⑤ 盖山林：《阴山汪古》，内蒙古人民出版社1991年版。

⑥ 材料藏内蒙古文物考古研究所，待发表。

1. 毕其格图好来墓地

毕其格图好来墓地①位于达茂旗敖伦苏木古城西北15千米的白彦敖包苏木毕其格图好来，是一座专门的汪古部陵园。陵园坐落在一片群山环抱的平地上，东、西、北三面为山峦，仅南面不远处有一个狭窄的山口，是进出陵园的天然阙口，陵园四周有围墙，但仅有微迹可查，土垣最高处约30厘米。1974年对这座陵园内的墓葬进行了发掘。陵园内有积石冢19座，另有4座在陵园的北面和南面。

墓葬表面都用石块围成圆形，直径5米左右。有些墓顶立着高大而扁平的尖石或石板，一般立石高可达1米左右。从墓表石块放置的情况看，这座陵园曾经被盗掘，以至于墓顶石全被放到了墓穴的周围。这座陵园的死者虽然是景教徒，但并没有发现景教特有的标志——诺亚方舟式的墓顶石，而是在墓旁立着古叙利亚文的石碑。从发掘的陵园北面的M1观察，地表为堆放不规则的石块，其下为黄沙土，墓穴为土坑竖穴式，内置木棺，头向西方，仰身直肢葬。尸骨足部出土有三角形桦树皮鞋垫，在木棺外后部有两件弓囊，其旁有一带铁环的木块，上面镶嵌着一件长方形穿孔骨片，估计是马具。在这座陵园的南面0.5千米的小山坡上还发现有两座圆形石堆墓，墓穴以砖砌成，中间放置木棺，棺外有铁箍两道。还出土有铁车辖、铜镜、铜车马器、绿松石饰件等。

2. 敖伦苏木古城东北墓群

敖伦苏木古城东北墓群②位于古城东北方向约1千米处。地处丘陵地带，地表散布着数以百计的石堆墓。墓葬的建造不够规整，排列顺序也不完全一致。每座墓的地表用大小不等的石块围成一个圆形，作为墓葬的标志。墓表的直径在3—6米不等，略高于地表。地表散置着很多大而扁平的石板，有的正面有长方形的凹槽，而且是一端较大，一端较窄的长梯形，应当是景教墓顶石的底座，有的石座侧面还雕刻着精美的花卉。1974年发掘的一座墓葬的墓表石圈直径3.2米，墓穴为长方形土坑竖穴，因早年被盗，坑内填满沙土和巨大的石块。从扰乱的青砖看，墓穴内可能筑有砖室。墓深2.2米，在扰土中发现有桦树皮鞋垫。在墓葬的北边发现一座

---

① 盖山林：《阴山汪古》，内蒙古人民出版社1991年版，第187—189页。

② 盖山林：《阴山汪古》，内蒙古人民出版社1991年版，第188—190、271—272页。

残断墓碑，碑高1.2米，宽0.4米。碑文上方刻十字架，碑文是用汉、蒙古、叙利亚三种文字写成的。汉文两行为“亡化年三十六岁，泰定四年六月二十四日”。死者是汪古部人，名叫阿兀剌编帖木剌思，生前的官职是京兆府达鲁花赤，后来为怯怜口都总管府副都总管。此外还发现刻有十字架的古叙利亚文的石碑一块，散置在一座古墓之旁。

3. 木胡儿索卜嘎墓群

木胡儿索卜嘎墓群[①]位于达茂旗木胡儿索卜嘎古城东北方的高地上。这处墓地早年被盗，墓地散布的盗坑约有120余座。墓葬基本没有封土，也无石堆，发现了十几块已经挪动了位置的景教墓顶石，有的深埋于地下，有的半露于土中。墓地上原有享堂之类的建筑，至今仍有残断的砖瓦和滴水散布其间。滴水的样式与古城中出土的十分相似。在墓地西北部，发现半圆形馒头状景教石刻一件，其上刻有十字架，可能是景教塔顶上的构件。1974年和1996年发掘了其中的20座墓葬。墓葬基本都是土坑竖穴式，少量为洞室墓。大部分墓葬深1米左右，墓室长3米，宽1.2米，有木棺，单人仰身直肢葬，头向西，有的穿着丝绸质地的衣服。

4. 王墓梁景教墓地

王墓梁景教墓地[②]位于乌兰察布四子王旗西南大黑河乡丰收地村东北的一处高地上。在20世纪初，中瑞西北科学考察团就曾调查过这处墓地，并发现了陵园内的耶律公神道碑，还拍摄了墓地的景教墓顶石。

这处墓地位于西拉木伦河（塔布河）之东的高地上，保存较差。陵园呈正方形，每边长75米，南墙中段设门。依据调查，这座陵园四角原来立有石柱，其内有龟趺、石碑、翁仲（文武官吏各一）、石羊、石猪、石狮、石供桌和17个景教墓顶石。1973年发掘时地表石刻已经残缺不全。当时墓顶没有封土，墓葬的标志就是景教墓顶石。放置方式是：在与地表平齐的墓顶放置扁平的板石，其上放置中间为凹槽或凸起状的底座，座上摆放景教墓顶石。1973年发掘了21座墓葬。墓葬南北向成行排列，间距

① 内蒙古文物考古研究所等：《达茂旗木胡儿索卜嘎墓群的清理发掘》，《内蒙古文物考古文集》第二辑，中国大百科全书出版社1997年版，第713—721页；盖山林：《阴山汪古》，内蒙古人民出版社1991年版，第190—191页。

② 盖山林：《阴山汪古》，内蒙古人民出版社1991年版，第191—199页。

1.2—7.8米，大多早年被盗掘。在21座墓葬中长方形竖穴砖墓有11座，长方形竖穴土坑墓10座。墓葬多为单一木棺，有两座墓为一棺一椁，有的棺外加铁箍2—3道，箍上有铁环，以方便系绳。尸骨多仰身直肢葬，头向西。随葬品位置有一定的规律：女性头部两侧放置着用桦树皮制作的顾姑冠，其上有金筒和云形铁片，铜镜放在头侧或腰侧，在腰部衣袋中放置着粉囊和木梳，耳上挂金或铜耳坠。手指上戴金戒指，头巾或帽子上往往有各种样式、各具特色的珠饰。还有螺蛳壳、瓷灯碗、钱币等随葬品出土。有的墓主人穿着“纳石失”（织金锦）袍子，足见身份高贵。根据出土的耶律公神道碑“正陵间生孙子春子成”和“公讳子成”字样，可以断定此处墓地是耶律子春和耶律子成家的家族墓地。

汪古部归附成吉思汗后，为蒙古屡立战功，所以元初汪古部曾统辖过大青山南北大片地域，例如今内蒙古四子王旗城卜子净州路故城、察右前旗巴彦塔拉集宁路古城、察右中旗广益隆古城、呼和浩特市东郊白塔村丰州故城以及托克托县的东胜州故城（俗称大皇城）和该县古城村东北约5千米处的云内州故城等，这些路州范围内均曾归汪古部管辖。这些地方出土的大量遗物，其中就有与汪古部有关的。1974年在武川县东土城乡五家村征集到的该村出土的“监国公主行宣差河北都总管之印”铜印，是汪古部重要文物。监国公主就是成吉思汗三女儿阿剌海别吉，她嫁给汪古部首领，成为汪古部的代表人物。[①]这方铜印是阿剌海别吉的官印，说明阿剌海别吉不仅领汪古部政事，而且还管辖黄河以北广大的地区，这是探索汪古部历史的重要资料。

---

① 丁学芸：《监国公主铜印与汪古部遗存》，《内蒙古文物考古》1984年第00期；丁学芸：《监国公主铜印的发现与初步研究》，《内蒙古社会科学》1983年第3期。

第八章　内蒙古境内其他文物概述

第一节　明清古城及古建筑

一　明清古城

内蒙古境内明清时代古城是很多的，这里重点介绍呼和浩特。

呼和浩特市是一座古老的城市，地处内蒙古中部，北枕大青山，南濒黄河，东依蛮汗山，西为平川与包头市土右旗接壤，是我国长城以北的一座历史文化名城。呼和浩特地区从旧石器时代就有人类劳动生息，遗留有历史上各时期的遗物、遗迹。明中期后，土默特部首领俺答汗率众驻牧于此，不仅发展牧业，而且重视发展农业和手工业，经过数十年经营，呼和浩特逐渐成为半农半牧地区，还兴起许多大小“板升”居民点和村镇，有的大板升建有比较豪华的宫殿和府第。明隆庆五年（1571）俺答汗与明朝达成通贡互市的协议，受明封为顺义王，大兴土木，兴建呼和浩特城。1581年呼和浩特城建成，明政府命名为“归化城”，蒙古族人民称为“呼和浩特”或“库库和屯”，汉语的意思是青色的城。俺答汗死后，他的夫人三娘子在这里住了几十年，在维护蒙汉两族友好关系上有很大贡献，故长城沿线的汉族人民又称呼和浩特为“三娘子城”。

明末清初，呼和浩特一度遭到破坏，清康熙三十三年（1694），康熙皇帝西征噶尔丹，回师驻归化城时，认为城市规模很小，防御能力差，又在原城的东、西、南三面加筑一道外垣，周长3.8千米，新建三座城门及四门的瓮城，将原来的南门改成鼓楼，进行了扩建。同治年间，又进行过一次扩建。清代归化城是我国北方的一座百货汇集的商业城市，对外交通和贸易大大发展起来，著名的“大盛魁”商号还在京、津、沪、杭等地设立了分号，经营线西达新疆，北通今蒙古国以及北部广大地区。清代末年，归化城有大小街道81条。归化城就是今天呼和浩特市旧城的前身，中华人民共和国成立初期尚能见到归化城在清代二次扩建的遗迹，至今旧城仍有原来的小街巷。

清康熙年间，公主下嫁喀尔喀蒙古土谢图汗敦多布多尔济为妻，于是在归化城北兴建了一座豪华的公主府，至今仍保存完好。清政府为了征服噶尔丹，巩固西北边境的安全，于雍正十三年（1735），在归化城东北五里又筹建一座八旗军队的驻防城，乾隆四年（1739）建成，周围共4.5千米，四方形，四面有城门，城中修有鼓楼，命名为“绥远城”，一切按军事目的兴建布局，以绥远将军坐镇，保卫边疆。这就是今天呼和浩特市新城的前身。绥远城现存内蒙古党委旧院东北一角城墙以及原内蒙古博物馆东街心花园中南北向的水沟和内蒙古医院北侧东西向的水沟，水沟就是原绥远城的西、南两城墙外的护城河。20世纪六七十年代，通往城门的护城河上的石桥尚保存着，现已随城市建设而改变了原来面貌。清代末年，绥远城新建了许多商肆，很多衙署、兵房不断被裁撤而变价出赁为民房、商店，商业也发展起来了。归化城、绥远城除住着蒙汉人民外，还居住有回、满、藏等族人民。

自喇嘛教传入呼和浩特地区，明代就在归化城及其附近相继建有大召、席力图召、小召、乌素图召、喇嘛洞和美岱召等召庙。清代末年，绥远城经历了新建、扩建，回民修建有清真大寺和礼拜堂。19世纪末以来，天主教和基督教的教堂也兴建起来。清代雍正以后，呼和浩特先后修建了好几所官学和孔子庙，归化城有启运书院、古丰书院，绥远城有启秀书院等。20世纪初，清朝统治者实行所谓“新政”，这些书院又都改成新式中、小学堂。呼和浩特自明清起就是各族人民经济、文化交流的场所。

今天的呼和浩特就是在明清古城的基础上发展起来的。呼和浩特在民国政府以及抗日战争时期日伪政权的统治下，行政建置几经变更，直到1949年9月19日，绥远省和平解放后才恢复了呼和浩特的名称，包括新城、旧城。中华人民共和国成立以来，城市建设发展很快，这座古老的历史文化名城以新的姿态屹立在祖国北疆，成为内蒙古自治区的首府。

二 寺庙等古建筑

内蒙古地区明清时代寺庙等古建筑较多，下面我们重点介绍呼和浩特地区及东部赤峰和通辽地区的情况。

内蒙古地区的寺庙建筑可以上溯到辽代，现保存有石窟寺和辽塔，都是当年佛教和佛寺的遗存，其中一部分为金、元、明、清各代佛教信徒们所利用、修补或增建，许多石窟寺和寺庙毁于近现代。明以前内蒙古地区的佛教主要是汉传佛教，到了元代，蒙古族与喇嘛开始有联系，但在民间流传不广。元代喇嘛教还属于旧教派，到16世纪后半叶，喇嘛教的宗喀巴所创的新派黄教，从西藏经青海传入内蒙古地区，逐渐在内蒙古地区占重要地位。明代的喇嘛教寺庙多建于内蒙古西部地区，尤其是呼和浩特地区，而东部地区多为清代的喇嘛教寺庙。寺庙有宫殿式和藏式两种，有的寺庙为藏汉合璧式建筑。

明代在归化城建有大召，为当时规模最为宏大的寺庙，明朝赐名“弘慈寺”，又称“银佛寺”，是阴山下的有名寺院。其后，呼和浩特地区相继建有席力图召、小召、乌素图召、喇嘛洞、美岱召等15座大召庙。此外还有许多小召庙，故归化城又称为“召城”。到了清代，上述各召庙均有修葺或扩建，而且又新建了许多召庙，如朋苏召、乃莫齐召、太平召、巧尔齐召、拉布齐召、五塔寺召（慈灯寺）和广福寺等。康熙年间，回族人民陆续迁居呼和浩特，又在城内修建清真大寺和礼拜寺院。汉族人修建了文庙、三官庙、关帝庙、吕祖庙、龙王庙等。特别是清末，呼和浩特召庙寺院林立、遍地梵宫，吸引许多中外“旅行家”“考察队”“使者”和学者等来此考察，编著有“游记”“纪略”“报告”等，成为研究呼和浩特地区历史的资料。呼和浩特至今还保存着一些寺庙建筑，如大召、席力图召、乌素图召等。其中乌素图召有五座寺院，庆缘寺在大青山之阴，面临乌素图沟，以庆缘寺为中心，法禧寺在其东北，长寿寺在其东，罗汉寺在其北，广寿寺在罗汉寺北。还有一些寺庙保存部分建筑，如小召（崇福寺）的九间楼和街心牌楼，喇嘛洞（广化寺）的佛爷府和慈灯寺内的金刚座舍利宝塔（五塔）等。现存召庙中有部分为明代建筑，如大召内的银佛殿，席力图召的古佛殿以及乌素图召的庆缘寺，虽经历代修缮，但仍较多地保留了明代建筑风格。

与寺庙有关的还有现分别保存在内蒙古博物院和席力图召的四通康熙平定噶尔丹记功碑，也就是《圣祖御制崇福寺碑》，原分别立在小召和席力图召内。小召的碑断裂，现保存在内蒙古博物院，为白色大理石御批刻石，用满、汉两种文字铭刻，记述了康熙平定噶尔丹的缘由和经过。此外，在今五塔寺金刚座舍利宝塔后照壁上，嵌有蒙古文石刻天文图一幅，为目前发现唯一的一幅蒙古文天文图石刻。

呼和浩特市至今还保存了清代的公主府和将军衙署等古建筑。清代公主府在呼和浩特市新城区通道北街62号。为康熙皇帝之女和硕恪靖公主府，是一座园林殿堂一体的清代建筑，除府门现已无存外，其余多保存尚好。1923年被呼和浩特师范学校使用，从1990年至今成为呼和浩特市博物馆馆址。清代将军衙署位于今呼和浩特市新城鼓楼西北角，处于清代绥远城中心偏北的位置，管理、统帅城中八旗官兵。整个衙署建筑群占地约1.6万平方米，由左、中、右三部分组成。在长方形围墙内，有大堂、二堂、三堂和四堂，庄严的大门对面，有照壁和石跪、旗杆，大门前为两石狮，大门两侧为八字影壁，显得森严雄伟。但历经沧桑，现存有二进院，其中大门、大堂以及大门对面的照壁和石跪、旗杆，大门前为两石狮等，仍保持原建筑风格，其余多为复原维修的建筑。

呼和浩特曾经还存有王府和居民等建筑。王府有今新城水源街61号、63号两座四合院，为砖木结构硬山顶单坡式清代建筑，是清代绥远城中的阿王府。清代的民居在今旧城小街巷内，曾有元德胜巷35号、五塔寺后街66号、小东街18号等。新城也曾有部分保存，如建设东街以及东街（位于原鼓楼百货商店东南）上的民居，这些都是有清代建筑风格的民居。遗憾的是现在这些民居建筑均已被拆除。

内蒙古东部地区从清代起喇嘛教寺庙逐渐增多，中华人民共和国成立前夕，约有几百座寺庙，目前多已不存。赤峰市地区的喇嘛教寺庙建筑多集中在阿鲁科尔沁旗和巴林右旗，其余各旗县多为汉式宫殿式寺庙建筑，建造的年代多在顺治、康熙、雍正、乾隆各代。清代赤峰市地区以阿鲁科尔沁旗的罕苏木庙，巴林右旗的园会寺、荟福寺，巴林左旗的喇嘛苏木庙、善福寺，喀喇沁旗的福会寺和宁城县的梵宗寺等规模较大。

赤峰市地区保存较好的寺庙有巴林右旗大板镇的荟福寺，喀喇沁旗锦山镇的灵悦寺，翁牛特旗乌丹镇北4千米处的梵宗寺（俗称大北庙），其他旗县也还残存少量规模较小的清代寺庙建筑。

清代雍正、乾隆以后，赤峰地区随着土地放垦，民族成份增加，宗教建筑也日趋多样化，除喇嘛教寺庙外，还有清真寺、关帝庙、文庙等。鸦片战争以后，天主教也传入赤峰地区，最早的有翁牛特旗毛山东村南的苦力吐天主教堂。苦力吐天主教堂为欧洲式建筑，现保存尚完好。但较早的清真寺、文庙、关帝庙等，均已不存。

内蒙古东部地区清代的王府、公爷府、贝勒府、贝子府较多。通辽市科尔沁左翼后旗原为顺治七年建置。雍正八年（1730），和硕端柔公主下嫁科尔沁左翼后旗第六任札萨克罗布藏喇什长子齐默特多尔济。乾隆三年（1738），罗布藏喇什郡王去世，由和硕额驸齐默特多尔济承袭郡王爵。齐默特多尔济承袭郡王爵后，清朝廷拨巨资为齐王建王府。经过两年多的施工，乾隆五年（1740）竣工。当时，王府由中、东、西三路组成。其中，中路五进、东路三进、西路四进。第十任札萨克郡王僧格林沁因战功卓著，咸丰五年（1855）晋升亲王爵，赐博多勒噶台号，因此该王府也称"博多勒噶台亲王府"，简称"博王府"。王府目前仅存两栋原始建筑，坐落于吉尔嘎朗中学校园北部。王府占地面积约4.5万平方米。"文化大革命"期间，王府被毁，仅剩中路后府五间和膳食房九间。2012年内蒙古文物考古研究所为配合僧格林沁王府的复建工作，对王府西及西南部地基进行了局部清理发掘。现为国家重点文物保护单位。①

赤峰地区现保存有喀喇沁王府②，始建于清代康熙十八年（1679），先后共有十二代喀喇沁蒙古王公在这里居住。王府原占地129亩，共有房屋300间，为砖木结构庑殿式建筑，现存房屋108间，曾为喀喇沁旗民族中学校址。是内蒙古自治区建府最早、建筑规模最大、封爵等级最高、保存最完整的清代建筑群。1997年对王府现存的33幢古建筑进行了抢救保护性维修，重建了后花园、广场、照壁等，创建了喀喇沁旗王府博物馆，2002年对外开放。王府是清代官式建筑制度的典型代表，是清政府对蒙古各部所采取相关政治策略的重要实物佐证。

东部地区还有清公主陵，今多已被破坏，出土文物也多失散。1966年

① 陈永志、吉平、张文平主编：《通辽文化遗产》，文物出版社2014年版，第266—267页。
② 陈永志、吉平、张文平主编：《赤峰文化遗产》，文物出版社2014年版，第315—318页。

在赤峰巴林右旗白音尔灯调查、清理的清代康熙皇帝女荣宪公主墓，出土一批珍贵文物，[①]尤其是袍服和首饰最为珍贵。服饰多种，有内衣、外衣、褥垫等，保存完整的袍服有三件，两件苏绣旗袍、一件珍珠团龙袍服，为清代文物中难得之珍品。金制饰件计有一百余件，此外还有木质墓志一方，这些文物制作精致，为内蒙古境内出土的一批珍贵的清代文物。

第二节　内蒙古境内重点文物保护单位

根据我国文物管理工作的法令、文件精神和《中华人民共和国文物保护法》规定，与全国各省、自治区、直辖市一样，对内蒙古境内的文物、遗址等，根据它们的历史、艺术、科学价值，分别确定有不同级别的重点文物保护单位。按国家要求，对重点文物保护单位划定保护范围，做出保护标志、说明，建立保护单位的记录档案，并区别情况设置专门机构或专人负责管理。内蒙古境内的重点文物保护单位包括全国、自治区、盟市、旗县各个级别。

一　全国重点文物保护单位

中华人民共和国成立以来，国务院先后批准公布了八批全国重点文物保护单位，即1961年3月公布的第一批180处；1982年2月公布的第二批62处；1988年2月公布的第三批258处；1996年11月公布的第四批250处；2001年6月公布的第五批518处，并将第一批所公布的2项合并为1项；2006年5月公布的第六批1080处；2013年5月公布的第七批1944处；2019年10月16日公布762处第八批全国重点文物保护单位。

内蒙古自治区第一批全国重点文物保护单位2处，即辽上京遗址和辽中京遗址；第二批2处，即万部华严经塔和成吉思汗陵；第三批6处，即金刚座舍利宝塔（俗称五塔）、大窑遗址、居延遗址、嘎仙洞遗址、元上都遗址和辽陵及奉陵邑；第四批7处，即兴隆洼遗址、大甸子遗址、固阳

① 项春松：《内蒙古白音尔灯清代荣宪公主墓》，《文物资料丛刊》第7期，文物出版社1983年版。

秦长城遗址、缸瓦窑遗址、敖伦苏木城遗址、美岱召、五当召；第五批19处，即萨拉乌苏遗址、岱海遗址群、庙子沟遗址、架子山遗址群、大井古铜矿遗址、城子山遗址、和林格尔土城子遗址、黑山头城址、金界壕遗址、应昌路故城遗址、宝山及罕苏木墓群、汇宗寺、福会寺、喀喇沁亲王府及家庙、和硕恪靖公主府、开鲁县佛塔、长城—纳林塔秦国长城遗址、长城—清水河段、阿尔寨石窟；第六批43处，分别为：阿善遗址、赵宝沟遗址、红山遗址群、夏家店遗址群、朱开沟遗址、秦直道遗址、麻池城址和召湾墓群、黑城城址、朔方郡故城、霍洛柴登城址、克里孟城址、沃野镇故城、白灵淖尔城址、十二连城城址、城川城址、查干浩特城址、安答堡子城址、净州路故城、砂井路总管府故城、巴彦乌拉城址、扎赉诺尔墓群、王昭君墓、韩匡嗣家族墓地、吐尔基山墓、萧氏家族墓、张应瑞家族墓地、锦山龙泉寺、大召、绥远城墙和将军衙署、贝子庙、定远营、灵悦寺、诺尔古建筑群、库伦三大寺、僧格林沁王府、宝善寺、阴山岩画、真寂之寺石窟、乌兰夫故居、成吉思汗庙、“独贵龙”运动旧址、百灵庙起义旧址、内蒙古自治政府成立大会会址；第七批62处，分别为：蘑菇山北遗址、金斯太洞穴遗址、辉河水坝遗址、哈克遗址、白音长汗遗址、兴隆沟遗址、魏家窝铺遗址、富河沟门遗址、寨子圪旦遗址、草帽山遗址、马架子遗址、三座店石城遗址、二道井子遗址、太平庄遗址群、尹家店山城遗址、南山根遗址、奈曼土城子城址、云中郡故城、浩特陶海城址、灵安州遗址、豫州城遗址及墓地、韩州城遗址、饶州故城址、武安州遗址、宁昌路遗址、吐列毛杜古城遗址、四郎城古城、燕家梁遗址、新忽热古城址、南宝力皋吐古墓地、小黑石沟墓群、团结墓地、和林格尔东汉壁画墓、谢尔塔拉墓地、奈林稿辽墓群、耶律祺家族墓、耶律琮墓、沙日宝特墓群、砧子山古墓群、恩格尔河墓群、和硕端静公主墓、准格尔召、乌素图召、席力图召及家庙、奈曼蒙古王府、寿因寺大殿、梵宗寺、荟福寺、法轮寺、赤峰清真北大寺、四子王旗王府、巴丹吉林庙、沙日特莫图庙、呼和浩特清真大寺、桌子山岩画群、克什克腾岩画群、曼德拉山岩画群、广化寺造像、呼和浩特天主教堂、侵华日军阿尔山要塞遗址、巴彦汗日本毒气实验场遗址、中国共产党内蒙古工作委员会办公旧址；第八批8处，分别是：哈民忙哈遗址、丰州故城遗址、岔河口遗址、马鬃山墓群、昆都仑召、白塔火车站旧址、侵华日军木石匣工事旧址、集宁战役遗址。

内蒙古自治区现有全国重点文物保护单位149处，属于古建筑的有35处，属于古遗址的有60处，属于古墓葬的有23处。

其中第三批公布的居延遗址是指汉代张掖郡居延、肩水两都尉所辖边塞上的烽燧和塞墙等遗址，全长250千米，分布在内蒙古自治区额济纳旗境内和甘肃省金塔县境内，始建于西汉武帝太初三年（前102），废弃于东汉末年，是汉代通西域的要道和河西走廊的屏障。1930年西北科学考察团曾做过调查，发现了10000枚汉简。1972—1976年，甘肃省居延考古队又做了复查，并发掘了破城子甲渠候官遗址、甲渠第四烽燧遗址和肩水金关遗址。这是三处不同类型的烽燧遗址，前两处遗址在额济纳旗境内，后一处在金塔县境内。出土了20000余枚汉简和其他大量珍贵文物，是发现古代简牍最多的一次，而且是科学发掘所得，科学性远远超过1930年西北科学考察团所得的资料。[①]

石窟寺及石刻有7处：阿尔寨石窟、阴山岩画、真寂之寺石窟、桌子山岩画群、克什克腾岩画群、曼德拉山岩画群、广化寺造像。

近现代重要史迹及代表性建筑有12处：乌兰夫故居、成吉思汗庙、“独贵龙”运动旧址、百灵庙起义旧址、内蒙古自治政府成立大会会址、呼和浩特天主教堂、侵华日军阿尔山要塞遗址、巴彦汗日本毒气实验场遗址、中国共产党内蒙古工作委员会办公旧址、白塔火车站旧址、侵华日军木石匣工事旧址、集宁战役遗址。

二　内蒙古自治区级重点文物保护单位

内蒙古自治区人民政府先后公布自治区级重点文物保护单位共五批：第一批于1964年公布，6处；第二批于1986年公布，13处；第三批于1996年公布，67处；第四批于2006年公布，233处；第五批于2014年公布，247处。目前五批自治区级重点文物保护单位共公布566处。

第一批自治区重点文物保护单位：呼和浩特市土默特左旗巧尔气召革命遗址、呼和浩特市武川县蘑菇窑子乡德胜沟革命活动旧址、呼和浩特市托克托县古城村城址、包头市东河区王若飞同志革命旧址、包头市转龙藏

① 初仕宾，任步云：《居延汉代遗址的发掘和新出土的简册文物》，《文物》1978年第1期。1969—1979年额济纳旗曾划归甘肃省。

遗址、赤峰洞山石窟寺。第一批自治区重点文物保护单位中，由于自然风蚀、水土流失等原因，包头市东河区龙泉寺北的新石器时代转龙藏遗址被破坏了，故在1986年公布撤销。赤峰市洞山辽金时代的石窟寺在“文化大革命”中被破坏，故于1986年撤销。

现存第二批自治区重点文物保护单位13处：和林格尔东汉壁画墓、赤峰翁牛特旗梵宗寺、呼和浩特市土默特左旗贾力更故居、乌海市召烧沟岩画、集宁路遗址、呼和浩特市席力图召、集宁战役革命遗址、通辽市库伦旗奈林稿辽墓群、通辽市奈曼王府、巴彦淖尔市磴口县沙金套海汉墓、赤峰市巴林右旗荟福寺、鄂尔多斯准格尔旗宝堂寺、锡林郭勒盟正蓝旗四郎城古城。

现存第三批自治区重点文物保护单位共67处。

（1）近现代革命纪念遗址共13处，分别是：鄂托克前旗中央民院旧址；鄂托克前旗中共三段地工委旧址；托克托县李裕智烈士纪念塔；呼和浩特市抗日阵亡将士公墓；凉城县贺龙同志革命活动旧址；呼和浩特市多松年烈士故居；新巴尔虎左旗诺门罕战役遗址；科右前旗日军工事、机场、火车站旧址；赤峰市松山区柴火栏子事件烈士陵园；科右前旗乌兰夫同志办公旧址；呼和浩特市土默特左旗荣耀先故居；海拉尔日军工事及万人坑遗址；开鲁县麦新烈士纪念碑、馆。

（2）古文化遗址，共12处，分别是：敖汉旗辽代武安州城址、磴口县鸡鹿塞遗址、包头市西园遗址、杭锦旗扎尔庙东汉古城、库伦旗辽代灵安州城址、科左后旗辽代韩州城遗址、呼和浩特市丰州城遗址、额尔古纳市奇乾遗址、乌拉特后旗霍各乞铜矿古冶炼遗址、察右中旗广益隆古城、额济纳旗西夏绿城遗址、托克托县东胜卫古城。

（3）古代及近代建筑共16处，分别是：清水河县明、清戏台；元宝山区辽代塔子山白塔；丰镇市金龙大王庙；准格尔旗王府；呼和浩特市乌素图召；科右中旗博克达活佛府邸；苏尼特左旗查干敖包庙；丰镇市牛王庙；奈曼旗和顺庙白塔；敖汉旗玛尼罕乡辽塔及元代宁昌路遗址；呼和浩特市清真大寺；科左后旗双合山白塔；苏尼特右旗德王府；阿鲁科尔沁旗巴拉奇如德庙及根培庙；伊金霍洛旗郡王府；四子王旗王府。

（4）古墓葬共8处，分别是：额尔古纳市七卡室韦古墓群；乌海市新地汉墓群；乌审旗翁滚梁古墓群；正蓝旗羊群庙元代祭祀遗址及墓葬；呼和浩特市塔布陀罗亥汉墓及古城；达拉特旗敖楞讨勒亥汉墓群；乌审旗三岔河古城及墓群；额尔古纳市拉布大林鲜卑古墓群。

（5）古代长城共5处，分别是：乌拉特前旗小佘太乡秦汉长城；赤峰市战国燕长城遗址；呼伦贝尔南部岭东金代界壕及边堡；科右前旗和勒木扎拉格金代界壕及边堡；燕北内长城元宝山段。

（6）古代岩画共5处，分别是：克什克腾旗白岔河、砧子山、苇塘河、西拉木伦河岩画群；苏尼特左旗红格尔、毛瑞苏特、宝德尔朝鲁岩画群；达茂旗推喇嘛庙岩画区；乌海市苦菜沟岩画；阿拉善右旗曼德拉岩画。

（7）石窟寺及名木古树共3处，分别是：巴林左旗平顶山、前召庙石窟寺；准格尔旗油松王；开鲁县古榆树。

（8）古生物化石保护区共5处，分别是：苏尼特左旗通古尔中新世哺乳动物化石区；扎赉诺尔第四纪晚期哺乳动物及古人类化石区；二连盐池晚白垩世恐龙化石区；乌拉特后旗巴音满都呼恐龙化石区；鄂托克旗查布恐龙足迹化石区。

第四批自治区重点文物保护单位共233处，包括以下类别：古遗址、古墓葬、古建筑、石窟寺及石刻、近现代重要史迹及代表性建筑、近现代建筑群、其他。

第五批自治区重点文物保护单位共247处，包括以下类别：古遗址106处、古墓葬34处、古建筑26处、石窟寺及石刻28处、近现代重要史迹及代表性建筑38处、长城15段。

第三节　内蒙古地区其他长城遗迹

内蒙古地区的古长城时代最多、里数最长。战国、秦汉长城以及金界壕（金长城），前面已有介绍。下面介绍一下其他时代的长城。

战国、秦汉时期修筑长城后，南北朝时期，北魏统治者为了防御北部的柔然民族和东北的契丹民族，也修筑了长城。北魏长城分为四条。据《魏书·明元帝》记载，明元帝拓跋嗣泰常八年（423）“二月戊辰，筑长城于长川之南。起自赤城，西至五原，延袤二千余里，备置戍卫”。这是北魏修筑的第一段长城即所谓“泰常八年长城”，主要修缮利用了秦汉长城，大致以秦代蒙恬修筑的位于阴山山脉北坡的秦始皇长城的东端，即今呼和浩特市新城区毫沁营镇坡根底村附近为界，以西部分利用了阳山秦汉长城，以东部分利用了战国赵北长城，再向东至卓资县三道营古城东北，又向南利用了蛮汉山秦汉长城。此段长城在北魏六镇长城筑就之后仍在使用，是六镇长城之南又一道重要军事防御线。北魏的第二条长城为六镇长城南线，主要分布于阴山山脉以北的乌兰察布草原。第三条为六镇长城北线，由东向西分布于四子王旗、达尔罕茂明安联合旗和武川县境内。初步推断六镇长城南线始筑于北魏皇兴年间（467—471），其后又增筑了北线长城。这些营建活动一直持续到太和年间。第四条长城为“太和长堑”，东自河北省丰宁满族自治县伸入锡林郭勒盟多伦县、正蓝旗境内，修筑于太和年间。《魏书·高闾传》记载北魏孝文帝太和八年（484）高闾上表奏请于六镇之北兴筑长城之事称：“今宜依故于六镇之北筑长城，以御北虏。”此外《魏书·世祖经》又记载拓跋焘太平真君七年（446）“六月丙戍，发司、幽、定、冀四州十万人筑畿上塞围，起上谷，西至于河，广袤皆千里”。由此记载北魏在太平真君七年修筑了“畿上塞围”，以往学者认为塞围也是长城。但经过内蒙古自治区长城资源调查项目组的调查研究认为，“畿上塞围”并非长城，当时修筑的塞围是用于镇压国内农民起义的防御工事。①

北齐灭东魏后，为了防御北方的突厥、柔然、契丹等游牧民族和西边的北周政权，也大筑长城。北齐文宣帝天保三年（552）自黄栌岭“起长城，北至社平戍，四百余里。立三十六戍”。②北齐文宣帝天保七年（556），“自西河总秦戍筑长城，东至海，前后所筑，东西凡三千余里，六十里一戍，其要害置州镇，凡二十五所”。③自西河总秦戍（在今山西大同西北、内蒙古清水河界）东至渤海（今河北省山海关）。这道长城东起山海关一带，西过河北迁西县喜峰口、密云县古北口，直抵赤城独石口。由赤城西到兴和县的一段，当系修葺北魏旧城，再从兴和经凉城县杀虎口，

① 内蒙古自治区文化厅、内蒙古文物考古研究所编著：《内蒙古自治区长城资源调查报告·北魏长城卷》，文物出版社2014年版，第1—6页。

② 《北齐书·文宣帝》。

③ 《北史·齐本纪》卷七。

到达清水河县境，全长1500多千米。这道长城跨河北、内蒙古两个省区，始建于天保三年（552），天保六年（555）又曾重修夏口（今居庸关南口）至恒州（即北魏平城，今大同市）的一段。

581年杨坚统一南北，建立隋王朝，为了防御突厥、契丹、吐谷浑等游牧民族，也多次征发大批劳力修筑长城。根据记载，隋朝七次修长城，大多是对原有长城加以修缮。隋文帝开皇五年（585），派遣司农少卿崔仲方领兵三万人，到朔方、灵武筑长城，西拒黄河，东至绥州。崔仲方所筑的长城在今鄂尔多斯南部及周围地区，该长城西起北流黄河东岸的宁夏灵武，东到南流黄河的绥州（今陕西绥德），自西向东横亘河套南部。[①]2007年，鄂尔多斯市博物馆长城调查小组在鄂托克前旗文物管理所的协助下，通过察看航空影像、地形，定位GPS，查阅文史资料，分析卫星照片以及专家论证后，确认鄂前旗上海庙境内发现一处隋长城遗址。隋长城位于鄂托克前旗上海庙镇特布德嘎查境内，全长20千米，共有3段，墙体为堆筑土墙，不坚固，泛白色或泛红色，呈鱼脊状凸起或土垅状，墙体底宽约2—6米，残高0.3—1米。该长城呈东西向，贯穿整个旗境上海庙镇特布德南端，折向东南深入宁夏盐池县高沙窝乡境内。[②]

中国历史上最后一代修筑的明长城，也有部分通过内蒙古境内。明长城也就是东起鸭绿江，西达嘉峪关，全长6350余千米的万里长城。明代长城自居庸关以西，北经赤城、张家口、怀安进入山西天镇、阳高、大同，沿山西、内蒙古交界处达偏关、河曲。这道外长城是明代首都北京的西北屏障。明长城除有内、外长城外，不少地段的长城还有好几重，如山西境内有好几重石墙，内蒙古境内的外长城也如此。据调查，内蒙古境内明长城主要分布在乌兰察布市和呼和浩特市，共跨五个市县，即清水河县、和林格尔县、卓资县、丰镇市和兴和县，全长490多千米。这段明长城由头道边和二道边构成。头道边为内蒙古与山西交界处的明长城；二道边是明长城的增设地段。明代长城和历代一样，均是因地制宜修筑，有的为土夯筑，有的为石墙，有的在土夯筑外包砌有砖，特别是在关口处多包

---

① 宁夏文物考古研究所、盐池县博物馆：《宁夏盐池县古长城调查与试掘》，《考古与文物》2000年第3期。

② 陈永志、吉平、张文平主编：《鄂尔多斯文化遗产》，文物出版社2014年版，第156、158页。

砌砖。在地势险要之处，明长城宛如一条巨龙，向东、西延伸着。但目前多已破败，只在清水河、和林格尔境内的山中，有的地段保存得还很好。

历史上各时代的长城起着防御侵扰、开发屯田、促进边远地区生产发展以及保护通信和商旅往来的作用，对我国北部地区的政治、经济、文化发展以及保障中西交通等方面都起过重大的作用，这一伟大的建筑工程是古代各族人民共同建造的历史丰碑。同时，各时代的长城作为历史标尺，还为今天其他许多科学的研究提供了参考。例如长城因历史上地震产生的断裂位置，为研究地震的规律和防震抗震提供了重要的参考资料。对内蒙古境内各时代的长城遗迹，要进一步研究，同时还应加强保护。

第四节　内蒙古地区岩画

岩画在世界各地几乎都有发现，现已成为一门美术史和考古学相结合的综合性科学，中国是世界上岩画丰富的国家之一，也是最早发现岩画的国家。早在5世纪北魏的郦道元在《水经注》中就已记录了岩画20余处，涉及的地域占多半个中国。近现代中国岩画发现最早的地区是西藏、新疆、广西。中华人民共和国成立以来，陆续在全国许多省区发现了岩画，除西藏、广西、新疆外，在黑龙江、四川、青海、云南、贵州、山西、台湾、江苏、甘肃、宁夏以及内蒙古等省区均发现了岩画。这些发现不仅遍布边疆民族地区，在中原地区也有发现。全国各省区的岩画具有共性，都采用写实手法，但又各具特色。内蒙古地区从20世纪70年代中期开始发现并进行岩画调查工作，目前不论是西部、中部还是东部均有岩画发现。除大量发现的阴山岩画和乌兰察布岩画外，在西部的阿拉善盟阿拉善右旗、东部的赤峰市克什克腾旗、[①]呼伦贝尔额尔古纳左旗都有岩画发现，[②]中部在包头市固阳县还发现了鹿像岩画。以上地区发现的岩画数量也较多，如阿拉善右旗就发现岩画6—7处，有的地区岩画分布还很密集。阿拉善右旗的曼德拉山岩画，在东西3千米、南北5千米的范围内，据不完全统计，已发现岩画5000余幅。总之，内蒙古地区的岩画很多，而且还

① 张松柏、刘志一：《内蒙古白岔河流域岩画调查报告》，《文物》1984年第2期。

② 赵振才：《鄂温克岩画》，《文物》1984年第2期。

在不断有新发现，下面我们简单介绍阴山岩画[①]、乌兰察布岩画、曼德拉山岩画群、赤峰地区岩画和桌子山岩画。[②]

一　阴山岩画

内蒙古的阴山岩画在全国乃至世界岩画中占有很重要的地位。1976—1980年在西起阿拉善左旗，中经磴口县、乌拉特后旗南部，东至乌拉特中旗，东西长300千米、南北宽20—40千米的范围内进行考察，发现的岩画达万余幅，规模之大是全国少有的。从岩画的风格特点、题材内容、色泽和画面的题记等初步判断，阴山岩画的时代约从新石器时代起，经汉唐直到宋西夏辽金元清各时代均有发展。作画者除原始氏族部落外，应包括各时代曾在这一带生活的所有民族，如匈奴、鲜卑、敕勒、突厥、回纥、党项、蒙古等。岩画的内容极其丰富多彩，有各种野兽家畜、猎人狩猎、各式舞蹈、部族征伐、天神祖先、日月星辰、符号文字、车轮车辆、毡帐以及手脚蹄印等，不一而足。这既反映了古代阴山居民的经济生活、社会生活情况，也反映了当时人们的审美观念、精神世界、信仰等。阴山岩画虽与蒙古岩画、西伯利亚岩画等有相似之处，但更多展现出独特的风格。它与今鄂尔多斯地区发现的青铜器上的动物纹和殷周铜器纹饰具有高度一致性，反映了阴山岩画与中国传统文化的密切关系。

从调查情况来看，阴山岩画分布最多的地方是乌拉特中旗南部的几公海勒斯太峡谷，在5千米范围内，有上千幅岩画。在地里哈日山也有大量岩画分布。岩画分布第二多的地方是地里哈日山西南8千米的瓦窑沟北山，这里每隔2—10米就有一处岩画，总数在900幅以上。第三多的地方是磴口县西北托林沟山地，在约2千米的范围内，约有500幅岩画。岩画最密集的地方是磴口县西北默勒赫图沟，在坐北朝南的崖壁上，东西约50米、高约20米的范围内，分布着约由80个类似人头像的个体组成的巨幅圣像岩画。第二个密集点在磴口县格和尚德沟中段一块迎西的石壁上，在宽5米的范围内，约由50个个体组成了一组罕见的岩画。阴山岩画中面积最大的岩画壁首推杭锦后旗西北狼山中的炭窑口，其中有两个岩画壁，长

---

① 盖山林：《阴山岩画》，文物出版社1986年版。

② 盖山林：《乌兰察布岩画》，文物出版社1989年版。

宽均在10米以上。

阴山岩画的题材丰富多样，涉及面很广，但种类最丰富的是各种动物岩画。不同的岩画题材往往分布在不同的地方，各种动物图像一般分布在山巅石块上；狩猎场面一般分布于山腰或山顶；各种神灵图像或星图几乎全都分布在山沟垂直壁、岩坡或巨石上。各种岩画题材的分布，说明作画时是有选择、有规律的，这可能与适合作画的地点以及作画者的意志有关，古代居民祭祀鬼神或举行盛大仪式的地方，正是选择神灵所在的险要地带。

阴山岩画的制作方法与全国各地的岩画相比，既有共同之处，又有差异性。我国岩画制作的方法大体有两种：第一种是用红色或白色染料以手指或羽毛等作画。如云南、广西岩画多是用红色颜料画的；在内蒙古东部克什克腾旗境内的白岔河流域发现的九处岩画中，大多数是用白色颜料平涂，描绘狩猎、鹿群等画面。第二种方法是用不同的刻法制画。阴山岩画多用刻法制作，有敲凿、磨刻和线刻三种。而新疆、甘肃、青海等地岩画都采用敲凿法，江苏连云港将军崖岩画则是磨刻的。阴山岩画的风格与全国各地岩画一样，均采用写实艺术手法，但又呈现出古朴传神的夸张，反映出高超的艺术水平。

阴山南北是我国历代北方游牧民族活动和争夺的重要区域，因此阴山岩画必然涉及曾在这里游牧、活动过的匈奴、鲜卑、突厥、回纥、党项、蒙古等民族。在岩画上也留有古代民族文字的题记，有西夏文、回鹘文、藏文、汉文和蒙古文等，这些民族文字的题记还对岩画断代有所帮助。

阴山岩画的调查研究目前已取得了很大成绩，但仍需深入探索。对阴山岩画的断代、分期、分族属等许多问题，尚待进一步研究解决。

二 乌兰察布岩画

乌兰察布岩画是1980—1983年进行调查拓描的，主要是在达茂旗和乌拉特中旗东部地区，调查的范围为东西200千米、南北120千米。这里的自然环境与阴山不一样，是在阴山之北的乌兰察布（东）和巴彦淖尔（西）两大草原。史籍记载，自古以来，匈奴、鲜卑、铁勒、高车、柔然、突厥、回纥、契丹、女真、汪古和蒙古等游牧民族先后在这里活动过，他们也都留下了活动的遗迹，有居住过的城堡、聚居的遗址、祭祀的敖包，还有各种类型的墓葬等，也遗留下来很多岩画。这里没有高山峻岭，在绵延不断的丘陵地带，时有岩石或盘石裸露在地表上，这些较大的岩石多有岩画发现。岩画多分布在达茂旗百灵庙东北的推喇嘛庙一带、都荣敖包苏木乌兰察布嘎查沙很一带以及达茂旗以北的南吉板登一带。在达茂旗与乌拉特中旗交界处，即新宝勒格苏木、白音朱日和苏木以及新忽热苏木一带也有岩画分布。乌拉特中旗海流图镇东南的东、西莫若格其格山奇石林立，在黑色的石壁和石块上，发现了许多岩画。除乌拉特中旗境内是在两座山上发现岩画外，其余的地方均是在草原地带发现岩画，其中以推喇嘛庙四周的岩画较多，共计42个地点。

乌兰察布岩画在题材、风格和作画方法上均与阴山岩画接近，但又有其特点。首先，阴山岩画的题材以狩猎和畜牧为主，反映了猎人、牧人的社会生活；而乌兰察布岩画是以家畜放牧、蹄印为主，与畜牧业有关的岩画占多数，它们反映了草原畜牧人的社会生活。其次是阴山岩画具象性较强，乌兰察布岩画虽也有具象性较强作品，但却以简略化、抽象化、图案化、符号化的画面为主，两地岩画在艺术风格上有差异。最后，阴山岩画多分布在大山里，山高涧深，石块面积较大，常见1—10米的大画面；而乌兰察布岩画却分布在山低石少的草原上，岩画画面一般较小，与蒙古国境内的岩画相近，但也有所差别。乌兰察布岩画的图案多为连体动物，而蒙古国境内多是青铜时代的典型形象和风格的作品，如鹿腿短、身长，长宽不成比例，这种情况在乌兰察布岩画中就很少见。乌兰察布岩画中多蹄印，而蒙古国境内的岩画却少见这种题材。

乌兰察布岩画在题材内容方面丰富多彩、多种多样，有狩猎、畜牧、人像、车辆、列骑和舞蹈，还有十二生肖印迹。此外还有大量的动物和动物蹄印，能辨识的蹄印有35种动物和4种鸟类。岩画中还有武器（用来保护畜群的二齿叉和长矛）、天体、符号等，有的符号与突厥字母相近。总之，乌兰察布岩画别具一格。较早的岩画多为写实手法作画，注意动物比例；稍晚的岩画多以抽象化的手法作画，是极度的夸张和大胆的省略，简化后连在一起，形成图案。作画的方法上早期80%是敲凿法，用深而密的麻点连成画面，此外还采用宽线条构成轮廓法、刻划法和磨刻法等。从岩画的风格、内容以及符号等来判断，乌兰察布岩画的时代也是由新石器时代经青铜时代直到元代，作画者也包括曾在这一带草原游牧过的历代北方游牧民族。乌兰察布岩画尚有许多问题有待深入研究。

三 曼德拉山岩画

曼德拉山岩画位于巴丹吉林沙漠东缘曼德拉苏木西南14千米的曼德拉山中，在18平方千米内，分布着6000余幅数千年前的古代岩画。这些岩画历史久远、图案逼真、雕刻精湛，其题材和内容丰富，从史前社会晚期直至今日，已经有6000多年的历史。

曼德拉山岩画体现了远古时期游牧民族的生活，生动地记录了古代阿拉善地区的经济文化、生活形态和自然环境。根据推测，早年间曼德拉山是水草丰盛的地方，那时就有许多游牧民族在此繁衍生息。这些游牧民族的历史正是以那些生动的岩画反映出来。岩画的内容以动物为主，主要有牛、羊、马、鹿、兔、鸡、蛇、鹰等，它们的形态各异，种类繁多，动物的大小也不一样，让人叹为观止。其中也有人类活动的画面，画中的人物形态各异，活灵活现。

曼德拉山岩画的主要题材之一是狩猎。狩猎岩画大多是单人的，三五人或者多人的狩猎场面比较少见。画面表现着猎人骑着马追赶猎物，拉弓放箭的情形。曼德拉山的鹰与犬的岩画表现了猎人或者牧人领着犬、架着鹰在狩猎或者放牧。猎鹰和猎犬是他们必备的狩猎工具，主要用于追捕受伤在逃的动物。猎人拉着弓，瞄准了猎物，等到最佳时期把箭射出去。他们身边的鹰和犬也时刻准备着，只要动物带伤逃跑，它们就会为主人追赶猎物。舞蹈岩画中主要有独舞、双人舞、三人舞和群舞，但最多的是独舞。不管是哪一种，都可以说有着每一个舞者的精彩特写。他们所表现的主要是兽舞、巫舞和丰收舞这三种。他们或双或单地跳着舞，互相拉着手，用自己的肢体来表达内心的喜怒哀乐，用他们真实的一面来感染身边的每一个人。曼德拉山岩画中有佩刀人、交战、骑射、武士射人等，这表明那时也是有冲突和战争的，不管是氏族、部落、民族之间的战争都是不可避免的。

曼德拉山岩画被称为“世界第二，亚洲第一”，是世界最古老的艺术珍品之一。岩画雕刻精湛，图案逼真，形象生动，从史前社会晚期直到元、明、清时代流传至今，记载了当时的生活情景、自然环境和社会风貌。其题材广泛，内容丰富，对于研究中国古代游牧民族的社会发展史具有极高的价值，现为内蒙古自治区重点文物保护单位。

四　赤峰地区岩画

赤峰地区的岩画是整个内蒙古岩画的重要组成部分，早在20世纪70年代即有所发现。赤峰地区的岩画大体分布于克什克腾旗西拉木伦河谷、砧子山地区、英金河流域等几个区域，其中克什克腾旗岩画又与英金河流域地区岩画存在诸多不同，但又无一不具有厚重的历史文化内涵。

在赤峰市克什克腾旗境内西拉木伦河流域分布着众多的岩画，主要分布于三个不同的区域，分别为白岔河沿岸、西拉木伦河北岸和苇塘河西岸。白岔河作为西拉木伦河的支流，自古以来哺育着生活在这里的历代居民，从最早发现的青铜时代夏家店下层文化遗存，再到东胡、山戎、乌桓、鲜卑、契丹、蒙古等民族遗存，一直都是文化的摇篮。白岔河岩画主要分布于其中下游两岸，绵延60千米，共计有10个地点、50余幅。涉及的岩画题材种类丰富，有天体岩画、动物岩画、人类活动岩画、装饰符号岩画等。天体题材的岩画包含日、月、星辰等内容；动物题材的岩画涉及虎、鹿、骆驼、马、牛、野猪等种类，其中鹿纹在所有岩画题材中占比最大；人类活动题材的岩画涉及人像、狩猎、游牧、舞蹈、交媾等场景。流经克什克腾旗中部的西拉木伦河之北岸和苇塘河西岸的岩画数量少于白岔河，题材涉及神格面具和动物类等。此外，位于达里诺尔湖之北的砧子山地区，也分布着形态各异的岩画，题材包含骑马、马群等。尤其是其中一幅骑马岩画，采用线刻与块斑状凿刻结合的手法，线条运用娴熟，形象十分生动。

位于赤峰地区的西拉木伦河流域和砧子山地区的岩画数量众多，据统计这里的岩画大致有500余幅，而有关鹿题材的就占了400多幅，在鹿的表现形式上十分多样。另外，值得一提的是，该地区鹿题材的岩画与黑龙江地区的“养鹿”题材岩画颇相似，据研究可能源出于此。在总体的作画方法和艺术风格方面，这里的岩画具有明显的自身特点。在作画方法上，分为使用红色矿物颜料平涂和凿刻两种，但无论采用哪种手法制作，画作风格均以写实为主，加之以装饰主义的表现手法。动物在画法上大部分采用侧身法，画面中图像的大小按该图像在画面中的重要性决定，往往不以作画对象的真实大小为依据。此外，在制作方法上，大多数采用斑块去表现，少部分为单线勾勒。总之，该地区丰富多样的岩画，集中反映了西拉木伦河流域的历史面貌，是了解当时社会文化的重要途径。

英金河位于赤峰市西北，是老哈河的支流之一。在英金河流域，岩画较多且题材丰富，年代上大体从新石器时代延续至辽代前后。根据盖山林先生的研究，该地区岩画大致分布于七个地点，分别为：孤山子、池家营子、半支箭村附近、康家山湾、初头郎、关家营子满族乡、红山。下面就其题材作简要介绍。

孤山子岩画，题材涉及涡纹及各种神格面具等。池家营子岩画，题材包含涡纹、重圈纹、动物、盾牌等。半支箭村岩画，题材丰富，涉及涡纹、面具、几何纹、植物纹、动物等，其中面具类数量最多且种类丰富，有鸟头面具、老人面具、方额面具、长须面具等。康家山湾岩画，出现了有萨满性质的神格面具，另外还有符号化的巫师形象及各种几何纹、动物等。初头郎岩画，题材以面具和动物为主。关家营子满族乡岩画，题材除了上述地点多存在的动物、面具外，还有抽象的符号以及多幅全身人像。红山岩画，目前仅发现一幅，为并列的两个重圈纹图案。英金河流域的岩画在数量上少于西拉木伦河流域的岩画，但在内容、题材以及制法上存在相异之处，具有区域性的不同特征。

英金河流域岩画的制作方法多样，包含刻制、磨刻、敲凿、线刻，以磨刻为主。岩画图像的表现既有具象，也存在抽象，以具象性的作品占主导地位。英金河流域岩画尤其是其独具特色的神格化面具，不同于其他地区，面具形态具有极大的随意性，展现出了一个厚重神秘的远古时代。同时，它运用多种题材及形式，集中反映了作画时代主宰人们生活的神灵世界，以及人们对神的祭祀和膜拜活动。实质上，这些神灵是自然物的化身，人们给予它神性并以神格面具或其他神灵形象呈现在人们的面前，作为人们拜祭神灵的载体。[①]岩画同其他古代遗存一样，都存在被破坏和自然销蚀的隐患，如今，赤峰市克什克腾旗境内的岩画已成为全国重点文物

① 盖山林、盖志浩：《内蒙古岩画的文化解读》，北京图书馆出版社2002年版。

保护单位，这无疑是保护岩画遗存的重要举措。

五　桌子山岩画

桌子山位于内蒙古自治区乌海市东南部，其西面各峡谷沟口大量分布着石灰岩，是岩画创作的物质基础，岩画大多分布于其上。根据现有的调查成果，桌子山岩画主要分布于雀儿沟、长虹沟、召烧沟、阿塔盖沟、苏背沟、苏背后沟、苦菜沟、摩尔沟等地点。①

在题材内容上，桌子山岩画最常见的是召烧沟地点和摩尔沟地点磨刻的人面像。这些人面像形态各异，表情丰富，但无一例外都是神灵的形象，代表着不同的神灵，同时具有不同的功能。第二种题材是天体图像，涉及的天体有太阳、星辰、云朵等，集中反映了桌子山一带远古居民的天文认知，这些天文形象的产生与牧业生产需要掌握天气变化的规律是分不开的。第三种题材是各种动物和骑者，岩画的此类图像比较普遍地分布于召烧沟以南以北各山沟，涉及的动物题材有：马、虎、狗、鹿、山羊和双峰驼等。骑者主要骑马，也有骑驼者。骑者与动物群往往处于同一画面。其余的题材还有：猎人、巫师、舞人、牧人、抽象化的图像、穹庐毡帐等。这些题材的岩画，无一不折射了当时人们的社会文化，广泛地再现出当地居民的经济发展、生产水平和原始宗教等历史面貌。②

桌子山岩画的制作手法主要有磨刻和凿刻两种，据调查发现，人面像大多为磨刻手法制作，磨痕宽而深，应该是使用石质工具磨成；其余均为金属工具敲凿而成，凿痕宽平，组成画面形象的麻点呈浅坑，敲凿的图像敲痕较新，就题材来说与磨刻不同，多数为各种动物、骑者和人形等。

桌子山岩画在年代上总体分属于两个时期，一为新石器时代，距今5000—4000年，第二个时期大致为距今1000年直至近代。③不同时期的作品在风格和内容上迥异，也真实再现了桌子山地区历代居民的社会生活及经济人文，为探索当地历史脉络提供了无比重要的资料。如今桌子山岩画已经成为全国重点文物保护单位，继续向人们昭示着时间长河中早已逝去

① 盖山林：《阴山岩画》，文物出版社1986年版。

② 盖山林、盖志浩：《内蒙古岩画的文化解读》，北京图书馆出版社2002年版。

③ 盖山林：《阴山岩画》，文物出版社1986年版。

的珍贵历史。

艺术性、符号性是岩画的外在表象，而文物性才是岩画的内在属性。因此，岩画应该归属于历史学、文化学、考古学的范畴。因为岩画是一种考古的遗物，我们必须用考古学的眼光来认识岩画，并且要用考古学的方法和手段来研究岩画。岩画是实物史料，保护岩画，人人有责。当前岩画的保护刻不容缓，愿我们行动起来，承担起保护岩画的重任，让它世世代代传承下去，成为我们民族历史文化不可或缺的一部分，永续利用，地久天长。

主要参考文献

一、发掘报告

曹建恩、孙金松、党郁、李力：《凉城县水泉东周墓地发掘简报》，《草原文物》2012年第1期。

曹建恩、孙金松、党郁：《内蒙古赤峰市二道井子遗址的发掘》，《考古》2010年第8期。

曹建恩、孙金松、刘志勇、李力：《内蒙古清水河县西咀墓地发掘简报》，《考古与文物》2018年第1期。

曹建恩、孙金松、杨星宇：《内蒙古凉城县忻州窑子墓地发掘简报》，《考古》2009年第3期。

曹建恩：《万家寨水利枢纽工程考古报告集》，远方出版社2001年版。

朝克：《呼和浩特地区长城遗存》，《内蒙古文物考古》1994年第2期。

陈相伟、王健群：《吉林哲里木盟库伦旗一号辽墓发掘简报》，《文物》1973年第8期。

陈永志、任保其、李强、赵江滨、武成：《呼和浩特市赛罕区沟口子村汉墓清理简报》，《草原文物》2013年第2期。

陈永志、宋国栋：《中国北方草原地带出土的元青花瓷器》，《草原文物》2011年第1期。

陈永志：《内蒙古察右前旗集宁路遗址发现大量文物》，《内蒙古大学学报》（人文社会科学版）2003年第1期。

陈永志主编：《内蒙古文物考古文集》（第三辑），科学出版社2004年版。

初仕宾，任步云：《居延汉代遗址的发掘和新出土的简册文物》，《文物》1978年第1期。

崔利明：《内蒙古商都县发现北魏窖藏》，《文物》1989年第12期。

崔璇、斯琴、刘幻真、何林：《内蒙古包头市阿善遗址发掘简报》，《考古》1984年第2期。

崔璿：《秦汉广衍故城及其附近的墓葬》，《文物》1977年第5期。

邓宏伟、张海斌：《包头境内的战国秦汉长城与古城》，《内蒙古文物考古》2000年第1期。

方殿春、魏凡：《辽宁牛河梁红山文化“女神庙”与积石冢群发掘简报》，《文物》1986年第8期。

冯永谦、姜念思：《宁城县黑城古城址调查》，《考古》1982年第2期。

盖山林、陆思贤：《呼和浩特市附近出土的外国金银币》，《考古》1975年第3期。

盖山林：《内蒙古察右后旗赵家房子村发现匈奴墓群》，《考古》1977年第2期。

盖之庸、李权、冯吉祥、董立民、刘洪元：《内蒙古多伦县小王力沟辽代墓葬》，《考古》2016年第10期。

高毅、王志平：《内蒙古伊金霍洛旗发现西夏窖藏文物》，《考古》1987年第12期。

高毅、尹春雷：《杭锦旗乌兰陶勒盖汉墓发掘报告》，《内蒙古文物考古》1991年第1期。

郭大顺、张克举：《辽宁省喀左县东山嘴红山文化建筑群址发掘简报》，《文物》1984年第11期。

郭素新、田广金：《西沟畔匈奴墓》，《文物》1980年第7期。

郭素新：《内蒙古发现的鄂尔多斯式青铜器概述》，《内蒙古文物考古》1992年第Z1期。

郭素新：《内蒙古呼和浩特北魏墓》，《文物》1977年第5期。

郭治中、李逸友：《内蒙古黑城考古发掘纪要》，《文物》1987年第7期。

侯仁之、俞伟超：《乌兰布和沙漠的考古发现和地理环境的变迁》，《考古》1973年第2期。

侯亚梅、王志浩、杨泽蒙、甄自明、张家富：《内蒙古鄂尔多斯乌兰木伦遗址2010年1期试掘及其意义》，《第四纪研究》2012年第2期。

吉发习、马耀圻：《内蒙古准格尔旗大口遗址的调查与试掘》，《考古》1979年第4期。

吉发习：《内蒙古托克托县新石器时代遗址调查》，《考古》1978年第6期。

吉平、郑钧夫、胡春佰：《内蒙古科左中旗哈民忙哈新石器时代遗址2010年发掘简报》，《考古》2012年第3期。

贾鸿恩：《内蒙古翁牛特旗三星他拉村发现玉龙》，《文物》1984年第6期。

喀喇沁旗文化馆：《辽宁昭盟喀喇沁旗发现唐代鎏金银器》，《考古》1977年第5期。

李恭笃：《昭乌达盟石棚山考古新发现》，《文物》1982年第3期。

李强、赵江滨、霍治国、武成、陈立志：《和林格尔县新店子西头号墓葬发掘简报》，《草原文物》2013年第2期。

李三：《内蒙古准格尔旗出土一件上郡青铜戈》，《文物》1982年第11期。

李兴盛、郝利平：《乌盟卓资县战国赵长城调查》，《内蒙古文物考古》1994年第2期。

李兴盛、邢黄河：《清水河县拐子上古城调查》，《内蒙古文物考古》1991年第1期。

李兴盛：《内蒙古卓资县三道营古城调查》，《考古》1992年第5期。

李逸友：《巴林左旗林东镇金墓》，《内蒙古文物资料选辑》，内蒙古人民出版社1964年版。

李逸友：《呼和浩特市美岱村北魏墓》，《内蒙古文物资料选辑》，内蒙古人民出版社1964年版。

李逸友：《呼和浩特市万部华严经塔的金代碑铭》，《考古》1979年第4期。

李逸友：《辽中京城址发掘的重要收获》，《文物》1961年第9期。

李逸友：《内蒙古呼和浩特美岱村北魏墓》，《考古》1962年第2期。

李逸友：《昭乌达盟宁城县小刘仗子辽墓发掘简报》，《文物》1961年第9期。

李作智：《呼和浩特东郊出土的几件元代瓷器》，《文物》1977年第5期。

李作智：《内蒙古陈巴尔虎旗完工古墓清理简报》，《考古》1965年第6期。

辽宁省博物馆文物工作队：《辽宁朝阳县魏营子西周墓和古遗址》，《考古》1977年第5期。

辽宁省博物馆文物工作队：《辽宁林西县大井古铜矿1976年试掘简报》，《文物资料丛刊》1983年总第7期。

辽宁省昭乌达盟工作站、中国科学院考古研究所东北工作队：《宁城县南山根的石椁墓》，《考古学报》1973年第2期。

刘观民、徐光冀：《宁城南山根遗址发掘报告》，《考古学报》1975年第1期。

刘观民：《内蒙古巴林左旗南杨家营子的遗址和墓葬》，《考古》1964年第1期。

刘国祥、张义成：《内蒙古喀喇沁旗发现大型小河西文化聚落》，《中国文物报》2000年1月16日第1版。

刘晋祥、朱延平：《内蒙古敖汉旗赵宝沟一号遗址发掘简报》，《考古》1988年第1期。

刘晋祥：《敖汉旗大甸子遗址1974年试掘简报》，《考古》1975年第2期。

刘晋祥：《翁牛特旗大新井村新石器时代遗址》，《中国考古学年鉴(1989)》，文物出版社1990年版。

陆思贤、陈棠栋：《达茂旗出土的古代北方民族金饰件》，《文物》1984年第1期。

陆思贤、杜乘武：《察右前旗豪欠营第六号辽墓清理简报》，《文物》1983年第9期。

陆思贤、郑隆：《内蒙古临河县高油房出土的西夏金器》，《文物》1987年第11期。

陆思贤：《和林格尔县另皮窑村北魏墓出土的金器》，《内蒙古文物考古》1984年第00期。

罗福颐：《内蒙古自治区托克托县新发现的汉墓壁画》，《文物参考资料》1956年第9期。

马耀圻：《准格尔旗大口遗址》，《中国考古学年鉴（1984）》，文物出版社1984年版。

内蒙古文物工作队、田广金、郭素新编著：《毛庆沟墓地》，《鄂尔多斯式青铜器》，文物出版社1986年版。

内蒙古文物工作队编：《内蒙古文物资料选辑》，内蒙古人民出版社1964年版。

内蒙古自治区文物工作队：《1959年呼和浩特郊区美岱古城发掘简报》，《文物》1961年第9期。

宁笃学、钟长发：《甘肃武威西郊林场西夏墓清理简报》，《考古与文物》1980年第3期。

宁夏文物考古研究所、盐池县博物馆：《宁夏盐池县古长城调查与试掘》，《考古与文物》2000年第3期。

潘行荣：《元集宁路故城出土的窖藏丝织物以及其他》，《文物》1979年第8期。

齐溶青、索明杰、贾志斌、王仁旺、邢琳：《卓资县城卜子古城遗址2010年发掘简报》，《草原文物》2011年第1期。

齐溶青、索明杰、贾志斌、武成、李权：《和林格尔县大堡山墓地发掘报告》，《草原文物》2013年第2期。

齐溶青、索明杰、吕朋珍、李思雨、解曜珲：《和林格尔县胜利营东沟子遗址发掘简报》，《草原文物》2013年第1期。

齐溶青、周磊、王永胜、李强：《内蒙古准格尔旗薛家湾镇巴润哈岱乡西黑岱墓地发掘简报》，《北方文物》2017年第2期。

齐小光、王建国等：《辽耶律羽之墓发掘简报》，《文物》1996年第1期。

钱玉成、孟建仁：《科右中旗北玛尼吐鲜卑墓群》，《内蒙古文物考古文集》第一辑，中国大百科全书出版社1994年版。

［日］江上波夫：《内蒙古百灵庙凹地的古坟》，《亚细亚文化史研究·论考篇》，东京大学东洋文化研究所1965年版。

邵国田：《敖汉旗李家营子出土的金银器》，《考古》1978年第2期。

邵国田：《敖汉旗铁匠沟战国墓地调查简报》，《内蒙古文物考古》1992年第Z1期。

苏赫：《内蒙古昭盟发现"大唐营州都督许公德政之碑"碑额》，《考古》1964年第2期。

孙建华、张郁：《辽陈国公主驸马合葬墓发掘简报》，《文物》1987年第11期。

索秀芬、郭治中：《白音长汗遗址小河西文化遗存》，《边疆考古研究》2004年第1期。

塔拉、梁京明：《呼鲁斯太匈奴墓》，《文物》1980年第7期。

唐汉三、李福臣、张松柏：《内蒙古赤峰大营子元代瓷器窖藏》，《文物》1984年第5期。

唐晓峰：《内蒙古西北部秦汉长城调查记》，《文物》1977年第5期。

田广金：《凉城县老虎山遗址1982—1983年发掘简报》，《内蒙古文物考古》1986年第00期。

田广金：《内蒙古朱开沟遗址》，《考古学报》1988年第3期。

田广金：《内蒙古准格尔旗玉隆太的匈奴墓》，《考古》1977年第2期。

田广金：《桃红巴拉的匈奴墓》，《考古学报》1976年第1期。

汪英华、单明超、刘佳旭：《呼和浩特大窑遗址第11号、25号洞清理发掘简报》，《草原文物》2014年第2期。

汪宇平：《呼和浩特市大窑村南山四道沟东区旧石器时代石器制造场1983年发掘报告》，《史前研究》1987年第2期。

王仁旺、孙金松、田丽：《杭锦旗塔拉沟汉墓清理发掘简报》，《内蒙古文物考古》2008年第2期。

王仁旺、岳够明、胡春柏、李国庆、巴格那：《额济纳旗砾石沙梁墓葬清理简报》，《内蒙古文物考古》2009年第2期。

王志浩、侯亚梅、杨泽蒙、甄自明、刘扬：《内蒙古鄂尔多斯市乌兰木伦旧石器时代中期遗址》，《考古》2012年第7期。

王志浩：《准格尔旗发现西夏窖藏》，《文物》1987年第8期。

魏坚：《凉城崞县窑子墓地》，《考古学报》1989年第1期。

魏坚：《内蒙古地区鲜卑墓葬的发现与研究》，科学出版社2004年版。

乌兰察布盟文物工作站：《内蒙古察右前旗发现辽代碑刻》，《考古》1986年第11期。

吴峰云、李范文：《西夏陵区一〇八号墓发掘简报》，《文物》1978年第8期。

吴宗信：《辽饶州故城调查记》，《考古》1980年第6期。

项春松、王建国：《内蒙昭盟赤峰三眼井元代壁画墓》，《文物》1982年第1期。

项春松：《内蒙古白音尔灯清代荣宪公主墓》，《文物资料丛刊》第7期，文物出版社1983年。

项春松：《内蒙古赤峰市元宝山元代壁画墓》，《文物》1983年第4期。

宿白：《东北、内蒙古地区的鲜卑遗迹——鲜卑遗迹辑录之一》，《文物》1977年第5期。

徐光冀：《内蒙古巴林左旗富河沟门遗址发掘简报》，《考古》1964年第1期。

杨虎、顾智界：《内蒙古敖汉旗周家地墓地发掘简报》，《考古》1984年第5期。

杨虎、林秀贞：《内蒙古敖汉旗小河西遗址简述》，《北方文物》2009年第2期。

杨虎、朱延平：《内蒙古敖汉旗小山遗址》，《考古》1987年第6期。

杨虎：《敖汉旗榆树山、西梁遗址》，《中国考古学年鉴（1989）》，文物出版社1990年版。

伊克坚、陆思贤：《土默特左旗出土北魏时期文物》，《内蒙古文物考古》1984年第00期。

张柏忠：《内蒙古科左中旗六家子鲜卑墓群》，《考古》1989年第5期。

张柏忠：《哲里木盟发现的鲜卑遗存》，《文物》1981年第2期。

张松柏、刘志一：《内蒙古白岔河流域岩画调查报告》，《文物》1984年第2期。

张松柏：《赤峰市红山区战国墓清理简报》，《内蒙古文物考古》1996年第Z1期。

张郁：《和林格尔土城子古城试掘纪要》，《文物》1961年第9期。

张郁：《乌兰察布盟察右前旂古墓清理记》，《文物》1961年第9期。

赵杰：《卓资县土城子村遗址发掘简报》，《草原文物》2013年第2期。

郑隆、李逸友：《察右后旗二兰虎沟的古墓群》，《内蒙古文物资料选辑》，内蒙古人民出版社1964年版。

郑隆：《包头固阳县发现北魏墓群》，《考古》1987年第1期。

郑隆：《内蒙古扎赉诺尔古墓群调查记》，《文物》1961年第9期。

郑绍宗：《赤峰县大营子辽墓发掘报告》，《考古学报》1956年第3期。

中国科学院考古研究所内蒙古工作队：《赤峰药王庙、夏家店遗址试掘报告》，《考古学报》1974年第1期。

钟侃、李志清、李范文：《西夏八号陵发掘简报》，《文物》1978年第8期。

二、专著

陈永志、吉平、张文平主编：《阿拉善文化遗产》，文物出版社2014年版。

陈永志、吉平、张文平主编：《包头文化遗产》，文物出版社2014年版。

陈永志、吉平、张文平主编：《赤峰文化遗产》，文物出版社2014年版。

陈永志、吉平、张文平主编：《鄂尔多斯文化遗产》，文物出版社2014年版。

陈永志、吉平、张文平主编：《呼和浩特文化遗产》，文物出版社2014年版。

陈永志、吉平、张文平主编：《通辽文化遗产》，文物出版社2014年版。

陈永志、吉平、张文平主编：《乌兰察布文化遗产》，文物出版社2014年版。

陈永志、吉平、张文平主编：《锡林郭勒文化遗产》，文物出版社2014年版。

盖山林、盖志浩：《内蒙古岩画的文化解读》，北京图书馆出版社2002年版。

盖山林：《乌兰察布岩画》，文物出版社1989年版。

盖山林：《阴山岩画》，文物出版社1986年版。

国家文物局主编：《中国文物地图集·内蒙古自治区分册》（上、下册），西安地图出版社2003年版。

李逸友：《辽代城郭营建制度初探》，《辽金史论集》，书目文献出版社1987年版。

林沄：《商文化青铜器与北方地区青铜器关系之再研究》，《考古学文化论集（一）》，文物出版社1987年版。

［美］罗伯特·沙雷尔、温迪·阿什莫尔：《考古学：发现我们的过去》（第三版），余西云等译，世纪出版集团、上海人民出版社2009年版。

内蒙古文物考古研究所：《乌审旗三岔河古城与墓葬》，《内蒙古文物考古文集》（第二辑），中国大百科全书出版社1997年版。

内蒙古自治区博物馆文物工作队编：《和林格尔汉墓壁画》，文物出版社1978年版。

内蒙古自治区文化厅、内蒙古文物考古研究所编著：《内蒙古自治区长城资源调查报告·北魏长城卷》，文物出版社2014年版。

清格尔泰、吴英喆、吉如何：《契丹小字再研究》（壹卷），内蒙古大学出版社2017年版。

史金波：《西夏文化》，吉林教育出版社1986年版。

史念海：《黄河中游战国秦时诸长城遗迹的探索》，《中国长城遗迹调查报告集》，文物出版社1981年版。

塔拉：《草原考古学文化研究》，内蒙古教育出版2007年版。

王巍、孟松林：《内蒙古地区鲜卑墓葬的初步研究》，《呼伦贝尔民族文物考古研究》（第一辑），科学出版社2013年版。

夏鼐、王仲殊等编：《中国大百科全书·考古学》，中国大百科全书出版社1986年版。

张光直：《考古学专题六讲》，文物出版社1986年版。

中国社会科学院考古研究所编：《新中国的考古发现和研究》，文物出版社1984年版。

钟侃、吴峰云、李范文：《西夏简史》，宁夏人民出版社2001年版。

三、学术论文

安志敏：《海拉尔的中石器遗存——兼论细石器的起源和传统》，《考古学报》1978年第3期。

鲍桐：《兀剌海城地望和成吉思汗征西夏军事地理析》，《宁夏社会科学》1994年第6期。

陈永志：《集宁路古城与草原丝绸之路》，《内蒙古画报》2011年第5期。

程永魁：《呼和浩特地区古城浅述》，《内蒙古文物考古》1994年第2期。

丁学芸：《监国公主铜印的发现与初步研究》，《内蒙古社会科学》1983年第3期。

丁学芸：《监国公主铜印与汪古部遗存》，《内蒙古文物考古》1984年第00期。

董新林：《辽上京城址的发现和研究述论》，《北方文物》2006年第3期。

郭大顺：《试论魏营子类型》，《考古学文化论集（一）》，文物出版社1987年版。

郭建中、车日格：《黄河包头段沿岸汉代古城考》，《内蒙古文物考古》2007年第1期。

靳枫毅：《论中国东北地区含曲刃青铜短剑的文化遗存》（上），《考古学报》1982年第4期。

靳枫毅：《论中国东北地区含曲刃青铜短剑的文化遗存》（下），《考古学报》1983年第1期。

李恭笃：《辽宁敖汉旗小河沿三种原始文化的发现》，《文物》1977年第12期。

李逸友：《黑城文书所见的元代纳怜道站赤》，《文物》1987年第7期。

李逸友：《内蒙古元代城址概说》，《内蒙古文物考古》1986年第00期。

林沄：《中国东北系铜剑初论》，《考古学报》1980年第2期。

刘凤翥、马俊山：《契丹大字〈北大王墓志〉考释》，《文物》1983年第9期。

马明志：《“西岔文化”初步研究》，《考古与文物》2009年第5期。

马耀圻、吉发习：《内蒙古境内的元代城址初探》，《内蒙古社会科学》1980年第1期。

米文平：《鲜卑石室的发现与初步研究》，《文物》1981年第2期。

聂鸿音：《黑山威福军司补证》，《宁夏师范学院学报》2008年第4期。

潘玲：《完工墓地的文化性质和年代》，《考古》2007年第9期。

彭善国、郭治中：《赤峰缸瓦窑的制瓷工具、窑具及相关问题》，《北方文物》2000年第4期。

史金波、黄振华：《黑城新出西夏文辞书〈音同〉初释》，《文物》1987年第7期。

宋耀良：《西夏重镇黑山城址考》，《宁夏社会科学》1993年第5期。

索秀芬、李少兵：《小河西文化聚落形态》，《内蒙古文物考古》2008年第1期。

王大方：《内蒙古西夏长城要塞遗址成为第七批区保单位》，《中国文物报》2013年11月22日第2版。

乌恩：《关于我国北方的青铜短剑》，《考古》1978年第5期。

翟德芳：《中国北方地区青铜短剑分群研究》，《考古学报》1988年第3期。

张锡英：《试论我国北方和东北地区的"触角式"剑》，《考古》1984年第8期。

赵振才：《鄂温克岩画》，《文物》1984年第2期。

甄自明、岳够明：《鄂尔多斯汉代城址浅析》，《草原文物》2015年第1期。